COMEDIA DEL TUTOR
COMEDIA DEL VIEJO ENAMORADO

El tutor
El viejo enamorado

Juan de la Cueva

Edición, introducción y notas de
Mercedes de los Reyes Peña
María del Valle Ojeda Calvo
José Antonio Raynaud

COLECCIÓN CUADERNOS ESCÉNICOS Nº 20

Coordinación de la edición:

Agencia Andaluza de Intituciones Culturales
Centro de Investigación y Recursos de las Artes Escénicas de Andalucía

Edita: Consejería de Turismo, Cultura y Deporte. Junta de Andalucía
© de la edición: Consejeria de Turismo, Cultura y Deporte. Junta de Andalucía

© de los textos, introducción y notas:
Mercedes de los Reyes Peña
María del Valle Ojeda Calvo
José Antonio Raynaud Montero

Imagen cubierta © Ministerio de Cultura y Deporte. Biblioteca Nacional de España. Madrid. R.11583
Retrato de Juan de la Cueva. Conquista de la Bética, poema heroico de Juan de la Cueva [...], Sevilla, 1603, s. f.
La reproducción gráfica ha sido realizada en el Laboratorio Fotográfico de la Biblioteca Nacional de España. Madrid.

Imagen contracubierta © Junta de Andalucía. Delegación Provincial de Sevilla, Archivo Histórico, Protocolos Notariales, legajo 13699, folio 250r. -v.
Poder de Juan de la Cueva al Licenciado Rodrigo de Cabrera, Protocolos Notariales, 15 de enero de 1595, Sevilla.
Imágenes digitales del Archivo Histórico Provincial de Sevilla.

Diseño y maquetación: DIACASH S.L
Impresión: DIACASH S.L.

Depósito legal: SE 2556-2022
I.S.B.N.: 978-84-9959-442-2

Índice

PRÓLOGO

Que la justicia poética a veces deja de ser un recurso dramático y nos sorprende en la vida es algo que desgraciadamente ocurre muy pocas veces, muchas menos de las deseadas e invocadas, pero, aunque sea muy de vez en cuando, sucede para felicidad de los buenos. Quizás no sea exagerado ni ingenuo si digo que este libro de Mercedes de los Reyes, Mª del Valle Ojeda y José Antonio Raynaud actúa como un verdadero *deus ex machina* que termina imponiendo la justicia poética en el mundo de la historia y crítica de nuestro teatro del Siglo de Oro, pues ha situado en el fiel de la balanza a Juan de la Cueva, quien ha quedado felizmente revalorizado, a modo de sinécdoque, a través de la edición crítica y estudio de dos de sus comedias, *El tutor* y *El viejo enamorado*, que reflejan cabalmente el significado y trascendencia de su dramaturgia. Por eso creo poder afirmar razonadamente que este libro ha implantado, como un auténtico *deus ex machina*, la justicia poética al conseguir levantar la pesada losa de ostracismo que durante siglos ha mantenido, si no en el limbo del olvido, en una densa penumbra amasada por la indolencia crítica la dramaturgia de Juan de la Cueva y colocarla en el Parnaso de nuestro teatro áureo en el lugar justo y necesario que su obra merece.

Un libro que, a mi juicio, está llamado a cumplir un papel tan importante en la historiografía crítica de nuestro teatro áureo no necesita, desde luego, ninguna glosa preliminar a manera de prólogo, pero sí me parece oportuno dedicarle estas palabras con el ánimo de felicitar y agradecer a sus tres autores su denodado afán y de felicitarnos sus lectores por tener la ocasión de disfrutar de este impecable trabajo. Con esta finalidad han surgido estas palabras, que humildemente pretenden invitar a la lectura de este magnífico libro resaltando algunas de las muchas aportaciones y aciertos que nos brinda.

La imagen biográfica de Juan de la Cueva está muy bien trazada, un perfil delineado con precisión y destreza a partir del excelente conocimiento y dominio de las fuentes primarias y secundarias que contienen la escasa información existente sobre nuestro poeta dramático. Así reconstruyen los orígenes y la vida familiar de Juan de la Cueva, cuya vida estuvo condicionada por la escasez económica, su formación humanística en el ámbito de Juan de Mal Lara y su vinculación a los círculos académicos y culturales de Sevilla, en los que destacaban las preclaras figuras de Francisco Pacheco, el Conde de Gelves o Juan de Arguijo. Una vida que estuvo marcada, entre otras cosas, por su estrecha relación con su hermano Claudio, a quien acompañó en su carrera eclesiástica a México, a Canarias y a Cuenca.

Esta imagen biográfica la completan los autores del libro con la perspectiva integradora que nos ofrecen de Juan de la Cueva como un escritor de fondo creativo, subrayando que tocó un amplio y variado registro de cuerdas poéticas —épica, lírica, epístola, romance y otros géneros—, que desarrolló una importante labor como preceptista y traductor, que cultivó la novela, si bien no se ha encontrado ningún muestra de esta faceta de su escritura, y que toda esta actividad creadora le permitió destacar con nombre propio en el panorama literario de la época. Pero la figura literaria de Juan de la Cueva destaca sobre todo por su producción dramática, que es la vertiente que ocupa la labor editora y erudita de nuestros autores. El amplísimo conocimiento teórico y práctico del teatro áureo y, de forma particular, de Juan de la Cueva que tienen Mercedes de los Reyes, Mª del Valle Ojeda y José Antonio Raynaud —ya editaron *El príncipe tirano. Comedia y tragedia* en 2009 y la *Comedia del tutor* en 2010— les ha permitido ofrecernos una visión muy novedosa, además de completa y profunda, del teatro de Cueva y de la representación de sus catorce piezas dramáticas en los corrales sevillanos entre los años 1579 y 1581, subrayando no pocos aspectos que habían permanecido desatendidos por la crítica y que suponen, sin duda, una recuperación de su dramaturgia en la trayectoria del teatro aureosecular.

Entre los muchos aspectos que los editores de Cueva destacan del poeta dramático andaluz merece la pena señalar su estrecha relación personal con Sevilla, destilada en su obra literaria, y su conciencia y orgullo de poeta dramático. Asimismo, resaltan la variedad del teatro de Cueva y las posibilidades de su clasificación de acuerdo con la temática tratada (piezas basadas en la historia o leyendas nacionales, en la historia de la antigüedad greco-latina, y en asuntos novelescos) o, de forma innovadora, conforme a la categorización establecida por Torres Naharro, en «comedias a noticia» y «comedias a fantasía» y, dentro de esta tipificación, estableciendo una diferencia en ambas clases de comedias entre comedias (farsas) y tragedias. Otro asunto que centró el interés de nuestros estudiosos ha sido el de las diversas fuentes utilizadas por Cueva para la composición de sus obras teatrales: las crónicas, el romancero, la historia reciente de España, los clásicos (Ovidio, Séneca, Tito Livio, etc.), los *novellieri* italianos o la realidad contemporánea del poeta.

Una cuestión especialmente relevante que se plantean Reyes, Ojeda y Raynaud sobre Juan de la Cueva es su papel desempeñado —sin soslayar su pertenencia a la generación de los «trágicos filipinos» o a la «generación de los ochenta» (Jerónimo Bermúdez, Lupercio Leonardo de Argensola, Andrés Rey de Artieda, Cristóbal Virués, Gabriel Lobo Lasso de la Vega, Miguel de Cervantes)— en el controvertido proceso de creación de la *comedia nueva* que triunfaría con Lope de Vega. En su respuesta recalcan la aportación del teatro de Cueva y su confluencia en la renovación teatral que se estaba produciendo en los últimos años del XVI y principios del XVII. Tras ofrecer una adecuada síntesis de los enjuiciamientos que la crítica ha realizado a lo largo de los años de la dramaturgia de Juan de la Cueva, nuestros editores subrayan certeramente su significado y trascendencia en el teatro del Siglo de Oro.

En el mismo sentido, encontramos en el brillante estudio introductorio una óptima estimación del pensamiento poético de Cueva, señalando sus fuentes teóricas y evaluando algunas claves de su aportación a la aparición de la *comedia nueva*: la acomodación del teatro a los tiempos nuevos por los que justifica los cambios introducidos en el teatro, la inobservancia de las unidades de lugar y de tiempo, la introducción de personajes trágicos en las comedias y, por consiguiente, la abolición de la rígida separación entre tragedia y comedia, si bien mantiene teóricamente la división de la pieza teatral en comedias y tragedias, la reducción de cinco a cuatro jornadas, la conciencia de que su teatro es ejemplo para la vida. Entre los preceptos de Cueva que, a su juicio, coadyuvan al éxito de la comedia señalan la búsqueda de novedad argumental, el decoro en la traza de los personajes, la acomodación del estilo y métrica al asunto tratado y del estilo al personaje y el desenlace feliz.

Un gran acierto de Mercedes de los Reyes, de Mª del Valle Ojeda y de José Antonio Raynaud ha sido la elección de las dos comedias que editan y estudian, *El tutor* y *El viejo enamorado*, pues ambas presentan y desarrollan el mismo conflicto dramático, la pretensión lujuriosa de un viejo sobre una dama ya comprometida amorosamente con un joven galán, y tienen la misma finalidad moral y su género dramático es muy similar, pues el asunto ha sido enfocado desde dos perspectivas cómicas: si la primera es considerada «comedia cómica», la segunda, «comedia seria». Las semejanzas entre ambas piezas afectan también a otros aspectos como el número de jornadas —que resulta común al corpus teatral de Cueva— o el lugar de la acción dramática situada en Sevilla. Bien es verdad que —como han señalado nuestros editores— las dos piezas teatrales muestran importantes diferencias, como la organización y distribución de la materia dramática; la distinta realización genérica, que, por ejemplo, tiñe de matices distintos el lugar de la acción dramática (más lúdica en *El tutor* y más oscura y hostil en *El viejo enamorado*); el número de personajes, mucho mayor en esta que en aquella —lo que afecta al desarrollo de la trama y al protagonismo de la acción—, igual que la presencia de personajes mitológicos o alegóricos, que abundan en la segunda mientras que no existen en la primera. Pero es evidente que —como subrayan nuestros editores— la comedia de *El tutor* es mejor que *El viejo enamorado*, y tal vez la más lograda de todo el corpus teatral de Juan de la Cueva por su «propuesta dramática, estructura, tipología de los personajes y el uso de la métrica».

Una cuestión especialmente interesante que se plantean nuestros autores es la de por qué Juan de la Cueva escenificó dos veces, al fin y al cabo, el mismo asunto del tópico proverbializado del *senex amator / virgo* —que, por otra parte, han rastreado en la tradición literaria, desde la Antigüedad grecolatina hasta el Renacimiento español, especificando las peculiaridades que muestra en estas dos comedias de Cueva—, y de forma acertada sugieren que la respuesta tiene que apelar al «deseo de experimentación sobre los distintos recursos dramáticos en busca de la más adecuada expresión teatral». A su juicio, con la puesta en escena de estas dos comedias, «caras de una misma moneda», Cueva pretendería «mostrar ante el público un mismo tema de forma diversa, demostrando sus distintas posibilidades o, incluso, su capacidad como literato y dramaturgo».

El análisis que Reyes, Ojeda y Raynaud hacen de las dos comedias que editan es muy pulcro. Los autores estudian con precisión y rigor todos los aspectos importantes de las dos piezas teatrales. Así, por ejemplo, la recepción crítica de ambas comedias se limita, con buen criterio, a las aportaciones que los investigadores han realizado en los últimos veinticinco años, y parten del sugerente juicio que los estudios de Rinaldo Froldi jalonan sobre el dramaturgo sevillano, cuya figura queda precisamente ajustada, pues, por un lado, se destaca la coherencia y el valor intrínseco de su dramaturgia, que debe recibir por esto mismo la necesaria atención crítica —lamentan los escasos estudios realizados sobre el teatro de Cueva, hasta el punto de no existir, por ejemplo, una edición crítica de *El viejo enamorado*, lo que justifica, obviamente, esta edición y que el estudio de esta comedia sea más extenso—, y, por otro, se acentúa su importancia en el panorama finisecular del teatro del XVI, sin necesidad de enfocar su figura bajo la sombra de Lope ni su proyección hacia el movimiento trágico ni la *comedia nueva*. Y, así, desde estas reconsideraciones críticas nuestros autores abordan los estudios y ediciones de las dos comedias de Juan de la Cueva, explicando oportunamente sus claves dramáticas.

Reyes, Ojeda y Raynaud hacen un detallado análisis métrico de las dos comedias, que va más allá de la simple exposición en cuadro sinóptico de los cauces estróficos empleados, pues, de forma muy distinta, nuestros autores realizan un minucioso estudio de la versificación de ambas piezas de Cueva, relacionando los resultados con los datos que se observan en sus otras comedias e incluso con las de otros ingenios de su tiempo, de manera que señalan los tipos de cauces estróficos (redondillas, octavas, tercetos y estancias, que son comunes a las dos comedias, y endecasílabos sueltos, que aparecen solo en *El viejo enamorado*), sus porcentajes, los cambios de metro que se dan en la obra, incluso en cada jornada, y los cauces estróficos que usa el poeta para el inicio y el cierre de cada jornada; el uso y función de cada estrofa y de los cambios estróficos. Este análisis métrico, que se observa nítidamente en los dos cuadros sinópticos de las «estructuras dramáticas» y de las «formas métricas» distribuidas por jornadas de las dos comedias, les permite concluir que Cueva en la comedia *El tutor* ha usado de forma muy notoria la redondilla, lo que concede a la pieza un ritmo rápido, ágil y fluido que repercute en su comicidad. Sin embargo, en *El viejo enamorado* la redondilla comparte su protagonismo con la octava real, lo que redunda en una menor agilidad y en un ritmo mucho más lento y una menor comicidad. No se debe obviar, al tratarse de dos obras teatrales, la atención que nuestros autores han dedicado a otros aspectos de las dos comedias que estudian y editan, como su representación en los corrales sevillanos, precisando las fechas, los autores que las llevaron a las tablas, los teatros que las acogieron, o las autoridades que asistieron a las puestas en escena.

El estupendo y riguroso estudio que realizan Reyes, Ojeda y Raynaud nos ofrece un exquisito capítulo dedicado a los personajes de *El viejo enamorado*, con las observaciones previas de algunas peculiaridades que presenta el teatro de Cueva al respecto: número de personajes masculinos y femeninos, posible representación de algunos personajes femeninos por varones, de acuerdo con la configuración de los grupos teatrales, el uso de máscaras para la representación de alegorías. Así, señalan que las dos únicas «verdaderas» figuras femeninas de la pieza son Miranda y Olimpia, que ofrecen una imagen contradictoria en cuanto a la honestidad de la mujer. Cabría subrayar que nuestros editores no se limitan al simple estudio de la caracterización de los personajes de la comedia, sino que a cada paso hacen oportunas referencias a todo el corpus dramático de Cueva, de manera que los análisis o las reflexiones sobre los personajes tienen un alcance muy amplio que va de lo particular a lo general, y viceversa, quedando siempre enmarcado en las referencias al teatro de su tiempo. Así, además de hacer un examen pormenorizado de los personajes, reflexionan sobre sus orígenes, onomancía, función y significado. El brillante estudio introductorio también disecciona otros aspectos importantes de esta comedia de Juan de la Cueva, como, por ejemplo, su estructuración dramática en escenas y secuencias, destacando la jornada tercera, en la que hay más escenas y secuencias y en la que se dan los dos momentos álgidos de la pieza, como la que presenta una mayor concordancia entre la línea argumental y los recursos dramáticos empleados por el sevillano; el uso de los apartes, los espacios dramáticos, su funcionalidad y significado en la comedia, o incluso la presencia y distribución de los personajes en la escena.

Una novedad especialmente destacada en el amplísimo panorama de las ediciones críticas de nuestro teatro áureo que vemos, gratamente, en esta edición es el epígrafe que nuestros autores han introducido para presentar un proyecto de puesta en escena de *El viejo enamorado*. Como observan con razón Reyes, Ojeda y Raynaud, el teatro del XVI arroja una desoladora información acerca de la escasísima representación que tuvo el inmenso corpus de obras teatrales, a pesar de que los propios textos están llenos de signos que indican su esencia representativa. De acuerdo con esta realidad y con la convicción del propio Cueva, que en su *Ejemplar poético* había expresado su deseo y conciencia de escribir su teatro con la finalidad de representarlo, los editores examinan esta comedia señalando la red de didascalias explícitas e implícitas —que, sin duda, son las más importantes— que indican el inherente carácter representacional de la pieza, revelando información sobre el decorado, los objetos presentes en las tablas y, especialmente, el movimiento escénico de los personajes y espacios teatrales. Y, de acuerdo con esta esencia representacional del teatro de Cueva, ofrecen un excelente botón de muestra —un fragmento de la jornada tercera, vv. 2447-2486— como ejemplo de la capacidad y potencia escénica de la pieza.

Reyes, Ojeda y Raynaud, desde la perspectiva de la crítica textual o filológica, nos revelan los criterios que han seguido para editar las dos comedias de Juan de la Cueva, el testimonio que han tomado como texto base y el cotejo realizado con otros dos testimonios, y la muestra detallada del aparato crítico resultante de la colación; también señalan con claridad y precisión los criterios de edición seguidos para el establecimiento del texto en las dos ediciones; asimismo, han optado por una óptima presentación de los textos (numeración de versos a la derecha, sangrado de estrofas, señalización de los apartes, de entradas o salidas de personajes, indicación a pie de página de acotaciones). Igualmente, con muy buen juicio, han incorporado una nota lingüística en la que se muestran los rasgos comunes de la lengua castellana del Siglo de Oro que aparecen en las dos comedias. Puede afirmarse que la edición crítica de las dos comedias de Cueva que han realizado Reyes, Ojeda y Raynaud es intachable. El lector, tanto el especialista o iniciado como el simple aficionado a la literatura y al teatro, puede leer el texto muy fácilmente gracias al tratamiento seguido por los editores en sus criterios de edición, pues el lenguaje se ha modernizado conforme a las normas actuales de nuestra lengua, manteniéndose todos aquellos rasgos ortográficos que tienen valor fonológico y gracias a un inmenso corpus de notas a pie de página que desentrañan todas las dificultades que pudiera encontrar el lector, cualquiera que sea la índole o naturaleza de aquello que pudiera impedir o entorpecer la lectura. Así, nos encontramos, afortunadamente, una batería de notas de carácter lingüístico que nos aclaran todos los fenómenos característicos de la lengua del Siglo de Oro, ya sean de naturaleza léxica, sintáctica, fonética u ortográfica (asimilaciones, grupos consonánticos, latinismos, vacilaciones, alternancias verbales, anteposición del pronombre a la forma verbal del imperativo), ya sean palabras o expresiones propias del lenguaje de jerga o germanía.

Reyes, Ojeda y Raynaud han exhibido una vastísima erudición en las notas a pie de página con la finalidad de aclarar de forma pertinente y oportuna todos los *loci obscuri* que pudieran presentar las dos comedias de Cueva y que pudieran resultar difíciles para su comprensión. Con este ánimo han desplegado toda una batería de saberes para explicar detalladamente alusiones, referencias o semejanzas literarias que pudiera haber en las dos piezas editadas; asimismo, comentan los motivos o tópicos literarios, episodios o anécdotas históricas, y explican todas las palabras, expresiones o refranes, ideas o conceptos y rasgos propios de la tradición amorosa (neoplatonismo, petrarquismo, amor cortés), de ámbitos específicos como la medicina, el vestido, las costumbres, los lugares y espacios de Sevilla, medidas de espacio y de tiempo, y de un larguísimo etcétera de materias y campos y registros lingüísticos y literarios que quedan perfectamente aclarados. Las notas a pie de página comentan igualmente todos los aspectos de las piezas teatrales que resultan decisivos para comprenderlas bien y conocer mejor la técnica dramática de Cueva, así se explayan rigurosamente en explicaciones sobre los personajes, la intriga, la representación, el disfraz, las figuras morales o alegóricas, y un práctico etcétera que hasta nos permitiría poner las dos comedias en escena.

Como ya es hora de concluir estas palabras prologales —que a todas luces son prescindibles porque los libros excelentes como este no necesitan presentación alguna—, quiero hacerlo afirmando con rotundidad que tenemos en nuestras manos una edición crítica modélica, digna de ser tomada como fuente de inspiración por todo aquel que se adentre en esta ardua y fatigosa tarea de editar a un clásico, que reúne de forma equilibrada todos los elementos o componentes que, a mi juicio, resultan imprescindibles en toda buena edición crítica: la fijación rigurosa y precisa del texto de acuerdo con el preciso método filológico (mostrando el aparato crítico), un detallado y completo estudio introductorio que explica todas las claves de las comedias editadas (tema, personajes, técnica dramática, versificación, representación...), insertadas en el contexto dramático de Juan de la Cueva y del teatro finisecular del siglo XVI, y una amplia y generosa galería de notas a pie de página que desentrañan y explican puntualmente todo aquello que resulta necesitado o susceptible de comento para la perfecta comprensión de las obras editadas. Así pues, felicitémonos todos por tener en nuestras manos una extraordinaria edición crítica, un dechado filológico, la edición y estudio de un clásico de nuestro Siglo de Oro, de Juan de la Cueva, cuya figura y obra quedan sindéricamente revalorizadas para la historia y crítica de nuestro teatro, que ahora —y es lo más importante para todos— podemos disfrutar plenamente. Y sí, no cabe duda, gracias a Mercedes, a Mª del Valle y a José Antonio estamos de enhorabuena porque su libro nos demuestra gratamente que la justicia poética no siempre es una quimera.

Juan Matas Caballero

Introducción

I. Juan de la Cueva: dramaturgo*

Juan de la Cueva, «vez*ino* e natural de la ciudad de Seuilla», fue hijo legítimo del doctor Martín López de la Cueva y de doña Juana de la Cueva, su legítima mujer, como declara en su testamento[1]. Su padre fue letrado de la Inquisición hispalense y su madre, hija de un médico. Bautizado el 23 de octubre de 1543 en la parroquia de Santa Catalina, colación a la que pertenecía su casa familiar situada en la calle de la Alhóndiga[2], murió en 1612 en la ciudad de Granada[3]. Para Ruth Pike, el poeta intenta vincular los orígenes de su familia con Beltrán de la Cueva, favorito de Enrique IV de Castilla (1454-1474), en su *Historia y sucesión de la Cueva* (cuya dedicatoria está firmada el 15 de septiembre de 1604), sin que existan datos documentales que lo prueben. Aunque de forma tradicional se ha aceptado que su familia pertenecía a la casta de los cristianos viejos y que probablemente era de noble prosapia, la citada investigadora intenta demostrar sus orígenes conversos, a partir del expediente de limpieza de sangre realizado a su sobrino Alonso Verdugo con motivo de su petición de ingreso en la Orden de Santiago[4].

---

* Dado que los datos sobre la biografía, obra y teoría dramáticas de Juan de la Cueva no han sufrido cambios esenciales desde que los abordamos en la edición de El príncipe tirano. Comedia y Tragedia, 2008 (hoy agotada), hemos considerado oportuno reproducirlos en la presente edición, si bien con las supresiones, variantes y adiciones derivadas de su nueva ubicación y de las aportaciones críticas surgidas en estos últimos años. Para el lector interesado en nuestro estudio y edición de ambas obras, véase el volumen completo en Biblioteca Virtual Miguel de Cervantes, 2021.

[1] «[Testamento de Juan de la Cueva]», en Reyes Cano, 1981, pp. 115-119, la cita en p. 115.

[2] Montoto, 1932. En la partida de bautismo, los apellidos de su padre son «Núñez de la Cueva» y el de su madre «de las Cuevas». En cuanto a la situación de la calle de la Alhóndiga en el plano urbano de Sevilla, entonces y ahora, conviene señalar que al menos desde el siglo XIII se denominaba calle de la Alhóndiga «al largo tramo comprendido entre la iglesia de Santa Catalina y la plaza de San Leandro, ya que allí se ubicaba la alhóndiga del pan, es decir, el mercado y pósito central de granos de la ciudad». Desde la apertura de la calle Juan de Mesa en la década de 1920, la iglesia de Santa Catalina quedó «exenta e incluso un tanto distante de Alhóndiga». El tramo de la actual calle Alhóndiga comprendido desde San Leandro a Boteros no adquirió tal denominación hasta 1868. Cuando la alhóndiga perdió su funcionalidad en el último tercio del siglo XIX, se realizaron distintos proyectos de reutilización, decidiendo finalmente levantar en su lugar el Palacio de Justicia, acabado en 1907. Tras su traslado a finales de la década de 1960, el edificio quedó largo tiempo vacío, siendo después rehabilitado y convirtiéndose en sede de la Hemeroteca, el Archivo Municipal y el Archivo Histórico Provincial de Sevilla (*Diccionario histórico de las calles de Sevilla*, 1993, vol. I, *s. v. Alhóndiga, calle*).

[3] Para una biografía de conjunto más extensa y detallada del escritor, véanse Reyes Cano, 1980, pp. 57-88; Cebrián, 1992, pp. 9-35; Burguillo, 2010, pp. 31-54; y, en fecha más reciente, Matas Caballero, 2018 y Pérez Priego, 2018.

[4] Pike, 1994. Alonso Verdugo —bautizado en 1596— era hijo natural del doctor Sancho Verdugo, casado desde el 30 de octubre de 1583 con Juana de la Cueva, la hermana menor de nuestro dramaturgo. Sancho Verdugo era fiscal en la Real Audiencia de Sevilla por el año de 1606 y posteriormente ejerció el mismo cargo en la Real Audiencia y Chancillería de Granada (Cebrián, 1991, pp. 59-60).

Juan de la Cueva se formó en la ciudad hispalense, donde siguó plausiblemente las enseñanzas de Juan de Mal Lara, que había abierto estudio en Sevilla, en 1549, tras su regreso de Salamanca; y estuvo en relación con la nobleza y los intelectuales sevillanos, manteniendo una continuada guerra contra la «Invidia» de sus colegas y del «Vulgo», en palabras de Fredrik Wulff, quien ofrece una lista de los personajes –parientes, amigos o escritores– que Cueva menciona de una manera u otra en su obra[5]. Una envidia que, por otra parte, él también sentía de aquellos. Asistió y partricipó en los cenáculos poéticos que se reunían en torno a próceres sevillanos, como Juan de Arguijo, Francisco Pacheco o el Conde de Gelves, movido por la respuesta que hallaba en ellos a una de las tres coordenadas o "vértices del triángulo" orientadores y configuradores de su vida literaria, como pone de manifiesto Ignacio García Aguilar. La citada élite cultural estaba presente de un modo u otro «tanto en los espacios académicos como en los soportes impresos emanados de la ciudad hispalense», siendo las otras dos coordenadas o "vértices" «da aceptación entre los iguales perseguida mayoritariamente a través de su inserción en los cículos academistas, donde moraban en compañía de Apolo, las musas invocadas por el poeta» y «da sanción del mercado cifrada en el vulgo y en la difusión impresa de sus obras»[6]. En la ciudad hispalense, conoció a D.ª Felipa de la Paz, dama sevillana inspiradora de sus versos amorosos. Sobre el tipo de relación que pudieron mantener, José María Reyes Cano, tras los datos hallados en sus obras, estima que «posiblemente hubo una inclinación sentimental de Cueva hacia ella, si bien en ningún momento parece ser que fue correspondido»[7].

Buen conocedor de la literatura clásica, en particular de la latina, Juan de la Cueva cultivó diversos géneros: teatral, epistolar y poético, siendo autor lírico petrarquista, con facetas también antipetrarquistas, y poeta épico culto. A ello, hay que añadir su condición de preceptista y traductor[8]. Reyes Cano apunta, además, la posibilidad de que fuera novelista, si hemos de creer las palabras del propio Cueva en unos versos del *Viaje de Sannio* (16 de junio de 1585, fecha de la «Dedicatoria»), aunque sus novelas no hayan sido localizadas hasta la fecha:

---

[5] Wulff, 1887, pp. LVIII-LXXI; las palabras referidas en p. LIII.

[6] Véase el interesante y bien documentado artículo de García Aguilar (2018), al que pertenecen las citas y en el que expone ampliamente las conflictivas relaciones de Juan de la Cueva con los academistas coetáneos, su desprecio del vulgo y sus aspiraciones a la alta valoración y perduración de su obra literaria.

[7] Reyes Cano, 1980, p. 85.

[8] Sin localización actual conocida, Gallardo referencia la traducción de la *Oficina / de / Ivan Ravisio Tex / tor / Traduzida de Len / gua Latina en Española / Por / Ivan de la Cueva / i / An'edida de Muchas otr / as Cosas. 1582*, ms. original, 4º, autógrafo en gran parte; el resto, de varias manos. Su poseedor en 1844, en Cádiz, era el ex-diputado por Venezuela D. Fermín de Clemente (Gallardo, t. II, 1866, p. 736, núm. 1967). Una poliantea esta cuyo uso se advierte, por ejemplo, en la *Comedia del príncipe tirano*, como señalamos en nota en nuestra edición (2008), o en la *Comedia del viejo enamorado*, aquí editada.

> i mudando el estilo a más alteza
>
> tengo hecho un volumen de tragedias,
>
> de obras de amor un grande cartapacio
>
> i escritas más novelas qu'el Bocaccio (l. IV, estr. 33)[9].

En 1574, Juan de la Cueva viajó a México con su hermano Claudio, que había obtenido una media ración en la catedral, residiendo allí hasta 1577. Esta estancia en Nueva España dejaría profunda huella en su producción hasta el punto de que el primer conjunto de sus obras poéticas –un total de treinta y dos– aparecieron incluidas en el cancionero mexicano *Flores de varia poesía*, fechado en 1577, que reúne composiciones de diversos autores. A su regreso a Sevilla, cultivaría sus facetas dramática y poética, pues entre 1579 y 1581 comediantes profesionales estrenaron en corrales hispalenses sus catorce piezas teatrales conocidas y, en 1582, bajo el título de *Obras*, el impresor Andrea Pescioni publicó una parte de sus composiciones de tipo amatorio[10]. Claudio de la Cueva, ascendiendo en su carrera eclesiástica, llegó a ser visitador e inquisidor apostólico en las islas Canarias, adonde lo acompañó su hermano Juan, y, por último, en 1606, ocupó una vacante en el tribunal inquisitorial de Cuenca, adonde también lo siguió el poeta[11]. Tras la muerte de aquel a finales de abril de 1611, Juan de la Cueva se trasladó a la ciudad del Darro, viviendo en compañía de su hermana Juana y de su esposo el doctor Sancho Verdugo, fiscal en la Real Audiencia y Chancillería de Granada. Allí, gravemente «enfermo, acostado en la cama, y en mi mejora y juizio y entendimyento natural», otorgó testamento el 4 de octubre de 1612, que no pudo firmar por tener «ympedida la mano derecha», rogándole a su sobrino Alonso Verdugo que lo hiciera y nombrando como albaceas a su hermana y a su cuñado[12].

En la mandas de su testamento, queda de relieve la relación con su ciudad natal y con el barrio en cuya parroquia fue bautizado y se crió. Así, entre ellas, ordena fundar una capellanía de misas con sus bienes en la iglesia parroquial de Santa Catalina, «que se digan por mi ánima e de los *dichos* mis padres, e de mis her-

---

⁹ Reyes Cano, 1981, p. 134. Para el *Viaje de Sannio*, véase la ed. de Cebrián, 1990, primera que reproduce el manuscrito autógrafo definitivo, donde la citada estrofa es la núm. 36 del Cuarto Libro (p. 104). El conjunto de su producción conocida –«más amplia de lo que en principio puede parecer»–, agrupada por géneros, puede verse en Reyes Cano, 1980, pp. 89-98 (la cita en p. 89).

¹⁰ Este conjunto de poemas, primer *corpus* importante de la poesía lírica de Cueva, es analizado por Reyes Cano, 1980.

¹¹ Véase para estos años en que ambos hermanos residieron en Cuenca (1606-1611), Cebrián, 1984.

¹² Citamos dicho testamento por Reyes Cano, 1981, a quien pertenece su publicación. La puntuación y acentuación nos corresponden (las citas en pp. 115 y 119).

manos y ascendientes, y de mis bienhechores y todos aquellos que tengo oblig*ació*n» y que se lleve su cuerpo «a el entierro que los di*c*hos mis padres tienen en el ospital del señor San Ermenegildo de la ciudad Seuilla, que bulgarmente llaman el ospital del Cardenal»[13], y «que se cumpla con la mayor breuedad que seaposible, por lo menos dentro de vn año o año y medio, y de ning*un*a manera se dexe de hazer ansí»[14]. Como confirma el expediente generado por la fundación de la capellanía de misas, donde se halla la copia de su testamento, Juan de la Cueva dispuso siempre de escasos recursos económicos. Lo hemos visto viviendo al amparo de sus hermanos y, a su muerte, los bienes que posee se limitan, además de a su propia producción literaria, a un total de 200.125 maravedís[15], que, tras los gastos ocasionados por su funeral, entierro, misas y traslación de sus restos desde Granada a Sevilla, «no quedan enteramente quinientos ducados para poder fundar la di*c*ha capellanía». La cantidad faltante para la citada fundación la suplirán su hermana Juana de la Cueva y su cuñado Sancho Verdugo[16].

Muy interesante es la cláusula del testamento relativa a la custodia de sus obras, que también desea que se haga en la ciudad hispalense. Se trata de un texto que no nos resitimos a transcribir por los datos que ofrece sobre el Juan de la Cueva escritor. Convencido de la bondad de su obra, temeroso de sus detractores y enmendadores a los que en ocasiones ataca con crudeza, y preocupado por su conservación para la posteridad, ordena:

Otrosi digo que por quanto en el discurso de mi vida e hecho mumchas obras de poesía, algunas de las quales andan ympresas con facultad real y las demás tengo rrecogidas que las vnas y las otras hazen nueue o diez cuerpos, y deseo que lo que he trauaxado no se pierda sino que quede memoria; para este efeto, considerando qu'*n* ninguna parte se pueden conserbar mejor ni con más seguridad que en la librería del cobento de la Cartuja

---

[13] El Hospital del Cardenal –también llamado de los Heridos– fue fundado por el cardenal Juan de Cervantes, arzobispo de Sevilla entre 1449-1453, bajo la advocación de San Hermenegildo. Estaba situado en la actual calle Cardenal Cervantes, así rotulada desde 1900 tras otras denominaciones. A finales del siglo XV, era conocida como calle del Hospital del Cardenal, el cual fue convertido en 1837 en Hospicio de San Fernando y más tarde en asilo de mendicidad. Como consecuencia de la demolición de este antiguo hospital en la década de 1960, se abrió la calle Francisco Carrión Mejías, que desemboca casi enfrente de la parroquia de Santa Catalina (*Diccionario histórico de las calles de Sevilla*, 1993, vol. I, *s. v. Cardenal Cervantes, calle*; y Ros, 1986, pp. 97-101).
[14] Reyes Cano, 1981, pp. 115-117, a las que pertenecen las citas.
[15] Era la parte y cantidad que tenía y le pertenecía de unas casas principales «en la calle de Alhóndiga junto y linde con vna barrera sin salida y con casas de la yglesia de San Salvador», que le había sido adjudicada en la partición de bienes de su madre (Reyes Cano, 1981, pp. 114-115, la cita en p. 114).
[16] Reyes Cano, 1981, p. 119.

de la ciudad de Seuilla, que bulgarmente nombrase conbento de las Cuevas, mando todas las di*ch*as mis obras, ansi las que'stán ynpresas como las que'stán escritas de mi mano, a el di*ch*o conuento de cartujos y suplico a mi padre prior e frayles del di*ch*o conuento acaten esta manda, aunque sea yndina por su cortedad, y manden que las di*ch*as mis obras se pongan en las librerias del di*ch*o conuento con los demás libros della para que'stén en ellas, y pido y encargo a los di*ch*os señores y al di*ch*o señor licenciado Rodrigo de Cabrera y a cada vno den horden como las di*ch*as mis obras se lleben a la di*ch*a ciudad de Sevilla y hagan la ynstancia, la neçesaria, con el di*ch*o mi padre prior e frayles del di*ch*o conbento para que, aceptando la di*ch*a demanda, pongan en la librería del di*ch*o conuento las di*ch*as mis obras, como di*ch*o es[17].

Esta estrecha relación con Sevilla queda tambén de manifiesto en su creación literaria. Un claro ejemplo lo muestra la canción petrarquista «De Juan de la Cueva a la ecelsa ciudad de Sevilla», que figura en los Preliminares (s. fol.) de su poema heroico *Conquista de la Bética*, «en que se canta la restauración y libertad de Sevilla por el Santo Rey Don Fernando» (Sevilla, Francisco Pérez, 1603), donde el poeta incluye su propio retrato (Lámina 1.1)[18]. En el remate o envío de ese poema de alabanza, Cueva se dirige a la Canción, como era habitual en este tipo de composiciones, con expresivos e hiperbólicos versos que ponderan aún más las grandezas cantadas de Sevilla:

> Si oyendo las grandezas que has cantado,
> alguno fuere osado
> a no creer tu verdad, Canción, advierte
> que no puede ninguna ofensa hacerte,
> que la verdad te ampara y lleva al lado;

---

[17] Reyes Cano, 1981, p. 118.

[18] La cita pertenece a la portada de la edición. En su transcripción, así como en las de otros pasajes de creación literaria tomados directamente de ediciones de la época, seguimos los mismos criterios fijados para las comedias aquí publicadas (véase el apartado «Criterios de edición»). Un breve estudio de conjunto de esta obra y de su valoración por la crítica posterior, en Cebrián, 1991, pp. 115-124. Junto a este retrato de Juan de la Cueva, nos hemos permitido incluir otro (Lámina 1.2) considerado por ciertos críticos plausiblemente de nuestro autor. Se trata del pintado por Francisco Pacheco, que no llegó a publicar en su *Libro de descripción de verdaderos retratos de ilustres y memorables varones* (Sevilla, 1599), conservado exento en la Biblioteca Nacional de España (Sig. 404) e incluido por Pedro M. Piñero Ramírez y Rogelio Reyes Cano en su edición del *Libro de retratos* de Pacheco (1985), con el núm. [64], p. 423, con el epígrafe de «[Retrato de personaje desconocido]», sin identificación, desde donde lo reproducimos. Para un estudio comparativo de ambos retratos y la posible identificación del segundo de ellos con nuestro autor, junto a las diversas razones que podría explicar su exclusión de ese parnaso poético sevillano pintado por Pacheco, véase García Aguilar, 2018, pp. 149-151.

> y dile que has dejado maravillas
>
> de que pueden hacer muchas Sevillas,
>
> que en tan inumerable y grande suma
>
> faltó el ingenio y se cansó la pluma.

De manera menos hiperbólica y sin eludir en ella la presencia de criados fanfarrones, rameras, mancebías, alcahuetas…, aparece la ciudad, bajo su denominación latina —*Hispalis*—, en sus comedias, como lugar prioritario donde se desarrolla la acción, cuyos topónimos, reconocidos por los espectadores, contribuirían a dar verosimilitud a la historia escenificada:

a) Sus personajes transitan por barrios o calles nominadas:

> LEOTACIO   Toma el camino y haz vía.
>
> LICIO   Anda, que sin más sosiego
>
>   contigo me veré luego
>
>   dentro del Alcaicería.
>
>   […]
>
> LICIO   Yo voy a la Alcaicería
>
>   a traer, señora mía,
>
>   lo que el asno está comprando.

(El tutor, vv. 1252-1255 y 1381-1383.)

La calle principal del barrio de la Alcaicería, de tiendas y artículos selectos, ocupaba el segundo tramo de la calle Hernando Colón, el más próximo a la Catedral[19]. De origen árabe, «en la época castellana fue uno de los centros del comercio de paños», la cual, a finales del siglo XVI, es descrita por Alonso Morgado en su *Historia de Sevilla* en estos términos: «Y la otra suma riqueza de la Alcaycería o Alcaycería de Oro y plata, perlas, cristal, piedras preciosas, esmaltes, coral, sedas, brocados, telas riquísimas, toda sedería y paños muy finos. Es la Alcaycería vn barrio de por sí lleno de tiendas de plateros y escultores, sederos y traperos, con toda la inmensa riqueza, que se vela de noche, con sus puertas y alcaide, que también de noche las cierra con

---

[19] *Diccionario histórico de las calles de Sevilla*, 1993, vol. I, *s. v. Hernando Colón, calle*. Por el contexto, no creemos que Cueva aluda a la actual calle Alcaicería, muy cercana a la basílica de San Salvador.

llave»[20]. De esta manera, Cueva contemplaría la Alcaicería, hallando en ella el lugar ideal para mercar las exquisitas telas que Leotacio deseaba ofrecer a Aurelia:

LEOTACIO   Licio, mi bien y consuelo,

llévale, pues así queda,

un par de piezas de seda,

de damasco y terciopelo.

 De telas de oro y plata,

otras dos le llevarás,

con que sé que moverás

a la que más se recata.

(*El tutor,* vv. 1240-1247.)

En *El infamador*, será la calle Real, actual San Luis[21], donde habita Eliodora, por la que discurre Ortelio y recorren Eliodora y Felicina camino del río:

Dejela cual mandó y, como volviese

por la calle Real, mi desatiento

fue tal por darte nuevas de Teodora

que sin pensarlo di con Eliodora.

 De su casa a la calle iba saliendo

con sola su criada Felicina

y dijo así, como me vio, riendo:

---

[20] *Diccionario histórico de las calles de Sevilla*, 1993, vol. I, *s. v. Hernando Colón, calle.*

[21] Calle esta que tuvo el nombre de calle Real desde el siglo XVI (1533) y así figura en el plano de Olavide (1771), aunque también «se completa su denominación con el nombre de la parroquia por la que pasa: Real de San Marcos, Real de Santa Marina o Real de San Gil, y ocasionalmente, Real de las Carnicerías y Real de la Macarena; pero también puede ser nombrada únicamente como calle de San Marcos o de Santa Marina. También en alguna ocasión (1694) se alude a ella como Ancha de la Macarena. Con todo, durante el siglo XVII no es infrecuente que figure innominada como "la calle que va a los Quatro Cantillos", o la que va de San Marcos a Santa Marina. Más tarde se diferencian toponímicamente dos tramos. A partir de 1868, ambos se denominan San Luis, coincidiendo los límites de la calle con los actuales» (*Diccionario histórico de las calles de Sevilla*, 1993, t. II, *s. v. San Luis, calle*). Otra calle denominada Real o Real de la Carretería –en la denominación más antigua, cuya fecha ignoramos–, es la actual Varflora, así llamada en 1859, también conducente al río por discurrir desde Arfe al paseo de Cristóbal Colón (*Diccionario histórico de las calles de Sevilla*, 1993, t. II, *s. v. Varflora, calle*). No obstante, esta escasez de datos documentales y su menor importancia en el viario sevillano –aunque era la principal del barrio– hacen inclinarnos por la actual San Luis, más próxima a la parroquia de Santa Catalina y calle Alhóndiga, donde se hallaba la casa familiar de los Cueva. A pesar de ello, dejamos apuntada esta otra posibilidad.

«¡Bien negoció la nueva Celestina!».
No le osé replicar y ella, siguiendo
su vía, sin hablarme más camina.
Y el camino del río dirigieron,
y yo me vine y ellas dos se fueron.

(El infamador, vv. 159-170.)

Ya sin concreción, las estrechas callejas sevillanas también están presentes en Cueva:

[ORTELIO]   Díjome que torciese una calleja,

que con la casa de Eliodora linda,

y la llevase a casa de una vieja

que vive allí, que llaman Terecinda.

(El infamador, vv. 147-150.)

b) El topónimo Betis, río de Sevilla, aparece en cuatro ocasiones en El viejo enamorado, como referencia para la localización del lugar donde se desarrolla la acción:

[OLIMPIA]   Dímelo, que esta traidora

que te dejó, desde el Betis

a buscarte irá hasta Tetis,

[…]

[ROGERIO]   … y Arcelo en vuelo arrebatando

lo lleves aquel monte convecino,

que ciñe en torno Betis cristalino.

[…]

[LISA]   Por esta parte, que con ancha frente

el generoso Betis ciñe y riega

este alto monte, oigo venir gente,

atrás dejando la tendida vega.

[…]

FESTILO   Según nos dieron del lugar las señas,

sin falta es este, porque allí se muestra

Betis por cima destas altas breñas,

apartándose el llano a la siniestra.

(El viejo enamorado, vv. 1845-1847, 1465-1466, 2305-2308 y 2329-2332.)

Y a él, serán arrojados los cuerpos muertos del viejo Liboso y el mago Rogerio:

[JUSTICIA]   con pregón desde aquí llevá arrojallos

con dos pesgas al Betis…

(El viejo enamorado, vv. 2278-2279.)

En El infamador, por el contrario, el mismo río personificado rechaza, con suma dignidad y celoso de la pureza de sus aguas, servir de sepulcro a Leucino, a quien la diosa Diana ordena arrojar vivo a sus aguas:

DIANA   Este, que sin piedad en duro estrecho

puso a Eliodora, a un grave peso asido

lo arrojad en el Betis y allí muera,

porque tal muerte, tal maldad espera.

[…]

BETIS   ¡Teneos, salvajes, suspendé el echallo!

Diana, no permitas que sea echado

en mis líquidas ondas ese fiero

ni su maldito cuerpo sepultado

en el bético seno de mi impero.

Manda que sea a las fieras arrojado

o al fuego, cual su horrible compañero,

no en mí, que volveré a lanzallo fuera

como lo echaren vivo a la ribera.

DIANA   Betis, honor de la vandalia gente,

entre los ríos del mundo el más famoso,

no me niegues en eso tu corriente,

muera en ella este infame, al Cielo odioso.

<table>
<tr><td>BETIS</td><td>Diana, no es razón ni se consiente</td></tr>
</table>

BETIS   Diana, no es razón ni se consiente

dar sepulcro a ese injusto tan honroso,

que, cuando sea tu voluntad cumplida,

valdrá más esa muerte que su vida.

(El infamador, vv. 2115-2150.)

Y su ribera, frecuentada por Eliodora y Felicina, se describe como un lugar arcádico, ameno y deleitoso:

[FELICINA]   Y vamos por este prado,

cual solemos, a espaciarnos,

que esto podrá repararnos

del riguroso cuidado.

ELIODORA   Tu parecer me contenta,

sigue ese estrecho camino

por donde Betis divino

de la vista no se ausenta.

FELICINA   Aquí te puedes sentar,

que la vega deleitosa

y la ribera espaciosa

se dejan mejor gozar.

¿No te agrada este ruido

que Betis hace hiriendo

en las peñas y, saliendo,

riega el prado y verde ejido?

Mira cómo da la vuelta

y se nos desaparece,

y acullá se nos parece

la frente en ovas revuelta.

(El infamador, vv. 343-362.)

Trazada esta breve biografía de Juan de la Cueva, la concluiremos, a modo de resumen, con estas elocuentes palabras de Miguel Ángel Pérez Priego, que ilustran muy bien su doble faceta de poeta y dramaturgo, así como la consideración en la que fue tenido por sus contemporáneos y la opinión que él mismo tenía sobre su obra:

> Juan de la Cueva cultivó casi todos los géneros literarios que dominaban en su época, desde la poesía amatoria de corte petrarquista hasta el poema burlesco, pasando por los romances, las églogas, los poemas alegóricos y mitológicos, la teoría poética y el teatro. Como poeta no gozó del aplauso de sus contemporáneos y mostró siempre cierta inseguridad sobre la calidad de su obra, lo que le llevó a adoptar una postura, cuando no crítica y polémica, de desengaño y apartamiento de los círculos literarios. Advertido, sin embargo, del gran auge del teatro comercial en esos años, se dedicó casi en exclusiva a la composición de obras teatrales, lo que hubo de proporcionarle ganancias económicas y notoriedad[22].

El interés y orgullo por su propia obra dramática se observa por la preocupación de dar a la imprenta su producción teatral. Bajo el título de *Primera parte de las comedias i tragedias de Ivan de la Cveva. Dirigidas a Momo*, Sevilla, Andrea Pescio[ni], 1583, A cos[ta] de Iacome López y de Antonio de Acosta, M[…] (Lámina 2), con licencia y facultad de impresión otorgadas por Felipe II, el 26 de marzo de 1583[23], han llegado hasta nosotros diez comedias y cuatro tragedias, estrenadas en corrales sevillanos entre 1579 y 1581. Muy pronto debió pensar Cueva en una nueva edición, quizás motivado por el éxito de ventas, o por la falta de privilegio de impresión explícito en la licencia –pedido por diez años o por el tiempo que el Rey estimase–, o por la mala calidad del texto impreso, a juzgar por lo que el poeta indica en la portada de la segunda. Lo cierto es que por cédula real del 1 de septiembre de 1584 obtuvo por segunda vez de Felipe II licencia y, ahora sí, facultad para que durante diez años –él había solicitado veinte o el tiempo que el monarca estimara– pudiera imprimir y vender dicho libro, a partir de la data de la cédula[24]. Como muestra el contenido de la misma, en esta segunda ocasión Cueva pondera ante el Rey su libro y el esfuerzo realizado en su composición:

---

[22] Pérez Priego, 2018.

[23] La portada del único ejemplar conocido de esta edición se halla deteriorada, impidiendo dicho deterioro parte de su lectura, rehecha aquí –en lo posible– entre corchetes.

[24] Mientras que en la portada de 1583 la fórmula empleada es «Con licencia de Sv Mages[tad]», en la de 1588 se sustituye por «Con privilegio» y se añade debajo la tasa: «Está tassado a cinco blancas el pliego», que faltaba en aquella.

Por cuanto por parte de vos, Juan de la Cueva, vecino de la ciudad de Sevilla, ha sido hecha relación que habíades compuesto un libro de comedias y tragedias en lengua castellana, el cual era muy útil y provechoso y os había costado mucho trabajo [...] (h. A$_2$r.).

Esta segunda edición no verá la luz hasta cuatro años más tarde: *Primera parte de las comedias y tragedias de Ioan de la Cveva. Dirigidas a Momo*, Sevilla, Ioan de León, 1588 (Lámina 3)[25], a costa de Fernando de Medina Campo (h. A$_2$r.)[26]. En la portada, desaparece el escudo o la marca de imprenta de Andrea Pescioni y se advierte: «Van añadidos en esta segunda impresión en las comedias y tragedias argumentos, y en todas las jornadas. Enmendados muchos yerros y faltas de la primera impresión». También se añaden en los Preliminares unos tercetos laudatorios sobre Cueva y su obra de un tal Miguel Díaz de Alarcón[27], que contienen, entre otros, estos desmesurados elogios, los cuales gozarían de la total complacencia de Cueva:

> Y aquesto la licencia me concede
>
> que diga que a los graves escriptores
>
> en dichos y sentencias les excede.
>
> Plauto y Terencio, y los demás autores,
>
> con ser del arte cómica la prima,
>
> le dieran lauro sobre los mejores.
>
> Eurípides, que tuvo mejor clima
>
> en el estilo trágico y más fundado,
>
> hiciera destas obras grande estima.
>
> Y si viera pintar tiranizado
>
> un reino con gravísima insolencia,
>
> temiera el solo verlo recitado

---

[25] Para los ejemplares localizados de la primera y la segunda edición, véase *infra* «Testimonios cotejados».

[26] Juan de León comenzó a imprimir en 1585 asociado al italiano Andrea Pescioni y en 1587, año en que cesa la memoria de este, imprimía ya solo (Escudero y Perosso, 1894, pp. 31-33, que da noticia de ambos impresores: pp. 32-33 y 30-31, respectivamente).

[27] Apenas hemos encontrado noticias sobre este poeta, que solo aparece en este lugar en la producción de Cueva, según la lista de personajes mencionados en su obra suministrada por Wulff, quien anota que le es imposible determinar si estos tercetos de Alarcón datan de 1584 o de 1588 (1887, p. LIX). Miguel Díaz de Alarcón es asimismo el autor de una serie de sonetos, también encomiásticos, dedicados a Diego de Freyle, natural de Granada y vecino de la ciudad de Sevilla, autor del libro *Geometría y traça para el Oficio de los Sastres*, Sevilla, Imprenta de Fernández Díaz, 1583 (Puerta Escribano, 2001, p. 51).

> y el trágico furor, con más violencia
>
> que con la que los griegos asolaron
>
> a Troya y deshicieron su potencia.
>
> Los que escrebir historias se preciaron,
>
> si al vivo vieran ora recitarse,
>
> dijeran ser más que ellos alcanzaron.
>
> Pues en cosas de amor no hay igualarse,
>
> aunque entren de Petrarca en competencia
>
> las obras por do vino a laurearse.
>
> Tienen tal inventiva y aparencia
>
> que casos que parecen imposibles
>
> con propiedad los facilita y ciencia.
>
> Hasta los pensamientos invisibles
>
> que imaginan los más enamorados,
>
> dellos saca donaires apacibles (fol. 5v).

Sin la presión que podría haber sufrido Díaz de Alarcón en la escritura del poema, dado el lugar que ocupa en el volumen, su contemporáneo Agustín de Rojas en *El viaje entretenido* (1603) cita a Cueva en la historia teatral trazada en su «Loa en alabanza de la comedia», destacando su aportación en el camino hacia la «comedia nueva»:

> luego los demás poetas
>
> metieron figuras graves,
>
> como son reyes y reinas.
>
> Fue el autor primero desto
>
> el noble Juan de la Cueva;
>
> hizo del Padre tirano,
>
> como sabéis, dos comedias[28].

---

[28] Rojas Villandrando, ed. 1972, p. 152.

Aunque se trate tan solo de una verdad relativa y Rojas se equivoque al citar al personaje tirano –es el hijo en vez del padre– de dos de las piezas de Cueva (comedia y tragedia), la referencia resulta curiosa por la importancia que concede al poeta y por ser precisamente esas las dos obras que recuerda, pudiendo preguntarnos si sería tal vez por el éxito que obtuvieron.

El temor de Cueva ante sus detractores y el deseo de la perduración de sus composiciones son evidentes en la irónica dedicatoria de sus comedias y tragedias a Momo. Este, «príncipe de los maldicientes y tenido de la gentilidad por el dios dellos», ha tendido de tal manera sus contagiosos ramos que ha enseñoreado y contaminado de la horrible murmuración los tiempos presentes, hasta tal punto que logrará paradójicamente con su siempre ejercida maledicencia esparcida por el mundo eternizar la memoria del poeta. Al mismo tiempo, al ofrecerle el libro, que le ha sido «forzado por muy ligítimas causas sacar a luz», Cueva esboza la posibilidad de que el terrible Momo sea menos riguroso en su ofensa. No obstante, si no fuera así, le pide que desvíe de sí la ciega pasión y considere,

> revolviendo esas comedias y tragedias, la variedad de cosas de tanto gusto que en ellas hallarás, así de hechos heroicos de esclarecidos varones como castísimos amores de constantes mujeres, sin otros muchos ejemplos que dinamente lo pueden ser de nuestra vida, a quien no podrá la invidiosa murmuración, enemiga de toda virtud, ofender, si no es desviándose de la razón, justicia y templanza, cual tienen de costumbre los que siguen tan abominable uso, cuyo parecer no es aprobado del justo, ni yo lo procuro, porque no se puede disputar de lealtad con el traidor, de letras con el ignorante, ni de piedad con el tirano[29].

Es decir, que de una forma bastante sibilina defiende en su epístola dedicatoria las bondades de su obra mediante el tópico de la alabanza y descalifica de antemano a sus posibles detractores.

Transcurridos los diez años del privilegio real concedido para la segunda edición de la *Primera parte de las comedias y tragedias* (1 de septiembre de 1584), nuestro autor firma un poder (Lámina 4), el 15 de enero de 1595, donde se declara «vecino de esta ciudad de Sevilla, en la collación de Santa Catalina», para que el «licenciado Rodrigo de Cabrera, oydor por Su Magestad en el Audiençia Real de Canaria, residente en corte de Su Magestad», por él y en su nombre,

---

[29] Cueva, *Primera parte de las comedias y tragedias* [...], 1588, fols. 3r-5r (las citas en fols. [4]v, 3v y 5r).

pueda parezcer e parezca ante Su Magestad de el Rey don Felipe Nuestro Señor y los señores presidente y oydores del Consejo de el Rey Nuestro Señor, e ante otros qualesquier juezes e justicias que con derecho deva, e pedir e suplicar a Su Magestad me prorrogue el término que me dio y concedió para imprimir la primera parte del libro de las comedias que tengo compuestas y me lo alargue para que yo pueda imprimir la dicha primera parte de el dicho mi libro por el tiempo que más fuere su voluntad, e que se me dé liçença, para que yo pueda imprimir la segunda parte de el dicho libro que tengo, de pedir exsamen y previllegio para lo poder ymprimir y bender en las partes de los reinos y señoríos de Su Magestad, y pedir e sacar qualesquier provisiones e cédulas reales que para facer la dicha ymprisión e otras qualesquier ymprisiones de qualesquier partes de libros e obras yo quisiere ymprimir, e para ello presentar qualesquier petiçiones e otros recaudos que menester sean [...][30].

No tenemos constancia de que hubiera otra edición de esta *Primera parte* para la que en este poder –inédito hasta su publicación en 2008[31]– se solicita prórroga del privilegio de impresión, ni tampoco de la edición de esa *Segunda parte de sus comedias y tragedias* para la que Rodrigo de Cabrera debía también solicitar licencia ante Felipe II con el objeto de su examen y concesión del necesario privilegio de impresión.

Unos meses más tarde, el 9 de junio de 1595, Juan de la Cueva otorga ante el mismo escribano público otro poder, cuyo contenido supone un nuevo y definitivo paso en relación a esa *Segunda parte de sus comedias y tragedias*. Se trata de un conocido documento publicado por Rodríguez Marín, en 1923. En este caso, los receptores del citado poder son el licenciado Antonio Jiménez de Mora, vecino de la ciudad de Sevilla, y el bachiller Diego Díaz, «residente en corte de Su Magestad», para que puedan comparecer ante el Rey, los señores de su Real Consejo y otros jueces y justicias, que con derecho deban y puedan

presentar y presenten en mi nombre un libro yntitulado *Segunda parte de las comedias y trajedias*, que yo tengo hecho a mi nombre, e otros qualesquier libros que yo ubiere hecho y hiziere de aquí adelante de comedias y trajedias o en otra qualquier manera, y pedir y suplicar a Su Magestad e a los dichos señores de su Real Consejo me den liçençia y prebilegios para que yo los pueda ynpremir y vender por el tienpo que su boluntad fuere, y

---

[30] Archivo Histórico Provincial de Sevilla, Sección de Protocolos Notariales, Oficio 20, Leg. 13699, fol. 250r-v (la cita en fol. 250r). El poder se realiza ante Melchor de León, escribano público de Sevilla, siendo testigos Juan de Santamaría y Juan Lorenzo, escribanos de Sevilla, cuyas respectivas firmas van estampadas al final de la escritura, junto a la de Juan de la Cueva, su otorgante. En la transcripción de documentos originales, hemos procurado respetar la grafía del original. No obstante, para facilitar la lectura, desarrollamos las abreviaturas, sin advertirlo; seguimos el uso moderno en la puntuación, acentuación, empleo de las letras mayúsculas y separación de palabras; transcribimos la grafía *u* por *v*, cuando tiene valor consonántico, y *v* por *u*, cuando su valor es vocálico; y ponemos, siempre que es necesario, la tilde sobre la ñ.

[31] Reyes Peña, Ojeda Calvo y Raynaud, 2008, pp. 32-33.

para hello presentar qualesquier petiçiones y otros recaudos que convengan, y pedir e sacar qualesquier liçençias y previllegios [...][32].

Es decir, que sus representantes legales deben presentar ahora ante las personas competentes esa desconocida y enigmática *Segunda parte* para la obtención de la licencia y el privilegio de impresión correspondientes. Se trata de una obra a la que Cueva no solo alude en escrituras notariales –y que debió existir, si hemos de creer en la veracidad de este tipo de documentos jurídicos– sino también en su propia creación literaria. Como indica José Cebrián, en el primer *Coro febeo de romances historiales* (Sevilla, Joan de León, 1588), el poeta, dirigiéndose a su libro, incluye ya esa *Segunda parte* entre las obras «que daré agora a la emprenta»:

> A esso quiero que respondas
>
> que vas por mi Nuncio, y llevas
>
> memoria de las Poesías
>
> que daré agora a la emprenta,
>
> que serán segunda parte
>
> de Comedias, y Tragedias,
>
> añadiendo al Cancionero
>
> que imprimí, de cosas nuevas,
>
> en diferentes sugetos
>
> sin seguir la orden primera,
>
> los cuatro libros de Sanio,
>
> y la istoria de la Cueva.
>
> Doze libros de la istoria
>
> do Belida se celebra.
>
> Del trato agreste, y estilo
>
> los seis libros de la Bétyca[33].

---

[32] AHPS, Sección de Protocolos Notariales, Oficio 20, Leg. 13701, fols. 405v.-406r. (la cita en fol. 405v.). Citamos por el documento, que hemos localizado y transcrito con nuestros propios criterios. Rodríguez Marín había ya transcrito esta cita con los suyos propios (1923, p. 514).

[33] Cebrián, 1986, pp. 57-58, por quien citamos el pasaje, en el que Cueva contrapone su *Coro febeo* con las obras de inmediata publicación.

Quizá resulte extraña esta insistente preocupación de Cueva por la publicación conjunta de su teatro y más en un período –segunda mitad del siglo XVI– en el que la transmisión manuscrita era más habitual que la impresa a base de obras de conjunto –aunque también existió, pues en su último cuarto el género trágico sí gozó de los favores de la imprenta– más frecuente en la primera mitad del siglo –*Cancionero* de Juan del Encina (1496, 1501, 1505, 1507, 1509 y 1516), *Farsas y églogas* de Lucas Fernández (1514), *Propalladia* de Bartolomé de Torres Naharro (1517, 1520, 1524, 1526, 1534, 1535, 1545 y 1548) o *Recopilación en metro* de Diego Sánchez de Badajoz (1554).y sobre todo mediante pliegos sueltos, en opinión de Pérez Priego[34]. Sin embargo, ese deseo de perduración de sus escritos que hemos apreciado en su testamento y la concepción del teatro como digno y provechoso no solo como representación sino también como lectura, en la defensa que hace de este género contra sus ignorantes detractores en su «Epístola dedicatoria a Momo», explican perfectamente su actitud al respecto[35].

No obstante, esta preocupación de Juan de la Cueva por la perduración de su obra a través de la lectura, al igual que muchos y excelentes hombres,

> así en nobleza de sangre, en potestad de fortuna y en eminencia de letras, se ocuparon en este género de escritura y compusieron muchas comedias y tragedias, sin desdeñarse de sacarlas a los teatros a ser representadas en sus nombres, teniendo el ejercicio dellas por principal virtud[36],

sacará las suyas a los tablados de corrales sevillanos, al menos en el caso de las incluidas en la *Primera parte*, de cuya primera representación ofrece cumplidas noticias en las adiciones a la edición de 1588. He aquí sus títulos, acompañados del lugar de representación, el autor de comedias que llevó a escena la pieza y el año de su estreno:

> *Comedia de la muerte del rey don Sancho y reto de Zamora por don Diego Ordóñez*, Huerta de Doña Elvira, Alonso Rodríguez, 1579.
>
> *Comedia del saco de Roma y muerte de Borbón y coronación de nuestro invicto emperador Carlos Quinto*, Huerta de Doña Elvira, Alonso Rodríguez, 1579.
>
> *Tragedia de los siete infantes de Lara*, Huerta de Doña Elvira, Alonso Rodríguez, 1579.

---

[34] Pérez Priego, 1996, p. 113.

[35] Para la conciencia autorial de Juan de la Cueva, su relación con la Academia sevillana y el «maridaje [en la Sevilla quinientista] entre academia e imprenta», véase García Aguilar, 2018, pp. 123-153 (la cita en p. 140).

[36] Cueva, *Primera parte de las tragedias y comedias* […], «Epístola dedicatoria a Momo», 1588, h. A_4r.

Comedia de la libertad de España por Bernardo del Carpio, las Atarazanas, Pedro de Saldaña, 1579.

Comedia del degollado, Huerta de Doña Elvira, Pedro de Saldaña, 1579.

Tragedia de la muerte de Ayax Telamón sobre las armas de Aquiles, Huerta de Doña Elvira, Pedro de Saldaña, 1579.

Comedia del tutor, Huerta de Doña Elvira, Pedro de Saldaña,1579.

Comedia de la constancia de Arcelina, Huerta de Doña Elvira, Pedro de Saldaña, 1579.

Tragedia de la muerte de Virginia y Apio Claudio, Huerta de Doña Elvira, Pedro de Saldaña, 1580.

Comedia del príncipe tirano, Huerta de Doña Elvira, Pedro de Saldaña, 1580.

Tragedia del príncipe tirano, Huerta de Doña Elvira, Pedro de Saldaña, 1580.

Comedia del viejo enamorado, Corral de Don Juan, Pedro de Saldaña, 1580.

Comedia de la libertad de Roma por Mucio Cévola, las Atarazanas, Alonso de Capilla, 1581.

Comedia del infamador, Huerta de Doña Elvira, Alonso de Cisneros, 1581.

Como se advierte en esta nómina, once del total de las catorce piezas se escenificaron en el Corral o Huerta de Doña Elvira (colación de Santa Cruz), dos en el Corral de las Atarazanas (colación de Santa María la Mayor [Catedral])[37] y una en el Corral de Don Juan (colación de Santa Cruz). Junto a los corrales de San Pablo (colación de Santa María Magdalena), San Vicente o las Higueras (colación de San Vicente), la Alcoba (colación de Santa María la Mayor) y San Pedro (colación de San Pedro), esos tres lugares de representación pertenecen a la llamada por Jean Sentaurens «primera generación de teatros», creados por iniciativa privada «bajo el sistema de la libre empresa y de la libre competencia», en el último tercio del Quinientos, exceptuado el de San Pedro que pertenece ya a la primera década del siglo XVII. En estos primeros corrales se gozó de libertad de actuación, llegando a funcionar tres e incluso cuatro al mismo tiempo, hasta que la Ciudad inauguró su propio corral —el Coliseo—, en 1608, y comenzó a ejercer el monopolio sobre el teatro, del que disfrutaba por privilegio real desde 1601[38]. No resulta extraño este reiterado uso del Corral de Doña Elvira

---

[37] Su exacta localización y dimensiones, en Bolaños Donoso, 1997.

[38] Para la historia de estos siete primeros corrales de comedias sevillanos, véase Sentaurens, 1984, vol. I, pp. 110-152. A estos hay que añadir dos más, pertenecientes a la por él llamada «segunda generación de teatros»: el ya citado Corral del Coliseo (colación de San Pedro) y el Corral de la Montería (colación de Santa María la Mayor), inaugurado en 1626. Sus respectivas historias y las del control y monopolio de las representaciones las reconstruye el citado investigador en vol. I, pp. 275-354. Ambos, junto a los siete de la «primera generación» completan los nueve que existieron en la Sevilla de los siglos XVI y XVII. La ubicación de estos corrales en el plano de la ciudad, en su vol. II, pp. 1312-1315. Posteriormente, en 1991, Sentaurens ofrecerá una visión general más breve de los corrales de comedias de Sevilla. Y, en un estudio de conjunto más reciente, Bolaños Donoso, 2010.

en las representaciones de Juan de la Cueva, pues por su situación urbana, su comodidad y su incomparable acústica gozó de la preferencia del público hispalense a lo largo de su existencia[39] y, además, disfrutó de exclusividad para la representación de comedias sobre el de las Atarazanas desde el 15 de febrero de 1578 hasta el 30 de junio de 1580[40].

Sobre la estructura de esos tres corrales donde se representaron las obras de Juan de la Cueva, Norman D. Shergold admite la posibilidad de que el dramaturgo pensara en ellos al escribir sus piezas; a falta de planos y descripciones, trata de reconstruir el tipo de escenario y los recursos disponibles a través de sus marcas escénicas, presentando, según él, un escenario semejante a los documentados en otros corrales de la geografía española[41] y quizás ya modificados según el modelo de la Pacheca (Madrid), donde había intervenido estructuralmente la compañía italiana de Ganassa con la incorporación de un techo sobre el escenario de tal modo que permitiera el uso de una tramoya suspendida[42]. Hoy día, los avances de la investigación y de la informática han permitido arrojar más luz sobre estos tres corrales: las Atarazanas[43], Don Juan (Láminas 5, 6, 7, 8 y 9)[44] y Doña Elvira[45].

---

[39] Sentaurens, 1984, vol. I, pp. 132-133.

[40] Bolaños Donoso, 1995a, pp. 135-137, y 1995b, p. 65. A pesar de ello, la *Comedia de la libertad de España por Bernardo del Carpio*, de Juan de la Cueva, fue representada por Pedro de Saldaña en el Corral de las Atarazanas, en 1579, como se afirma en la edición de sus obras de 1588. La citada estudiosa apunta al respecto que o bien esa representación «no se produjo, o bien el arrendador del corral —Diego de Vera— hubo de pasar todas las ganancias a Alonso de Quero [su socio en el Corral de Doña Elvira, si bien Vera desde el 24 de enero de 1578 había cedido sus aprovechamientos de este corral a Diego de Cuenca por 200 ducados], pues era la sanción que se estipulaba en el concierto» (Bolaños Donoso, 1995b, p. 65). Otra posibilidad es que, estando Doña Elvira ocupado por otro autor de comedias, Vera y Quero llegaran a un acuerdo, ventajoso para ambos, y hubiera representación en los dos corrales, pues sabemos que Juan Granado había firmado un contrato para representar en Doña Elvira desde el primer día de Pascua Florida de 1579 hasta que abandonara la ciudad y que ya se hallaba representando en Madrid el 29 de noviembre de 1579 (Bolaños Donoso, 1995a, pp. 138-140).

[41] Shergold, 1956; y 1967, pp. 191-192.

[42] Ojeda Calvo, 2021, pp. 289-292.

[43] Bolaños Donoso, 1997.

[44] Reyes Peña, 2014. A las láminas de la hipotética reconstrucción virtual del Corral de Don Juan realizadas por Vicente Palacios (Escenógrafo) y publicadas en este artículo, añadimos aquí esta otra serie inédita [Láminas 5, 6, 7, 8, 9] que nos ha facilitado su autor, dejando constancia de nuestro más sincero agradecimiento por su generosa cesión.

[45] Bolaños Donoso, 2022.

Los autores de comedias que llevan a las tablas esas catorce piezas de Juan de la Cueva son cuatro: Alonso Rodríguez, Pedro de Saldaña, Alonso de Capilla y Alonso de Cisneros[46].

Los títulos de las obras representadas y sus diversos argumentos son signo de la variedad temática del teatro de Cueva[47], que podría clasificarse en tres grandes apartados, según la crítica tradicional:

a) Piezas basadas en la historia o leyendas nacionales, pasada o más cercana al tiempo presente.

b) Piezas basadas en la historia de la antigüedad greco-latina.

c) Piezas basadas en asuntos novelescos, bien de carácter más o menos apegado a las costumbres contemporáneas o fantástico.

Más recientemente, Javier Burguillo –siguiendo a Marco Presotto– ha clasificado la producción dramática de Cueva aplicándole en una primera categoría la división dual de la comedia establecida por Bartolomé de Torres Naharro en el «Prohemio» de su *Propalladia*: «comedia a noticia» y «comedia a fantasía». No obtante, en una segunda categorización coincide con la establecida por la crítica tradicional, pues las «comedias a noticia» al subdividirse en dos apartados (a y b) son las mismas incluidas en los apartados a) y b) por la crítica tradicional; y las «comedia a fantasía» corresponden a las incluidas por esta en el apartado c)[48]:

A) PIEZAS «A NOTICIA»:

a) PIEZAS DE CARÁCTER HISTÓRICO:

Comedias (farsas)

1. *Comedia de la muerte del Rey don Sancho y reto de Zamora por don Diego Ordóñez.*

2. *Comedia del saco de Roma y muerte de Borbón y coronación de nuestro invicto emperador Carlos V.*

---

[46] Alonso Rodriguez, calificado de «famoso representante» en la *Comedia del saco de Roma*..., por el mismo Cueva representó tres de sus obras; Pedro de Saldaña, nueve, con encendidos elogios por parte del poeta. En la *Comedia de la libertad de España*..., lo adjetiva de «famoso autor y excelente representante»; en la *Tragedia de la muerte de Ayax Telamón*..., indica que hizo «la figura de Ayax admirablemente»; en la *Comedia de la constancia de Arcelina,* advierte que fue representada «con grandísimo estremo»; y en la *Tragedia de la muerte de Virginia*..., lo muestra como «*ecelente* e ingenioso representante»; Alonso de Capilla, una, donde figura como «ingenioso representante» en la *Comedia de libertad de Roma*...; y Alonso de Cisneros, una, en la que lo presenta como «*ecelente* y gracioso representante» en la *Comedia del infamador*. Las respectivas biografías de estos representantes, en *DICAT*, 2008, *s. v.*

[47] Un breve resumen, lista de personajes, un comentario y unas observaciones para la representación de cada una de estas catorce piezas por orden alfabético, en Reyes Peña *et alii*, 2004, pp. 142-159.

[48] Burguillo, 2010, pp. 108-109, que incluye una breve presentación del contenido de las citadas piezas (pp. 110-119).

  3. *Comedia de la libertad de España por Bernardo del Carpio.*

Tragedia

  4. *Tragedia de los siete infantes de Lara.*

b) PIEZAS DE LA ANTIGÜEDAD CLÁSICA

Comedias (farsas)

  5. *Comedia de la libertad de Roma por Mucio Cévola.*

Tragedias

  6. *Tragedia de la muerte de Ayax Telamón sobre las armas de Aquiles.*

  7. *Tragedia de la muerte de Virginia y Apio Claudio.*

B) PIEZAS «A FANTASÍA»:

Comedias (farsas)

  8. *Comedia del degollado.*

  9. *Comedia del tutor.*

  10. *Comedia de la constancia de Arcelina.*

  11. *Comedia del príncipe tirano.*

  12. *Comedia del viejo enamorado.*

  13. *Comedia del infamador.*

Tragedia

  14. *Tragedia del príncipe tirano.*

Para este conjunto de piezas, Cueva utilizará muy diversas fuentes: las crónicas, el romancero, la historia española más reciente, los autores clásicos (Ovidio, Séneca, Tito Livio…), los *novellieri* italianos o la misma realidad contemporánea. Precisamente, la gran variedad temática caracterizará la «comedia nueva»; si bien, como ponía de manifiesto Francisco Ruiz Ramón, su gran hazaña no fue esa pluralidad en sí misma, sino la extraordinaria capacidad para convertir en materia y formas dramáticas, en acción teatral, lo que material y formalmente no lo era –novela, cuento, historia, poema, pensamiento, ideología, consejo, anécdota o vida–[49].

---

[49] Ruiz Ramón, 1979, pp. 128-129.

Perteneciente a la denominada «generación de los ochenta» o «generación de los trágicos filipinos», Juan de la Cueva y sus compañeros de generación (Jerónimo Bermúdez [c. 1530-1606], Lupercio Leonardo de Argensola [1559-1613], Andrés Rey de Artieda [1544-1613], Cristóbal Virués [1550-1609], Gabriel Lobo Lasso de la Vega [1559-1615], Miguel de Cervantes [1547-1616]) participan con su dramaturgia en el proceso conflictivo de la creación de la «comedia nueva», que alcanzará su triunfo con Lope de Vega. Con la intención de devolver al teatro el prestigio que tuvo en la Antigüedad, pero adaptándolo al gusto del público de su tiempo, Cueva introduce en su teatro una serie de modificaciones que lo separan del teatro anterior y lo sitúan en la línea de experimentaciones conductoras hacia esa nueva fórmula teatral que, capitaneada por el «Fénix de los Ingenios», gozaría de una duración de casi siglo y medio, como acertadamente señala Juan Matas Caballero:

> la reducción a cuatro actos; el olvido de las tres unidades; la tipificación de personajes; la variedad de cauces métricos y estróficos adecuada a la situación dramática; la riqueza poética, genérica y estilística; la ausencia de coros; las intrigas episódicas; la mezcla de elementos trágicos y cómicos, aun sin distinguir teóricamente entre comedia y tragedia; la dramatización de una temática histórico-nacional extraída de las crónicas medievales, del romancero y de los acontecimientos coetáneos; el planteamiento de problemas políticos, como el tiranicidio; la aparición de un teatro propagandístico de signo providencialista de la monarquía hispánica[50].

El hispanista italiano Rinaldo Froldi, a lo largo de diferentes estudios, considera y «reconsidera» el papel jugado por Juan de la Cueva en esa serie de experimentaciones de los trágicos de finales de siglo[51], reconociendo a nuestro autor «como uno de los principales protagonistas –en el ámbito teatral– del tormentoso período de Felipe II»[52], pero admitiendo con Jean Canavaggio que esa renovación conducente a la fórmula teatral de la «comedia nueva» no «llegó nunca a ordenarse en torno a la figura del sevillano»[53]. No obstante, es verdad, como señala Javier Burguillo, que «algunas de sus propuestas no gozaron de ninguna trascendencia,

---

[50] Matas Caballero, 2018.

[51] Para ese recorrido por los sucesivos trabajos de Froldi, intentando poner en su justo medio la condición de Juan de la Cueva como predecesor de Lope de Vega y su papel definitorio en la creación de la «comedia nueva» que parte de la crítica le había atribuido, es muy ilustrativo el «Prólogo» de Joan Oleza a la edición de *Tragedias*, de Juan de la Cueva (2013, pp. 9-23), donde también nos deja sus propias reflexiones al respecto, así como, sin lugar a dudas, el «Estudio preliminar» del propio hispanista italiano «Juan de la Cueva y las experimentaciones trágicas españolas a fines del siglo XVI» (2013, pp. 25-60).

[52] Froldi, 1999, pp. 15-30.

[53] Canavaggio, 1997, pp. 106-108.

pero otras sí dinamizaron el panorama teatral y llegaron a confluir en el nuevo modelo»[54]. Años más tarde, Rinaldo Froldi, tan excelente conocedor de Juan de la Cueva y del contexto cultural europeo en el que surge su obra, cerrará su última revisión sobre «Juan de la Cueva y las experimentaciones trágicas a fines del siglo XVI» con este fino trazado de su perfil dramático:

> Así, la obra de Cueva debe entenderse como la de un fino intelectual, buscador curioso de novedades, no sin ocasionales caídas, pero siempre moralmente situado y coherente, siempre cercano al público que quiso entretener y educar, tal como sugería el antiguo lema horaciano[55].

II. El sistema dramático de Juan de la Cueva: comedias y tragedias

Tanto la producción teatral de Juan de la Cueva como su teoría dramática se encuadran, como hemos indicado, dentro de una serie de experimentaciones dramáticas que un grupo de poetas realizan, tanto en la esfera de lo cómico como de lo trágico, en la búsqueda de una superación del clasicismo que ya se venía dando en Italia y que pone en evidencia la actualización del teatro hispánico al hacerse eco de las innovaciones italianas, sobre todo en materia trágica. Para Jean Canavaggio, la seña de identidad de dicho grupo –la generación de los ochenta– es el deseo de dar al teatro la dignidad de la Antigüedad y el distanciamiento, por ello, del teatro comercial anterior, intentando hacer un tipo de obras que no solo tenga en cuenta los gustos del público sino también su utilidad moral[56].

Esta voluntaria desviación del canon clásico y clasicista no es privativa de los dramaturgos españoles, pues ya antes Giraldi Cinzio había insertado en la tragedia ciertas «novedades», como declara en el prólogo del *Orbecche* (1541). Precisamente, una de dichas novedades es la introducción en la tragedia de un prólogo independiente, en contra del uso y de la misma definición dada por Aristóteles en la *Poética* (1452b14-24) sobre las partes de la tragedia. Este empleo del prólogo acerca esta a la comedia, como explica el mismo Giraldi en

---

[54] Burguillo, 2012-2013, p. 29.

[55] Froldi, 2013, p. 51.

[56] Canavaggio, 1983. Para calibrar sus novedades y experimentaciones es necesario conocer el estado en que se encontraba el teatro por esos años y los inmediatamente anteriores, como mostrábamos en 2008 y que aquí omitimos (Reyes Peña, Ojeda Calvo y Raynaud, 2008, pp. 40-43).

sus *Discorsi*, además de autorizar en esos mismos discursos la tragedia con final feliz o rectificado[57]. Otra novedad consistiría en la utilización de un asunto inventado —sus propias "novelas" *Hecatommithi*—, como trama de la tragedia, en vez de recurrir a la historia[58]. Estas innovaciones, junto con la justificación por su modernidad, serían retomadas por los trágicos filipinos.

En la misma línea se manifiesta Juan de la Cueva en su *Ejemplar poético*[59], cuando explica «cuál es el fundamento / de ser las leyes cómicas mudadas» (vv. 1615-1616), puntualizando que los cambios introducidos por él en el teatro no son por ausencia de ingenio o ignorancia, sino por la exigencia de adaptarse a los nuevos tiempos:

> i no atribuyas este mudamiento
> a que faltó en España ingenio i sabios
> que prosiguieran el antiguo intento,
>   mas siendo dinos de mojar los labios
> en el sacro licor aganipeo,
> qu'enturbian Mevios i corrompen Babios,
>   huyendo aquella edad del viejo ascreo
> que al cielo dio i al mundo mil deidades
> fantaseadas dél i de Morpheo,
>   introduximos otras novedades
> (de los antiguos alterando el uso)
> conformes a este tiempo i calidades (vv. 1617-1628).

---

[57] Giraldi, *Scritti critici*, ed. 1973, pp. 201 y 203; 197-198, respectivamente.

[58] «[…] io tengo che la favola tragica si possa così fingere dal poeta, come la comica» (Giraldi, *Scritti critici*, ed. 1973, p. 177: «[…] yo considero que la fábula trágica puede ser inventada por el poeta, al igual que la cómica», la traducción nos pertenece). A este propósito escribe Renzo Cremante: «Una produzione così ricca ed articolata va innanzitutto collocata sullo sfondo del vivace, sperimentale *revival* teatrale avviato, per quanto concerne in particolare la tragedia, agli inizi degli anni Quaranta a Ferrara da Giovan Battista Giraldi Cinthio con l'*Orbecche* e proseguito a Padova con la *Canace* dello Speroni, per fare finalmente capo a Venezia, con l'ambizioso disegno che l'Aretino volle affidare all'*Orazia* di trasferire sul terreno formale di una deliberata e programmatica sperimentazionc anticlassicistica gli elementi strutturali, intertestuali, tecnici, topici, tematici, di poetica, intorno ai quali si era venuta organizzando nel corso di un laborioso trentennio e si era infine quasi compiutamente grammaticalizzata l'imitazione della tragedia classica greca e latina» (Cremante, 1998, p. 281); y Ojeda Calvo, 2013.

[59] Preceptiva compuesta no más allá de 1605 y cuya versión más antigua conservada es de 1606, siendo de 1609 el último texto revisado por el autor (Reyes Cano, 1986, que reconstruye la transmisión textual de la obra y realiza la edición crítica por la que citamos). La obra, escrita en tercetos encadenados (1.860 vv.) y estructurada en tres epístolas, contiene las reflexiones del autor hispalense sobre el arte dramático («Epístola tercera», vv. 1593-1823).

Y entre los cambios a los que hace referencia se encuentra la debatida unidad de tiempo:

> Hüymos la observancia que forçava
>
> a tratar tantas cosas diferentes
>
> en término de un día que se dava (vv. 1632-1634).

Tras el reconocimiento por parte del autor de que en las comedias presentes no se observan las leyes del arte clásico, se manifiesta como el iniciador de la mezcla de personajes trágicos en las comedias, con la abolición en este aspecto de la rígida separación genérica entre tragedia y comedia defendida por los clasicistas, y se atribuye la reducción a cuatro jornadas de los cinco actos de la comedia greco-latina:

> A mí me culpan de que fui el primero
>
> que reyes i deidades di al tablado,
>
> de las comedias traspassando el fuero;
>
> qu'el un acto de cinco l'é quitado,
>
> que reduzí los actos en jornadas,
>
> cual vemos qu'es en nuestro tiempo usado (vv. 1608-1613).

En cuanto al primer ítem, Cueva sa jacta de una primacía que Agustín de Rojas –al que no cita– había dejado impresa, como hemos señalado más arriba, en *El viaje entretenido* y que efectivamente había practicado en su obra dramática, fuera o no el primero en hacerlo[60], siendo este –como es bien sabido– uno de los parámetros de la «comedia nueva». En relación con el segundo, las cuatro jornadas de sus piezas teatrales, aunque suponen una ruptura con las reglas clásicas, serían reducidas a tres en aquella.

Así Cueva, después de mostrar la existencia en la ciudad hispalense de comediógrafos clasicistas escrupulosamente fieles a la preceptiva clásica (vv. 1635-1664), para ratificar su anterior aseveración, vuelve a justificar con orgullo la necesidad del cambio:

---

[60] Walberg, 1904, en su edición del *Exemplar poético*, desposee a Cueva de esta y de las otras innovaciones que se atribuye en los citados versos.

> Esta mudança fue d'ombres prudentes,
>
> aplicando a las nuevas condiciones nuevas
>
> cosas, que son las convenientes.
>
> Considera las varias opiniones,
>
> los tiempos, las costumbres que nos hazen
>
> mudar i varïar operaciones.
>
> [...]
>
> confessarás que fue cansada cosa
>
> cualquier comedia de la edad passada,
>
> menos trabada y menos ingeniosa (vv. 1671-76 y 1686-88).

En cuanto a los géneros dramáticos, Cueva mantiene la clasificación de la pieza dramática en comedias y tragedias. En *El viaje de Sannio* (1585), parte de la premisa aristotélica de la literatura como imitación de la naturaleza y describe la comedia mediante la definición consagrada y atribuida por Donato a Cicerón[61]:

> ¿Qu'es, dize Apolo, cómica poesía?
>
> Sannio responde: de la vida umana
>
> es la comedia espejo, luz i guía,
>
> de la verdad pintura soberana;
>
> en ella se descrive la osadía
>
> del moço, la cautela de l'anciana
>
> alcagüeta, las burlas de juglares
>
> i sucessos de ombres populares[62].

Esta definición había sido ya expuesta por el sevillano en la «Epístola dedicatoria a Momo»:

---

[61] Donato, *Commentum Terentii*, V. 1: «comoediam esse Cicero ait imitationem vitae, speculum consuetudinis, imaginem veritatis» («Cicerón dijo que la comedia es imitación de la vida, espejo de las costumbres, imagen de la verdad», la traducción nos pertenece).

[62] Cueva, *Viaje de Sannio*, Cuarto Libro, estrofa 52, ed. 1990, p. 108.

Pues la comedia es imitación de la vida humana, espejo de las costumbres, retrato de la verdad, en que se nos representan las cosas que debemos huir o las que nos conviene elegir, con claros y evidentes ejemplos[63].

La utilidad de su teatro viene subrayada en esa «Epístola» por ser sus comedias y tragedias ejemplos para la vida, ya que en estas piezas se pueden encontrar casos «así de hechos heroicos de esclarecidos varones, como castísimos amores de constantes mujeres»[64]. En el *Ejemplar poético*, se extiende más sobre las características de la comedia. Sin ambages, defiende la invención, la gracia, la traza, el enredo, las burlas y la variedad temática de la comedia española frente a su menor presencia en la comedia antigua y de otros lugares foráneos (vv. 1701-1715):

> mas la invención, la gracia y traça es propia
>
> a la ingeniosa fábula d'España,
>
> no cual dizen los émulos impropia.
>
> Cenas i actos[65] suple la maraña
>
> tan intrincada i la soltura della,
>
> inimitable de ninguna estraña.
>
> Es la más abundante i la más bella
>
> en facetos, enredos i en jocosas
>
> burlas, que darle igual es ofendella.
>
> En sucesos de historia son famosas,
>
> en monásticas vidas ecelentes,
>
> en affectos de amor maravillosas.
>
> Finalmente los sabios i prudentes
>
> dan a nuestras[66] comedias la ecelencia
>
> en artificio y passos diferentes.

---

[63] Cueva, *Primera parte de las comedias y tragedias* […], 1588, fol. [4]r.

[64] Cueva, *Primera parte de las comedias y tragedias* […], 1588, fol. 5r.

[65] *actos*: aunque Reyes Cano lea *actor* en su edición del *Exemplar poético*, por la que citamos, en este caso nos hemos permitido su corrección por el término *actos* (lección ofrecida por Federico Sánchez Escribano y Alberto Porqueras Mayo, 1965, p. 118). Estimamos que tiene más sentido *cenas y actos*; es decir, la articulación de la pieza y la división de la maraña o fábula en dos, como dice Robortello y luego retoma Lope en el *Arte nuevo*: conexión y solución.

[66] *nuestras*: nuestras en Reyes Cano, que corregimos por Sánchez Escribano y Porqueras Mayo, 1965, p. 118.

Sentados estos principios, establece los preceptos para obtener éxito en el género de la comedia:

– Novedad argumental en relación con lo tratado anteriormente en la propia lengua (vv. 1719-1724).

– Decoro en la traza de los personajes, en cuya nómina alude solo a los canonizados por la comedia clásica y clasicista, a pesar de haberse arrogado la introducción de reyes y divinidades en ellas[67]. Estamos ante un concepto aristotélico –el decoro–, defendido igualmente por Lope, y ante unos versos donde se formula ya una primitiva tipificación de personajes procedente de la tradición literaria y que operará en algunos casos en la «comedia nueva»:

> Con estrañeza en todo as de mostrarte
> admirable, vistiendo las figuras
> conforme al tiempo, a la edad i al arte:
> al viejo avaro enbuelto en desventuras,
> al mancebo rabiando de celoso,
> al juglar dezir mofas y locuras;
> al siervo sin lealtad i cauteloso,
> a la dama amorosa o desabrida,
> ya con semblante alegre, ya espantoso;
> a la tercera astuta i atrevida,
> al lisongero enbuelto en novedades
> i al rufián dar cédulas de vida.
> Los efetos aplica a las edades,
> si no es que dando algún exemplo quieras
> trocar la edad, oficio i calidades (vv. 1725-1739).

– Acomodación del estilo y de la métrica al sujeto tratado y adecuación del estilo al personaje, insistiendo en la necesidad de hacerlo así:

---

[67] No obstante, en versos posteriores (1752-1754), alude al rey, cuando trata de la adecuación del estilo al personaje en la comedia, como veremos.

> Guarda el decoro que jamás perdieron
>
> en dar conforme al caso que tratares
>
> el estilo i el verso, cual hizieron.
>
> Si a rey legado alguno l'embïares,
>
> diferencia el estilo al ordinario,
>
> qu'es vicio si a los dos los igualares.
>
> No deves ser en esto voluntario,
>
> sino mirallo bien, porqu'es defeto
>
> i en la comedia nuestra necessario (vv. 1749-1757).

En cuanto a los versos, deben ser «sueltos i bellos / en lengua i propiedad», alejados de la «trágica alteza» (vv. 1743-1745). Cueva cierra el apartado dedicado a la comedia con la definición de este subgénero, destacando el desenlace feliz como rasgo pertinente respecto a la tragedia:

> Con el cuydado qu'es posible
>
> evita que no sea siempre el fin en casamiento,
>
> ni muerte si es comedia se permita.
>
> Porque deves tener conocimiento
>
> qu'es la comedia un poema activo,
>
> risueño i hecho para dar contento.
>
> No se deve turbar con caso esquivo:
>
> aunqu'el principio sea rensilloso,
>
> el fin sea alegre, sin temor nocivo.
>
> La comedia es retrato del gracioso
>
> i risueño Demócrito i figura
>
> la tragedia d'Eráclito lloroso (vv. 1761-1772).

Diferencia genérica esta que ya había expuesto en *El viaje de Sannio*. En esta primera poética teatral presenta su concepción de la tragedia y en ella se observa cómo lo fundamental es el tema y los personajes para definir el género trágico:

> Apolo torna a preguntar diziendo:
>
> ¿de la poesía trágica qué sientes?
>
> Sannio responde: lo que della entiendo
>
> es lo qu'escriben della varias gentes;
>
> es un retrato que nos va poniendo
>
> delante de los ojos los presentes
>
> males de los mortales miserables
>
> en héroes, reyes, príncipes notables[68].

Y las diferencias entre ambos subgéneros las explica del siguiente modo:

> ¿La Tragedia i Comedia en qué difieren?
>
> pregunta Apolo, i Sannio á respondido:
>
> ¿en qué? En que siempre en la Tragedia mueren,
>
> un fin della esperando dolorido;
>
> en la Comedia muerte no ay qu'esperen,
>
> aunqu'empieça contino con ruido;
>
> en la Tragedia vive la discordia,
>
> i en la Comedia enojos i concordia[69].

De estos versos se deduce que la única diferencia entre un género y otro es el desarrollo del conflicto dramático, y es en lo único que el dramaturgo sevillano seguirá fiel a Aristóteles. Recuérdese que el Estagirita consideraba propio de la comedia los finales «sin que ninguno muera a manos de otro» (*Poética,* 1453a39). Asimismo, de las siete diferencias con las que el tratadista neoaristotélico López Pinciano opondrá tragedia y comedia, Cueva comparte solo lo referente al desarrollo del conflicto dramático: «da tercera, la tragedia —escribe el Pinciano— tiene tristes y lamentables fines; la comedia, no; la quarta, en la tragedia, quietos principios y turbados fines; la comedia, al contrario»[70].

---

[68] Cueva, *Viaje de Sannio*, Cuarto Libro, estrofa 55, ed. 1990, p. 109.

[69] Cueva, *Viaje de Sannio*, Cuarto Libro, estrofa 56, ed. 1990, p. 109.

[70] López Pinciano, *Philosophía antigua poética*, vol. III, ed. 1973, pp. 19-20.

La tragedia está representada en el *Ejemplar poético* por un menor número de versos (1773-1820). En ellos, se traza la historia de su aparición en una progresión ascendente en la que figuran los nombres de Tifis, Esquilo y Sófocles (vv. 1773-1796). Al igual que se había hecho con la comedia, se alude a su completa mudanza en los tiempos presentes, exceptuados «los sucessos espantables», con la cita del maestro Mal Lara como autor de algunas alteraciones en «el uso / antiguo, con el nuestro conformado» (vv. 1797-1805), y se enumeran a continuación algunos de los principios que deben regirla: alteza épica y dulzura lírica en los versos, adornado estilo y fundamento en la historia frente a la comedia que se funda en la invención (vv. 1806-1820). Finalmente, la separación entre ambos géneros, descrita después por Lope en su *Arte nuevo* (1609), queda formulada sin rodeos en la teoría dramática de nuestro poeta, como se aprecia en este terceto:

> El cómico no puede usar de cosa
> de qu'el trágico usó, ni aun solo un nombre
> poner, i ésta fue ley la más forçosa (vv. 1821-1823).

Punto este polémico, pues no lo cumple al pie de la letra en su práctica escénica, como veremos a continuación. Por ello, Alfredo Hermenegildo considera que «Cueva llamó, de manera no muy justificada, comedias y tragedias a sus obras»[71]. Sin embargo, si nos atenemos a las definiciones que el mismo dramaturgo da, a nuestro modo de ver, su categorización es coherente. Las catorce piezas que Juan de la Cueva publica en la primera parte de su colección están identificadas por su género dramático en el mismo título, pues cada pieza va precedida por la etiqueta comedia o tragedia:

Comedia de la muerte del rey don Sancho y reto de Zamora por don Diego Ordóñez.

Comedia del saco de Roma y muerte de Borbón y coronación de nuestro invicto emperador Carlos Quinto.

Tragedia de los siete infantes de Lara.

Comedia de la libertad de España por Bernardo del Carpio.

Comedia del degollado.

Tragedia de la muerte de Ayax Telamón sobre las armas de Aquiles.

Comedia del tutor.

Comedia de la constancia de Arcelina.

---

[71] Hermenegildo, 2003, p. 494.

Tragedia de la muerte de Virginia y Apio Claudio.

Comedia del príncipe tirano.

Tragedia del príncipe tirano.

Comedia del viejo enamorado.

Comedia de la libertad de Roma por Mucio Cévola.

Comedia del infamador.

De este modo, en el sistema dramático del poeta sevillano vemos que funcionan en primera instancia estas dos categorías dramáticas, que, por un lado, remiten a la clasificación genérica clásica y clasicista que dividía las obras teatrales en comedias y tragedias, pero, por otro lado, leyendo solo el título de las piezas parecen no respetar, en cuanto no siguen los criterios que la moderna teoría de los comentaristas aristotélicos había individuado. Los comentaristas de la *Poética* de Aristóteles habían arquitectado una preceptiva teatral de la comedia por oposición a lo dicho sobre la tragedia por el Estagirita con la ayuda del examen de las comedias y tragedias griegas y latinas conservadas. Se llegaba así a la elaboración de una teoría en la que cada género se regía por normas bien definidas en cuanto a la fábula, personajes, estilo y finalidad, a la vez que, basándose en el principio de la verosimilitud de la mímesis aristotélica, se creaba la regla de las tres unidades (acción, tiempo y lugar). Así Francesco Robortello, primero en construir una teoría de la comedia neoaristotélica, escribe *In Librum Aristotelis de Arte Poetica Explicationes* (1548) que la comedia «imita las acciones de los hombres más humildes y viles, y en esto se distingue de la tragedia que imita a los excelentes». Y más adelante, a propósito de la fábula expone que conviene que la cómica «contenga materias bajas y viles» y que «por esta razón difiere de las tragedias». El Pinciano, años más tarde condensaría en su *Filosofía antigua poética* (1596) la posición clasicista de tragedia[72] y comedia en siete diferencias:

Es la primera de las diferencias que entre la tragedia y comedia se ponen que la tragedia ha de tener personas graues, y la comedia, comunes; y es la segunda que la tragedia tiene grandes temores llenos de peligro, y la comedia, no; la tercera la tragedia tiene tristes y lamentables fines; la comedia, no; la quarta, en la tragedia, quietos principios y turbados fines; la comedia, al contrario; la quinta, que en la comedia se observa la vida que se deue huyr, y en la comedia, la que se deue seguir [...]; la sexta, que la tragedia se funda en historia, y la comedia, es toda fábula, de manera que ni aun el nombre es lícito poner de persona alguna, como ya se dixo antes; la

---

[72] Robortello, *In Librum Aristotelis [...]*, ed. 1997, pp. 105 y 110, respectivamente.

séptima, que la tragedia quiere y demanda estilo alto, y la comedia, baxo; y aun otras muchas más que no me acuerdo ponen los escritores, y ansí me admiro que vos, con sola esta palabra "por medio de passatiempo y risa" queráys diferenciar a la comedia de la tragedia[73].

En el *Discorso over lettera di Giovambattista Giraldi Cinzio intorno al comporre delle comedie e delle tragedie a Giulio Poncio Ponzioni* (1543), se cuestionan algunos de estos principios que sustenta la teoría dramática neoaristotélica. Giraldi admite la diferencia de la imitación de acciones para tragedias y comedias, pero no está conforme con que la fábula trágica se deba sacar siempre de la historia y la cómica la deba fingir el poeta. Cree que esta distinción, avalada por la lectura de las obras antiguas conservadas, se debe a la naturaleza de la acción que las tragedias imitan de reyes y grandes personajes y de hombres particulares las comedias. Según los clasicistas, estaría fuera de lo verosímil que, siendo los personajes trágicos personas conocidas pueda haber acciones hechas por ellos de las que no se tengan noticias. No ocurre así con las personas de las comedias, que, no siendo conocidas, puede ser verosímil cualquier acción inventada. Sin embargo, Giraldi cree posible, sin contravenir la verosimilitud, que la fábula trágica se pueda inventar, al igual que la cómica, si gira en torno a sucesos privados que no han tenido por qué hacerse públicos. Es más, cree que las inventadas podrán ser más gratas y eficaces a los espectadores como quiere Aristóteles al aconsejar que, cuando las acciones se saquen de la historia, sean las menos conocidas. Así muchas de sus tragedias tienen asunto inventado, pues están sacadas de sus propias novelas (*Ecatommiti*): *Orbecche* (II, 2), *Atile* (II, 3), *Antivalomeni* (II, 9), *Arrenopia* (III, 1) *Selene* (V, 1), *Eufimia* (VIII, 10), *Epizia* (VIII, 51)[74].

Si la tragedia se acerca a la comedia por poder compartir la fábula fingida, también lo hace en cuanto a la estructuración, pues Giraldi es partidario de dividir la acción en cinco actos, según apuntaba Horacio en la *Poética* y, con el Prólogo independiente como en las comedias de Plauto y Terencio. Así lo hace el ferrarés desde su primera pieza *Orbecche* (1541), en cuyo prólogo advertía a los espectadores de la novedad introducida. Otra de las reflexiones que hace el Cinzio y que aproxima los dos géneros dramáticos tiene que ver con la solución de la fábula, pues, aunque declara que el desenlace alegre es más conforme a la comedia[75], admite las tragedias con final feliz no haciendo, por lo tanto, en este punto distinción entre comedia y tragedia, pues hasta se usa el mecanismo cómico de la anagnórisis o agnición para la resolución del conflicto trágico. Y es

---

[73] López Pinciano, *Philosophía antigua poética*, vol. III, ed. 1973, pp. 19-20.

[74] Véase Villari, 2015, p. 27.

[75] Giraldi, *Discorso…*, ed. 1864, pp. 176-193 (la referencia en p. 181).

que para Giraldi, según cuanto expone en su *Discorso*[76], las tragedias pueden terminar en dolor o alegría, sin que por esto los espectadores «tra l'orrore e la compassione stiano sospesi insino al fine, il quel poscia riuscendo allegro gli lasci tutti consolati». Para conseguir esa conmoción, debe conducir al auditorio de modo que «egli non stia sempre nelle tenebre, ma dee l'azione di parte in parte andare sciogliendo la favola di modo che lo spettatore si veda menare al fine, ma stia dubbioso a che egli debba riuscire». Más adelante expone que este tipo de tragedia «a lieto fine» aman los nudos intrincados y mejor dobles que simples, acercándose a no ser por la presencia del horror a la comedia. Estamos, pues, ante una remodelación de la teoría dramática moderna donde las rígidas fronteras genéricas levantadas por los clasicistas italianos se empiezan a derrumbar.

Siguiendo esta senda, podemos entender mejor el sistema dramático de Cueva, ya que, si examinamos el conjunto de sus piezas teatrales conservadas, podemos observar cómo en su categorización no funcionan los criterios neoaristotélicos. Además de la división de las piezas, todas articuladas en jornadas siguiendo más el modelo de la comedia, se puede observar que ni la naturaleza de la fábula, ni el asunto inventado, ni el estilo, ni la métrica, ni los personajes diferencian comedias y tragedias. Así, cuatro de las diez comedias que dio a la imprenta tienen asunto histórico, ya sea de la historia de España o de la historia de Roma, y seis tienen asunto inventado, ya sea de creación propia o de otros autores. Asimismo ocurre con las tragedias, pues tres de ellas son de materia histórica y una de ellas inventada. Las acciones que imitan las comedias no son todas civiles o populares, como requerían los clasicistas, pues príncipes, reyes y grandes personajes protagonizan tanto la *Comedia del príncipe tirano* como la *Tragedia* del mismo nombre, la *Comedia de la muerte del rey don Sancho...*, la *Comedia del saco de Roma...*, la *Comedia de la libertad de España...* o la *Comedia de la libertad de Roma...*

Temores, peligros o incluso muertes encontramos en casi todas estas piezas tanto en las de asunto histórico como en cinco de las seis de asunto inventado. Eso sí, sin que sean las muertes las que terminen la obra, pues todas terminan felizmente, como Aristóteles y el mismo Cueva proponían en sus poéticas. El sevillano lleva, entonces, la comedia al terreno de la tragedia, despojándola además de la comicidad, pues solo en *El tutor* encontramos secuencias donde la risa está presente en réplicas del personaje protagonista que da título a la pieza, y, en menor medida, en *El viejo enamorado*, en concreto en algunas secuencias que giran en torno al personaje del bravucón. Así ocurre con la *Comedia de la libertad de Roma...*, donde están presentes elementos de la tragedia: la advertencia del dios Quirino; el presagio de los sueños de Porcena y Tiburino; las

---

[76] Giraldi, *Discorso...*, ed. 1864, pp. 184 y 189.

amputaciones de orejas, nariz y mano de Sulpicio; las muertes de Sulpicio, Bruto y la equivocada del contador del rey Tarquino, a quien Cévola cofunde con el rey, o la presencia de las furias Megera y Tesífone que incitan al asedio de la ciudad. Todo hace temer por la vida del héroe Mucio Cévola, pero un cambio de fortuna hace que su muerte sea conmutada, al demostrar su valor metiendo la mano en el fuego, poniéndose fin, además, al sitio de Roma. Otra pieza donde se encuentran elementos espantosos, como es el mandar sacarle los ojos al Conde de Saldaña, es la *Comedia de la libertad de España por Bernardo del Carpio.*

En la *Comedia de la muerte del Rey don Sancho…* y en la *Comedia del saco de Roma…,* según los mismos títulos indican, hallamos muertes como la de don Sancho a manos del traidor Vellido Dolfos, la de los tres hijos de Arias Gonzalo, que van muriendo uno a uno vencidos por don Diego, de lo que resulta un prolongado *pathos.* En la segunda, no solo muere el capitán general Borbón en el sitio de Roma, sino también un luterano, quien, junto con otros, estaban ultrajando un convento de monjas durante el saqueo de los *lanzichenicchi.* La comedia culmina con la paz y la apoteosis de la coronación del Emperador Carlos V en Bolonia.

Muertes en escena están presentes también en la *Comedia del príncipe tirano,* a lo que habría que añadir elementos y secuencias propias de la tragedia como es la aparición de la furia Aleto encargada de desencadenar el conflicto, pues incita al príncipe Licímaco a asesinar a su propia hermana para poder heredar el reino. La presencia de la sombra de los asesinados, el recurso a los sueños vaticinadores o la función de las Parcas que, como el coro giraldiano, comentan la acción y vaticinan la muerte del príncipe al final de la segunda parte de esta pieza intitulada *Tragedia del príncipe tirano,* contribuyen a crear una atmósfera lúgubre.

El homicidio de un personaje será también central en el desarrollo del conflicto de otras dos comedias: la *Comedia de la constancia de Arcelina* y la *Comedia del infamador.* En la primera, un fratricidio será también el desencadenante de la acción dramática. El tono patético es constante en esta pieza y a ello contribuye el presagio del mago Orbante sobre el final luctuoso del galán aborrecido, Fulcino, y el constante miedo por la vida del inocente Menalcio, galán amado por Arcelina, que solo se salvará gracias al recurso de la anagnórisis cuando la protagonista reconoce haber asesinado ella misma a su hermana y no su querido Menalcio. Nos encontramos asimismo elementos procedentes de la tradición trágica como el conjuro y la aparición de las almas de Aquiles, Egisto, Isis y Dido, con finalidad moralizante como en la tragedia senequista y giraldiana del Quinientos. El «riesgo trágico» aparece en *El infamador* desde la segunda jornada cuando la protagonista Elionora se ve obligada a matar al criado de su porfiado pretendiente Leucino y es acusada por este del crimen. A punto está de ser condenada a muerte, cuando otro cambio de fortuna hace que Leucino se retracte de su primera acusación. Además de este asesinato, a la vista del público, y del final rectificado, encontramos otros elementos propios de la tragedia como la presencia de Némesis, diosa de la venganza, en la primera jornada que advierte a Leucino de que no cometa ninguna maldad contra Elionora o el conjuro impulsado por el infamador para conseguir a la dama.

La *Comedia del degollado* se presenta más cercana al universo de la comedia clasicista en cuanto que su intrincado conflicto gira en torno a la separación de dos amantes, galán y dama, por parte de un moro enamorado de la doncella. Juan de la Cueva se inspira para esta trama en un relato incluido en *Factorum dictorumque memorabilium libri IX*, de Giambattista Fulgosio, que aparece recogido en la *Silva de varia lección*, de Pedro Mexía (Sevilla, 1540)[77]. Pero Cueva no solo introduce cambios en los personajes (los labradores napolitanos se convierten en hidalgos castellanos) y complica el conflicto con amores cruzados entre los moros y la dama cristiana protagonista, sino que también construye una secuencia final que propicia un cambio de fortuna muy similar al presente en la tragedia *Epitia* del Cinzio. Efectivamente, en una y otra pieza el final feliz se debe al descubrimiento por parte de las protagonistas de ambas de que el cuerpo degollado no es el de ser querido que ellas creen, sino de un reo muy parecido. La intensidad emocional viene creada por la aparición del cuerpo degollado del galán amado por Celia, la protagonista, delante de sus ojos.

Por último, *El viejo enamorado* comparte con *El tutor*, los personajes particulares, la acción inventada y de ámbito privado, como requería la teoría clasicista, junto con la presencia de la comicidad, aunque esté relegada solo a algunas secuencias. No obstante, encontramos en esta pieza también otros elementos que comparte con las comedias comentadas anteriormente que la aproximan al universo de la tragedia y que no solo están en relación con el asesinato del personaje que da nombre a la pieza y contribuye a su final feliz, son los casos de la aparición de los personajes de Invidia, Discordia y la furia Lisa, con una función similar a las furias de otras tragedias giraldianas; la oración al Amor de Arcelo, que recuerda el ruego de Venus del coro del *Orbecche*; o el conjuro de Rogelio para llamar a las furias infernales.

En todas estas piezas, por lo tanto, encontramos un acercamiento de la comedia al género trágico similar al que había realizado Giraldi cuando, como referimos anteriormente, acercó la tragedia a la comedia defendiendo el *lieto fine,* que explica el sistema dramático del sevillano basado en dos categorías (comedias y tragedias) y donde solo la solución del conflicto marca la diferencia.

---

[77] Mexía, *Silva…*, ed. 1989, Silva II, cap. 15, t. I, p. 629.

III. *El tutor* y *El viejo enamorado*: un conflicto dramático desde dos perspectivas cómicas

Los estudios dramáticos sobre Juan de la Cueva han incidido más en la faceta trágica de su teatro, a pesar de que hay también en él una veta cómica nada desdeñable, como muestra la *Comedia del viejo enamorado* (1580) y, muy particularmente, la *Comedia del tutor* (1579).

Si en *El tutor* podíamos afirmar, empleando la taxonomía propuesta por Marc Vitse para el teatro barroco[78], que estábamos ante una «comedia cómica» sin reservas[79], en el caso de *El viejo enamorado* el hecho de que la comicidad explícita tenga menor extensión y esté en manos de personajes subalternos —Barandulo, criado de Liboso; Miranda, ramera; y Escribano— nos induce a considerarla, según la citada taxonomía, de «comedia seria»[80]. Es verdad que Liboso, personaje del mundo de los amos, con su caracterización de viejo enamorado, su apasionamiento por la joven Olimpia, su sin vivir amoroso, sus tretas para conseguirla, su cobardía y su avanzada edad, que queda muy de manifiesto en sus palabras a Barandulo cuando le trae noticias del duelo con su joven rival Arcelo (vv. 1155-1170), se convierte en una figura ridícula:

LIBOSO   ¿Eso me dices? ¿Con tan gran braveza

te respondió? ¿Tan gran coraje tiene?

¡Cosa bien desigual a mi flaqueza

y a lo que a mi cansada edad conviene!

Mal regirá las armas la torpeza

de ochenta años, que ya el mover detiene

la aguda, rigurosa y fuerte espada

la sangre que en las venas tengo helada.

---

[78] Véase Vitse, 1984, pp. 518-527; y 1988, pp. 306-349.

[79] Reyes Peña, Ojeda Calvo y Raynaud, 2010.

[80] Javier Burguillo se refiere a *El viejo enamorado* como una «pieza de enredo» cuya anécdota central tiene su origen en la dualidad *senex | virgo* de las comedias clásicas y a la que «Cueva le añade ingredientes de otras tradiciones dramáticas y literarias, de la comedia pastoril y la novela bizantina, pero sobre todo es una obra de aparato, pensada para fascinar al público de los primeros corrales de comedias: apariciones y desapariciones de dioses, personajes que vuelan en escena, situaciones dramáticas, muertes a puñaladas, etc.» (Burguillo, 2010, p. 117).

> Y así, pues él es mozo floreciente,
>
> yo viejo sin valor que me defienda,
>
> quiero hacer en la ocasión presente
>
> que su brío y esfuerzo no me ofenda.
>
> Y así parte con priesa diligente,
>
> llámame aquí a Rogerio, que suspenda
>
> por su mágica ciencia su fiereza,
>
> y con ella dé ayuda a mi flaqueza.

A pesar de ello, su figura está alejada del tipo burlesco del viejo enamorado que aparece, por ejemplo, en la comedia plautina, llegando incluso su situación a provocar cierta tristeza en el espectador. De su caracterización por el actor que lo encarnara (voz, mímica, gestualidad, vestuario, movimiento…) dependería la mayor o menor hilaridad del personaje en escena. Es verdad también que en esta comedia hay muertes de personajes centrales en la trama, como ocurre con el mismo Liboso: Olimpia le da muerte, tras haber conseguido que este matara al mago Rogerio, quien le había ayudado en su duelo contra Arcelo. Sin embargo, no olvidemos que Cueva en su producción cómica y en los versos dedicados a la preceptiva dramática –*Viaje de Sannio* (1585) y *Ejemplar poético* (1609)– admite la muerte en las comedias, propugnando su inadmisión solo en el final, pues el desenlace feliz y el desarrollo del conflicto dramático –turbados principios y quietos fines– son para él las características esenciales diferenciadoras entre comedia y tragedia[81]. Y, precisamente, en *El viejo enamorado* la muerte de dichos personajes contribuye a proporcionar a la obra ese final feliz. Razones todas que justifican nuestra clasificación genérica.

No obstante, ambas piezas, desarrollan un mismo conflicto dramático, pues Cueva parte del tópico literario que opone al *senex amator* (viejo lujurioso) de la *virgo* (joven doncella), siguiendo la estela plautina. Para ser exactos, si nos atenemos a las fechas de representación que el propio Cueva nos aporta en su edición de 1588, primero abordaría la «comedia cómica» de *El tutor* (representada en 1579 en la Huerta de Doña Elvira) y, al año siguiente, la «comedia seria» *El viejo enamorado* (1580, corral de Don Juan). Aunque el punto de partida de estas dos obras sea el mismo –la pasión extemporánea de un viejo sobre una dama ya comprometida

---

81 Véase «La teoría dramática: los conceptos de comedia y tragedia en Juan de la Cueva», en Reyes Peña, Ojeda Calvo y Raynaud, 2008, pp. 40-52.

por amor con un joven galán–; compartan la misma finalidad moral –explicitada por el propio autor en las didascalias iniciales de *El viejo enamorado*–; y el género empleado sea «similar», las diferencias entre ambas son significativas.

El número de personajes en *El tutor* es de 9 –la pieza con el menor número de «personas» de la producción dramática del autor hispalense– frente a los 19 de *El viejo enamorado*. La acción dramática de la primera, por lo tanto, se desarrolla a través de un reducido número de personajes, más aún si consideramos que la acción principal se encuentra en manos de solo 4 protagonistas: el tutor, su pupilo Otavio, Aurelia y el criado Licio. La acción dramática de *El viejo enamorado*, por el contrario, a pesar del protagonismo de Dorildo, Aurelia y, en menor medida, de Arcelo se encuentra más dispersa y repartida a través de las intervenciones de personajes secundarios como Versilo, Astropo, Lisa, Rogerio… que resultan fundamentales para el desarrollo de la trama. En esta obra, además, abundan los personajes mitológicos o alegóricos tan del gusto de Cueva –presentes en 8 de sus 14 obras dramáticas–, y de los trágicos quinientistas, mientras que en *El tutor* están ausentes por completo. La aparición de los mencionados personajes alegóricos, dioses y furias infernales dotan la pieza de una espectacularidad escénica –vestuario, caracterización, gestualidad, apariciones y desapariciones de escena, etc.– de la que carece *El tutor*. El artefacto, por citar el ejemplo más notorio, en el que se presentan en pleno vuelo las furias junto a Lisa para raptar a Arcelo, elevándolo desde las tablas al cielo, apenas es comparable con la irrupción de Licio, disfrazado de demonio, en la habitación donde duermen Leotacio y Astropo, quizás el momento más «espectacular» escénicamente de *El tutor*. En ambos ejemplos, el tratamiento de la acción dramática viene marcado por el género mismo de la obra: el primero de dichos ejemplos se ajusta con mayor exactitud a las características de la tragedia, o la «comedia seria» como es nuestro caso, mientras que la fingida aparición del demonio se enmarca dentro de la burla y el histrionismo propio de la «comedia cómica».

Al igual que el resto de todas las obras dramáticas de Juan de la Cueva, nuestras dos comedias se dividen en cuatro jornadas con un cómputo semejante en el número de sus versos: *El tutor* con 2.399 vv. y *El viejo enamorado* con 2.750 vv., la obra más extensa de Cueva. Si en la segunda, el número de versos por jornadas es semejante en las tres primeras jornadas, siendo la cuarta la más breve; en la primera, la tercera jornada es la más sucinta. De ello, podemos deducir que Cueva organiza y distribuye de forma diferente la materia dramática de ambas piezas, acorde al desarrollo de la fábula de cada una de ellas. En la jornada tercera, la más extensa de las cuatro, de *El viejo enamorado* se alcanza el clímax de la comedia con las muertes de Rogerio y del viejo Liboso, este último a manos de Olimpia; siendo en la cuarta jornada donde se resuelve el cabo suelto de la línea argumental de la pieza hasta ese momento: la prisión del galán Arcelo, que será rescatado gracias a la intervención heroica de la dama. En *El tutor*, sin embargo, hasta la cuarta jornada, sin ser la más extensa de todas –solo es superada por la segunda–, no se produce la resolución del conflicto –mantenido, por lo tanto, casi hasta el final mismo de la obra–, mediante el engaño urdido por Licio que, gracias a su travestismo y al de su amo Otavio, burlarán a los taimados pretendientes Dorildo y Leotacio.

Ambas piezas comparten el lugar de la acción: la ciudad de Sevilla, de la que se hacen múltiples referencias a sus calles y particularidades. Sin embargo, la ciudad de la que parte Otavio hacia Salamanca, comparten confidencias Licio y Aurelia o donde se desarrollan los engaños y burlas del astuto criado no parece la misma en la que reside el viejo Liboso, Rogerio invoca su conjuro o donde se produce el duelo con Arcelo. Una vez más el género tiñe de connotaciones distintas, en este caso, el lugar de la acción dramática: más lúdica en *El tutor* y más «oscura» y hostil en la «comedia seria» de *El viejo enamorado*. Una sensación que aparece subrayada por la duración con la que el autor concibe las diferentes tramas. Mientras que en la primera la acción se prolonga a lo largo de varios meses, en la segunda se desarrolla apenas en dos o tres días.

Tras este breve repaso de algunas de las características más destacables de estas dos obras dramáticas de Juan de la Cueva, cabría preguntarse qué motivó al dramaturgo hispalense a plasmar sobre el papel, para posteriormente escenificar sobre las tablas, por dos veces el mismo tópico proverbializado del *senex amator / virgo*. En nuestra opinión, ese deseo de experimentación sobre los distintos recursos dramáticos en busca de la más adecuada expresión teatral, al que hacíamos alusión más arriba, podría ser la respuesta a ese interrogante. Es posible que para nuestro autor estas dos comedias, caras de una misma moneda, fueran un medio a través del que mostrar ante el público un mismo tema de forma diversa, demostrando sus distintas posibilidades o, incluso, su capacidad como literato y dramaturgo. En todo caso, la opinión de gran parte de la crítica, y que compartimos, es que la propuesta dramática, estructura, tipología de los personajes y el uso de la métrica empleado por Cueva en *El tutor* - principios dramáticos que terminarían por imponerse en la «comedia nueva» del Seiscientos– convierten a esta obra en una de las mejores, «si no la mejor», de sus piezas dramáticas. Afirmación esta que, sin embargo, no supone menospreciar los aciertos y logros alcanzados por Juan de la Cueva en *El viejo enamorado*.

IV. *El tutor*

1. *El tutor* y la crítica

En 2010, editamos la *Comedia del tutor* como ejemplo sobre el que ilustrar una metodología para la segmentación de una pieza teatral que reflejase la estructura dramática de la misma. Una edición que nos ha parecido oportuno retomar para publicarla en esta ocasión en paralelo a la de *El viejo enamorado*. Y ello por dos razones: primera, la intención de ofrecer un nuevo ejemplo de la experimentación que Juan de la Cueva está llevando a cabo en su teatro, igual que otros dramaturgos de la generación de 1580. Estos buscan una fórmula dramática que, alejada de la normativa clásica, responda al gusto del público abierto y numeroso de los primeros corrales de comedias, de la que ambas piezas se presentan como la cara y cruz de una misma moneda. Y, segunda, el deseo de ofrecer de nuevo aquella edición, ahora revisada y anotada, pues apareció sin notas filológicas, por innecesarias para los objetivos entonces perseguidos[82].

Limitaciones de espacio han aconsejado centrar el estudio y valoración de la crítica sobre *El tutor*, y a continuación *El viejo enamorado*, a las aportaciones publicadas durante los últimos veinticinco años, tras la aparición de las reflexiones formuladas por Rinaldo Froldi en su artículo «Reconsiderando el teatro de Juan de la Cueva», defendido en las *Jornadas de Teatro Clásico de Almagro, 1998*, y publicado en 1999; y en su posterior y último trabajo de 2013. Es verdad que ambos estudios no se centran en ninguna de estas dos obras y que se decantan más por las tragedias que por las comedias del autor sevillano, pero sientan unas bases válidas para ambos géneros, desde las que resulta obligado partir para acercarse al teatro de Juan de la Cueva. Es verdad también que ya estudiosos como Juan Oleza y Jean Canavaggio (1995 y 1997, respectivamente), junto a otros investigadores en fechas anteriores, habían defendido la necesidad de no analizar la obra dramática de Cueva exclusivamente por sus aportaciones al nacimiento de la «comedia nueva» como inmediato precursor de Lope de Vega, pues, en palabras de Canavaggio, tal como se advierte hoy,

---

[82] Para evitar repeticiones innecesarias, remitimos al artículo de Reyes Peña, Ojeda Calvo y Raynaud, 2010, en el que se estudia la estructura dramática de esta pieza; y, para el análisis concreto de uno de sus personajes –el criado Licio–, a Reyes Peña, 2005. Artículos de los que nos serviremos para la redacción de este apartado.

los precursores de la fórmula lopesca –si queremos conservar a todo trance este término– fueron más bien aquellos poetas valencianos –Tárrega, Aguilar, Guillén de Castro– con quienes el Fénix, en sus años de mocedad, mantuvo un fecundo trato; pero a Juan de la Cueva no se le puede aplicar semejante calificativo[83],

sino por el valor intrínseco de su teatro en el contexto histórico-cultural en el que lo escribió y se representó.

Su teatro, como afirma sin ambages Froldi en 2013, igual que el producido por el grupo de trágicos de los veinte últimos años del Quinientos, responde a ese conflictivo momento histórico-cultural en que les tocó vivir, denominado por los especialistas como «la crisis del Renacimiento». Una época lejos ya de la idealización característica del Renacimiento italiano de la primera mitad del siglo. En su segunda mitad, el hombre abre sus ojos a la dura realidad que se le impone, donde ha desaparecido ese carácter idílico y ar-cádico que había imperado en la primera. Todos estos dramaturgos conocedores del clasicismo, aunque lo respetan, sienten la imperiosa necesidad de innovar, en busca de una nueva fórmula que satisfaga al público contemporáneo, como ya moviera a Giraldi. Un público alejado de los ideales cortesanos y cada vez más amplio debido al desarrollo que, al mismo tiempo, está logrando el teatro profesional con la aparición de los corrales de comedias, las compañías de actores profesionales y la mayor demanda de espectáculos públicos por la sociedad. Desde esta perspectiva, como postula el estudioso italiano, es desde la que debemos abordar el teatro de Juan de la Cueva. Dicha perspectiva lo justifica y rechaza la censura atribuida por parte de la crí-tica a su producción dramática, a causa de la falta de credibilidad y verosimilitud en personajes y situaciones; el frecuente recurso a figuras alegóricas o morales, a seres irreales, maravillosos o sobrenaturales cargados de fuerte simbolismo; a acciones monstruosas; episodios sangrientos; muertes en escena… Para Froldi, son consecuencia de ese mundo convulso y desequilibrado en el que el hombre de su época se encuentra inmerso, sin respuestas; y el dramaturgo, con una evidente finalidad moralizadora, opera con la intención de sorprenderlo y conmoverlo con lo macabro y lo espectacular, contrastando ese «inframundo» con seres de comportamiento ético impecable, que luchan por la restauración de un orden resquebrajado. Por todo ello, como muy bien destaca Joan Oleza en el «Prólogo» que precede el citado artículo de Froldi, sirviéndose de sus palabras:

«opino –afirma Froldi– que su teatro [de Cueva] contiene una coherencia interna superior a cuanto hasta ahora se había pensado» y que su figura debe ser destacada, como la de los otros autores trágicos, de la clasificación

---

[83] Canavaggio, 1997, p. 106.

genérica de autores renacentistas, situada entre las manifestaciones de un senequismo cristianizado a la manera de los trágicos italianos y redescubierta en la coherencia interna de obras como *El príncipe tirano*. En cuanto a la condición de predecesor de Lope de Vega, «no creo que carezca de importancia el tema de la relación del teatro de Juan de la Cueva con el de Lope, pero no puede ser el tema exclusivo de la investigación actual». Tampoco su influencia fue decisiva ni en el movimiento trágico ni en la génesis de la «comedia nueva»: «Continúo pensando, como Bataillon y más recientemente Canavaggio, que el proceso teatral de finales del s. XVI no llegó nunca a ordenarse en torno a la figura del sevillano, lo que no significa que Juan de la Cueva no tenga importancia como autor dramático de su época».[84]

Pues bien, si fue desde esta perspectiva tan claramente propugnada por el eminente Profesor italiano desde la que nos situamos en el estudio y edición de *El príncipe tirano. Comedia* y *Tragedia*[85], desde ella hemos abordado igualmente las ediciones de *El tutor* y *El viejo enamorado*, pues explica muchas de las claves del teatro del autor hispalense.

Como escribíamos en 2010, el estudio de *El tutor* ha merecido muy escasa atención entre la crítica especializada, como ponía de relieve en 1969 José Caso González, quien la consideraba «una de las comedias más interesantes de Cueva, por no decir la mejor»[86]. También José Cebrián, más de veinte años después, le dedicaba un apartado en 1991, donde resumía el argumento de la obra y coincidía con Caso González en su excelente valoración[87]. Posteriormente, Juan Matas Caballero, en su propuesta de los dos grandes temas que conforman la dramaturgia del autor hispalense: la historia y el amor, destacaba el hecho de que en *El tutor*

todo el peso de la acción recaiga, no sobre los personajes centrales –que ni siquiera es el Tutor, que da nombre a la obra– [...], sino en el criado (Licio), que es el verdadero artífice de toda la situación de enredo, que conecta a todos los personajes con Aurelia [la dama] en beneficio de su señor [Otavio], cuyo disfrute amoroso final es debido al extremado ingenio y astuta labor de Licio[88].

---

[84] Oleza, 2013, p. 18.

[85] Reyes Peña, Ojeda Calvo y Raynaud, 2008.

[86] Caso González, 1969, pp. 132-135 (la cita en p. 132).

[87] Cebrián, 1991, pp. 134-138.

[88] Matas Caballero, 1994, p. 255.

En 1997, dicho crítico regresaría de nuevo a nuestra obra, en el estudio del conjunto de la producción dramática de Cueva, en su edición de *La muerte del rey don Sancho y reto de Zamora. Comedia del degollado*[89]; y, por último, en 1998, volvería a él en su artículo sobre «El personaje femenino en el teatro de Juan de la Cueva», propugnando un discurso profeminista en nuestro autor, al ofrecernos

> un terreno abonado para subrayar la igualdad teórica entre hombre y mujer, quien, en no pocas ocasiones, asume la salvaguarda de la honra, la ética, la patria, la rebeldía, la religión y la cultura, sacrosantos valores que siempre le estuvieron vedados y, que, por lo tanto, ponen de relieve la consistencia del personaje femenino y el profeminismo del teatro de Juan de la Cueva[90].

Profeminismo este ya apuntado en 1974 por Melveena McKendrick en su libro *Woman and Society in the Spanish Drama of the Golden Age: A Study of the Mujer Varonil*.

La entrada del nuevo siglo despertará mayor interés por *El tutor*, manifestado en la aparición de varios trabajos sobre el mismo:

En 2005, David G. Burton, en su artículo sobre la fortaleza de la mujer en el teatro de Cueva, su carácter independiente y osado para conseguir sus propósitos y la defensa de su propia voz sin someterse necesariamente a la autoridad masculina, ofrece una galería de seis mujeres "profeministas", todas dueñas de sus propias decisiones, figurando entre ellas Aurelia, nuestra protagonista. También en 2005, Reyes Peña se centrará en otro de sus personajes –Licio–, como claro precedente de la figura del donaire de la «comedia nueva».

En 2010, Javier Burguillo, describirá *El tutor* en su tesis doctoral, junto a las demás piezas de Cueva, si bien su objeto de investigación serán las obras de tema histórico del escritor hispalense. Igualmente, en 2010, Reyes Peña, Ojeda Calvo y Raynaud, ofrecerán un estudio de la estructura dramática y edición de la *Comedia del tutor* (la primera moderna desde la realizada por Francisco de Icaza, en 1917), ceñida a los cánones propugnados por la nueva crítica textual.

---

[89] Matas Caballero, 1997, pp. 28-30 y ss.
[90] Matas Caballero, 1998, vol. II, p. 1032.

En 2011, una vez más, David G. Burton, abordará el análisis de *El tutor,* ahora en paralelo a *El viejo enamorado*, con motivo del distinto tratamiento dramático que Juan de la Cueva brinda en una y otra sobre el tópico de larga tradición *senex amator / virgo*.

En 2012-2013, Javier Burguillo, a propósito de los problemas que ofrece la edición del teatro de Cueva, muestra como ejemplo el caso de *El tutor*.

A principios de 2015, Francesca Cavestro realiza su «Tesi di Laurea» (dirigida por María del Valle Ojeda Calvo en la Università Ca'Foscari de Venezia), titulada *La dama en las comedias de Juan de la Cueva*, en la que analiza –entre otros– el personaje femenino de Olimpia de *El viejo enamorado*, junto al personaje de Aurelia, protagonista de *El tutor*. Una investigación que supone otro paso significativo a favor de esa defensa de la mujer, de sus valores, de su capacidad y libertad de acción y de elección de su propio destino en un mundo liderado por los hombres. Tras centrarse en el análisis de su función dramática de protagonistas frente a los actantes masculinos en las comedias novelescas del sevillano y de examinar sus posibles fuentes, Francesca Cavestro concluye, entre otras, con estas definitorias palabras: «En conclusión, Juan de la Cueva crea un nuevo modelo de mujer protagonista e ingeniosa, que tiene las riendas de la situación y encuentra la solución para arreglar las cuestiones de amor y de honor»[91].

Y, por último, en 2016, Adriane Viz Veiga, en su «Dissertação (Mestrado em Estudos da Literatura), Universidade Federal Fluminense, Instituto de Letras, Niterói (Río de Janeiro, Brasil), orientada por la Dra. Lygia Rodrigues Vianna Peres y titulada *Tutores em cena, comédia e entremez do Século de Ouro espanhol*, se centra en el análisis de la figura del tutor y su variante la tutora en tres piezas: la comedia de *El tutor* de Juan de la Cueva, *La tía* de Calderón de la Barca, y *O Tutor namorado ou As indústrias da mulheres*, de autor anónimo, que presentan en común la ridiculización del tipo en diversos niveles, causada por él mismo o por otros, los cuales va analizando.

Tras esta breve ilustración del interés suscitado en la crítica por nuestra comedia durante los últimos años, se impone ya acercarnos a ella, aunque sea brevemente.

---

[91] Cavestro, 2015, pp. 128-129.

2. Argumento

La comedia de *El tutor*, quinta de las comedias de Cueva, fue representada por primera vez, según sus propias palabras, «en la güerta de Doña Elvira», por Pedro de Saldaña, en 1579, el mismo autor de comedias que al año siguiente estrenaría *El viejo enamorado* en el Corral de Don Juan. Su argumento –recordemos– responde al de una comedia urbana de enredo. No respeta la unidad de lugar –se desarrolla en Sevilla y Salamanca, pasándose incluso de esta ciudad a aquella en el trascurso de las Jornadas II y IV– ni la de tiempo –entre las Jornadas I y II han transcurrido cinco meses, por citar el ejemplo más significativo–, ciñéndose solo a la unidad de acción. Su trama está basada en el enredo amoroso y la traición que provocan las pretensiones de dos personajes hacia una dama, ya comprometida en el amor. Esta, Aurelia, mantiene relaciones con el joven Otavio, al que se ha entregado, y es solicitada por el viejo Dorildo y el estudiante Leotacio, tutor y amigo del galán, respectivamente. Ambos, con engaños, mantienen a su prometido alejado de la joven para a cambio estar cerca de ella y conseguir sus indecorosos fines. Conocidas dichas pretensiones por el criado de Otavio, Licio, este, mediante astutas e hilarantes tretas, donde el disfraz juega un papel determinante, consigue burlarse del viejo ridículo Dorildo y del desleal estudiante Leotacio, para proporcionar un final feliz a la pieza. Este argumento se desarrolla en 2.399 vv., segmentados en cuatro jornadas, una extensión aproximada a la que alcanzará la «comedia nueva».

El asunto tratado en *El tutor* y en *El viejo enamorado*, como ha señalado la crítica y apuntamos arriba, es el mismo: los irresponsables e ilícitos amores de tinte carnal de un hombre viejo por una joven dama, comprometida con fines matrimoniales a un joven galán. Su desarrollo argumental, aunque con puntos comunes (el triángulo formado por los tres personajes protagonistas –el viejo, la dama y el galán–, acompañados por los personajes a su servicio), ofrece en *El tutor* un desarrollo mucho más complejo y teñido de comicidad. A ello, contribuye el desdoblamiento en *El tutor* del personaje oponente a la pareja de enamorados en dos actantes: uno viejo –el tutor Dorildo– y otro joven –Leotacio, el estudiante salmantino, amigo de Otavio–, incitados ambos por las mismas intenciones aviesas de gozar a la dama fuera de los cánones éticos establecidos[92]; y la creación de

---

[92] Como advertía Caso González, Leandro Fernández de Moratín, en los *Orígenes del Teatro español*, defendía que Leotacio era una figura inútil, que solo servía para duplicar y confundir la acción. Opinión de la que discrepaba porque

> aun sin ser realmente necesaria, está lejos de ser dramáticamente inútil [...]. Pudo suprimirse a Leotacio sin gran detrimento de la lección moral a la que apunta Cueva, pero las escenas en las cuales se pasa del tutor al amigo, o viceversa, tienen su base cómica en la duplicidad de pretendientes. En el caso de desaparecer uno de ellos la misma acción dramática sería totalmente distinta, y probablemente el interés disminuiría.

un urdidor magistral: Licio, criado del galán Otavio, que desde su nivel ancilar es el motor de la acción, tramando una serie de cómicos enredos que constituirían las delicias del auditorio, y posibilitan el final feliz de la pieza.

Ambas comedias, como también apuntábamos arriba, se muestran como un ejemplo de la puesta en escena del tópico y proverbial asunto del *senex amator* (viejo lujurioso)[93] y la *virgo* (joven doncella)[94], tan tratado a lo largo de la historia literaria.

En las comedias latinas, el viejo enamorado de una jovencita era caricaturizado por regla general como un personaje ridículo y grotesco, cuyo porte amoroso y lascivos deseos provocaban sus escenas más jocosas y burlescas[95]. En dichas comedias, la joven doncella apenas tenía una presencia destacable en la acción de la obra, su característica fundamental solía ser el silencio y, en algunas obras, su total ausencia[96].

Para dicho crítico, ambos amantes representaban «dos facetas de una misma fatuidad o insensatez masculina» (Caso González, 1969, p. 135). Para Reyes Peña, « esta duplicidad acentúa también el tema de la traición, tratada desde dos planos distintos: el paterno y la referencia moral representado por el tutor Dorildo y el de la amistad representado por su compañero Leotacio» (Reyes Peña, 2005, p.84).

[93] El *senex amator* es «una creación específicamente plautina, que en ocasiones es retratado como una máscara terriblemente descarnada […] Este viejo libidinoso está presente en *Asinaria, Bacchides, Casina, Mercator, Stichus,* etc.». Su máscara, en su radicalidad, ponía en cuestión personajes reconocibles de la sociedad romana por lo que «el *senex amator* es viejo, maloliente y desdentado, además de apoyarse en un bastón, pero es más que nada un viejo rijoso al que no le corresponden los amores de [la] joven» (López Gregoris, 2017, p.142). «There are few characters in Roman comedy more ridiculous than the aged lover and Plautus, fully cognizant of the farcical possibilities inherent in the role, usually presented such characters as grotesque caricatures» (Duckworth, 1994, p. 246).

[94] «Social convention and the rigidity of the stage setting (with its lacks of interior scene) alike made it difficult for young girls of good family to take part in the action. When the heroines of Roman comedy are girls of respetable parentage, they remain offstage […] the role of the *uirgo* in Plautus is seldom active (and in Terence almost non-existent)» (Duckworth, 1994, pp. 254-253).

[95] Muchas de las escenas de *Casina* y *Mercator* de Plauto serían un claro ejemplo de ello. Lysidamus, protagonista de *Casina* ha sido descrito por la crítica como «el más lascivo bribón de la comedia romana», mientras que Demipho (*Mercator*) es considerado como un viejo enamorado más «decente» (Duckworth, 1994, pp. 165 y 167, respectivamente).

[96] R. L. Grismer, en su libro *The influence of Plautus in Spain before Lope de Vega*, defiende que «There was a large school of Plautine imitators in Seville, probably due to the Italian companies which played there. Most of their comedies are lost. Juan de la Cueva mentions several by name in his *Ejemplar poético:*

Ya fueron a estas leyes obedientes
los Sevillanos comicos, Guevara,
Gutierre de Cetina, Cozar, Fuentes,
el [in]genioso Ortiz, aquella rara
musa de nuestro astrifero Megia
y del Menandro Betico Malara,
otros muchos que esta estrecha via

El cambio en la sociedad italiana del *Cinquecento* tuvo su reflejo sobre la escena, donde los jóvenes protagonistas no «caían prendados» solamente de mujeres «de mal vivir», sino también de jóvenes respetables; sin embargo, «da costumbre italiana» en la comedia, al igual que la clásica, prohibía la aparición de las hijas de los ciudadanos en las calles:

> Serva, messer Giulio, la comedia una certa religione che mai giovane vergine, o polzella non viene a ragionare in iscena, e per lo contrario nelle scene tragiche vi s'introducono lodevolmente. E ciò m'estimo io che sia perchè la scena comica, per lo più è lasciva, e in essa intervengono ruffiani, meretrici, parassiti, e altre simili qualità di persone di lasciva e di disonesta vita; e però non pare che convenga al decoro di una giovane vergine, venire a favellare in tale scena, e tra queste persone[97].

El único medio por el que un personaje femenino «decente» podía encontrarse en la calle era a través del recurso «teatral» –procedente de las *novelle*– de «da mujer disfrazada de hombre», lo que hacía posible su presencia entre otros varones y su participación activa, «con derecho a hablar», en la escena[98].

Ya en época anterior a las manifestaciones del tópico *senex amator / virgo* en las comedias clásicas, aparece este tema en el Antiguo Testamento, cuando el profeta Daniel narra la historia de los dos viejos y libidinosos jueces apasionados por la bella Susana, una mujer casada, a la que desean e intentan gozar sin conseguirlo, condenándola a muerte tras levantarle un falso testimonio (*Daniel*, 13,1-64). El comportamiento de ambos viejos y sus desatados e irrefrenables sentimientos a flor de piel resultan ridículos para el lector, dadas su provecta edad y sus mañas para lograrlo.

Tras el clasicismo y situándonos en el ámbito del teatro medieval castellano, entre las primeras muestras conservadas, aparece el tema «con una clara condición teatral», en el denominado *Diálogo del Viejo, el*

---

obedeciendo el uso antiguo fueron
en dar luz a la comica poesía.» (Grismer, 1944, pp. 168-169).

De ser cierta la existencia de tal escuela, Juan de la Cueva formaría, sin duda, parte de dicha corriente, como demuestran la composición, personajes, temática y recursos teatrales de varias de sus obras. Aunque como Richard Glenn precisa respecto a este pasaje: «In the third epistle of the *Poets' Guide*, which treats the drama, Cueva states that the classical canons of playwriting were observe by Guevara, Gutierre de Cetina, Cózar, Fuentes; Ortiz, Mexía, and Mal Lara (vv. 532-37). Of these, only Cetina, Mexía, Mal Lara made any lasting impression of the pages of literary history, and none is noted for his dramatic production» (Glenn, 1973, p. 34).

[97] Giraldi Cintio, *Discorso…,* ed. 1864, p. 103.

[98] Bond, 1911, pp. xxxix-xl.

Amor y la Mujer hermosa (últimas décadas del siglo XV), de 725 vv., en coplas reales de dicz versos (dobles quintillas), que nos ha llegado anónimo y sin título, el cual siempre se ha puesto en relación con el poema titulado *Diálogo entre el Amor y un Viejo*, de Rodrigo Cota (1430/40-1505). El tema que motiva ambas obras es el mismo: «da imposibilidad del amor de viejo, tema, por lo demás –como afirma Pérez Priego– de amplia resonancia en la literatura de la época y para el que esta ofrece también soluciones diferentes»[99], remitiendo, a su vez, a Salvador Martínez[100], que compara ambas obras. Para este último crítico, el *Diálogo del Viejo, el Amor y la Hermosa*, tal vez escrito «en la Corte de Nápoles de Alfonso V el Magnánimo (1443-1458), pertenece al género del teatro-diálogo representable, de tendencia paródica y de contenido didáctico-moral». «Efectivamente –como también nos dice–, aunque este tipo del viejo enamorado era ya por sí una figura cómica proverbial, al «ser rechazado violentamente en medio de la burla y el sarcasmo, esta comicidad se convierte en trágica, tocando los límites de lo macabro»[101].

Avanzando en el tiempo, nos encontramos de nuevo con otros dos viejos enamorados, fruto de la pluma del dramaturgo extremeño Diego Sánchez de Badajoz (finales siglo XV- antes de 1552). En su *Recopilación en metro*, publicada en Sevilla, 1554, por su sobrino, el clérigo Juan de Figueroa, recrea el episodio veterotestamentario de los dos jueces viejos y sus ilícitas pretensiones por la bella Susana, narrado por Daniel, como ya se ha comentado. El tono de la pieza es serio, pero a los espectadores les resultaría irrisorio y detestable ese explícito apasionamiento de ambos por la dama, su apetito de goce carnal, la sensualidad experimentada al verla desnuda en la fuente, sus mañas… y su merecido castigo al ser descubiertos, sentimientos todos expresados sin rodeos y sin pudor, a pesar de su condición social de jueces y anciana edad. Su forma de comportarse y su descarnado lenguaje los ridiculizarían ante los espectadores, consiguiendo la obra la finalidad didáctico-moral pretendida por el autor[102].

En esta cadena temática, también en tres de las cuatro comedias (1567) de Lope de Rueda tiene cabida el tema, si bien teñido de comicidad, sin tintes trágicos ni sensuales. En *Armelina*, los padres –ya viejos– de la dama que da título a la obra la quieren casar con un zapatero acabado de enviudar, que, aunque no se le tilda de viejo, por sus circunstancias parece ser ya entrado en edad. Este, a instancias de un casamentero,

---

[99] Pérez Priego, 2009, pp. 81-84, las citas en pp. 81 y 83.
[100] Martínez, 1989, pp. 127-190.
[101] Martínez, 1989, pp. 161, 188 y 155.
[102] Sánchez de Badajoz, *Recopilación en metro,* ed. 1968, pp. 432-442.

intenta acercarse a ella, siguiendo sus consejos en cuanto al arreglo personal y al cuidado del lenguaje para disimular su oficio; pero, a pesar de sus esfuerzos por conseguirlo, su elocución no lo acompaña, provocando la risa entre los espectadores, sin que llegue a buen fin el matrimonio proyectado. En *Los engañados*, Gerardo, padre de Clavela –dama–, y, por lo tanto, de provecta edad, está enamorado de la joven Lelia y así lo confiesa con vehemencia, lo que provocaría cierta hilaridad en el auditorio, pero tampoco aquí el matrimonio deseado tiene final feliz. Y, por último, en *Medora*, Acario, padre de Ángélica y Medoro, está enamorado de Estela, doncella, que acabará casándose con Gargullo, un lacayo. Acario, sin ser tildado de viejo, lo cual suponemos al ser padre, también expresa su enamoramiento en términos ridículos para su condición y edad, lo cual provocaría, una vez más, la risa en el auditorio.

En el caso de Lope de Rueda, debido a su conocimiento de la literatura italiana a través de lecturas, como ha defendido la crítica reciente y muestran las fuentes de sus comedias señaladas hace ya años por Othón Arróniz[103], el tópico *senex amator / virgo* le podría haber llegado a través de aquellas. Recordemos que en el *Decamerón* (1351-1353) de Giovanni Boccaccio, nos encontramos con una serie de personajes que se ajustarían a la tipología del «viejo» enamorado de una dama. Ejemplos de ello serían la Novela sexta de la Décima jornada o, especialmente, la Novela décima de la Primera jornada, en la que el maestro Alberto, de cerca de 70 años, se enamora de la viuda Malgherida. Aunque la dama no sea una jovencita ni la figura del maestro Alberto esté ridiculizada, su influencia en la construcción del patrón *senex / virgo* en autores posteriores sería innegable.

A modo de conclusión, podríamos afirmar que el tópico *senex amator / virgo*, como muestra el breve recorrido hasta aquí esbozado, era ya un tópico proverbializado en la literatura, cuando lo dramatiza Juan de la Cueva en sus dos comedias: *El tutor* y *El viejo enamorado*. No obstante, se puede observar que el tinte de sensualidad, tragicidad y sarcasmo que se advierte en su tratamiento medieval, también presente en Sánchez de Badajoz, ya no aparece en Rueda ni en nuestro autor, hasta el punto de que el viejo Liboso, cuando se autorretrata en sus flaquezas, sintiéndose, a pesar de ello, dispuesto a culminar sus deseos sean cuales fueran

---

[103] Las fuentes literarias de *Armelina* se encontrarían en *Il Servigiale* (representado en 1555 e impreso en 1561) de Giovanni Maria Cecchi y *L'Altilia* (imp. 1550) de Anton Francesco Raineri. *Los engañados*, por su parte, contarían con un antecedente latino, *Menaechmi* de Plauto, más las piezas italianas *Gl'Ingannati* de Intronati of Siena (rep. 1531, imp. 1537) y *Gl'Inganni* de Niccoló Secchi (rep. 1547, imp. 1562). *Menaechmi* de Plauto estaría, una vez más, en el origen de *Medora* junto a *La Cingana* de Gigio Arthemio Giancarli (1545) (Arróniz, 1969, pp. 73-89 y 94-134).

sus consecuencias, al mismo tiempo que hace evocar una sonrisa produce una cierta lástima o incluso tristeza en el espectador.

3. Métrica

Las formas métricas empleadas por Juan de la Cueva en *El tutor* son cuatro: Estancias, Redondillas, Tercetos y Octavas reales[104]. La estrofa claramente predominante es la redondilla, que suma un total de 2200 vv. (91,70% del total), seguida muy de lejos por el resto de estrofas: octava real con 104 vv. (4,33 %), tercetos con 67 vv. (2,79 %) y estancias con 28 vv. (1.17 %). El uso y alternancia de estas cuatro estrofas a lo largo de la obra producen 4 cambios métricos[105], uno solo por jornada, siendo el número más bajo de toda la producción del dramaturgo sevillano. Todas las jornadas se inician con un metro italiano para a continuación introducir el verso octosílabo, corroborándose así la tesis defendida por Edwin Morby, que consideraba el verso endecasílabo como el idóneo para llamar la atención del público asistente a la representación por ser «más impresionante» que el octosílabo, que, en ningún caso, es utilizado por Cueva para iniciar una obra y solo en dos ocasiones para comenzar una jornada[106].

La Jornada primera se abre con el monólogo de Otavio, en el que declara su amor por Aurelia en 28 vv., repartidos en dos estancias de 14 vv. cada una. Cuando aparece su criado Licio, se produce el único cambio métrico de la jornada, ya que el dialogo entablado entre ambos sucede en redondillas. La segunda se inicia en tercetos encadenados –estrofa empleada por Cueva tanto en monólogos como diálogos[107]– con el encuentro entre Otavio y Leotacio, donde ambos declaran sus cuitas amorosas. En esta ocasión, la entrada de

---

[104] Como ya indicara Marco Presotto en su estudio sobre las cuatro tragedias de Juan de la Cueva, «la polimetría se obtiene principalmente a través de una alternancia entre octavas reales (del tipo ABABABCC) y redondillas, con una presencia escasa de tercetos encadenados y estancias» (Presotto, ed. 2013, p. 75). Juan de la Cueva utiliza estas mismas cuatro estrofas, por ejemplo, en la comedia y tragedia de *El príncipe tirano*.

[105] El número de cambios métricos que se suceden en las piezas dramáticas de Juan de la Cueva es el siguiente: *Comedia de la muerte del rey don Sancho y reto de Zamora por don Diego Ordóñez* (10), *Comedia del saco de Roma...* (11), *Tragedia de los siete infantes de Lara* (11), *Comedia de la libertad de España por Bernardo del Carpio* (17), *Comedia del degollado* (13), *Tragedia de la muerte de Ayax Telamón sobre las armas de Aquiles* (14), *Comedia del tutor* (4), *Comedia de la constancia de Arcelina* (11), *Tragedia de la muerte de Virginia y Apio Claudio* (9), *Comedia del príncipe tirano* (14), *Tragedia del príncipe tirano* (14), *Comedia de la libertad de Roma por Mucio Cévola* (10), *Comedia del infamador* (14).

[106] Morby, 1940, p. 214.

[107] Morby, 1940, p. 215.

Astropo a escena marca el empleo de la redondilla que se mantendrá hasta el final de la jornada. La tercera comienza con un monólogo de Licio, en dos octavas, donde expone su plan de actuación. El uso de dicha estrofa es, por lo tanto, narrativo, tal y como defendía Cueva en su *Ejemplar poético*[108]. Tras estos 16 versos, una vez más, la redondilla se adueñará del resto de la jornada. La octava es, de nuevo, la estrofa que inaugura la cuarta jornada con 88 vv., el cómputo más extenso de un metro italiano en *El tutor*, la cual sirve de vehículo

---

[108] Estos son los posibles usos de las octavas propugnados por Cueva, en su *Ejemplar poético*:

    Mas bolviendo al discurso i la memoria
de las composiciones se me ofrece
la que ilustra la fábula i la istoria.
    Ésta es la rima otava, en quien florece
la heroyca alteza i épica ecelencia
i en dulçura a la lírica engrandece.
[…]
    No desdeña qu'en cuentos l'apliquemos
ni en comedias en largas narraciones,
ni en las tragedias tristes della usemos.
    En glorias amorosas, en passiones,
en burlas, veras, mofas, risa, llanto,
elogios, epitaphios, descripciones.
    A todo se acomoda i en su canto
parece bien guardando propiamente
el decoro, qu'en ella importa tanto.
    Dureza de diciones no consiente
ni letras que le causen aspereza
ni del verso detengan la corriente.
    Pide soltura i quiere la presteza
en el dezir (sin que le ocupe cosa),
hermosura en los versos i pureza.
    No guarda ley en acabar forçosa,
cuando quiere i del modo que le agrada,
puede con facultad licencïosa (vv. 1194-1199 y 1209-1226).

Fernando de Herrera, en sus anotaciones a la «Égloga III» de Garcilaso, dedica un largo comentario a las «rimas otavas» (Herrera, *Anotaciones…*, ed. 2001, pp. 937-939). «La octava rima u octava real es italiana (ital. "ottava rima") y medieval en su origen». Su estructura actual en endecasílabos se debe a Boccaccio en el siglo XIV, y durante el Renacimiento italiano se utilizó en los poemas épicos de autores como Ludovico Ariosto o Torquato Tasso. Su uso para temas bucólicos, didácticos o narrativos sería menos frecuente. Todos estos usos pasarían a España: «Octava Rima» de Boscán, «Égloga tercera» de Garcilaso… Aunque su uso fundamental será la del «gran poema épico-narrativo» (Paraíso, 2000, pp. 269-270).

expresivo para el monólogo de Astropo a su regreso a Salamanca, el diálogo que mantiene con Otavio al que le entrega la carta de Licio, y las reflexiones de aquel previas a la lectura de la misiva de su criado. Una carta escrita en redondillas que marcará el cambio de estrofa de esta jornada.

De este breve análisis métrico, podemos concluir que el abrumador empleo de la redondilla, junto a la escasa masa textual de las réplicas de cada uno de los personajes, dota a la acción de *El tutor* en su conjunto de un ritmo movido, ágil y fluido que redunda en su comicidad. Una agilidad de la que adolece *El viejo enamorado* donde la redondilla comparte protagonismo con la octava real y donde el metro de origen italiano es el más empleado.

Estrofas	Versos	Núm. de vv.
	Jornada I (1-588 = 588 vv.)	
Estancias de 14 vv.	1-28	28
Redondillas	29-588	560
	Jornada II (589-1383 = 795 vv.)	
Tercetos	589-655	88867
Redondillas	656-937	728
	Jornada III (1384-1751 = 368 vv.)	
Octavas reales	1384-1399	16
Redondillas	1400-1751	352
	Jornada IV (1752-2399 = 648 vv.)	
Octavas reales	1752-1839	88
Redondillas	1840-2399	560

Resumen

Estrofas	Num. de vv.	Porcentaje
Redondillas	2200	91,70 %
Octavas reales	104	4,33 %
Tercetos	67	2,79 %
Estancias	28	1,17 %

V. *El viejo enamorado*

1. *El viejo enamorado* y la crítica

El viejo enamorado, sin edición moderna desde que, en 1917, la publicara Icaza, no ha gozado de una edición conforme a los criterios defendidos hoy día por la crítica textual ni tampoco una significativa recepción crítica, como confirma implícitamente Juan Matas Caballero, cuando escribe: «los escasos estudios dedicados a la dramaturgia de Juan de la Cueva se han centrado de una forma casi exclusiva en las obras históricas, desatendiendo prácticamente las piezas de tema amoroso, a excepción de *El infamador*»[109]. La ausencia de ediciones modernas de las obras de Cueva lleva a David G. Burton, aún en 2011, a afirmar: «The primary obstacle to studyng Cueva's theatre is the relative unavailability of the texts themselves […] Since *Tutor* y *Viejo* —las dos comedias que él analiza— remain virtually unknown, summmaries of the plots will prove hepful»[110], tarea que él aborda antes de entrar en su análisis. No obstante, la revisión crítica aquí emprendida, al igual que la ya expuesta en el caso de *El tutor*, muestra algunas aportaciones donde diversos estudiosos se han ocupado de nuestra comedia, si bien, excepto en algún caso, no con exclusividad, dedicándole cierta atención entre el conjunto de su obra dramática.

Uno de los reivindicadores de su producción teatral, tanto trágica como cómica, ha sido el ya mencionado Juan Matas Caballero que defiende, en «Juan de la Cueva: una dramaturgia de historia y de amor», la validez de sus aportaciones en ese camino hacia la «comedia nueva». En dicho artículo, al tratar los temas de historia y amor como los dos temas-eje fundamentales del conjunto de su teatro, advierte que «no debiera soslayarse la importancia de sus comedias amorosas, pues en ellas también se puede observar determinadas características que resultaron especialmente importantes en el desarrollo de la comedia del XVII, aparte de la excelente construcción dramática que se aprecia en algunas de ellas»[111]. Y al enfrentarse a *El viejo enamorado*, destaca que Cueva repite la propuesta teatral presente en casi todas ellas: la contraposición del amor puro y casto frente al amor lascivo y carnal, con el triunfo del primero sobre el segundo, de la que surgiría la reflexión de carácter moral. Sin embargo, aunque este sea el tema-eje que estructura la obra, como es habitual en Cueva —continúa diciendo—, surgen otros temas que se entrecruzan con este como el conflicto entre padre

---

[109] Matas Caballero, 1994, p. 252.
[110] Burton, 2011, p. 14.
[111] Matas Caballero, 1994, p. 252.

e hija en relación con el problema del matrimonio, la autoridad paterno-filial, el protagonismo femenino, la libertad filial, el honor, la justicia…, que también encontraremos en la «comedia nueva», inclinándose el dramaturgo al final por la postura de la hija quien, desobedeciendo la propuesta matrimonial del padre, opta por la unión basada en el sentimiento amoroso de carácter espiritual[112].

Como no podía ser de otra forma, *El viejo enamorado* también ocupa un lugar significativo, cuando Matas Caballero formula el discurso del escritor sevillano sobre la mujer, pues nuestra Olimpia responde a ese ideal de mujer pura y casta, libre, desligada de la dependencia paterna e igual al hombre, que, junto a otras protagonistas de su teatro, «ponen de relieve la consistencia del personaje femenino y el profeminismo del teatro de Juan de la Cueva»[113]. Ya antes, en la configuración general del personaje dramático de «da dama» en Cueva, había escrito estas elocuentes palabras:

> Se trata de mujeres muy activas, que pelean por sus convicciones o sentimientos, bien sea para evitar el abuso sexual (Eliodora), contradecir la voluntad paterna (Olimpia), o aventurarse a encontrar y salvar a su amado (Olimpia o Celia). Su entereza y caracterización, su actividad y dinamismo las convierte en personajes notablemente más atractivos y mejor construidos que los masculinos[114].

Esta perspectiva profeminista de Cueva en el seno de una sociedad patriarcal la defenderá con fuerza y sin reservas años después, 2005, David G. Burton en su artículo «Willing men, unwilling women: Cueva's strong female characters», donde muestra ese dispositivo argumental femenino en seis de sus piezas, entre ellas, *El viejo enamorado*. Para el estudioso, Olimpia forma parte de esa galería de mujeres fuertes que presenta el dramaturgo en su producción teatral: sabe lo que quiere y lucha contra todo y contra todos para conseguirlo, permaneciendo fiel y valiente durante toda la obra. Burton concluye su propuesta con estas palabras sobre la mujer como personaje dramático en la producción de Cueva analizada por él: «The women characters in these six plays are intelligent, self-reliant, capable of deciding for themselves, and unwilling to give in to the demands of a masculine, patriarchal society»[115].

---

[112] Matas Caballero, 1994, pp. 257-260.

[113] Matas Caballero, 1998, pp. 1023-1032, la cita en p. 1032.

[114] Matas Caballero, 1997, p. 59.

[115] Burton, 2005, p. 68.

En 2011, David G. Burton vuelve de nuevo a Juan de la Cueva, en esta ocasión para analizar el tema del hombre viejo que se enamora de una mujer joven en dos de sus comedias, *El tutor* y *El viejo enamorado*, dos piezas diferentes desde la perspectiva dramática, calificando genéricamente la primera de «humorous comedy in the Italian tradition» y la segunda de «serious comedy with a violent turn of events»[116]. Tras precisar sus similitudes, detalla sus diferencias, derivadas de su distinta longitud, ubicación, tono y lenguaje. Mientras que en *El tutor* el tema del hombre viejo enamorado lascivamente de la hermosa joven se plantea, se desarrolla y se desenlaza en clave de humor, como ya vimos, en *El viejo enamorado* su escritura es predominantemente seria. A pesar de ello, ambas obras están concebidas con la misma finalidad, como todo el teatro de Cueva: proporcionar una lección moral. La causa conducente al fracaso en el amor de los dos viejos –Dorildo y Liboso– es su falta de templanza que los hace caer en la imprudencia, siendo la prudencia la virtud que debe gobernar la vida del hombre, enseñanza que sirve igualmente de ejemplo para los jóvenes. Y concluye diciendo que:

> Dorildo [en *El Tutor*] and Liboso [en *El viejo enamorador*] do not represent positive moral behaviour. Cueva shows that their blind actions have but one of two results: ridicule or death. They only way to escape from either of these sober realities is choose the path of reason and prudence, which leads to virtue[117].

Más recientemente, en 2014, han aparecido dos artículos sobre los indudables conocimientos de Cueva de la tradición clásica y del humanismo italiano que manifiesta su teatro, a cargo de Antonio López Fonseca y Marcela Trambaioli. El primero centra su estudio en las «tragedias de horror» del sevillano, mientras que la segunda examina la utilización de las «divinidades nefastas» en sus piezas, ocupándose entre las obras estudiadas de *El viejo enamorado*, donde dichas divinidades están muy presentes, como evidencia su lectura y nuestra anotación. Para Trambaioli, el cambio que se opera en su funcionalidad respecto a su uso en la antigüedad clásica, reside en que mientras

> en la antigüedad clásica las divinidades nefastas (Furias, las Parcas, Némesis) castigan o ejecutan los terribles decretos del destino individual de los mortales […], la herencia grecorromana pasa a la escena de la España moderna mediante la intermediación de los italianos, y las divinidades nefastas hallan cabida sobre todo en la

---

[116] Burton, 2011, p. 13.
[117] Burton, 2011, p. 21.

escritura de Juan de la Cueva (*El infamador*, *El viejo enamorado*, *El príncipe tirano* y *La libertad de Roma por Mucio Cévola*) actuando como sicarios al servicio de los malvados protagonistas; de esta manera queda anulado su valor emblemático y/o trascendente y se afirma su funcionalidad meramente dramática[118].

Marcela Trambaioli desarrolla y prueba su tesis partiendo de Juan de la Cueva y extendiéndose hasta el empleo de estas divinidades nefastas en piezas de Lope y Calderón, dedicándole un significativo apartado a nuestra obra[119].

En 2014, igualmente, Eva Lara se ocupa de *El viejo enamorado*, junto a otras dos comedias de Cueva —*La constancia de Arcelina* y *El príncipe tirano*—, en su bien documentado estudio «Hechiceras celestinescas y nigromantes en la literatura del siglo XVI: ¿De la hechicera venida a más al mago venido a menos?». En él, tras trazar la tradición greco-latina de estas figuras relacionadas en distintos grados con el mundo de la magia, su diversa tipología, caracterización y valoración ético-social en la cultura y en la ficción, se centra en su presencia en la literatura del Quinientos, con especial atención a las obras dramáticas por la frecuente aparición de dichos personajes. Para Lara, en los ejemplos que presenta Cueva en sus tres comedias (Orbante, Cratilo y Rogerio), el dramaturgo «trasciende la imagen del mágico risible [de ciertas piezas del teatro anterior] para arribar a un varón que no solo cumple con las misiones que le son encomendadas, haciendo uso de unos rituales infalibles, sino que se aparta de aquel que simplemente desempeña un oficio y se mueve por dinero»[120]. Como buenos nigromantes, los tres pronuncian conjuros apelando a los seres infernales y actúan movidos por la amistad y no por ganancias económicas, pero mientras que los dos primeros —Orbante en *La constancia…* y Cratilo en *El príncipe…*— actúan movidos por nobles intenciones, son vistos de forma positiva, Rogerio, con una mayor participación en la acción, acaba fracasando, «porque sus objetivos no eran loables, por lo que impera la justicia poética», en palabras de Eva Lara[121]. Una diferencia esta que se encuentra —creemos— en la tradición trágica, como sucede con el nigromante de *Medea* de Séneca.

Con exclusividad, también en 2014, Mercedes de los Reyes analiza *El viejo enamorado* desde la perspectiva de la práctica escénica. Con la colaboración del escenógrafo Vicente Palacios, reconstruye virtualmente el espacio escénico del sevillano Corral de Don Juan, donde la obra se representó en 1580; y, sobre sus tablas,

---

[118] Trambaioli, 2014, p. 305.

[119] Trambaioli, 2014, pp. 311-314.

[120] Lara, 2014, pp. 367-432, la cita en pp. 417-418.

[121] Lara, 2014, pp. 417-423, la cita en p. 423.

propone un posible acercamiento a su puesta en escena, mediante el análisis de las marcas incluidas por el autor a través de sus didascalias explícitas e implícitas. El texto va acompañado de una serie de imágenes en color del espacio escénico y de ese proyecto de puesta en escena realizadas por Vicente Palacios[122].

A principios de 2015, Francesca Cavestro defiende su «Tesi di Laurea», *La dama en las comedias de Juan de la Cueva*, investigación que supone otro paso significativo a favor de esa defensa de la mujer, de sus valores, de su capacidad y libertad de acción y de elección de su propio destino en un mundo liderado por los hombres, como ya hemos indicado:

> Este nuevo papel que Cueva atribuye a la mujer en el teatro –escribe– quiere ser, incluso, un motivo de aprendizaje para la sociedad contemporánea, de manera que la mujer no quede [como] un objeto manipulado por el hombre y una figura pasiva, que vive a la sombra del varón. Juan de la Cueva quiso dar voz a las mujeres y hacerlas oír a todo el mundo. En sus comedias novelescas –entre ellas, *El viejo enamorado*–, su atención cae sin duda en su personaje femenino: una activa, astuta y guerrera dama. Como las tragedias clásicas se recuerdan por la fama de sus héroes, las comedias de Juan de la Cueva se recuerdan por la gloria de sus heroínas[123].

Como se puede apreciar en este repaso realizado por la crítica de los últimos veinte y cinco años, cuando tan abundante ha sido la bibliografía generada por el teatro español del Quinientos y en particular del Seiscientos, la cosecha obtenida respecto a *El viejo enamorado*, aun conscientes de que algunas aportaciones nos hayan podido pasar inadvertidas, arroja un escaso resultado. De aquí, la necesidad no solo de emprender la edición del texto, sino de acompañarla con un amplio estudio que pone de relieve la formación clásica y el conocimiento del humanismo italiano de su autor, así como su dramaturgia.

2. Argumento

La *Comedia del viejo enamorado*, al igual que todas las piezas dramáticas publicadas por Juan de la Cueva en su edición de 1588, va acompañada por un argumento general más cuatro argumentos que encabezan cada una

---

[122] Reyes Peña, 2014, pp. 25-82.
[123] Cavestro, 2015, pp. 128-129.

de las jornadas; la nómina completa de las figuras participantes, junto a las parciales de cada jornada; y la denominación de los personajes en las adscripciones de los parlamentos. Asimismo, tras el argumento general, se menciona al autor de comedias que la puso en escena –*Pedro de Saldaña*–, el lugar donde se representó por primera vez –*Sevilla, en el corral de Don Juan*–, el nombre del Asistente de la ciudad de Sevilla –*don Francisco Zapata de Cisneros*– y, por último, el año de su representación –*1580*–. Datos estos últimos que se recogen de forma sistemática en el resto de las piezas dramáticas incluidas en esta segunda edición[124].

Sin embargo, Cueva, y de manera excepcional, tras la fecha de representación de nuestra comedia, añade: «Es comedia dina de mucha memoria, considerada la moralidad della». Una frase que recoge la alta consideración que tenía el autor por su obra, gracias a la enseñanza moral contenida en ella. Una enseñanza que no solo condena el comportamiento extemporáneo de «un viejo» enamorado de una joven dama y sus deshonestas artimañas para apropiarse de la misma, sino, sobre todo, exalta el comportamiento de la mujer como ejemplo de virtud, constancia y arrojo. No es de extrañar, debido a la inclinación de Cueva por la *comoedia cum proposito moralis*, expresada claramente en su «Epístola dedicatoria a Momo»: «Pues la comedia es imitación de la vida humana, espejo de las costumbres, retrato de la verdad, en que se nos representan las cosas que debemos huir o las que nos conviene elegir, con claros y evidentes ejemplos [...]»[125]. La utilidad de su teatro, como ya advertimos, viene subrayada en esta «Epístola» por ser sus comedias y tragedias ejemplo para la vida, ya que en estas piezas se pueden encontrar casos «así de hechos heroicos de esclarecidos varones, como castísimos amores de constantes mujeres»[126].

La trama de la comedia está basada en el apasionado amor de un viejo de ochenta años, Liboso, por una joven dama, Olimpia, prometida en matrimonio con el joven Arcelo. El ardiente deseo de convertirla en su esposa lleva al anciano a tramar un engaño con ayuda de sus criados, arguyendo y probando falsamente

---

[124] La consignación de estos datos tiene un claro precedente en las «didascalias» de las comedias latinas de Plauto y Terencio. Unas didascalias que se definen como breves notas ubicadas en el encabezamiento de dichas obras, donde se detallan diversos datos relativos a su representación. Solo se han conservado dos didascalias de las obras plautinas, y cinco de las seis comedias de Terencio. *Stichus* es la única comedia de Plauto que ha conservado su didascalia completa en la que se recoge el «título de la obra, su autor latino, autor y título original griego, juegos en que se representó, magistrados encargados de su representación, director de la compañía o actor principal, compositor y tipo de música y, en fin, los cónsules en ejercicio» (Román Bravo, 2005, p. 23, nota 3). Un patrón repetido por Cueva y fácilmente reconocible en los datos mencionados arriba.

[125] Cueva, *Primera parte de las comedias y tragedias* [...], 1588, fol. [4]r.

[126] Cueva, *Primera parte de las comedias y tragedias* [...], 1588, fol. 5r.

que Arcelo ya estaba casado. Festilo, padre de Olimpia, engañado, la entrega a Liboso por esposa. El desmentido de Arcelo provoca que Liboso lo rete en duelo. Cuando comienzan a batirse, Arcelo es arrebatado del suelo por cuatro furias y encerrado en una cueva, gracias al auxilio del mago Rogerio, amigo de Liboso. Olimpia, que detesta al anciano y conoce por Arcelo la verdad, tras conseguir la muerte de Rogerio por Liboso y matar a este, consigue liberar a Arcelo con ayuda de la Razón y del dios Himeneo, el cual preside la boda de los dos jóvenes enamorados, feliz desenlace de la pieza.

Los argumentos se limitan a resumir objetivamente los incidentes de la obra y a presentar, aunque no de forma sistemática ni completa, las principales figuras de la acción dramática[127], sin revelar, salvo alguna excepción, los diferentes espacios en los que sucede la pieza ni el tiempo transcurrido entre escenas o jornadas. Apenas existe indicación alguna sobre escenografía, utilería –salvo en contadas excepciones, por ello, significativas–, la caracterización de los personajes o la motivación de los conflictos. Sin embargo, el argumento general de *El viejo enamorado* cuenta con la particularidad de incluir una digresión del autor al referirse a uno de los personajes de la obra:

> […] una furia llamada Lisa, que algunos inorantemente han dicho ser un pescado, y no furia, siendo la furia que crio Juno para atormentar a Hércules, según lo trae Eurípides en la tragedia de *Hercules Furens*.

Ignoramos las causas que llevarían a Cueva a explicitar el carácter de la furia Lisa –confundido por algunos «ignorantes» con un pescado–, cuyo origen se encontraría en la tragedia griega de Eurípides *Hercules Furens*, más allá de su aspiración por explicitar su conocimiento sobre los dramaturgos clásicos, que validarían la presencia de este personaje en su comedia[128].

---

[127] De los 19 personajes que intervienen en la comedia, el argumento general menciona con claridad a los personajes fundamentales de la trama (7). Los argumentos parciales de la primera y segunda jornadas designan en su totalidad a los caracteres que participan en ella, pues, aunque en el primero no se recoja el nombre de Miranda, se alude a ella como «una mujer». El argumento de la tercera jornada, sin embargo, no es tan exhaustivo en la mención de los personajes participantes en la misma: no menciona a Festilo, Escribano ni al grupo colectivo Mozos –que no figura en ninguna nómina de personajes–; Lisa aparece incluida dentro del genérico «cuatro furias», mientras que sus compañeras no se consignan en la nómina parcial de personajes; y Valerio aparece mencionado como «paje». En el argumento de la última jornada, solo no se nombra a Escribano.

[128] En el resto de los argumentos incluidos en esta edición de 1588 de las *Comedias y Tragedias*, no existe ningún ejemplo similar al aquí anotado. El único caso que podríamos aportar es la relación de los nombres de los siete infantes de Lara al final de su argumento general en la tragedia homónima. Es probable que, en este caso, Cueva, dado el escabroso tema de la tragedia –aunque era ya un tópico proverbializado–, quisiera incidir en el propósito moralizador de su obra, nombrando a los siete infantes para así individualizarlos y destacar el horror de sus asesinatos.

La funcionalidad de los argumentos, por lo tanto,

con reminiscencias de los diálogos lucianescos –como escribíamos en 2008[129]–, continúa la tradición de la comedia latina y de la humanística, así como del teatro renacentista español e italiano. Juan de la Cueva, a diferencia de casi todos los trágicos quinientistas, no hace uso de introitos, prólogos o loas en los que desarrollar la tradicional *captatio benevolentiae*, para explicitar las intenciones ideológicas de la obra o defender una práctica dramática concreta[130]. Dichas piezas preliminares son concebidas para ser encarnadas por los actores sobre la escena, mientras que los argumentos en la edición de las *Comedias y tragedias* de Juan de la Cueva se caracterizan por ser elementos no representables destinados a la lectura, al texto impreso[131].

Es de destacar cómo al final del argumento general de la obra, se puede leer: «Olimpia […] después de haber dado la muerte el mago a Liboso y ella al mago Rogerio, va al monte…». Sin embargo, Liboso no muere a manos de Rogerio sino que es aquel quien causa la muerte del «mago» (vv. 1993-2004), para a continuación morir «con el pecho rasgado» a manos de Olimpia (vv. 2013-2015). Hecho que sí recoge fielmente el argumento parcial de la tercera jornada: «Olimpia hace a Liboso que mate a Rogerio, y ella mata a Liboso». ¿Se debería a un «descuido» de Cueva en la redacción del argumento o, más probablemente, a un error de imprenta, que Cueva en su corrección no detecta?

A todo ello, podemos añadir que mientras el argumento general parece subrayar la aquiescencia de Festilo en la celebración del matrimonio entre Olimpia y Arcelo («en voluntad de su padre, se casan allí los

---

[129] Reyes Peña, Ojeda Calvo y Raynaud, 2008, pp. 73-74.

[130] Cuatro de las cinco piezas de Cristóbal de Virués se inician con un Prólogo, mientras que la figura de la Tragedia da por concluida, al final, la acción dramática. Solo *Elisa Dido* (1570-1590)*,* «tragedia conforme al arte antiguo», se cierra con la intervención del Coro. en *Isabela* (1579-1585), de Lupercio Leonardo de Argensola, el Prólogo lo interpreta el personaje de La Fama, y el epílogo el Espíritu de isabela; en *Alejandra* (1579-1585), del mismo autor, nos encontramos con una Loa en boca de la Tragedia, quien es la encargada de cerrar la pieza. La *honra de dido restaurada* (1587), de Gabriel Lobo Lasso de la Vega, se abre con un Introito, mientras que la diosa Diana y La Fama son las figuras que concluyen la tragedia; en *La destruyción de Constantinopla* (1587), también de Lasso de la Vega, la obra es precedida por un Argumento, considerablemente extenso, seguido de un «Introyto». En *Los amantes* (1577-1578), de Rey de Artieda, una dedicatoria en su inicio refiere las novedades «técnicas» introducidas por las comedias españolas; las palabras del personaje La Fama cierran la pieza. Solo las *Nises* de Bermúdez carecen de estos elementos preliminares, encontrándose precedidas por composiciones poéticas seguidas de los argumentos.

[131] José Cebrián, en la «Introducción» a su edición de *El infamador. Los siete infantes de Lara*, formula que «la publicación [de 1588] iba dirigida, más que a la escenificación, a la lectura reposada del hogar. Los textos carecen de acotaciones, de la indicación de salida o entrada de los personajes y de toda marca destinada a la puesta en escena» (1992, p. 59). Esta misma opinión, ya había sido defendida por Bruce Wardropper (1955, pp. 149-156).

dos»), el argumento parcial de la cuarta jornada destaca el papel protagónico de Himeneo, que es el que casa a los dos enamorados («Himeneo [...] cásalos allí»), mientras que el padre y el resto de testigos simplemente se unen a la celebración de las bodas, siendo este último resumen el que se ajusta con mayor fidelidad a lo dramatizado en la Jornada. En el argumento general, por lo tanto, parecería adquirir mayor relevancia el beneplácito de Festilo ante el casamiento de su hija –a quien había prometido con Liboso– mientras que el argumento parcial destacaría al verdadero protagonista de la acción: Himeneo, el dios de las bodas.

De nuevo, tal y como afirmábamos en 2008,

[...] la lectura de las cinco listas de figuras incluidas en la obra no solo facilita la identificación y el número de los personajes que intervienen en la pieza –así como en cada una de las jornadas– sino que además proporciona una valiosa información sobre su tipología, características, relaciones, etc. La caracterización tipológica suministra implícitamente una serie de indicaciones acerca del vestuario, la gestualidad, el comportamiento o las maneras con las que deben presentarse cada una de las "personas" sobre la escena. Una información más valiosa aún si tenemos en cuenta la ausencia total de acotaciones explícitas y, casi, de didascalias implícitas que ofrezcan algún dato sobre la caracterización de dichos personajes. En ningún caso, nos encontramos con una descripción física de los mismos[132].

La oposición establecida por Cueva entre el *senex amator* (viejo lujurioso) y la *virgo* (joven doncella)[133], siguiendo el modelo de las comedias clásicas, es de hecho la estructura vertebral que sustenta la acción dramática de *El viejo enamorado*[134].

---

[132] Reyes Peña, Ojeda, Raynaud, 2008, p. 76.

[133] Para un mayor desarrollo de este tópico, remitimos al apartado 2. Argumento de *El tutor* en este mismo libro.

[134] Una dramatización que presumiblemente tendría su origen en *Casina* de Plauto y/o en alguna de las múltiples comedias italianas que se inspiraron en dicha obra plautina, tal y como *La Clizia* (1506?/1525?), de Macchiavelli; *L'errore* (1543), de G. Batista Gelli; *Maresalco* (ca. 1540), de Pietro Arentino; *Il Ragazzo* (1541), de Lodovico Dolce; *I Rivali* (1556) de Giovanni Maria Cecchi; *La Fantesca* (1592) de Giovanni Battista della Porta.

3. Personajes

La nómina completa de los personajes de *El viejo enamorado* según la relación inicial, «Todas las personas de esta comedia», es de 19, muy cerca del promedio del número de personajes de las piezas teatrales de Cueva, calculado en 18, siendo *La constancia de Arcelina* la comedia que reúne el mayor número de «figuras» y *El tutor*, el menor[135].

De estos 19 personajes, 10 se reconocen como masculinos y el resto (9) como femeninos. Una proporción que en principio podríamos calificar de equilibrada. En ninguna otra de las piezas de Cueva, la cifra de personajes femeninos llega a ser tan elevada, con un promedio que apenas llega a los 4 caracteres femeninos. Solo *El infamador* (7) y la *Comedia del príncipe tirano* (6) superarían junto a nuestra comedia el promedio señalado. Sin embargo, de estos 9 caracteres femeninos, 7 representan a personajes mitológicos o alegóricos (Invidia, Tesífone, Alecto, Meguera, Razón, Discordia y Lisa), a los que tan aficionados fueron los dramaturgos de la generación de 1580, y cuya función dramática no viene determinada por su género, como demostraría su más que posible interpretación a cargo de representantes varones. Circunstancia favorecida por el probable uso de máscaras para caracterizar a «figuras» como, en nuestro caso, las tres furias infernales Tesífone, Alecto y Meguera, cuya intervención tiene lugar en la Jornada Segunda, en la que no aparecen recogidas en la nómina de personajes. Así atestigua, por ejemplo, la *Numancia* de Cervantes, donde se advierte que las figuras alegóricas femeninas pueden ser representadas por un hombre:

> Sale una mujer armada con un escudo en el brazo izquierdo y una lancilla en la mano, que significa *LA GUERRA*; trae consigo a *LA ENFERMEDAD*, arrimada a una muleta y rodeada de paños la cabeza, con una máscara amarilla; y *LA HAMBRE* saldrá con un desnudo de muerte y encima una ropa de bocací amarillo, y una máscara amarilla o descolorida. Pueden estas figuras hacellas hombres, pues llevan máscaras[136].

---

[135] El número de personajes de cada una de las 14 piezas dramáticas del autor hispalense, según la nómina general de «personas» incluida en la edición de 1588, es el siguiente: *Comedia de la muerte del rey don Sancho y reto de Zamora por don Diego Ordóñez* (14), *Comedia del saco de Roma y muerte de Borbón y coronación de nuestro invicto emperador Carlos Quinto* (20), *Tragedia de los siete infantes de Lara* (11), *Comedia de la libertad de España por Bernardo del Carpio* (24), *Comedia del degollado* (10), *Tragedia de la muerte de Ayax Telamón sobre las armas de Aquiles* (17), *Comedia del tutor* (9), *Comedia de la constancia de Arcelina* (25), *Tragedia de la muerte de Virginia y Apio Claudio* (17), *Comedia del príncipe tirano* (19), *Tragedia del príncipe tirano* (22), *Comedia del viejo enamorado* (19), *Comedia de la libertad de Roma por Mucio Cévola* (23), *Comedia del infamador* (22). Con respecto al número de miembros que formarían parte de las compañías a finales del Quinientos, N. D. Shergold opina que: «The plays of the period suggest that the size of the companies probably varied between eight and fourteen persons, at least as far as their acting members were concerned, and the works of Cueva and others show clear provision for the doubling of parts» (Shergold, 1967, p. 505).

[136] Cervantes, 2015, v. 1975[+], p. 982.

De todo ello, podemos deducir que las únicas «verdaderas» figuras femeninas son Miranda y Olimpia. Dos personajes que nos ofrecen una imagen de la mujer diametralmente opuesta en su honestidad –mientras que la primera es descrita como una «ramera» (Tabla de «personas» general y de la primera jornada), la segunda es caracterizada como una «dama» (Tabla de «personas» general)–, cuya finalidad no sería otra que destacar el ideario moral de Cueva inicialmente expuesto.

El orden en el que aparecen recogidas las «personas» de la comedia en todas las Tablas se corresponde con su orden de intervención en la obra. El nombre de los personajes, en la Tabla general, en la lista de participantes de la primera jornada y –aunque no en todos los casos– cada vez que una figura aparece por primera vez en el desarrollo de la obra en el resto de las tablas por jornadas va acompañado, salvo excepciones, de una descripción o caracterización tipológica del mismo: *viejo enamorado, amigo, criado, padre, galán, ramera, dama, mozo, paje*[137].

Justicia y Escribano aparecen sin ninguna referencia anexa, previsiblemente por representar, ambos, personajes cuya función dramática viene determinada con claridad por su misma nomenclatura, lo que haría innecesario añadir información complementaria alguna. Un caso semejante ocurriría con Invidia, Discordia y Razón que, a diferencia del resto de personajes mitológicos y alegóricos, no cuentan con ningún elemento caracterizador. La descripción de Himeneo como *dios de las bodas*, parecería responder más a una intencionalidad explicativa que a una significación «tipológica».

Lisa siempre aparece caracterizada como *furia infernal* o *furia* en la nómina de todas las jornadas, quizás respondiendo al interés de Cueva, como ya hemos señalado, por reafirmar la identidad de dicho personaje que «algunos inorantemente han dicho ser un pescado» («Argumento general»). Barandulo en la nómina general aparece como *criado de Liboso* mientras que, en la primera jornada, tras su nombre aparece el término *rufián*, una doble caracterización que, sin embargo, resulta más pertinente en este último caso. Por otro lado, Rogerio es calificado de *mozo* en la nómina general, mientras que, en la tercera jornada, es designado como

---

[137] El «tipo» o «personaje tipo» responde a una figura cuyos rasgos individuales son sacrificados en beneficio de una generalización convencional a partir de sus características físicas, fisiológicas o morales o a partir de un distintivo psicológico, un medio social o una actividad, que lo hace conocido de antemano por el público (Pavis, 1998, *s. v. tipo*). El personaje tipo viene determinado también por las «situaciones dramáticas en las que se desenvuelve, las funciones dramáticas que desempeña en la estructura de la obra y las relaciones que guarda con el resto de los personajes, así como la visualización y los rasgos de su puesta en escena (tono, gestos, etc.) vinculados al mismo» (Moreno, 2007, p. 24, nota 6).

mago, siendo esta la función que desempeñará en la obra. No deja de sorprendernos la concepción de la figura de Rogerio como un *mozo*, fuera en su significado de «joven» o de «criado», más aún cuando es calificado de «amigo» de Liboso en el Argumento general[138]. ¿Debemos deducir entonces que Rogerio es un «joven nigromántico» amigo del viejo Liboso? Si fuera así, Cueva destacaría el comportamiento «inapropiado» de Liboso no solo por solicitar la ayuda de un «mago» –como bien le advierte Barandulo (vv. 1171-1174)–, sino por confiar en un joven sin que prevalezca la cordura tradicionalmente asociada con la senectud.

La nómina de los personajes mitológicos y alegóricos se completa con el dios Himeneo, el único personaje masculino entre estos[139]. Un número (8) que supone casi la mitad de la nómina general de figuras

---

[138] Ya Eva Lara destacaba como en la comedia se resaltaba «da relación de amistad entre el protagonista que requiere sus servicios y el mago [Rogerio], hecho por el cual se deja de lado el interés material que suele caracterizar a aquellos varones que ejercen un oficio sustentado en estas artes» (Lara, 2014, pp. 367-432, la cita en p. 419).

[139] La crítica se ha referido a este tipo de personajes con denominaciones tan distintas como «figuras morales», «figuras alegóricas», «figuras simbólicas», «figuras fantásticas» o «alegorías» y «personificaciones». Sus funciones dramáticas son muy diversas y con características particulares según las estudiemos en las obras de Cervantes, en las «tragedias de Colegio», o en las obras de Cristóbal de Virués, Lupercio Leonardo de Argensola o Juan de la Cueva. En la *Tragedia de la destruyción de Constantinopla* (1587) de Gabriel Lobo Lasso de la Vega, por ejemplo, aparecen las figuras de Discordia y Envidia –como en *El viejo enamorado*–, acompañadas, sin embargo, por Ambición, conformando parte del sueño de Mahometo (vv. 265- 306). Es decir, con una función dramática, completamente distinta a la desempeñada por dichas figuras en la obra de Cueva. Para Ruiz Ramón, las «figuras morales» son «personajes singulares, pero no individualizados, que no participan en la acción dramática, pueden trascender el nivel de información dentro del sistema de comunicación interior y referir al pasado y al futuro sucesos y gentes distantes en tiempo y espacio. En su omnisciencia y su capacidad para prever y discutir acontecimientos futuros, dichas figuras conectan tanto con la figura del Coro […] como con la figura del Narrador usada como *medium* en textos narrativos, vueltos a recuperar por el teatro contemporáneo» (Ruiz Ramón, 1999, p. 57). Como ya afirmábamos en 2008, aunque la presencia de estas figuras tiene un origen medieval, su aparición en comedias y tragedias se manifiesta como novedad por Juan de la Cueva («A mí me culpan de que fui el primero / que reyes i deidades di al tablado»), Miguel de Cervantes y otros dramaturgos filipinos. Cervantes, en el prólogo a sus *Ocho comedias y ocho entremeses*, reivindicó haber sido el primero en sacar «figuras morales» al teatro. «Que era un recurso teatral propio de este período lo confirma también una loa anónima fechable en torno a 1585-1590 («El pastoral ornato que transforma»), donde se califica precisamente el uso de estas figuras –tachadas de «galanas impropias propiedades», ya que atentan contra la verosimilitud– de rasgo peculiar del teatro español frente a las comedias de los cómicos italianos que estaban en boga en esas décadas (Antonucci y Arata, 1995, pp. 67-70). Por otra parte, Alessandro Vellutello, en la prefación a los *Tre tiranni* de Agostino Ricchi (1533), recuerda a este propósito: «Questa fu usanza degli antichi, e specialmente dei Greci, usare ne le comedie certe morali figure, come veggiamo in Aristofane, il quale introduce in una sua tra le altre Pluto iddio de la ricchezza, facendolo cieco, e così la porvertà, facendola nuda, deforme e da ciascuno fugita, la quale fa ritrovare appresso i buoni e virtuosi; la qual favola ha in parte ne l'invenzione imitato l'autore di questa, come si vede» (Weinberg, 1970, p. 224: "Ésta fue costumbre de los antiguos, y especialmente de los griegos, usar en las comedias ciertas figuras morales, como vemos en Aristófanes, quien introduce en una, entre otras, a Plutón, dios de la riqueza, haciéndolo ciego, y del mismo modo a la Pobreza, haciéndola desnuda, deforme y rehuida de todos, que se encuentra en los buenos y virtuosos; esta fábula ha imitado en parte, respecto a la invención, el autor de ésta [la comedia *Tre tiranni*], como se ve", la traducción nos pertenece)» (Reyes Peña, Ojeda Calvo y Raynaud, 2008, pp. 63-64, en nota).

y que nos da muestra de la importancia que adquirirá en la construcción dramática de la comedia de lo que podríamos denominar como «intervención sobrenatural». No podemos obviar, sin embargo, que, aunque en esta primera relación se incluye a las tres furias infernales Tesífone, Alecto y Meguera, estas intervienen en la acción sin texto alguno. Es decir, son simples colaboradoras de Lisa en el rapto de Arcelo, y, aunque su presencia adquiriría un valor espectacular indiscutible –más aún si tenemos en cuenta su aparición volando, surcando los cielos (vv. 1460-1466 y 1780)–, su relevancia dramática en la obra es meramente testimonial. Ello nos permitiría reducir la nómina de los personajes mitológicos y alegóricos a 5, los únicos con un papel verdaderamente relevante en el desarrollo de la acción[140].

Es de destacar que tanto Invidia, Discordia y Lisa como Himeneo, en su injerencia «entre los mortales», a imagen de los dioses grecolatinos en mitos y fábulas, ocultan su verdadera naturaleza bajo «disfraces». Un recurso de marcado carácter teatral, más aún cuando se llega a escenificar sobre las tablas el descubrimiento de la verdadera naturaleza de dichos personajes. Así, Invidia, Discordia y Lisa son obligadas por Rogerio a desprenderse de sus atuendos de soldados frente a Liboso (vv. 1379-1394), mientras que Himeneo desvela su verdadera identidad al resto de los interlocutores presentes en la escena al final de la cuarta jornada (vv. 2675-2694). El verdadero carácter infernal de Lisa aparece oculto por dos veces bajo un disfraz: en una primera, como hemos mencionado, en traje de soldado, bajo el que sirve en casa de Liboso, y en una segunda como pastor, al final de la obra, guardando la entrada de la cueva donde se encuentra cautivo Arcelo (vv. 2289-2304). Esta triple caracterización, como *furia infernal*, *soldado* y *pastor*, sin duda, exigiría unas dotes de interpretación muy determinadas para la actriz, si es que efectivamente llegó a interpretarlo una mujer, o actor que encarnara dicho personaje.

Por último, de los 19 personajes consignados, solo dos, como ya hemos mencionado, carecen de nombre propio: Justicia y Escribano. Valerio, aunque aparece con su nombre propio en las nóminas de personajes general y parcial de la tercera jornada, y en el texto de la obra –así es nombrado por el resto de personajes–,

---

[140] Juan de la Cueva se vale de este tipo de figuras en 8 de sus 14 comedias y tragedias, siendo *El viejo enamorado* la que reúne un mayor número de ellas. La nómina de las obras cuevinas que incluye figuras alegóricas o mitológicas son las siguientes: *Comedia de la libertad de España por Bernardo del Carpio* (Dios Marte), *Tragedia de la muerte de Ayax Telamón sobre las armas de Aquiles* (Venus, Fama), *Comedia de la constancia de Arcelina* (Alma de Zoroastes, Alma de Aquiles, Alma de Egisto, Alma de Ifis, Tesífone, Alma de Dido), *Comedia del príncipe tirano* (Aleto, Átropos, Cloto, Laquesis), *Tragedia del príncipe tirano* (Figura del Reino), *Comedia del viejo enamorado* (Himeneo, Lisa, Envida, Discordia, Razón, Alecto, Tesífone, Megera), *Comedia de la libertad de Roma por Mucio Cévola* (Dios Quirino, Megera, Tesífone), *Comedia del infamador* (Morfeo, Dios del sueño, Némesis, Venus, Diana, Betis).

sin embargo, aparece bajo la adscripción «Paje» en las adscripciones al parlamento de toda la comedia. Un indicio de que su función dramática está vinculada a su «oficio» –paje de Olimpia– más que a cualquier otro aspecto de índole individual o introspectivo.

Los personajes mitológicos con sus respectivos nombres y algunos del resto de los personajes escogidos por Juan de la Cueva, una vez más[141], son una muestra de las corrientes e influencias culturales imperantes en la época: Tesífone, Alecto, Meguera, Himeneo son nombres de origen griego; Liboso, Miranda, Invidia, Discordia, Rogerio, romanos y latinos; Arcelo, Versilo o Festilo son de origen italiano.

El nombre de Olimpia más que remitirnos a su origen griego y a su significado parecería tener su origen en el personaje homónimo del poema épico caballeresco *Orlando furioso* (1532) de Ludovico Ariosto con el que presenta numerosas similitudes[142], como un compromiso matrimonial entre la pareja de amantes frustrado por un concierto nupcial orquestado por el padre de la dama; la muerte del cónyuge no deseado a manos de Olimpia; sus tentativas de suicidio; el encierro en prisión del esposo amado y los planes de rescate llevados a cabo por la heroína, etc. Elementos todos ellos fácilmente reconocibles, aunque enriquecidos por las aportaciones propias del dramaturgo sevillano en *El viejo enamorado* y que convierten a la Olimpia de Ariosto en un claro precedente de nuestra protagonista.

Liboso, cuya etimología parece derivar del verbo latino *libo*: «probar, gustar, también libar, hacer ofrenda a los dioses», además de ser el nombre de una famosa familia romana: *Libosus*, comparte una evidente similitud fonética con *líbido*: «inclinación ciega, deseo desenfrenado»; y *libidinoso*. Liboso, por lo tanto, se presenta como un «nombre parlante», *interpretatio nominum* (Cicerón, *De oratione*, II, 257), un nombre o apellido que aporta información específica sobre la persona o personaje que lo ostenta.

---

[141] Para el origen de los nombres empleados en la comedia y tragedia de *El príncipe tirano*, véase Reyes Peña, Ojeda Calvo y Raynaud, 2008, p. 78.

[142] Olimpia, princesa de la isla de Holanda y prometida en secreto a Bireno, duque de Zelanda, es obligada a desposarse con Arbante, hijo único del rey de Frisia. La dama, sin embargo, se niega en rotundo a contraer dicho matrimonio, prefiriendo la muerte. Su padre amedrentado, renuncia a la celebración del matrimonio, lo que provoca la furia del rey de Frisia que invade Holanda, matando al padre y a los hermanos de Olimpia. Su prometido, Bireno, al intentar rescatarla es derrotado y hecho prisionero con cadenas. Tras un nuevo frustrado intento de suicidio, Olimpia es forzada a casarse con Arbante y la noche de bodas ante el intento del príncipe de consumar el matrimonio muere a manos de su esposa, degollándolo. Olimpia huye. El rey de Frisia proclama que, si en el plazo de un año Olimpia no se somete, matará a Bireno. La dama, dispuesta a entregarse, cuenta su historia a Orlando, quien se dispone a defender a Olimpia y liberar a Bireno (Ludovico Ariosto, *Orlando furioso*, Canto IX).

Este tipo de creaciones onomásticas es un recurso reiterativo en la comedia grecolatina, llena de ejemplos de nombres propios congruentes o irónicos con el comportamiento de los personajes así nombrados. Las obras de Aristófanes, Menandro, Plauto[143] y Terencio están llenas de estos ejemplos. Elio Donato, en sus comentarios a la obra de Terencio, escribe:

Nomina personarum, in comoediis dumtaxat, habere debent rationem et etymologiam, etenim absurdum est comicum cum apte argumenta confmgat, vel nomen personae incongruum daré, vel officium quod sit a nomine diversum (...) nisi per antiphrasin ioculariter (Donato, *Commentum Terenti* v. 26).

[«Los nombres de los personajes, por lo menos en las comedias, deben tener una razón y una etimología; en efecto, es absurdo que el cómico, cuando configura los argumentos adecuadamente, dé un nombre incongruente al personaje, o una actividad que sea distinta del nombre (...) a no ser humorísticamente por antífrasis.»].

Quizás el mayor exponente de este recurso en nuestra comedia sea el nombre de Barandulo. Su procedencia etimológica –posible creación de Cueva- estaría en la expresión *echar de baranda*: «frase vulgar con que se da a entender que alguno baladronea, o se alaba de valiente» (*Aut.*), más el sufijo latino diminutivo *-ulum* > *-ulo*. Barandulo no es solo un *baladrón*, «un fanfarrón y hablador, que siendo cobarde blasona de valiente, y gasta muchas palabras, sin tener manos ni obras en los lances y ocasiones» (*Aut.*), sino un *pequeño baladrón*. Un fanfarrón que entronca con el personaje tipo del *miles gloriosus* plautino (soldado jactancioso o fanfarrón)[144], que ya en las comedias de Lope de

---

[143] «… los nombres parlantes en la comedia no solo sirven para nombrar a los personajes, sino que constituyen un recurso humorístico dado por los juegos léxicos y semánticos que habilitan. […] en las piezas de Plauto la sonoridad y el significado de los nombres parlantes juegan un papel importante en el sostenimiento de la relación con el público, en tanto recurso de comicidad» (Vázquez, 2016, pp. 238 y 252, respectivamente).

[144] Los *milites* aparecen en 7 de las 20 comedias conservadas de Plauto, caracterizados por altisonantes «nombres parlantes» de origen griego o pseudo-griego. Su función en la comedia es ser el rival del joven héroe en su conquista de la «chica». Sin embargo, dicha función más que imprescindible para la trama suele ser «flexible», adaptándose a las necesidades de la escena y a las intenciones del autor (Hanson, J. A., 1965, pp. 54-55). Son agentes de la comicidad, la burla y la risa. «En el conjunto de rasgos que distinguen al personaje en relación con los demás, el *miles* se presenta en escena como un varón, *adulescens* por edad, libre en su condición jurídica, emancipado económicamente y mujeriego, propenso a trasladar el éxito de sus presuntas proezas militares al terreno de las conquistas amorosas» (Moreno Hernández, 2007, p. 39). El *miles gloriosus* se considera un tópico de «la tradición teatral occidental» cuyo máximo exponente lo encontraríamos en Pirgopolinices (Plautus, *Miles Gloriosus*), un soldado que presume de conquistador de ciudades y de mujeres con extrema y ridícula fanfarronería cuando en realidad es el hazmerreír de todo el mundo. Es indiscutible que Cueva, salvando las diferencias históricas y sociales, dotó a su personaje, Barandulo, con muchas de las características propias de este tipo plautino tanto en su tipología como en su función dramática.

Rueda había reaparecido bajo la figura de los *lacayos* Vallejo (*Comedia llamada Eufemia*) y Gargullo (*Comedia llamada Medora*)[145]. Todos ellos se nutren a su vez de los *servus* de las comedias de Plauto, caracterizados por su locuacidad, su fanfarronería, auto enaltecimiento, indiscreción, insolencia y su afición moralizante[146]. Su doble función en la comedia consistía en provocar la risa a través de chistes o bufonadas y supervisar o asistir a los engaños o suplantación de personalidad presentes en la trama[147]. En palabras de Richard F. Glenn:

> Cueva's portrayal of Barandulo is the most effective feature of the entire work. Harking back to the Plautine *miles gloriosus*, he also shares common features with Centurio of the *Celestina*: his inherent cowardice concealed by empty boats of violent propensities, his association with disreputable types, and his slightly off-color brand of humor. Even the ingenuity of his concubine echoes reminiscences of Rojas' work. Clearly, the play is labeled a comedy precisely because of the lowly backgrounds of the characters portrayed[148].

Entre las novedades aportadas por las comedias italianas de este periodo, destaca la creación de personajes inéditos en la escena romana como el cura, el profesor, el viejo pretendiente, el astrólogo y el hechicero. Para R. Warwick Bond, el *Negromante* o el fingido hechicero es «la más clara expresión de un elemento moderno» en la comedia italiana porque, aunque la brujería existía en la antigua Roma, las supersticiones y hechizos apenas tenían importancia en la comedia plautina[149]. El nigromante según Eva Lara era «el hombre que hace creer a sus potenciales clientes que ha establecido una estrecha amistad con el demonio y que posee unos conocimientos que le otorgan el poder para hacer realidad los anhelos de quien contrate sus servicios; se trata del nigromante embaucador, un pilluelo, un pícaro»[150].

---

[145] Grismer, 1944, p. 178.

[146] Otros dos ejemplos de estos «lacayos» de aspecto «falsamente fiero, embozados en su capa y armados con espada y broquel; se dedican a vivir de las mujeres y, supuestamente, a proteger a su señor; siempre están blasonando y exaltando las virtudes de su fuerza, para huir después ante cualquier peligro; junto a esta cobardía, resultan ser además pobres, rencorosos, ladrones y cornudos» en la obra de Cueva serían Astropo de la *Comedia del tutor* y Farandón en la *Comedia del infamador* (Burguillo, 2010, p. 411). Para un breve recorrido sobre el «soldado fanfarrón y el rufián» en el teatro del Quinientos, véase el ya «canónico» artículo de J. P. Wickersham Crawford, 1911, pp. 186-208.

[147] Duckworth, 1994, pp. 249-250.

[148] Glenn, 1973, p. 90.

[149] En la nómina de personajes de la comedia latina anónima *Querolus*, se encuentra Mandroguerus, un astrólogo y mago autodidacta dispuesto a engañar al gruñón Querolus en la búsqueda de un tesoro escondido en su casa (Duckworth, 1994, p. 401).

[150] Lara, 2014, pp. 367-432, la cita en p. 407.

El interés por la magia y la astrología en el *cinquecento* italiano explica la popularidad que llegó a alcanzar dicho personaje sobre las tablas, de las que obras como *La Calandria* de Bernardo Dovizi da Bibbiena, *Mandragola* (1512-1520) de Niccolò Machiavelli o *Il Negromante* (1530) de Lodovico Ariosto son un claro ejemplo[151]. En la península,

> las piezas más representativas y que mejor pueden trazar la imagen del nigromante más arquetípico de las letras del siglo XVI son las que siguen: *Comedia erudita*, de Sepúlveda (1547), *Comedia Cornelia* (1559), la *Farsa Paliana* (1564-1565), la *Comedia Aurelia* (1564-1565) y la *Farsa Floriana* (1564-1565), todas ellas de Joan Timoneda; la *Comedia Tholomea* (1566) y la *Tragedia Serafina*, ambas de Alonso de la Vega (1566); la *Comedia Armelina* de Lope de Rueda (1567); *La constancia de Arcelina* (representada en 1579), la *Comedia del viejo enamorado* y *El príncipe Tirano* (estas dos últimas fueron representadas en 1580 y todas se publicaron en 1588), de Juan de la Cueva[152].

Cueva trasciende «la imagen del mágico risible», el «nigromante embaucador», presente en la *Comedia erudita*, *Comedia Cornelia* y *Tragedia Serafina*; la del «nigromante efectivo, real, pero sometido también a la mirada burlesca»: *Comedia Tholomea* y la *Comedia Armelina*; para construir la figura de «un varón que no solo cumple con las misiones que le son encomendadas, haciendo uso de unos rituales infalibles, sino que se aparta de aquel que simplemente desempeña un oficio y se mueve por dinero, puesto que, por otra parte, el género de la tragedia exige esa otra visión del mago»[153], adquiriendo una importancia destacable en la trama de la obra. De ahí que el nombre de Rogerio, «nigromántico», parecería ser una referencia a Roger Bacon (*Rogerus* o *Rogerius Baconus*, c. 1219-1220- c 1292), franciscano inglés quien hizo especial énfasis en el estudio de la naturaleza a través del empirismo. En la era moderna temprana, fue considerado junto a Alberto Magno uno de los dos grandes magos del siglo XIII a los que se les atribuía el portento de la elasticidad del tiempo, es decir, hacer que unos minutos pareciesen meses o años[154]. Portento que Liboso atribuye al mismo Rogerio (vv. 1299-1302).

---

[151] Bond, 1911, pp. xxxi-xxxviii.

[152] Lara, 2014, pp. 367-432, la cita en p. 408. Para un análisis pormenorizado de las obras señaladas, véase el artículo mencionado, pp. 408-423.

[153] Lara, 2014, pp. 367-432, la cita en pp. 417-418 y 424.

[154] Contreras Elvira, 2016, p. 52.

Para finalizar, podemos afirmar que todos los personajes mencionados en los listados general y parciales intervienen en mayor o menor medida sobre las tablas. El grupo colectivo de personajes *Mozos*, mencionado al final de la tercera jornada y presente sobre la escena (v. 2255), no aparece recogido en ninguna de las tablas de personajes. La participación de dicho colectivo en la cuarta jornada, donde tampoco aparece consignado en la tabla de personajes, podría ser discutible, aunque parecería lógico que estuviera presente, acompañando a la comitiva encabezada por Justicia en busca de la prisión donde se encuentra atrapado Arcelo. De esta forma, podemos concluir que el número total de participantes en nuestra comedia es de 19 personajes más un grupo colectivo.

4. Estructura dramática y métrica

Estructura dramática

La *Comedia del viejo enamorado*, como el resto de la obra dramática de Juan de la Cueva, se encuentra dividida en cuatro jornadas, que suman un total de 2.750 vv., extensión coincidente con la propugnada por José Pellicer de Tovar para la «comedia nueva»[155]. Este número la convierte en la pieza más extensa de toda la producción teatral del autor hispalense, con 1.466 vv. más que la *Comedia de la muerte del rey don Sancho…*, su obra más breve, y 289 vv. más que su segunda obra más prolija: la *Comedia del príncipe tirano*[156].

---

[155] En su preceptiva dramática *Idea de la comedia de Castilla* (1635), precepto 14, leemos sobre la división y extensión de la comedia al uso en su tiempo: «Está [la comedia] hoy reducida a tres jornadas, que es número moderado para que no canse. Cada jornada debe constar de tres escenas, que vulgarmente se dicen *salidas*; a cada escena le doy trescientos versos, que novecientos es suficiente círculo para cada jornada, supuesto que la brevedad en las comedias les añade bondad y donaire. Y éste sea el precepto catorce» (Pellicer de Tovar, ed. 1965, p. 225). Es decir, un total de 2.700 versos.

[156] Ya Richard F. Glenn advertía de la «gran disparidad» existente a este respecto entre las distintas piezas de Cueva, destacando que las más extensas se correspondían con las denominadas por él como «novelesque plays»: *Comedia del infamador, Comedia del viejo enamorado, Comedia del degollado, Comedia del tutor, Comedia de la constancia de Arcelina y Comedia y Tragedia del príncipe tirano*. La oportunidad de desarrollar una amplia trama sustentada en motivos ficticios sería, para dicho crítico, la explicación de este hecho (Glenn, 1973, p. 40). El número de versos totales de las 14 piezas dramáticas de Juan de la Cueva es el siguiente: *Comedia de la muerte del rey don Sancho y reto de Zamora por don Diego Ordóñez* (1.284 vv.), *Comedia del saco de Roma y muerte de Borbón y coronación de nuestro invicto emperador Carlos Quinto* (1.787 vv.), *Tragedia de los siete infantes de Lara* (1.549 vv.), *Comedia de la libertad de España por Bernardo del Carpio* (1.873 vv.), *Comedia del degollado* (1.977 vv.), *Tragedia de la muerte de Ayax Telamón sobre las armas de Aquiles* (1.548 vv.), *Comedia del tutor* (2.399 vv.), *Comedia de la constancia de Arcelina* (2.317 vv.), *Tragedia de la muerte de Virginia y Apio Claudio* (1.576 vv.), *Comedia del príncipe tirano* (2.461 vv.), *Tragedia del príncipe tirano* (1.870 vv.), *Comedia del viejo enamorado* (2.750 vv.), *Comedia de la libertad de Roma por Mucio Cévola* (1.805 vv.), *Comedia del infamador* (2.174 vv.).

El número de versos se distribuye entre las cuatro jornadas del siguiente modo: 701 vv., 789 vv., 798 vv. y 462 vv., respectivamente. Mientras que la extensión de las tres primeras es semejante, la última consta de casi 300 versos menos que la extensión media de las jornadas precedentes[157]. Esta descompensación podría deberse a la necesidad de concluir una pieza que, en sus tres primeras jornadas, sumaba ya 2.288 vv. Cifra que supera el cómputo total de versos de diez del resto de las piezas de Cueva[158]. Esta distribución no equilibrada entre los actos no es inusual en las obras del periodo, como se puede ver, por ejemplo, en las dos *Nises* de Jerónimo Bermúdez, divida en cinco partes:

Título	Acto I	Acto II	Acto III	Acto IV	Acto V	Versos Totales
Nise lastimosa	525	330	376	499	223	1907
Nise laureada	528	517	523	364	422	2358

Y en otras piezas del período divididas en cuatro jornadas, según los datos de las comedias de la colección Gondomar, a partir de la información proporcionada por Josefa Badía[159]:

Título	Jornada I	Jornada II	Jornada III	Jornada IV	Versos Totales
Las locuras de Orlando	476	537	454	414	1881
Gravarte	380	381	268	326	1355
María la pecadora	491	547	393	562	1993
Los vicios de Cómodo	434	508	628	611	2183
Las grandezas del Gran Capitán	521	484	490	356	1851

---

[157] El estudio comparativo del número de versos por jornadas de la obra de Cueva nos muestra que tanto la primera como la tercera jornada de *El viejo enamorado* son las más extensas de su producción; la segunda solo es superada por la respectiva jornada de *El tutor*; y, sin embargo, la cuarta jornada es la sexta más breve de la obra de Cueva. Un hecho, este último, aún más relevante si tenemos en cuenta que nos encontramos, como acabamos de indicar, ante la pieza más extensa del autor sevillano.

[158] Solo las *Comedia de la constancia de Arcelina* (2.317 vv.), *Comedia del tutor* (2.399 vv.) y *Comedia del príncipe tirano* (2.461 vv.) llegan a superar el número de versos de las tres primeras jornadas de *El viejo enamorado*.

[159] Véanse Badía, 2008, p. 499 y Ojeda Calvo, 2020, pp. 261-263.

La descendencia de los Marqueses de Mariñán	687	520	553	417	2177
Las traiciones de Pirro	493	384	249	380	1506

En el caso de Cueva, lo destacable no es el desequilibrio existente entre jornadas sino el número de versos que contribuye a ello.

En las tres primeras jornadas, Cueva expone y desarrolla la línea primordial del argumento de su comedia: los amores extemporáneos de Liboso y sus argucias para conseguir la mano de Olimpia. Fábula que se da por concluida al final de la tercera jornada con la muerte del «viejo» y su cómplice Rogerio. Todo ello, como hemos visto, con una distribución equilibrada en el número de versos por jornadas. Sin embargo, la desaparición y prisión de Arcelo permanece como un fleco aún por dilucidar en la trama de la obra. Y a ello Cueva va a dedicar por entero la cuarta jornada.

La búsqueda y rescate del *galán* a manos de su amada Olimpia, junto a los intentos fallidos de Justicia, Escribano y Festilo por alcanzar tal propósito, se articulan no como una simple coda al argumento planteado desde la primera jornada, sino como uno de los motivos sustanciales de la obra, acorde con la intencionalidad moral de su autor ya anunciada al inicio de la misma («Es comedia dina de mucha memoria, considerada la moralidad della»). Con la muerte de Liboso, Olimpia no ha concluido su designio y, aunque podría haber esperado a que su padre Festilo y la Justicia hubiesen liberado a Arcelo, decide llevar a cabo por sí misma tal empresa. Su «constancia» (v. 2421) y bravura, aunque auxiliada por Razón y el dios Himeneo, son las que la llevan a deambular sola por los bosques y montes en busca de su verdadero «esposo». Asistimos aquí a lo que Melveena McKendrick ha denominado como una «fairy-tale formula in reverse. Instead of knight freeing lady from tyrant, monster or spell, we have lover helpless and captive and heroine killing his enemies to set him free», que trascendería los ecos de los libros de caballerías o de la narrativa bizantina, y que, aunque perduraría en las innumerables tramas amorosas de las piezas teatrales del siglo diecisiete, lo haría de un modo mucho más «débil»[160].

---

[160] McKendrick, 1974, p. 55.

Olimpia se convierte así en una heroína, en la auténtica protagonista de la pieza, dispuesta a alcanzar su propio destino. Un ejemplo, a ojos de los espectadores, de «mujer virtuosa»[161] que el propio Cueva explicita como objetivo de su obra, una vez más, en boca de Himeneo:

> Por confundir la crüeza
>
> con que ofenden las mujeres,
>
> doy contra sus pareceres
>
> este ejemplo de firmeza. (vv. 2683-2686).

Esta visión «muy positiva de la mujer» lleva a Juan Matas Caballero, como ya hemos señalado, a plantearse, «con cautela», si nuestro autor ha llegado a construir en su obra a través de la creación de personajes como Olimpia un discurso profeminista que, aunque no alcanzaría las cotas de Marías de Zayas o Sor Juana Inés de la Cruz, sí subrayaría la «igualdad teórica entre hombre y mujer». Además, la perseverancia de la dama por culminar su compromiso matrimonial con Arcelo, a pesar de la decisión de su padre y de las falsas injurias, incidiría en «la proclamación de la libertad de la dama para elegir marido de acuerdo con sus sentimientos y de forma independiente a la voluntad paterna», lo que, sin duda, complacería a la cazuela[162].

---

[161] Los ejemplos y catálogos de mujeres virtuosas, formando parte de la literatura didáctica moral dedicada a la figura femenina, adquieren notoriedad en el siglo XV como reacción a la literatura misógina de la época. A esta corriente pertenecen obras como *El triunfo de las donas* (1438-1445) de Juan Rodríguez de la Cámara o del Padrón, *Tratado en defenssa de virtuossas mugeres* (1441) de Diego de Valera, el célebre *Libro de las claras e virtuosas mugeres* (1446) de Álvaro de Luna, con la colaboración de Juan de Mena, o *El jardín de las nobles doncellas* (1499) de Fr. Martín Alonso de Córdoba. Todas ellas precedidas por el que se considera el primer libro de la literatura occidental dedicado exclusivamente a biografías de mujeres: *De claris mulieribus* (1361-1362) de Giovanni Boccaccio. Durante el siglo XVI, «la consolidación de la modernidad» tuvo importantes influencias en el ámbito privado, como por ejemplo la consideración de la familia como el pilar fundamental sobre el que debía asentarse la sociedad. Esto provocó ciertos cambios en la polémica entre defensores y detractores de las mujeres y, aunque dicha controversia se mantuvo vigente -*Diálogo en laude de las mujeres* (1580) de Juan de Espinosa-, la mayoría de los autores decidieron centrar sus escritos en el papel que debía desempeñar la mujer en el nuevo orden social. Los moralistas dejaron de dictar improperios contra las mujeres para centrarse en su educación y establecer el prototipo de las «buenas hijas, esposas y madres» (Maeso Fernández, 2008.). La *Instrucción de la mujer cristiana* (1523) de Juan Luis Vives, *Coloquios matrimoniales* (1550) del sevillano Pedro de Luxán, *La perfecta casada* (1583) de Fray Luis de León o el *Tratado en loor de las mujeres* (1592) de Cristóbal de Acosta son algunos ejemplos de libros que abordaron dichos asuntos. Algunos de ellos llegaron a alcanzar gran difusión en la época.

[162] Para un mayor desarrollo de todas estas conclusiones, véase Matas Caballero, 1996. Una opinión que ya había defendido Melveena McKendrick en 1974, que llega a concluir que: «his opinion of women [Cueva] was higher than was usual. Taken together, his plays suggest that he was a champion of the opposite sex. He does not believe in woman's abandoning her essentially

La hazaña de Olimpia y su relevancia en el discurso ideológico de la comedia es lo que justifica, y explica, su desarrollo en una última jornada. Bien es verdad que su brevedad quizás adolece de una cierta precipitación, pero por contrapartida redunda en la espectacularidad y osadía de la heroína: las acciones se suceden con rapidez para alcanzar el desenlace feliz propio de las comedias, como consignara López Pinciano en su *Philosophía antigua poética* (turbados principios y quietos fines) y acorde al ideario dramático de Juan de la Cueva.

La ausencia de indicación alguna en los manuscritos o impresos de la época que nos muestren la organización del discurso dramático dentro de cada uno de los actos o jornadas ha originado que a lo largo del tiempo la crítica filológica haya formulado diversas posibilidades de segmentación, fundamentadas en diferentes criterios. Sin entrar en ellas, por no ser ese nuestro objeto, nos limitaremos a consignar los términos y conceptos aplicados en la obra aquí analizada: «Escena» y «Secuencia»[163].

La «Escena» englobaría unidades medias de argumento y vendrían marcadas por un vacío escénico, provocado por el abandono de las tablas del personaje o los personajes presentes hasta dicho momento[164]. La acción quedaría, pues, interrumpida momentáneamente por la ausencia de intérpretes en el escenario para reiniciarse con la entrada de otro/s personaje/s, como si, en términos actuales, se hubiera producido entre ambos períodos «un oscuro, un fundido en negro» o se hubiera «bajado el telón». A través de las escenas, el dramaturgo construye, distribuye y hace avanzar la acción dramática de su discurso.

En un nivel estructural inferior a la escena, segmentación que era usada en la época como hemos visto, se podría subdividir la pieza dramática en «secuencias». La «Secuencia» vendría definida por tres aspectos de muy diversa naturaleza: el cambio métrico; la entrada y/o salida de personajes que, en este último caso, no suponga un vacío escénico; y la continuidad de la acción teatral tras su interrupción por la interposición deuna escena paralela/espacio lúdico[165]. Las secuencias, por lo tanto, dotan a la «Escena» de variedad auditiva

---

feminine role in life […], but he does see her as capable of possesing and revealing admirable qualities». Mujeres aguerridas, dessempeñando roles tradicionalmente atribuidos a los hombres que, sin duda, eran del gusto del público. Un gusto que, para dicha crítica, el mismo Cueva con sus personajes femeninos concurrió a establecer (McKendrick, 1974, pp. 60-61, la cita en p.60).

[163] Para la definición de dichos conceptos, se ha tenido muy presente, aunque con algunas variaciones, Reyes Peña, 2021, pp. 27-38.

[164] Así funciona en dos de los manuscritos de la comedia *El trato de Argel* y la tragedia *Numancia* de Miguel de Cervantes conservados en la *Hispanic Society of America* (véase Ojeda Calvo, 2020).

[165] Se considera una escena paralela aquella en la que los personajes, o grupos de personajes, no están confrontados o no presentan conflicto alguno. Dichas escenas se suelen considerar una ruptura de la linealidad de la acción teatral que vuelve a reiniciarse

(cambio métrico), movilidad escénica (entrada y salida de personajes) y riqueza estructural y espacial (desdoblamiento/continuidad de la acción y espacio dramático). Todas ellas son un indicativo de la diversidad, agilidad y espectacularidad con las que el dramaturgo ha construido su obra[166].

El viejo enamorado se estructura sobre 11 escenas, que se distribuyen por jornadas de la siguiente forma: 2, 2, 4 y 3, respectivamente. El mayor número de escenas de la obra, por lo tanto, se localiza en la Jornada tercera, donde se suceden los dos momentos más álgidos y culminantes de la pieza: el duelo entre Liboso y Arcelo, y el posterior rapto de este último; y la muerte de Liboso y Rogerio gracias a la enérgica intervención de Olimpia. Las jornadas primera y segunda muestran una división escénica bipartita, pero de extensiones completamente distintas. Mientras en la primera jornada, la Escena 1 (584 vv.) casi triplica en el número de versos a la Escena 2 (117 vv.); en la jornada siguiente, el número de versos por escena es más equilibrado (373 y 416 vv., respectivamente). La cuarta jornada, a pesar de su brevedad, se divide en 3 escenas, indicio de una construcción estructural que corrobora su relevancia e importancia dramática dentro del conjunto de la obra.

El número total de secuencias es de 69, distribuidas de forma equilibrada a lo largo de las cuatro jornadas (16, 19, 21 y 13, respectivamente). Una vez más la jornada tercera es la que acumula un mayor número de secuencias, nuevo ejemplo de la concordancia existente entre la línea argumental y los recursos dramáticos empleados por Cueva. Hemos de destacar, en esta jornada, la Escena 2 con una concurrencia de 8 secuencias –la mayor de la jornada y la tercera de toda la obra– en apenas 104 vv., signo de una enorme agilidad escénica que tiene su correspondencia con los incidentes escenificados sobre las tablas: una vez más, la celebración del duelo entre Liboso y Arcelo y el rapto de este último a manos de las Furias. La indudable espectacularidad «escenográfica» motivada por el vuelo de las Erinias[167], probablemente la más relevante de toda la obra, vendría sustentada por su construcción dramática.

---

cuando concluye la escena paralela y los personajes que la han protagonizado se incorporan a la acción principal de la misma. Javier Rubiera, al estudiar la construcción del espacio escénico en las obras del Siglo de Oro, señala este recurso dramático bajo la fórmula de «espacios lúdicos». Es decir, «áreas de actuación creadas por las distancias entre los comediantes» que comparten «un mismo espacio escénico, pero desarrollan de modo paralelo acciones independientes entre sí». Su finalidad sería «crear una sensación de profundidad, de densidad, de riqueza que rompe con la sucesión plana de monólogos, diálogos y escenas de grupo, añadiendo una dimensión multiperspectivista que enriquece el famoso "espesor de signos" que la máquina del teatro pone en marcha» y «podría servir como piedra de toque de la habilidad teatral de los distintos poetas que escribían para la escena, de la variedad de los recursos técnicos que utilizaban en diferentes situaciones dramáticas» (Rubiera, 2005, pp. 128 y 130-131, respectivamente).

[166] Para una visión esquemática del análisis estructural de la comedia, su división en escenas, secuencias, personajes, métrica, etc., véanse las «Tablas por jornadas» adjuntas al final de este apartado.

[167] Para la descripción y posible realización escénica de este «efecto espectacular» en el corral de Don Juan, véase Reyes Peña, 2014, pp. 46-49.

El cambio de secuencias en *El viejo enamorado* se sustenta, casi exclusivamente, en el juego de entradas y salidas de personajes: 55 (27 y 28, respectivamente). De las 27 entradas de personajes, 8 van acompañadas de un cambio métrico; 3, de un cambio métrico más el inicio de una escena paralela; y otras 3 entradas, de una escena paralela sin cambio métrico. Es decir, 13 entradas de personajes (uno menos de la mitad) no van acompañadas de ningún otro tipo de cambio en la estructura de la pieza. Sin embargo, de las 28 salidas de personajes, 22 no implican cambio adicional alguno. Solo 3 incluyen un cambio métrico más una escena paralela; 2, un cambio métrico; y 1, una escena paralela. En un único caso —al final de la Jornada cuarta—, coincide la salida de un personaje con la entrada de otros dos. De todo ello, podemos concluir que la incorporación de personajes a la escena es —como era esperable— la que posibilita el desarrollo de la acción dramática. Un recurso que el dramaturgo acompaña bien de un cambio métrico, una escena paralela o la combinación de ambos recursos. Las salidas de personajes suelen concluir las situaciones dramáticas y, por lo tanto, su valor en el desarrollo argumental es menor. Idea refrendada por su utilización sin apenas recurrir a otros motivos estructurales.

El resto de los cambios «secuenciales» (12) viene determinado por lo que en las «Tablas» hemos denominado «Incorporación», es decir, el momento en el que se da por concluida una «escena paralela/espacio lúdico» y se reanuda la acción dramática junto a la unidad del espacio escénico. Juan de la Cueva hace uso de la «escena paralela» en las cuatro jornadas de nuestra comedia, convirtiéndose así en uno de los principales recursos empleados por el dramaturgo para dotar a la escena de una variedad estructural y espacial. Es de destacar la «complejidad dramática», y juego escénico, de la Escena 3 (Jornada tercera) en la que se suceden las muertes de Rogerio y Liboso, gracias a la utilización de dicho recurso. Es precisamente en esta escena donde se suceden los primeros cuatro «apartes» —de un total de 8— de nuestra obra, dos en boca de Liboso y otros dos en boca de Rogerio. Todos ellos de marcado carácter trágico, previos a la muerte de este último, y claves en el desarrollo dramático. Los otros cuatro apartes concurren en la última jornada, tres de ellos a cargo del Escribano para subrayar los elementos cómicos del personaje y su enfrentamiento a la furia Lisa, oculta bajo el disfraz de un pastor.

En un único caso (Escena 1, Jornada segunda), se produce un cambio de secuencia debido exclusivamente a una variación métrica. Una excepción que no hace sino confirmar que nuestro dramaturgo utiliza el cambio métrico como un elemento que refuerza y destaca la estructura dramática de la comedia.

La acción dramática de *El viejo enamorado* se desarrolla en la ciudad de Sevilla (v. 235)[168], tanto en su interior como a extramuros, en su «tendida vega» y en lo alto de un monte cavernoso. Cueva utiliza para ello a lo largo de la obra 7 espacios dramáticos distintos[169]: la casa de Liboso, la boca del infierno, la casa de Festilo, una calle, el lugar del duelo, un monte con una cueva y el bosque. Una multiplicidad de espacios que, sin embargo, podemos reagrupar en dos conjuntos distintos: «espacios interiores» (las casas de Liboso y Festilo junto a, salvando todas las distancias, la boca del infierno en la que habitan Invidia, Discordia y Lisa) y «espacios exteriores» (un exterior urbano: la calle; y tres exteriores silvestres: el campo donde se ha acordado la celebración del duelo entre Liboso y Arcelo, el alto monte y el bosque).

La casa de Liboso es el espacio dramático interior en el que se inicia la obra, a ella alude explícitamente dicho personaje en los vv. 197-200 y 574-576. Un espacio que, como era habitual en el Siglo de Oro, no se presenta de forma inamovible, sino que durante dos pasajes (vv. 353-368 y 409-424) se abre a lo que «podríamos considerar como aledaños o extensiones de ese mismo espacio, dramático, en el sentido de que personajes que se dirigen a casa de Liboso dialogan durante el camino antes de unirse al grupo de personajes que allí los esperan, momento este en que ese espacio itinerante desaparece»[170]. Un recurso que se repite con el primero de los dos espacios dramáticos de la segunda jornada: la Casa de Festilo, en la que, una vez más, en dos pasajes (vv. 790-849 y 938-970) el espacio interior se abre hacia esos aledaños o extensiones dentro del mismo espacio dramático[171].

---

[168] Sevilla era en «la época, famosa por su riqueza, cultura humanística y cosmopolitismo, había sido la ciudad de nacimiento y formación de Juan de la Cueva, teniendo con ella una estrecha relación reflejada en su testamento y a lo largo de su obra, donde se loa en más de un pasaje. Así, en la nuestra, encontramos repetidas alusiones al cristalino, ancho, caudaloso, generoso y fresco Betis, su río (vv. 1466, 1846, 2279, 2299, 2305-2307, 2330-2331), que queda siempre fuera de escena, y a su deleitosa vega» (Reyes Peña, 2014, p. 35, artículo que seguimos muy de cerca, aunque con algunas variaciones, como se ha indicado). Para una descripción más pormenorizada del tratamiento del espacio escénico en *El viejo enamorado,* junto a una recreación virtual de su puesta en escena en la época, véase el mencionado artículo.

[169] «Por *espacio dramático* se entenderá el espacio de la ficción, el espacio representado o significado en el texto escrito, es decir los lugares por los que se mueven los entes de ficción que son los personajes […] Este espacio dramático, en su esencia, sólo puede visualizarse en el metalenguaje del crítico o del espectador, que lo van construyendo imaginariamente a partir de las informaciones proporcionadas sobre su universo por unos personajes cuyo marco de evolución y de acción hay que fijar. El *espacio escénico*, en cambio, designará el espacio concretamente perceptible por el público en el escenario peculiar de tal o cual función teatral. Espacio material representante o significante de una u otra de las virtualidades del espacio dramático, dependerá, para cada una de sus realizaciones circunstanciales, de las condiciones escenográficas ofrecidas a la labor del "autor" o director de escena y de la interpretación por éste de las indicaciones incluidas en el texto escrito, tanto en el texto principal (el que dicen los personajes) como en el texto secundario (las acotaciones)» (Vitse, 1985, pp. 8-9).

[170] Reyes Peña, 2014, p. 38.

[171] Rubiera Fernández define el «espacio itinerante» como un «espacio dinámico de transición entre dos espacios dramáticos» cuyo

Cueva no nos ofrece ninguna descripción del espacio de ficción en el que habitarían Invidia, Discordia y Lisa salvo las alusiones al «hórrido profundo», «el reino Estigie oscuro», etc. en boca de sus personajes. Su imaginario, como es lógico suponer, se encontraría en la tradición mitológica, cultural e iconográfica manejada por los autores de la época[172].

Los espacios interiores aparecen exclusivamente en la primera y segunda jornadas: en la primera, a la casa de Liboso le sigue la cueva donde habita Invidia; y en la segunda, la casa de Festilo precede a la casa del «viejo enamorado». Es, precisamente, en estas dos jornadas donde asistimos a la confabulación, conjura y engaño de Liboso con el propósito último de impedir el matrimonio de Arcelo y Olimpia. La mentira y la suplantación, por un lado, y la vergüenza y el descrédito de Arcelo, por otro, parecerían exigir las cuatro paredes de un espacio interior.

Frente a dichos espacios interiores nos encontramos con 4 espacios exteriores. El primero de ellos aún dentro del perímetro de la ciudad: los aledaños de la casa de Festilo por donde camina Arcelo y al que se une una anhelante Olimpia (vv. 1491-1584). El segundo nos traslada al lugar fijado para el desafío entre los dos pretendientes a la dama (vv. 1697 y ss.), presumiblemente fuera de los límites de la ciudad. El tercero y cuarto se ubican en un espacio agreste marcado por una caverna en un alto monte donde Lisa mantiene prisionero a Arcelo (vv. 2289-2304), rodeada por un boscaje, junto a un prado con una fuente, un laurel y un árbol (vv. 2447-2475). Los dos primeros espacios se localizan en la jornada tercera mientras que los dos últimos en la cuarta.

La resolución del conflicto, desarrollado en estas dos últimas jornadas, se sucede, por lo tanto, en espacios exteriores. La deshonrosa inculpación perpetrada contra Arcelo –acusado falsamente de estar ya desposado con Miranda–, que se había mantenido en el ámbito de lo privado, adquiere carácter público con la celebración del duelo. Las muertes de Liboso y Rogerio suceden también en un exterior: en el mismo campo donde se

---

uso es «uno de los posibles recursos dramatúrgicos para enlazar escenas cuya acción se desarrolla en espacios dramáticos distintos. El recurso da una sensación de continuidad a la acción, refuerza la cohesión de la pieza y responde a la recomendación de Lope en el *Arte nuevo*». Con esta técnica se muestra «una escena esencialmente dinámica que tiene como resultado la transición hacia un nuevo lugar de la ficción sin que los personajes hayan tenido que abandonar el tablado y volver a salir de nuevo» (Rubiera Fernández, 2005, pp. 107-109).

[172] Ovidio describe con las siguientes palabras el lugar en que habita Envidia: «palacio sucio de negra sangre [...] oculto en las profundidades de un valle, su casa privada de sol, no accesible a ningún viento, triste y repleta de un frío entumecedor y que siempre está vacía de fuego y siempre llena de bruma» (*Metamorfosis*, II, 760-765).

ha celebrado el desafío entre los pretendientes. Y, por último, la liberación de Arcelo, gracias a la intervención activa de Olimpia, y ante la presencia de la Justicia y el padre de la dama, tiene lugar en lo alto de un monte.

Desde una calle en la ciudad de Sevilla al monte cavernoso, el espectador ha asistido a la transformación de un entorno urbano en otro agreste, en un claro enfrentamiento conceptual que tiene como objeto destacar la actuación de la verdadera heroína de esta comedia. Olimpia, al inicio de la tercera jornada, en plena calle intenta evitar que Arcelo ponga en riesgo su vida acudiendo al enfrentamiento contra Liboso. Sus ruegos son desoídos por aquel y Valerio, su paje, la convence para que no acuda al «puesto» del duelo, donde se ofrece a acudir en su nombre. Sin embargo, tras el rapto de Arcelo, Olimpia misma se presenta en el campo, a extramuros, sola en busca de su «esposo» y allí, al encontrarse con Liboso y Rogerio, incita al primero a asesinar al mago, para a continuación matar con sus propias manos al «viejo». Dispuesta a suicidarse, la intervención de la Razón la convence para que se resuelva a liberar a Arcelo. Y ella sola, una vez más, se dispone a iniciar una odisea que la llevará a un bosque donde la espera el dios Himeneno bajo el disfraz de un pastor. La sucesión de todos estos espacios dramáticos sirve para marcar la intrepidez de Olimpia y se ajustan a la perfección al estado emocional de nuestra protagonista: desde la agitación emocional que la conmina a salir a la calle en busca de Arcelo, al inicio de la tercera jornada, a la resolución heroica con la que se enfrenta a la furia Lisa en lo alto de un monte para liberar de la prisión a su amado.

Cueva, por lo tanto, nos muestra un claro domino dramático en la disposición y significado de los diferentes espacios dramáticos a lo largo de su obra. Una distribución y caracterización que refuerzan el significado de una comedia estructurada espacialmente en dos partes: las dos primeras jornadas (espacios interiores) frente a las dos últimas (espacios exteriores). En las primeras, asistimos al proceder deshonesto de Liboso; en las dos últimas, en clara progresión, vislumbramos el intrépido carácter de Olimpia. El espacio viene a reforzar de esta manera la oposición entre los dos polos del conflicto de la obra: Liboso y Olimpia.

Esta construcción espacial bipartita se refleja también en el número de espacios dramáticos diferentes por jornada: 2, lo que supone que en cada una de ellas se produce un único cambio escénico. Es decir, en cada jornada nos encontramos con dos espacios dramáticos diferentes y un único cambio «escenográfico».

Cada vez que se produce un cambio de «Escena» el espacio dramático se transforma. Una tónica generalizada que se incumple exclusivamente en la sucesión de las Escenas 2, 3 y 4 de la tercera jornada, donde el espacio permanece inamovible: el campo en el que se ha acordado la celebración del duelo. En este caso, la unidad espacial otorga unidad argumental a toda una sucesión de incidentes dramáticos que se inician con la celebración del duelo entre Liboso y Arcelo, continúa con su rapto por las Furias, el conocimiento de los hechos acontecidos por Olimpia y su venganza mortal sobre Rogerio y el «viejo», y su marcha en búsqueda de su amado; para terminar con el descubrimiento de los cuerpos de los infames por la Justicia y su castigo público. Una serie encadenada de sucesos que estructuralmente Cueva concibe como «unidad central de la comedia» gracias a su contenido argumental, a su importante extensión versal (592 vv.), y al número de actores sobre las tablas (8, el máximo de la comedia), y sustentada, en definitiva, por la unidad del espacio dramático.

Como hemos podido comprobar, Cueva no respeta la unidad de lugar, tal y como defendía la tragedia clásica y clasicista, ni tampoco la unidad de tiempo[173]. La duración del desarrollo de la trama no está fijada con claridad: asistimos a un amanecer y a un anochecer, pero el plazo sin concreción fijado para un duelo permite pensar que el tiempo transcurrido sea superior a las 24 horas.

El número de personajes por jornada se distribuye de la siguiente forma: 9, 9, 13 (más un grupo de personajes colectivo) y 7 (más un grupo de personajes colectivo), respectivamente. La tercera jornada es la que reúne el mayor número de personajes sobre las tablas. Jornada en la que, como hemos señalado en varias ocasiones, se escenifica el momento cumbre de la acción dramática.

El paso de una jornada a otra viene marcado por la presencia de un personaje, o grupo de personajes, distinto al que concluyó la jornada precedente, exceptuando la cuarta jornada, donde en su primera escena intervienen los mismos personajes que cerraron la jornada anterior. Una continuidad esta que viene reforzada por la ausencia de un cambio métrico entre jornadas, como había sido la tónica general hasta el momento. Esta aparente continuidad, sin embargo, viene marcada por un cambio de espacio dramático: del campo donde se ha celebrado el duelo entre Liboso y Arcelo nos trasladamos al monte cavernoso, donde se encuentra prisionero el *galán,* que supondría, presumiblemente, una realización escénica y escenográfica que podía alcanzar cotas espectaculares[174]. A ello se une la aparición de Lisa, al inicio de esta última jornada, disfrazada de pastor, para exponer

---

[173] En su *Ejemplar poético*, escribe:

> Hüymos la observancia que forçava
> a tratar tantas cosas diferentes
> en término de un día que se dava (vv. 1632-1634).

[174] Para una descripción más detallada y su posible puesta en escena sobre las tablas en el Corral de Don Juan, véase Reyes Peña, 2014, pp. 58-60, Imágenes XIX-XXIII.

en un breve soliloquio su estado y el lugar en el que se encuentra, precediendo la llegada de Justicia, Festilo, Escribano y Mozos, personajes que concluyeron la tercera jornada. De esta forma, la espectacularidad de los recursos desplegados sobre las tablas y la aparición de Lisa disfrazada compensaría la monotonía provocada por la continuidad de personajes en el paso de la jornada tercera a la cuarta y la ausencia de un cambio métrico.

El cambio de escenas también viene marcado por este recurso: los personajes que cierran la escena precedente no inician la escena que la continúa. Es más, como tónica general, los personajes que intervienen en una escena no lo hacen en la siguiente salvo contadas excepciones: Barandulo, en la jornada segunda, que en su función dc mensajero transita de una escena a otra; Valerio, el Paje, en la tercera jornada, con una función similar a la de Barandulo; Liboso y Rogerio en la misma jornada; y Olimpia e Himeneo en la escena final.

La presencia y distribución de dichos personajes a lo largo de la comedia se puede analizar de la siguiente forma. Festilo, Arcelo, Lisa y Olimpia son las cuatro figuras que acumulan el mayor número de presencias por escenas: 5. Los dos primeros concurren en la Escena inicial, que da origen al conflicto dramático, para no volver a coincidir hasta la Escena final, donde se resuelve dicho conflicto.

La funcionalidad dramática de Festilo se constituye en torno a un único asunto: la unión matrimonial entre Arcelo y Olimpia. En el inicio de la obra, Festilo es el obstáculo que impide dicho matrimonio, al romper las nupcias y comprometer a su hija con Liboso. Su presencia, al final de la comedia, como testigo del enlace de la pareja, presidido por Himeneo, supone la superación de dicho obstáculo. Es decir, las intervenciones de Festilo se concentran al inicio y al final de la obra, mientras que la presencia de Arcelo es recurrente hasta su rapto en la Escena 6, donde desaparece de la acción dramática hasta su incorporación al final de la última escena. A partir de su encierro, Arcelo se convierte en el «personaje ausente» que motiva el curso de la acción dramática: su búsqueda y rescate se erigirán en el motivo argumental del resto de la obra. Su función sustancial se mantiene pues durante su presencia en escena (jornadas primera y segunda, e inicio de la tercera) así como durante su ausencia (jornadas tercera y cuarta). En ambos casos, Arcelo es el objeto de la continuidad de la acción dramática así como el de la hazaña de Olimpia.

La participación de Lisa, por el contrario, permanece constante a lo largo de la obra, muestra de su significación para el desarrollo del conflicto. El destino del ser humano parecería estar a la merced de la intervención de unas fuerzas sobrenaturales que escapan al control y a la comprensión humana. Sin embargo, el personaje y la actuación de Olimpia, con esquema de participación muy similar a Lisa, demuestran que la voluntad y el empeño del ser humano son armas capaces de vencer ese destino impuesto. El antagonismo Olimpia / Lisa se añadiría así a la oposición argumental entre Olimpia / Liboso, según el esquema clásico *senex* / *virgo*, ya comentado. Un antagonismo que mostraría la trascendencia del empeño humano en la consecución de su propio destino, que en Cueva tiene un marcado carácter providencialista, como podemos deducir de las palabras de la «divina» Razón en su dialogo con Olimpia (vv. 2061-2132) y que vendría a reafirmar una vez más el carácter protagónico de nuestra heroína.

A este grupo le sigue Liboso, con 4 presencias «escénicas», que determinarían el ya mencionado polo de oposición dramática con Olimpia.

A continuación, nos encontramos con un grupo de personajes imprescindibles para el desarrollo de la acción y que funcionan como colaboradores del progreso de la trama. Dichos personajes serían Barandulo, Rogerio y Valerio, junto a Justicia, Escribano y Mozos. Estos tres últimos funcionan como un grupo dramático único, interviniendo juntos en las mismas escenas. Es de destacar que la última intervención de Barandulo se produce en la Escena 4 cuando concluye su tarea como colaborador en el engaño perpetrado por su amo. Quizás se echa de menos su presencia durante el duelo que enfrenta a Liboso y Arcelo, o contemplando el rapto de este último, situaciones que podrían haber dado pie a varias intervenciones cómicas por su parte. Una función que adoptará a partir de ese momento el Escribano, alcanzando notas burlescas muy divertidas en las últimas escenas de la comedia.

El resto de personajes aparecen de forma puntual como acompañantes o colaboradores de los personajes principales. Así Invidia, Discordia y las Furias se presentan junto a Lisa; Razón e Himeneo junto a Olimpia; y Versilo y Miranda junto a Liboso y Barandulo, respectivamente.

Métrica

Las formas estróficas empleadas por Cueva en *El viejo enamorado* son cinco: Redondillas, Octavas reales, Estancias, Tercetos y Endecasílabos sueltos[175]. La estrofa predominante es la redondilla, que suma un total

---

[175] Como ya indicara Marco Presotto en su estudio sobre las cuatro tragedias de Juan de la Cueva -y que volvemos a citar aquí-, «da polimetría se obtiene principalmente a través de una alternancia entre octavas reales (del tipo ABABABCC) y redondillas, con una presencia escasa de tercetos encadenados y estancias» (Presotto, ed. 2013, p. 75).

de 1.271 vv. (46,21% del total), seguida de cerca por la octava real con 1.120 vv. (40,72 %). En un segundo bloque, y con un cómputo de versos muy inferior, le siguen la estancia con 167 vv. (6,07 %), el terceto con 111 vv. (4,03 %) y el endecasílabo suelto con 81 vv. (2,94 %). El uso y alternancia de estas cinco estrofas a lo largo de la obra producen 17 cambios métricos[176], siendo el número más elevado de toda la producción del dramaturgo sevillano, solo igualado en la *Comedia de la libertad de España por Bernardo del Carpio*, que cuenta con casi 900 versos menos que nuestra comedia.

Todas las jornadas, salvo la cuarta, comienzan con una estrofa distinta a la que cierra la jornada precedente. En la cuarta jornada, la continuidad de la estrofa empleada al final de la tercera –la octava– viene acompañada por la continuidad de personajes, que, como vimos, son los mismos en ambos casos.

El número de cambios métricos por jornadas es 4, salvo en la segunda (5), lo que es indicio de su equilibrado empleo a lo largo de las mismas. Todos los cambios de «Escena» vienen acompañados por un cambio métrico, a excepción del paso de la Escena 2 a la 3 en la tercera jornada. Una vez más la octava es la estrofa que protagoniza dicha excepción. El resto de cambios métricos que no marcan un cambio de «Escena» coinciden con la entrada de uno o varios personajes a escena salvo en dos ocasiones, ambos en la segunda jornada. En la primera, el cambio métrico se corresponde con un giro en la situación dramática (la acción interrumpida por el soliloquio de Arcelo se reinicia con la intervención de Olimpia, v. 818) y en el segundo, con la salida de escena de Barandulo en el verso 1018⁺.

El inicio de la comedia, al igual que el inicio de cada una de las jornadas, viene marcado por la concurrencia de un metro italiano, concretamente la alternancia de tercetos y octavas reales. Según Edwin Morby, como ya indicábamos en el análisis métrico de *El tutor*, el verso endecasílabo era el idóneo para llamar la atención del público asistente a la representación por ser «más impresionante» que el octosílabo –el metro propio del castellano–, que, en ningún caso, es utilizado por Cueva para iniciar una obra y solo en dos ocasiones para comenzar una jornada. La mayoría de sus piezas, continúa Morby, concluyen en octavas –forma intermedia entre las redondillas y las formas líricas italianas–, exceptuadas cuatro comedias calificadas por dicho crítico como «lightest»: *El degollado*, *El tutor*, *La constancia de Arcelina* y *El viejo enamorado*, que acaban en redondillas[177].

---

[176] Para el número de cambios métricos en la obra de Juan de la Cueva, véase nota 105 del análisis métrico de *El tutor*.

[177] Morby, 1940, p. 214.

Las redondillas junto a las octavas —las dos estrofas predominantes en *El viejo enamorado*— se suelen utilizar en diálogos y secuencias narrativas. Las primeras, sin embargo, son más frecuentes en sucesos marcados por la acción o la intensidad dramática[178]. Su uso en soliloquios es exclusivo de Olimpia, personaje que tan solo en una ocasión utiliza la octava como medio expresivo de sus pensamientos. Por el contrario, Liboso dará rienda suelta a sus reflexiones, deseos o temores siempre en octavas. Estrofa también empleada en solioquios, aunque puntualmente, por Lisa, el Paje e, incluso, Barandulo[179].

Cueva recurre a la estancia en tres ocasiones: la primera de ellas, en el diálogo entablado entre Invida, Discordia y Lisa en el inframundo, al final de la primera jornada; y en dos soliloquios: el primero en boca de Arcelo (vv. 790-817) y el segundo, de Himeneo (vv. 2417-2438). Según Edwin Morby, el empleo de dicha estrofa por Cueva en diálogos parecería estar circunscrito a escenas con un carácter «highly artificial», prevaleciendo en monólogos «set off from surrounding dialogue and often separable from the context as independent lyric poems»[180]. Un carácter este último marcado, sin duda, por su origen provenzal y cantado. La estancia es considerada como la «forma poética empleada por las literaturas europeas para cantar los temas más elevados», siendo Dante y Petrarca los máximos exponentes en el empleo de dicha estrofa[181]. Un ejemplo más del italianismo del autor hispalense.

Los tercetos encadenados, por su parte, aparecen en nuestra comedia en dos ocasiones: al comienzo de la obra y en un soliloquio en boca de Arcelo (vv. 1491-1512). Su uso habitual se circunscribía a la expresiónde «problemas graves»[182] —como sin duda es el expuesto por Liboso a Versilo ante el rechazo de Olimpia—, aunque también podía aparecer en monólogos[183].

---

[178] Conclusiones coincidentes con las expuestas en nuestra edición de *El príncipe tirano*: «la octava real es empleada por Juan de la Cueva en la mayoría de los casos como vehículo de la exposición discursiva, si se quiere ideológica, mientras que la redondilla se emplea en los momentos puramente teatrales» (Reyes Peña, Ojeda Calvo y Raynaud, 2008, p. 118).

[179] Para el uso de la octava propugnado por Cueva, véase el estudio métrico de *El tutor*, nota 108, en la que se recogen los versos de su *Ejemplar poético*.

[180] Morby, 1940, p. 215. Del mismo modo, Cueva detalla las distintas características, número de versos y usos de las estancias en su *Ejemplar poético* (vv. 1344-1385).

[181] Paraíso, 2000, pp. 325-329.

[182] Como nos recuerda Isabel Paraíso, el terceto encadenado (ital. «terza rima») se considera tradicionalmente un invento de Dante con el que escribió «el máximo libro de la literatura italiana: *La Divina Comedia*» (Paraíso, 2000, pp. 220 y 219, respectivamente).

[183] Para el uso de «la estrofa de la estancia» y los tercetos en la *Tragedia de la muerte de Áyax Telamón*, *Tragedia de la muerte de Virginia y apio Claudio*, *Tragedia de los siete infantes de Lara* y *Tragedia del príncipe tirano*, véase Presotto, ed. 2013, pp. 76-77.

Los endecasílabos sueltos[184] se emplean solo en dos ocasiones en la obra de Cueva: en *El infamador* y en *El viejo enamorado*. En ambos casos, su uso se corresponde con soliloquios de rufianes fanfarrones, como Barandulo (vv. 938-1018), que derivan en un diálogo con algún otro personaje sin que se produzca ningún cambio métrico[185].

El número de versos compartidos entre distintos personajes –indicio de movilidad y «agitación escénica»– en *El viejo enamorado* suma un total de 16 versos. Un número muy pequeño, si atendemos a los 2.750 v. de la pieza, que podríamos achacar a una «rigidez» de la estructura versal utilizada por Cueva[186]. Es de destacar, sin embargo, que su utilización se ajusta a momentos de gran tensión dramática como, por ejemplo, cuando Liboso le comunica a Festilo, el padre de Olimpia, que Arcelo, el prometido de su hija, es ya casado. En este pasaje, nos encontramos con 6 versos compartidos, 1 de ellos dividido en tres intervenciones –caso que solo se vuelve a repetir una vez más en toda la obra– en un margen de 50 versos (vv. 238-288), lo que supone la mayor acumulación de versos compartidos de nuestra comedia. Siempre que se comparte un verso se corresponde con versos endecasílabos, sin que haya ningún caso en versos octosílabos.

De todo ello, podemos concluir que casi la totalidad de las formas métricas empleadas en nuestra comedia, a excepción de la redondilla, tiene un claro origen italiano[187], sumando un 53,76% del total de número de versos. Como norma general, los cambios de estrofa tienen la función de destacar y reforzar los elementos estructurales de la comedia desde su rango superior al más pequeño (jornadas, escenas y secuencias), señalando, como afirmábamos ya en 2008, que:

---

[184] «Nacen los versos sueltos en Italia, por el deseo renacentista de reproducir en las lenguas "vulgares" –románicas– el verso grecolatino, y de Italia a España. […] Es la forma métrica favorita [el endecasílabo suelto] para ciertos géneros grecolatinos como la epístola o –en Italia, y luego en Inglaterra– la tragedia» (Paraíso, 2000, pp. 165-166).

[185] Morby, 1940, p. 216.

[186] La distribución de versos entre dos o más personajes en un texto dramático ha sido considerada por la crítica un indicio de movilidad y «agitación escénica» (Hermenegildo, 2001, p. 307). Para su cómputo y utilización en la tragedia y comedia de *El príncipe tirano*, véase Reyes Peña, Ojeda Calvo y Raynaud, 2008, p. 119, en la que también se muestra el escaso uso de este recurso versal.

[187] Recuérdese que en las tablas españolas se pasa de la monometría a la polimetría, con un período de transición (1575-1587), en el que se produjo una verdadera revolución en la versificación teatral y en el que se privilegió sobre todo el uso de los metros italianos frente a los españoles: «We are now on the threshold of a decade which witnessed abrupt and complete revolution in dramatic versification. The suddenness of these changes is indeed amazing, and apparently without due preparation. The incorporation of the Italian meters into the current scheme was, to be sure, anticipated in the literary eclogue, but the advancement of the *redondilla* to a chief place was by no means to be expected» (Morley, 1925, p. 519).

[...] la norma predominante en el cambio estrófico es el ajuste del verso en función de la especialidad temática propugnada para la poesía en general, aunque se empieza a vislumbrar una interrelación entre el empleo de las estrofas y la situación dramática de la escena[188].

---

[188] Reyes Peña, Ojeda Calvo y Raynaud, 2008, pp. 116 y ss. Juan Matas Caballero en su edición de *La muerte del rey don Sancho...* y la *Comedia del degollado* afirmaba que «nuestro dramaturgo mostró cierta preocupación por establecer alguna relación entre la acción, el planteamiento, el personaje y el metro que debía corresponderse en dichas circunstancias», aunque considera que fue un intento fallido «pues resulta prácticamente imposible extraer conclusiones válidas para cualquier situación determinada de la obra. En efecto, esa polimetría no fue tipificada, de acuerdo con unos criterios más o menos concretos y predeterminados que establecieran las necesarias correspondencias entre los distintos elementos: personaje-situación-metro» (Matas Caballero, ed. 1997, pp. 95 y 127, respectivamente). Javier Burguillo destaca el «rasgo innovador» de Juan de la Cueva en el teatro de la época, «al utilizar un sistema polimétrico que otorga a la escena mayor dinamismo» y que «los cambios en la estructura estrófica no se producen de manera azarosa sino que tienden a un plan y persiguen un sentido. Estamos ante un artista que busca de manera consciente un determinado efecto y lo elabora siguiendo unas pautas reconocibles. A pesar de esto, también es claro que Cueva ejecuta con poco garbo una técnica que se encuentra aún en un estado de gestación» (Burguillo, 2010, pp. 625 y 627, respectivamente). Por último, Marco Presotto afirma que «se trata de una fase muy experimental [el uso de la polimetría] en la que predomina una concepción del metro relacionada con el texto poético, que el autor intenta conscientemente amoldar a las necesidades del espectáculo aprovechando los cambios de metro para resaltar la dinámica del desarrollo de la acción y aislar temáticamente algunas secuencias autónomas (tercetos y estancias). En todo caso, las formas estróficas cultas italianas conviven con la redondilla en un sustancial equilibrio, no siendo aún portadoras de una específica función estructurante» (Presotto, ed. 2013, p. 80).

ESQUEMA MÉTRICO DE *EL VIEJO ENAMORADO*

ESTROFAS	VERSOS	NÚM. DE VV.
	Jornada I (1-701 = 701 vv.)	
Tercetos	1-89	89
Redondillas	90-192	103
Octavas reales	193-408	216
Redondillas	409-584	176
Estancias (ABCBACcDeeDFF)	585-701	117
	Jornada II (702-1490 = 789 vv.)	
Octavas reales	702-789	88
Estancias (ABCABCcDdeeDfF)	790-817	28
Redondillas	818-937	120
Endecasílabos sueltos	938-1018	81
Redondillas	1019-1074	56
Octavas reales	1075-1490	416
	Jornada III (1491-2288 = 798 vv.)	
Tercetos	1491-1512	22
Redondillas	1513-1696	184
Octavas reales	1697-1840	144
Redondillas	1841-2224	384
Octavas reales	2225-2288	64
	Jornada IV (2289-2750 = 462 vv.)	
Octavas reales	2289-2416	128
Estancias (ABbaBCddCeE)	2417-2438	22
Redondillas	2439-2510	72

| Octavas reales | 2511-2574 | 64 |
| Redondillas | 2575-2750 | 176 |

Resumen

Estrofas	Num. de vv.	Porcentaje
Redondillas	1271	46,21 %
Octavas reales	1120	40,72 %
Estancias	167	6,07 %
Tercetos	111	4,03 %
Endecasílabos sueltos	81	2,94 %

JORNADA I: 701 vv. (1-701)

Escena	Secuencia	Personajes	Motivo	Métrica	Tiempo	Espacio	Contenido
Escena I 584 vv. (1-584)	Sec. 1 88 (1-88)	Liboso Versilo	Entrada personaje	Tercetos	Un «hoy» indeterminado	Casa Liboso	Versilo le comunica a su amo Liboso que Festilo no puede comprometer a su hija con él, porque ya la tiene prometida a Arcelo.
	Sec. 2 36 (89-124)	Barandulo Liboso Versilo	Entrada personaje Cambio métrico	Redondillas			Barandulo anuncia la llegada de Festilo por lo que Liboso envía a Versilo a recibirlo mientras concierta un asunto con su criado.
	Sec. 3 60 (125-184)	Barandulo Liboso	Salida personaje				Liboso se confiesa a Barandulo, demandándole su ayuda en el engaño que piensa llevar a cabo. Este se dispone a satisfacer a su amo sin ningún reparo.
	Sec. 4 8 (185-192)	Liboso	Salida personaje				Liboso se consagra al Amor para que le ayude en su propósito.
	Sec. 5 111 (193-303)	Festilo Liboso Barandulo Versilo	Entrada personaje Cambio métrico	Octavas reales			Festilo viene a comunicarle en persona a Liboso que no puede acceder a comprometer a su hija con él. A lo que el viejo responde que el elegido por Festilo, Arcelo, es ya un hombre casado y tiene pruebas de ello.

Sec. 6 45 (304-348)	Liboso Barandulo Versilo	Salida personaje				Liboso, Versilo y Barandulo celebran el éxito de su empresa.
Sec. 7 4 (349-352)	Liboso Versilo	Salida personaje				Liboso y Versilo esperan alcanzar el éxito con la intervención de la falsa esposa de Arcelo.
Sec. 8 16 (353-368)	Arcelo Festilo Liboso Versilo	Entrada personaje Escena paralela				Arcelo no puede creer las acusaciones que Liboso ha lanzado contra él ante el padre de Olimpia.
Sec. 9 40 (369-408)	Arcelo Festilo Liboso Versilo	Incorporación				Arcelo desmiente a Liboso mientras este, junto a Versilo, mantiene su acusación delante de Festilo.
Sec. 10 16 (409-424)	Barandulo Miranda Arcelo Festilo Liboso Versilo	Entrada personaje Cambio métrico Escena paralela	Redondillas			Barandulo advierte a Miranda de la importancia del papel que tiene que desempeñar como supuesta esposa primera de Arcelo. Miranda lo tranquiliza.
Sec. 11 96 (425-520)	Barandulo Miranda Arcelo Festilo Liboso Versilo	Incorporación				Miranda, a voces, reclama justicia ante el abandono de su esposo Arcelo. Este, atónito, no puede creer a la mujer ni a todos los demás que corroboran la versión de aquella.

	Sec. 12 32 (521-552)	Barandulo Miranda Festilo Liboso Versilo	Salida personaje				Ante el desmentido de Arcelo, Barandulo anima a su amo a desafiarlo en duelo. Festilo promete hablar con su hija y concertar el matrimonio de ambos.
	Sec. 13 24 (553-576)	Barandulo Miranda Liboso Versilo	Salida personaje				Liboso y Versilo cantan victoria ante la consecución de su objetivo.
	Sec. 14 8 (577-584)	Barandulo Miranda	Salida personaje				Barandulo avisa a Miranda que esté prevenida y que se esconda, que ya irá luego a buscarla.

Escena	Secuencia	Personajes	Motivo	Métrica	Tiempo	Espacio	Contenido
Escena II 117 vv. (585-701)	Sec. 1 26 (585-610)	Invidia	Entrada personaje Cambio métrico	Estancias	Mismo día	Inframundo	Invidia no puede soportar que Liboso con sus argucias vaya a prometerse con Olimpia y alcanzar su deseo.
	Sec. 2 91 (611-701)	Invidia Discordia Lisa	Entrada personaje				Discordia y Lisa, ante los lamentos de Invidia, se ofrecen a ayudarla para evitar el compromiso de Liboso, por lo que deciden presentarse en su casa bajo el disfraz de criados.

JORNADA II: 789 vv. (702-1490)

Escena	Secuencia	Personajes	Motivo	Métrica	Tiempo	Espacio	Contenido
Escena I 373 vv. (702-1074)	Sec. 1 80 (702-781)	Festilo Olimpia	Entrada personaje	Octavas reales	El mismo «hoy» de la Jornada I	Casa Festilo	Festilo comunica a Olimpia la traición de Arcelo y su compromiso con Liboso.
	Sec. 2 8 (782-789)	Olimpia	Salida personaje				Olimpia se decide a mantenerse fiel a Arcelo.
	Sec. 3 28 (790-817)	Arcelo Olimpia	Entrada personaje Cambio métrico Escena paralela	Estancias			Arcelo solicita ayuda a Amor para desmentir la falsa acusación de Liboso.
	Sec. 4 36 (818-853)	Arcelo Olimpia	Cambio métrico	Redondilla			Olimpia asiste a las penas de amor de Arcelo.
	Sec. 5 84 (854-937)	Arcelo Olimpia	Incorporación				Arcelo y Olimpia confirman su declaración de amor.
	Sec. 6 33 (938-970)	Barandulo Arcelo Olimpia	Entrada personaje Cambio métrico Escena paralela	Endecasílabos sueltos			Barandulo maldice la suerte de tener que cumplir con el mandato de su amo.
	Sec. 7 48 (971-1018)	Arcelo Barandulo Olimpia	Incorporación				Barandulo comunica a Arcelo la celebración del duelo con Liboso.
	Sec. 8 48 (1019-1066)	Arcelo Olimpia	Salida personaje Cambio métrico	Redondillas			Olimpia quiere impedir, inútilmente, que Arcelo acuda al duelo.
	Sec. 9 8 (1067-1074)	Olimpia	Salida personaje				Olimpia se desespera ante la marcha de Arcelo.

Escena	Secuencia	Personajes	Motivo	Métrica	Tiempo	Espacio	Contenido
Escena II 416 vv. (1075-1490)	Sec. 1 20 (1075-1094)	Liboso	Entrada personaje Cambio métrico	Octavas reales	Mismo día	Casa Liboso	Liboso espera ansioso el regreso de Barandulo con la respuesta de Arcelo.
	Sec. 2 $18^{1/2}$ (1095-$1113^{1/2}$)	Barandulo Liboso	Entrada personaje Escena paralela				Barandulo muestra su alivio por haber salido indemne de su misión, mientras Liboso cree que su criado ha matado a Arcelo.
	Sec. 3 $73^{1/2}$ ($1113^{1/2}$-1186)	Barandulo Liboso	Incorporación				Barandulo confirma a Liboso la aceptación del desafío por Arcelo.
	Sec. 4 8 (1187-1194)	Liboso	Salida personaje				Liboso confía en que la ayuda de Rogerio sea su salvación.
	Sec. 5 32 (1195-1226)	Liboso Discordia Invidia Lisa	Entrada personaje				Las Furias disfrazadas de criados incitan a Liboso a acudir al duelo.
	Sec. 6 $1^{1/2}$ (1227-$1228^{1/2}$)	Barandulo Liboso Discordia Invidia Lisa	Entrada personaje				Barandulo anuncia la llegada de Rogerio.
	Sec. 7 $230^{1/2}$ ($1228^{1/2}$-1458)	Rogerio Barandulo Liboso Discordia Invidia Lisa	Entrada personaje				Rogerio propone a Liboso un medio para vencer a Arcelo ante la oposición de las Furias. Rogerio con su magia las desenmascara para sorpresa de Liboso y Barandulo.

	Sec. 8 24 (1459-1482)	Rogerio Barandulo Liboso Lisa	Salida personaje				Rogerio ordena a Lisa qué hacer con Arcelo.
	Sec. 9 7 (1483-1489)	Rogerio Barandulo Liboso	Salida personaje				Rogerio anima a Liboso.
	Sec. 10 1 (1489-1490)	Barandulo	Salida personaje				Barandulo decide huir.

JORNADA III: 798 vv. (1491-2288)

Escena	Secuencia	Personajes	Motivo	Métrica	Tiempo	Espacio	Contenido
Escena I 206 vv. (1491-1696)	Sec. 1 22 (1491-1512)	Arcelo	Entrada personaje	Tercetos	El mismo «hoy» de la Jornada II (¿?)	Calle	Arcelo se dispone a acudir al duelo, resuelto a desmentir a Liboso.
	Sec. 2 70 (1513-1582)	Olimpia Arcelo	Entrada personaje Cambio métrico	Redondillas			Olimpia quiere evitar que Arcelo arriesgue su vida en el duelo.
	Sec. 3 10 (1583-1592)	Olimpia	Salida personaje				Olimpia se lamenta de la marcha de Arcelo.
	Sec. 4 96 (1593-1688)	Paje Olimpia	Entrada personaje				El Paje convence a Olimpia para que no acuda al duelo, ofreciéndose a ir él en su lugar.
	Sec. 5 8 (1689-1696)	Olimpia	Salida personaje				Olimpia se lamenta de su situación.

Escena	Secuencia	Personajes	Motivo	Métrica	Tiempo	Espacio	Contenido
Escena II 104 vv. (1697-1800)	Sec. 1 32 (1697-1728)	Liboso Rogerio	Entrada personaje Cambio métrico	Octavas reales	Mismo día	Campo duelo	Liboso espera ansioso la llegada de Arcelo, mientras Rogerio le instruye sobre los pasos a seguir.
	Sec. 2 8 (1729-1736)	Liboso	Salida personaje				Liboso, amedrentado, pide auxilio al dios Amor.
	Sec. 3 8 (1737-1744)	Paje Liboso	Entrada personaje Escena paralela				El Paje, pese al rechazo de Arcelo, se presenta en el lugar del duelo.

Escena	Secuencia	Personajes	Motivo	Métrica	Tiempo	Espacio	Contenido
	Sec. 4 16 (1745-1760)	Arcelo Liboso Paje	Entrada personaje				Arcelo acude al puesto para terror de Liboso.
	Sec. 5 16 (1761-1776)	Arcelo Liboso Paje	Incorporación				Arcelo y Liboso se disponen a iniciar el duelo.
	Sec. 6 4 (1777-1780)	Arcelo Liboso Lisa Furias Paje	Entrada personaje				Lisa junto a las Furias arrebatan a Arcelo.
	Sec. 7 4 (1781-1784)	Liboso Paje	Salida personaje				Liboso se regocija de su victoria.
	Sec. 8 16 (1785-1800)	Paje	Salida personaje				El Paje espantado ante lo sucedido marcha a informar a Festilo y Olimpia.

Escena	Secuencia	Personajes	Motivo	Métrica	Tiempo	Espacio	Contenido
Escena III 424 vv. (1801-2224)	Sec. 1 40 (1801-1840)	Liboso Rogerio	Entrada personaje	Octavas reales	Mismo día	Campo duelo	Liboso, entusiasmado, agradece a Rogerio su ayuda, pero el mago le advierte de la aparición de malos presagios.
	Sec. 2 60 (1841-1900)	Olimpia Liboso Rogerio	Entrada personaje Cambio métrico Escena paralela	Redondillas			Olimpia, en busca de Arcelo, se encuentra con Liboso y Rogerio, escondidos. La dama decide matarlos.

Escena	Secuencia	Personajes	Motivo	Métrica	Tiempo	Espacio	Contenido
	Sec. 3 84 (1901-1984)	Olimpia Liboso Rogerio	Incorporación Escena paralela				Cuando Liboso declara su amor a Olimpia, esta revela las intenciones deshonestas de Rogerio. Olimpia incita al viejo a que acabe con la vida del mago.
	Sec. 4 20 (1985-2004)	Olimpia Liboso Rogerio	Incorporación Escena paralela				Liboso, siguiendo las indicaciones de Olimpia, da muerte a Rogerio.
	Sec. 5 36 (2005-2040)	Olimpia Liboso	Incorporación				Olimpia, tras matar a Liboso, se dispone a suicidarse.
	Sec. 6 184 (2041-2224)	Olimpia Razón	Entrada personaje				Razón evita que Olimpia acabe con su vida, le comunica que Arcelo sigue vivo y la conmina a ir en su búsqueda.

Escena	Secuencia	Personajes	Motivo	Métrica	Tiempo	Espacio	Contenido
Escena IV 64 vv. (2225-2288)	Sec. 1 58 (2225-2282)	Justicia Paje Festilo Escribano Mozos	Entrada personaje Cambio métrico	Octavas reales	Mismo día	Campo duelo	Justicia, guiado por el Paje, llega al lugar del duelo donde junto a Festilo, Escribano y unos Mozos descubren los cuerpos de Liboso y Rogerio. Justicia decide arrojar sus cuerpos al río como escarnio público.
	Sec. 2 6 (2283-2288)	Justicia Festilo	Salida personaje				Justicia acuerda iniciar la búsqueda de Arcelo al día siguiente.

JORNADA IV: 462 vv. (2289-2750)

Escena	Secuencia	Personajes	Motivo	Métrica	Tiempo	Espacio	Contenido
Escena I 128 vv. (2289-2416)	Sec. 1 24 (2289-2312)	Lisa	Entrada personaje	Octavas reales	El día posterior al de la Jornada III	Monte	Lisa se lamenta de su suerte, disfrazada de pastor en medio del monte por mandato de Rogerio.
	Sec. 2 36 (2313-2348)	Justicia Festilo Escribano Mozos Lisa	Salida personaje Escena paralela				Justicia, Festilo, Escribano y los Mozos llegan agotados y perdidos a lo alto del monte.
	Sec. 3 64 (2349-2412)	Justicia Festilo Escribano Mozos Lisa	Incorporación				Después de mucho insistir, Justicia consigue que Lisa le indique el camino para llegar a la cueva donde se encuentra prisionero Arcelo.
	Sec. 4 4 (2413-2416)	Lisa	Salida personaje				Lisa se ríe del destino al que ha enviado a los que osaron molestarla.

Escena	Secuencia	Personajes	Motivo	Métrica	Tiempo	Espacio	Contenido
Escena II 94 vv. (2417-2510)	Sec. 1 22 (2417-2438)	Himeneo	Entrada personaje Cambio métrico	Estancias	Mismo día	Bosque	Himeneo, disfrazado de pastor, mientras espera la llegada de Olimpia, se echa a descansar bajo un pino.
	Sec. 2 48 (2439-2486)	Olimpia Himeneo	Entrada personaje Cambio métrico Escena paralela	Redondillas			Una aguerrida Olimpia se dispone a seguir los pasos marcados por Razón para liberar a Arcelo.

| | Sec. 3 24 (2487-2510) | Olimpia Himeneo | Incorporación | | | | Himeneo se dispone a guiar a Olimpia. |

Escena	Secuencia	Personajes	Motivo	Métrica	Tiempo	Espacio	Contenido
Escena III 240 vv. (2511-2750)	Sec. 1 30 (2511-2540)	Justicia Festilo Escribano	Entrada personaje Cambio métrico	Octavas reales	Mismo día	Monte	A punto de fenecer en el camino indicado por Lisa, Justicia, Festilo y Escribano regresan en busca del pastor fingido.
	Sec. 2 34 (2541-2574)	Justicia Festilo Escribano Lisa	Entrada personaje				Justicia y sus acompañantes intentan apresar y violentar a Lisa, pero la Furia permanece inmóvil en su puesto.
	Sec. 3 8 (2575-2582)	Himeneo Olimpia Justicia Festilo Escribano Lisa	Entrada personaje Cambio métrico Escena paralela	Redondillas			Olimpia e Himeneo, al llegar a la boca de la cueva donde se halla encerrado Arcelo, se encuentran con un grupo de personas.
	Sec. 4 116 (2583-2698)	Himeneo Olimpia Justicia Festilo Escribano Lisa	Incorporación				Olimpia, siguiendo las indicaciones de Razón y con ayuda de Himeneo, doblega y desenmascara a Lisa, que se ve obligada a descubrir la cueva donde se encuentra encadenado Arcelo.

	Sec. 5 12 (2699-2710)	Olimpia Justicia Festilo Escribano Lisa	Salida personaje			Olimpia libera de su hechizo a Lisa que huye a su morada infernal.
	Sec. 6 40 (2711-2750)	Himeneo Arcelo Olimpia Justicia Festilo Escribano	Salida personaje Entrada personaje			Himeneo descubre a Arcelo, mientras que Olimpia lo libera de sus cadenas. Reunidos los amantes, Himeneo celebra sus bodas con el beneplácito de todos los presentes.

5. Proyecto de puesta en escena

Como señalábamos en nuestra edición de *El príncipe tirano*, siguiendo a Alfredo Hermenegildo (*Teatro de palabras. Didascalias en la escena española del siglo XVI*), la mayoría de las piezas dramáticas conservadas del Quinientos apenas presentan indicadores explícitos de teatralización, lo que las hace aparecer ante el lector como un texto literario sin ninguna relación aparente con su puesta en escena. Sin embargo, la condición escénica de la mayoría de ellas es indudable, como lo demuestra la red sígnica portadora de virtualidad representativa[189].

El estudio de las marcas de la teatralidad en *El viejo enamorado* lo haremos a través de la categorización y posterior clasificación de las didascalias presentes en la obra[190]. Estas esconden en su interior «el alma escénica del texto dramático», la visión teatral que el dramaturgo tiene de su obra y, al mismo tiempo, facilitan al lector la puesta en escena virtual de la pieza. Como es bien sabido las didascalias se dividen en didascalias explícitas («todas aquellas marcas de escenificación visibles fuera del diálogo y, por lo tanto, situadas dentro de un marco extradiegético») y en didascalias implícitas («aquellas que se encuentran insertas dentro del diálogo de los personajes»). Estas últimas son las verdaderamente fundamentales a la hora de analizar las obras de este período, tanto que, al carecer la mayoría de ellas de didascalias explícitas, son casi «el único recurso de escenificación previsto por el escritor»[191]. Conviene tener en cuenta que estas didascalias implícitas pueden aludir en ocasiones al denominado «decorado verbal», ausente sobre la escena, pero en otras muchas se refieren a elementos o artefactos no solo visibles en la imaginación del espectador, sino físicamente presentes sobre las tablas, golpeando los sentidos de los receptores.

En el caso de Juan de la Cueva, las únicas didascalias explícitas que aparecen en sus obras dramáticas, como ya hemos indicado, son el título de las piezas, número de orden y género atribuido; argumento general;

---

[189] Reyes Peña, Ojeda Calvo y Raynaud, 2008, p. 71.

[190] La noción de didascalia «es más amplia que la de acotación escénica. Abarca las marcas presentes en todos los estratos textuales. Incluye las llamadas acotaciones escénicas y engloba la identificación de los personajes al frente de cada parlamento o en la nómina inicial (al principio de la obra o de cada uno de los actos), con sus nombres, naturaleza y función, la indicación de la segmentación de la pieza (escenas, cuadros, actos), etc. Comprende, en segundo lugar, los elementos didascálicos integrados en el diálogo mismo. Dichos elementos quedan encerrados y encubiertos entre la maraña de signos que componen las intervenciones de los distintos personajes» (Hermenegildo, 2001, p. 21).

[191] Hermenegildo, 2001, pp. 44-45.

datos del lugar de representación y nombre del autor de comedias que la llevó a escena; lista de figuras de la totalidad de la comedia; segmentación por jornadas; argumento individual de cada una de ellas; lista de figuras de cada Jornada; adscripciones de los parlamentos; y marca del final de la obra[192]. Sin embargo, no por ello se desentiende de la puesta en escena, pues, como indica en su *Ejemplar poético*, escribe sus piezas para la representación y se siente dueño del proyecto de espectáculo dejando su impronta a través de las didascalias implícitas. Dada la extensión de El *viejo enamorado*, baste un pequeño fragmento (Jornada III, vv. 2447-2486) como ejemplo de su mostración, profusión y funcionamiento. Para su categorización y clasificación, nos valdremos en esta ocasión del cuadro elaborado ya en 1969 por Tadeuz Kowzan sobre los trece sistemas de signos principales de la representación teatral, reducidos, a su vez, en cinco grandes grupos:

I.   Texto pronunciado (1. Palabra. 2. Tono)
II.   Expresión corporal (3. Mímica. 4. Gesto. 5. Movimiento)
III.   Apariencias exteriores del actor (6. Maquillaje. 7. Peinado. 8. Traje)
IV.   Aspectos del espacio escénico (9. Accesorios, 10. Decorado. 11. Iluminación)
V.   Efectos sonoros no articulados (12. Música. 13. Sonido)[193].

Al corresponder este fragmento a un monólogo de Olimpia, la palabra, el primero de los sistemas de signos, está operando durante todo él. De aquí que sea innecesaria su indicación en cada uno de los versos:

Este es el monte fragoso	Decorado
y ha de quedar a esta mano,	Gesto
atravesando este llano	Decorado / Gesto
a la vista deleitoso.	Decorado / Gesto
Según traigo por señal,	
esta es la fuente y laurel,	Accesorios / Decorado
y el árbol que busco aquel	Accesorios / Decorado / Gesto
para remediar mi mal.	

---

[192] Para el análisis de las disdascalias explícitas en *El viejo enamorado*, véanse los apartados «Argumento» y «Personajes» de este «Estudio».

[193] Kowzan, 1969, p. 52.

Una rama me mandó
la Razón que dél quitase,
y el agua y hojas guardase
para lo que me enseñó.

Aquesta será la rama,   Accesorio / Gesto
que con fuerza arrancaré,   Gesto / Movimiento / Tono
esta el agua, y juntaré   Accesorio / Movimiento
las hojas para la llama.   Accesorio

Cuanto mandó la Razón
tengo, sin cosa faltarme,
sino quien ha de guïarme
al fin de mi pretensión.

Quiérome al monte tornar,   Movimiento / Decorado
donde buscaré al pastor
que a la cueva de Cursor
me tiene de encaminar.

El prado se acaba aquí.   Decorado / Gesto
De aquí la aspereza empieza   Decorado / Gesto
del monte, cuya cabeza   Decorado / Gesto
tiene el cielo sobre sí.

Quiero seguir esta senda.   Decorado / Gesto
No, que no sé dónde voy.   Mímica / Tono /Gesto
Sí sé que voy donde estoy,   Mímica / Tono / Gesto
aunque Fortuna me ofenda.

Pues por aquí tengo de ir,   Movimiento / Gesto
aunque más fragoso esté,   Decorado
que amor me guía y mi fe,   Tono / Mímica / Gesto
y no me pueden mentir.

Al pie de aquel pino veo   Tono / Decorado
el pastor que ha de guïarme.   Gesto
Quiero donde está llegarme,   Movimiento
pues lo pide mi deseo.   Tono / Mímica / Gesto

Como se observa claramente, a través de las didascalias implícitas, Juan de la Cueva deja en el texto su proyecto de puesta en escena, a expensas de las modificaciones que el autor de comedias ejecute en él con libertad, según las condiciones ofrecidas por el lugar de representación. Siguiendo la suposición de Norman D. Shergold (1956) de que el dramaturgo sevillano escribió sus piezas con miras a su puesta en escena en los corrales hispalenses en los que se iban a representar, Reyes Peña abordó, en 2014, el proyecto de espectáculo incluido por Cueva en *El viejo enamorado* y su «hipotética» adecuación al Corral de Don Juan, en «Espacio dramático y espacio escénico en *El viejo enamorado* de Juan de la Cueva». Para evitar repeticiones innecesarias, remitimos a él desde estas páginas, ya que, si bien con algunas variantes, puede ayudar, cumplimentado por sus ilustraciones, a dilucidar cómo estas marcas de teatralidad presentes en la obra son susceptibles de ser realmente llevadas a la escena. A las citadas ilustraciones, añadimos aquí otras inéditas (Láminas 10, 11, 12 y 13) realizadas igualmente por Vicente Palacios (Escenógrafo), a quien, una vez más, le expresamos nuestro más sincero agradecimiento por su generosa cesión.

Edición crítica de *El tutor* y *El viejo enamorado*

I. Criterios de edición

Como texto base de ambas comedias, hemos elegido la segunda impresión de la *Primera parte de las comedias y tragedias de Ioan de la Cveva. Dirigidas a Momo*, Sevilla, Ioan de León, 1588 [*B*], donde *El tutor* se halla en fols. 117r-137r (fots. 239-279) y *El viejo enamorado* en fols. 242v-276r (fots. 490-557)[1], por considerarlo mejor que el único testimonio existente de la primera edición, *Primera parte de las comedias i tragedias de Ivan de la Cveva. Dirigidas a Momo*, Sevilla, Andrea Pescio[ni], 1583 [*A*][2], como se advierte en la misma portada. En ella se especifica: «Van añadidos en esta segunda impresión en las comedias y tragedias argumentos, y en todas las jornadas. Enmendados muchos yerros y faltas de la primera impresión». No obstante, presenta errores y erratas que se han intentado subsanar con el cotejo de la primera edición [*A*] y la de Icaza [*Icaza*][3] o, en su defecto, por conjetura. De ello, se da noticia en el «Aparato crítico» de ambas comedias. Al presentar el ejemplar *B* utilizado (Madrid, BNE, R. 12349) acotaciones manuscritas en *El viejo enamorado*, como se ha advertido, para marcar en el cotejo las citadas anotaciones manuscritas, que ofrecen datos sobre las entradas y salidas de escena de los personajes y algunos de sus movimientos en ella, hemos añadido a la sigla [*B*] del ejemplar la letra *m* [*Bm*]. Dados los resultados obtenidos en el cotejo de la mayoría de los testimonios conservados de la edición de 1588 [*B*] en la edición de la comedia y la tragedia de *El príncipe tirano*[4], que arrojan irrelevantes y mínimas variantes al ser ejemplares de una misma edición, aunque con más de un estado, hemos optado por omitir

---

[1] La descripción de este testimonio y los ejemplares conocidos en Reyes Peña, Ojeda Calvo y Raynaud, 2008, pp. 126-128; Burguillo, 2010, pp. 438-441 y 442-444; y Presotto, 2013, p. 66. A este testimonio de 1588, se añaden el testimonio manuscrito, con letra del siglo XVIII, en 3 vols., radicado en la Biblioteca Pública de Toledo, procedente de la colección Borbón-Lorenzana: *Comedias de Juan de la Cueva* [vols. I y II: Sig. R (Ms.) 321 y R (Ms.) 322] y *Tragedias de Juan de la Cueva* (Ms. 280) [Reyes Peña, Ojeda Calvo y Raynaud, 2008, pp. 127-128; Burguillo, 2010, p. 444; y Presotto, 2013, p. 66]. Otro ejemplar manuscrito, procedente de la Biblioteca de don Emilio Cotarelo, se halla en la Biblioteca del Instituto del Teatro de Barcelona (Ms. 83239) [Burguillo, 2010, pp. 444-445]. El ejemplar consultado para nuestra edición es el custodiado en Madrid, Biblioteca Nacional, R. 12349, que presenta acotaciones manuscritas en algunas piezas del volumen, probablemente con escritura del siglo XVII, aunque difícil de datar al pretender su autor imitar la letra impresa. Entre ellas, no figura *El tutor*, pero sí lo hace *El viejo enamorado*.
[2] La descripción de este testimonio y la ubicación del único ejemplar conocido, en Burguillo, 2010, pp. 435-437 y 442; y Presotto, 2013, p. 65, conservado en Viena, Biblioteca Nacional de Austria, CP.1.D.63. En él se hallan *El tutor*, fols. 92r-108v (fots.199-232) y *El viejo enamorado*, fols. 198r-227v (fots 411-470).
[3] Esta edición, 1917, está realizada a partir de la segunda impresión y corregida por conjetura, pues, aunque Icaza conoció la existencia de la primera y su ubicación, diversas circunstancias le impidieron consultarla, según él mismo declara en la advertencia preliminar (p. LXII). En el aparato crítico, no se reflejan las variantes que comparte con *B* ni tampoco las lecciones que, por conjetura, coinciden con *A*; sí, en cambio, aquellas en las que, difiriendo de *A* y *B*, propone la lectura correcta.
[4] Reyes Peña, Ojeda Calvo y Raynaud, 2008.

su cotejo. Igualmente, debido a su irrelevancia textual, hemos omitido el cotejo con los dos testimonios manuscritos radicados en la Biblioteca Pública de Toledo, procedente de la Colección Borbón-Lorenzana, y en la Biblioteca del Instituto del Teatro de Barcelona.

Los criterios de edición seguidos en el establecimiento del texto en ambas ediciones han sido los siguientes:

- Se han modernizado las grafías, incluidas las latinizantes, siempre que no conllevaran un valor fonológico.

- Se han modernizado, del mismo modo, los grupos consonánticos cultistas, salvo en los casos en que no se está seguro de su pronunciación efectiva en esos momentos. Por el contrario, se mantienen grupos como los de es*tremo*, e*scusa*, *estremada*, o *caxco* (con $x = /\check{s}/$) en *El tutor*, y *espresé, estensa, esperiencia, estraño* en *El viejo enamorado*, ya que esa era la pronunciación de la época[5].

- Se ha mantenido la alternancia vocálica propia de la época.

- Se han unido o separado las palabras del texto según la norma actual, siempre que no conlleven un valor fonológico.

- Se han respetado las contracciones frecuentes de la época (*dél, della, desto, dellas, destos, dese, deste, dellos, desa, estotro, desta, deso, dello*), pero no las inusuales aparecidas en el texto, como es habitual en la tradición editora.

- Se ha restituido la vocal elidida en los casos de apócope: *l'arrebata, d'Oriente, qu'en…* en *El tutor*, y *qu'es, qu'el, m'acuerdo, t'acuerdas* en *El viejo enamorado*. Casos estos que no se recogen en el aparato crítico, ni siquiera cuando los testimonios cotejados presentaban distinta solución (forma apocopada / forma no apocopada, o viceversa).

---

[5] El número de casos ofrecidos no es exhaustivo, pues solo sirven como ejemplos.

- Se ha regularizado con criterios actuales la acentuación, puntuación y uso de mayúsculas y minúsculas para facilitar la lectura y comprensión del texto.

- Se han regularizado y desarrollado las adscripciones de los parlamentos eligiendo la forma más frecuente en el testimonio base, al no saber cuál era la voluntad del autor, e indicando en el aparato crítico la lectura de los impresos cotejados cuando no coinciden con la forma elegida.

- Se ha añadido la numeración de versos a la derecha.

- Se han sangrado las estrofas.

- Se ha marcado la diéresis con la crema (¨).

- Se ha omitido la tilde en algunos de los hiatos usuales que a veces se convierten en diptongos por necesidades métricas: *mia, dia, tia, guie, fria*. Se ha añadido, en cambio, cuando las normas actuales de acentuación lo requerían: *habiá, querriá, dariá, casariá, enviá, seriá, teniá*.

- Se han colocado entre paréntesis los versos correspondientes a los *apartes* de los personajes, que se indican precedidos por la abreviatura *Aparte* entre corchetes [*Ap.*]. También entre corchetes se marcan las «entradas en escena» ([*Sale Otavio.*], [*Sale Licio.*] en *El tutor*, [*Salen Liboso y Versilo.*], [*Sale Barandulo.*] en *El viejo enamorado*) y «salidas de escena» de los personajes ([*Vase Otavio*], [*Vase Dorildo.*] en *El tutor*, [*Vase Versilo.*], [*Vanse Liboso y Versilo.*] en *El viejo enamorado*), para facilitar la lectura teatral del texto. Como se observa en el «Aparato crítico» de *El viejo enamorado*, estas acotaciones coinciden en numerosas ocasiones con las manuscritas que figuran en el ejemplar R. 12349 de la Biblioteca Nacional de España.

- En la anotación a pie de página, se sitúa el signo + a nivel exponencial en el margen derecho del número del verso para referirse a la acotación que lo sigue (352^{+}).

- Como es habitual, un asterisco situado en el margen izquierdo de los versos, de algunas adscripciones del parlamento, y de término/s de la prosa marca aquellos que presentan variantes en el «Aparato crítico».

II. Nota lingüística[6]

Los textos editados de Juan de la Cueva presentan los rasgos comunes a la lengua castellana del Siglo de Oro, apareciendo tanto en una como en otra pieza:

- Vacilación vocálica: *mesmo, recebí, escurecer, hobieran*[7].

- Conservación de grupos cultos: *respecto, acepto, efecto, digna, conmigo, indigno, victoria, precepto, concepto, obstinación, constante, excelencia*.

- Simplificación de grupos cultos: *aceto, efeto, dina, comigo, indina, vitoria, preceto, Ocidente, inorantemente, aflición, desino, acidente, do, benina, noturno, docientos*.

- Asimilación de infinitivo más pronombre: *burlallo, recogellas, alcanzalle, impedille, alzalla, guardalla, seguillo, obedecello*.

- Anteposición del pronombre con imperativo: *lo aleja, lo rocía, le da, me guía, le roguemos, me lleva, me da*.

- Apócope de la primera persona de presente de indicativo: *vo* por *voy, só* por *soy, dó* por *doy, estó* por *estoy*.

- Segunda persona del plural de imperativo acabada en vocal: *decí, usá hacé, llevá*.

- Metátesis del pronombre con imperativo: *llevaldo, asildo, dejaldo, derribaldo*.

- Segunda persona del plural del pretérito sin diptongar: *tomastes, dejastes*.

- Algunas formas hoy en desuso como *fue* por *fui*.

---

[6] Agradecemos al Dr. D. Rafael Cano Aguilar (Catedrático emérito de Lengua Española de la Universidad de Sevilla) sus acertadas observaciones sobre los aspectos lingüísticos de los textos editados.

[7] Los ejemplos seleccionados pertenecen a ambas piezas, no siendo exhaustiva su relación en ningún caso, pues su funcionalidad es solo la mostración del fenómeno.

- Reduplicación del *que*, cuando entre la conjunción y el verbo se introducía una oración –particular-mente adverbial–, práctica común durante el siglo XVI: «*Concluyó que, si aquí se convencía / de lo que le informamos por tan cierto, / que por mujer su hija me daría*».

- Uso de vocales embebidas (fusión por haplografía), en particular la preposición *a,* especialmente si es átona (*está ver, vamos acostarnos, volvámonos acostar, vengo aguardallo*) y la forma *he* de la primera persona del auxiliar *haber* (*qué estado* por *que he estado; derriballe* por *derriballe he; cortalle* por *cortalle he*), ejemplos pertenecientes a *El tutor,* siendo igualmente visibles en *El viejo enamorado.*

Casos estos que, por ser habituales, no se anotan, excepto cuando se ha considerado necesario para favorecer la lectura y comprensión del texto.

*ARGUMENTO DE LA COMEDIA QUINTA[A]

Dorildo, tutor de Otavio, se enamora de Aurelia, dama de Otavio, su menor[B], y, para poder gozar della, lo envió a estudiar a Salamanca. Y así, luego[C] que hizo ausencia[D], le descubrió su pensamiento a Aurelia, la cual jamás vino en él[E]. Llegado Otavio a Salamanca, trabó amistad con un estudiante llamado Leotacio, al cual mostró un retrato de Aurelia, dándole cuenta de sus amores. El Leotacio[F], visto el retrato, se enamoró de Aurelia. Y así, fingiendo cierto viaje forzoso, dejó a Otavio encargado el gobierno de su casa, poniéndose en camino para donde Aurelia estaba. Licio, criado de Otavio, vino con cartas a su tutor, el cual descubrió los amores que con Aurelia tenía, y pidiéndole su favor para poder ser aceto[G] de ella. Licio, después de haberle puesto las dificultades que se lo podían impedir, al fin le promete que lo negociará, y, recibiendo dél algunos dones, se iba[H] a contar el caso a Aurelia, para dar orden[I] de burlarlo. Encontró con Leotacio y, proponiéndole su demanda, el Licio, con el propio intento de burlallo[J], le otorga su demanda. El Leotacio le da algunos do-

---

[A] *COMEDIA QUINTA*: Juan de la Cueva ordenó las catorce piezas de las dos ediciones quinientistas (Sevilla, 1583; Sevilla, 1588) en función del año de su estreno, siendo esta obra la quinta de las diez comedias incluidas en dichas ediciones. José Caso González cree posible sospechar que las obras con una misma fecha de puesta en escena están también ordenadas cronológicamente (Caso González, 1965, p. 126). *El tutor* sería, según esto, la penúltima de las siete piezas de Cueva puesta en escena en 1579.

[B] *menor*: 'huérfano menor de veinticinco años dependiente de un tutor' (Alfonso X, *Las siete partidas*, III, 3, 1). // Según *Autoridades*, *menor* «se llama también el pupilo o hijo de familias, que no tiene los años que prescriben y determinan las leyes para gobernar su hacienda» (*Aut.*). El tutor, por lo tanto, era la «persona destinada primariamente para la educación, crianza, y defensa; y accesoriamente para la administración, y gobierno de los bienes del que, por muerte de su padre, quedó en la menor edad, y cumpliendo este los catorce años se llama *curador*» (*Aut. s.v. tutor*). // No sabemos la edad exacta de Otavio pero según lo aquí descrito y su marcha a la Universidad sería un joven menor de veinticinco años.

[C] *luego*: «al instante, sin dilación, prontamente» (*Aut.*).

[D] *hizo ausencia*: 'se ausentó', construcción hoy en desuso.

[E] *vino en él*: 'lo consintió'.

[F] *El Leotacio*: (artículo + nombre propio) «Nebrija y gramáticos de los siglos de oro rechazaron la presencia de determinantes ante el nombre propio, por referirse éste a seres únicos ya actualizados» (García Gallarín, 1990, p. 219). Rafael Lapesa describe el uso «familiar en algunos países, vulgar en otros» del actualizador con nombre propio como «complejo y problemático en su origen» (2000, p. 437) y para Gutiérrez Cuadrado «se usan con artículo determinado algunos nombres propios, cuando ya se han citado en el discurso: «el Anselmo» ('el dicho Anselmo')» (Gutiérrez Cuadrado, 1998, pp. 819-856, la cita en p. 843, 22.2).

[G] *aceto de ella*: 'aceptado por ella', cultismo de 'aceptado' y la preposición *de* con valor agente.

[H] *se iba*: 'se fue'. «The imperfect is occasionally used, where the preterite would be expected, to present a past action as visualized rather than as reported» (Keniston, 1937, p. 464).

[I] *dar orden*: 'disponer el modo'.

[J] *burlallo*: 'burlarlo'. «Las asimilaciones *tomallo, hacello, sufrillo*, estuvieron de moda en el siglo XVI, principalmente entre andaluces, murcianos, toledanos y gentes de la corte, que en tiempo de Carlos V adoptaban el gusto lingüístico de Toledo; después decayeron,

nes y se va. Licio comunica el caso con Aurelia. Escribe a su señor Otavio que viniese, el cual puesto luego en camino por el orden que Licio le dio, fueron Leotacio y el tutor burlados, quedando manifiesto todo el caso.

Fue representada esta comedia la primera vez en Sevilla, en la güerta de Doña Elvira[K], por Pedro de Saldaña[L], siendo Asistente don Francisco Zapata y Cisneros, conde de Barajas[M]. Año de 1579.

---

aunque la facilidad con que procuraban rimas a los poetas las sostuviera al final de verso durante todo el siglo XVII» (Lapesa, 1988, p. 391).

[K] *güerta de doña Elvira*: corral de comedias de Sevilla, que también recibía la denominación de «huerta». Estaba situado en el actual barrio de Santa Cruz, donde posteriormente se erigió e inauguró en 1676 el Hospital de los Venerables Sacerdotes, rehabilitado en la actualidad por la Fundación Focus-Abengoa para eventos culturales. Las primeras representaciones documentadas en él son de 1578 y su cierre definitivo se produjo en 1631 (Sentaurens, 1984, vol. I, pp. 129-134). Según Piedad Bolaños Donoso, hubo de construirse en 1577, siendo del 15 de febrero de 1578 el primer documento que acredita que estaba construido en esa fecha. Entre los comediantes que pudieron representar en él en fechas tempranas, la estudiosa cita los siguientes autores:

> Es posible que Osorio representara en Doña Elvira (pues era el preferido del público sevillano) las obras de Cervantes, al igual pudieron representar Lorenzo Ramírez (1577), Juan de Ávila (1578), Bartolomé de Salazar (1579), Pedro de Saldaña (1579), Juan Granado (1579), Jerónimo Velázquez (1580), al que los arrendadores (Diego de Cuenca y Diego de Vera) le arriendan la huerta de Doña Elvira por todo el tiempo que permanezca en Sevilla; Juan de Ganassa (1583), Tomás Gutiérrez (1585), Jerónimo Velázquez (1596), Francisco Osorio (1595) (Bolaños, «Corral de Doña Elvira», 2010).

En su reciente puesta a punto de la historia del Corral de Doña Elvira, según sus muy bien documentadas investigaciones en el Archivo de Protocolos Notariales hispalense, la citada estudiosa suministra en Apéndice una significativa nómina de autores y actores que representaron en este corral entre 1580 y 1608, explicitando la naturaleza de sus respectivos contratos y reproduciendo sus respectivas firmas, cuando aparecían en las escrituras notariales consultadas (Bolaños Donoso, 2022).

[L] *Pedro de Saldaña*: afamado autor de comedias del último tercio del siglo XVI. Fue oriundo de Sevilla, donde participó en numerosas ocasiones en las representaciones del Corpus (1570, 1576, 1577, 1578, 1580, 1583, 1584 y 1585), actuando en diversos corrales de comedias hispalenses entre 1578 y 1583 (Sentaurens, 1984, vol. II, pp. 1270-1271 y 1253). Llevó a escena, entre 1579 y 1580, nueve de las catorce obras de Juan de la Cueva incluidas en la *Primera parte…,* con encendidos elogios por el poeta en algunas de ellas, como hemos indicado en nuestro estudio introductorio. Para el conjunto de su biografía y actividad profesional, *DICAT* 2008, *s. v.*, y sobre sus actuaciones en el contexto sevillano y su relación con Cueva, véase Reyes Peña, Ojeda Calvo y Raynaud, 2008, pp. 37-39.

[M] *Asistente don Francisco Zapata de Cisneros*: primer conde de Barajas, asistente de Sevilla entre 1573 y 1578. Resulta extraña la alusión de Cueva a don Francisco Zapata de Cisneros, primer conde de Barajas, como asistente de la ciudad en 1579, porque en esta fecha lo era don Hernando de Torres y Portugal, conde del Villar, recibido como tal por el conde de Barajas en el cabildo municipal celebrado la tarde del 15 de diciembre de 1578, en el que tomó posesión del cargo (Archivo Municipal de Sevilla, Sección X, *Actas Capitulares*, 1ª Escribanía, t. 52, 1578, sig. H-1551, s. f.). Quizá la notoriedad de don Francisco Zapata de Cisneros, impulsor de numerosas obras que contribuyeron al embellecimiento urbano, «por lo que obtuvo el reconocimiento y memoria de los sevillanos» (Contreras Rodríguez-Jurado, 1992, p. 254) o la proximidad de la fecha de la toma de posesión de don Hernando de Torres y la escritura de la pieza, indujo a nuestro dramaturgo a cometer ese error, comprensible debido al espacio de tiempo transcurrido desde la fecha de representación (1579) hasta la segunda edición de la obra (1588) que es donde figura este.

TODAS LAS PERSONAS DESTA COMEDIA DEL TUTOR

OTAVIO, galán.

LICIO, criado de Otavio.

DORILDO, tutor de Otavio.

AURELIA, dama.

GONZALO, bobo.

LEOTACIO, estudiante.

ASTROPO, criado de Leotacio.

JUSTICIA.

CRIADO DE JUSTICIA.

COMEDIA DEL TUTOR

*ARGUMENTO DE LA PRIMERA JORNADA

Otavio da *gracias al amor por el premio que le da en gozar de Aurelia. Licio, criado de Otavio, le da cuenta de un retrato que vio de Aurelia. Dorildo, tutor de Otavio, habla con Licio, culpando los amores de Otavio. Licio habla con Aurelia y trata de algunas cosas del tutor. Viene Otavio a despedirse de Aurelia para irse a Salamanca. Hallolos el tutor, reprehéndelo, hácelo poner luego en camino, despídense Aurelia y Otavio; quédase el tutor solo con Aurelia, trátale que anda enamorado della y, haciendo ella donaire dél, lo deja lamentando su esquiveza.

PERSONAS DE LA PRIMERA JORNADA

OTAVIO, galán.

LICIO, criado.

DORILDO, tutor.

AURELIA, dama.

BOBO.

[*Sale* OTAVIO.]

OTAVIO   De mi dulce memoria soy regido,

---

1 La memoria es considerada junto al entendimiento y la voluntad como una de las tres potencias racionales autónomas del alma. Para San Agustín, «la memoria, instrumento por el cual detenemos nuestro pasado a lo largo de la jornada de la vida, y mediante el cual, también, nos proyectamos un futuro, es un análogo del Padre, origen, conservador y fin de todas las cosas. El entendimiento, potencia mediante la cual conocemos el mundo, es imagen del Hijo, espejo y sabiduría del Padre. La voluntad, facultad que nos permite establecer vínculos afectivos, es reflejo del Espíritu Santo, el cual es el amor recíproco entre el Padre y el Hijo» (Wilhelmsen, 1990, p. 90). En la obra de San Juan de la Cruz, la memoria, en un primer sentido, es un recipiente de imágenes y de información para ser utilizada por el entendimiento, pero en un sentido más profundo, a través del matiz de «posesión», se acerca al concepto de la «esperanza», un «trascender» que nos lleva más allá del momento actual, del instante temporal (Wilhelmsen, 1990, p. 92, nota 12, donde recoge estas palabras de Fernando Urbina). Es decir, la esperanza de conseguir el amor de Aurelia guía, dirige la vida de Otavio.

1-28 En la primera estancia (vv. 1-14), Otavio expresa su felicidad por el amor correspondido que siente hacia la bella Aurelia. En la segunda, el galán da gracias al amor por su benevolencia pues, de amores no correspondidos que le han torturado, ha pasado a otorgarle un amor firme que ha sido aceptado por su dama. Al mismo tiempo, Otavio ruega al amor que lo aleje de cualquier sospecha o desconfianza que pudiera asaltarle en medio de la gloria en que se halla, porque, además de ser rechazable, ofendería tanto a Olimpia como al puro amor que siente por ella.

y solo amor es quien la mueve y rige,

y él la fuerza corrige

cuando el veloz deseo la arrebata

y la lleva ante aquella que me aflige,   5

no porque el desamor o ingrato olvido

tema el pecho encendido,

que ya de mortal suerte se recata ,

viendo que amor con pïedad lo trata,

pues lo tiene entregado a la belleza   10

de la divina Aurelia, cuya gloria

contempla la memoria

que vive en contemplar su gentileza,

do el Cielo se estremó y naturaleza.

 Gracias te doy, amor, que , levantando   15

la mano poderosa que en mi daño

usó un rigor estraño,

trayéndome de un mal a otro, sujeto

a la esquiva mudanza y crudo engaño,

que ya voy con mi Aurelia reparando,   20

en cuya virtud mando;

recelos amorosos, que el aprieto

que recelar podría mi conceto,

---

8 *se recata*: 'se recela'. Es decir, solo teme a la muerte.

14 *do*: 'donde'. // *se estremó*: «desus. Hacer a alguien el más excelente en su género» (*DRAE, s. v. extremar*).

15 *que*: 'porque'.

19 *crudo*: «se toma también por cruel, áspero, sangriento y despiadado» (*Aut.*).

20 *que*: esta repetición del *que*, cuando entre la conjunción y el verbo se introducía una oración –particularmente adverbial–, era una práctica común durante el siglo XVI (Keniston, 1937, p. 675).

21 'Otavio, al haber sido correspondido por Aurelia en el amor, rige, gobierna la disposición de su alma'. // *mando*: «regir, gobernar y tener dominio sobre alguna cosa» (*Aut.*); *virtud*: «da disposición del alma, o hábito honesto operativo de las acciones conformes a la recta razón, por las cuales se hace laudable el que las ejecuta» (*Aut.*).

23 *que* reduplicativo (véase nota al v. 20).

no le admitáis jamás ni deis cabida,

que, viéndome en la gloria que poseo,   25

cualquier recelo es feo

y el dulce amor y Aurelia es ofendida,

pues son ambos quien dan vida a mi vida.

[*Sale* LICIO.]

LICIO   Señor, ¿solo estás hablando?

[*Ap.*]   (No sé qué pueda sentir   30

ni a qué me lo atribüir.)

OTAVIO   Licio, ¿estás devaneando?

Dime tú cómo es posible

estar solo yo jamás.

LICIO   ¿No?, pues solo veo que estás,   35

si alguien no hay aquí invisible.

OTAVIO   Fuera de jüicio vienes.

¿No ves tú que vive en mí

Aurelia y así está aquí?

LICIO   Digo que justicia tienes,   40

mas yo no estoy obligado,

aunque sé tu pensamiento,

---

25 *que*: 'porque'.

27 *dulce amor y Aurelia es ofendida*: el uso de un sujeto plural –*dulce amor* y *Aurelia*– con una forma verbal en singular –*es ofendida*– es fruto de una visión del sujeto como una unidad por el hablante (Keniston, 1937, p. 483).

28 *quien*: 'quienes'; el pronombre relativo *quien* se podía usar tanto para el singular como para el plural (Lapesa, 1988, pp. 397-398).

32 *estás devaneando*: 'estás disparatando'.

38-39 Según la moderna filosofía o filosofía neoplatónica condensada en el libro IV de *El cortesano* de Baltasar de Castiglione, el enamoramiento se produce cuando los rayos de luz que emana el objeto amado por su belleza y perfección entran a través de los ojos del sujeto amante y de ahí van a parar al alma donde el objeto amado vivirá para siempre. El neoplatonismo hace suya la máxima de San Bernardo «anima magis est ubi amat, quam ubi animat» para expresar que el amado vive en el amante.

40 *justicia*: 'razón'.

	saber por el movimiento	
	lo que concibe el cuidado.	
OTAVIO	Viendo mis males continos,	45
	fácil eran de entender,	
	si los quisieras saber.	
LICIO	Azotan los adivinos.	
	Y como en toda mi vida	
	en letras no me ocupé,	50
	por eso nunca alcancé	
	lo que en sí tu alma anida.	
OTAVIO	¡Oh negligente ignorante!,	
	si tú supieras amar,	
	supieras adevinar.	55
LICIO	Mis humos tengo de amante,	
	que también sé requebrarme,	
	y sé gustar de un favor,	
	sé me encender en amor,	
	y también sé resfrïarme;	60
	sé alegrarme en el tormento,	
	sé querer y ser querido,	

41-44 Aunque Licio conoce los sentimientos de Otavio, no puede saber a qué pensamientos corresponde la gestualidad de su señor, puesto que él no está obligado, como criado, a sentir y expresarse como su amo.

48 *Azotan los adivinos*: 'Azotan a los adivinos'. La omisión de la *a* ante objeto directo se debe, en la mayoría de los casos, a que el verbo tiene un mayor uso con objetos directos de cosa que de persona. Sin embargo, en otros ejemplos, no existe ninguna explicación concreta para dicho fenómeno, siendo la única justificación posible que dicha omisión se debe a que la posición del sintagma tras el verbo se siente como suficiente para evidenciar su función de objeto directo (Keniston, 1937, p. 11). // Alusión de Licio a la pena aplicada públicamente a los adivinos por la Inquisición.

56 *Mis humos tengo de amante*: presunción del criado que se declara también amante. // En los vv. 56-68, Licio despliega una cartilla sobre los distintos estados por los que atraviesa un amante en los lances de amor.

57 *requebrarme*: «metafóricamente se dice "requebrarse el galán", que es tanto como significar estar deshecho por el amor de su dama» (Cov., *s. v. requebrar*).

58 *sé gustar de un favor*: Licio sabe complacerse con las expresiones de agrado de las damas.

60 *resfrïarme*: 'enfriarme', antítesis al verso precedente.

sé padecer triste olvido

con fingido sufrimiento;

    sé descubrir mi pasión,   65

sé obligar a quien me ofende,

y sé cuanto más se entiende

y a nadie sé el corazón.

OTAVIO   Bien disparas, majadero,

sin tener respecto amigo.   70

LICIO   A Momo doy por testigo,

si es mi dicho verdadero,

    el cual decía que al hombre,

para podello entender,

se habiá el corazón de ver;   75

de otro modo, ni aun su nombre.

OTAVIO   ¿Qué infieres dese argumento?

LICIO   Bien claro dejo entenderme,

y así no hay que detenerme

en decir lo que más siento,   80

    por venir a darte cuenta

de cómo al pintor hablé,

---

66 Es decir, el criado también tiene su honor y se muestra dispuesto a defenderlo.

67-68 Licio conoce todo lo relativo al amor, pero desconoce el corazón ajeno.

70 *respecto amigo*: 'respeto amistoso, por nuestra amistad'.

71-76 Momo, hijo del Sueño y de la Noche, era la personificación de la burla, el ridículo, el sarcasmo y la crítica incisiva. Fue expulsado del cielo por ridiculizar a los dioses. En estos cuatro versos, Licio parafrasea el apotegma de Luciano, *Hermotimus* 20, recopilado así por Juan Pérez de Moya en su *Philosofía secreta…*: «A un hombre que hizo Vulcano, fue reprehendido [por Momo] que se le olvidó lo que más necesario era de todo lo que el artífice no vio; y era, que porque hizo que el engaño naciese dentro del pecho del hombre escondidamente, que fuera tal obra cosa loable que tuviera una puerta en el pecho, que se pudiera con ella saber qué es lo que ordenaba allá dentro; y si decía con la boca lo que tenía en el corazón, y si decía verdad o mentira» (ed. 1995, Libro segundo, Capítulo XLIII, *De Momo*, pp. 347-348, la cita en p. 348). Juan de la Cueva ya recogía este mismo apotegma en su *Coro febeo de romances historiales* (1587-1588) (Libro III, *Romance de una contienda entre Neptuno, Vulcano, Minerva y el parecer de Momo a quien hicieron juez*, fols. 103r.-106v.). No podemos olvidar, además, que sus *Comedias y Tragedias* están *Dirigidas a Momo*, a quien le dedica, precisamente, una «Epístola dedicatoria» (véanse «Introducción» y Burguillo, 2010, pp. 456-458, donde se incluye dicha «Epístola»).

		con que habrás placer a fe.	
OTAVIO	*	¿Placer, Licio? Eso me cuenta;	
		desde que amor me guerrea	85
		placer en mí no lo he visto.	
LICIO		Estás peor que Calisto,	
		de amores de Melibea,	
		mas por aliviar tu pena,	
		de que no alivias un rato,	90
		sabrás que yo vi el retrato	
		de Aurelia, que te enajena,	
		de todo punto acabado,	
		con tan alta perfeción	
		que, si el vivo da pasión,	95
		también la dará el pintado.	
		Tiene esparcidas al viento	
		las crespas hebras de oro,	

87-88 *Calisto… Melibea*: alusión a los célebres protagonistas de *La Celestina*, de Fernando de Rojas. El diálogo entre Licio y Otavio posee «claras reminiscencias celestinescas inspirado en el de Calisto y Sempronio del acto I, aunque Otavio no llega a las excentricidades y disparates del protagonista de la *Tragicomedia* rojiana en su pasión amorosa, ni Licio –fiel desde principio a fin a su señor– a la burla despiadada de Sempronio» (Cebrián, 1991, pp. 134-135). En *El caballero de Olmedo*, en boca de otro criado, Tello, encontramos esta misma referencia: «¿Está en casa Melibea? / Que viene Calisto aquí.» (vv. 1003-1004).

96-116 Licio recrea la descripción del retrato de Aurelia en orden de enumeración descendente según el tópico *descriptio puellae*: cabello, frente, ojos, dientes, labios y, por último, el color de su rostro, sede de todos esos bellos rasgos, ennoblecidos mediante una serie de metáforas suntuarias ascendentes de tradición petrarquista, que recogen el ideal de la dama renacentista. Para la génesis de este ideal y su desarrollo en la lírica española del Renacimiento, véase el interesante artículo de María Pilar Manero Sorolla, 1992 y, para su presencia en la poesía de Juan de la Cueva, Reyes Cano, 1980, pp. 167-173.

98 *las crespas hebras de oro*: 'los rubios cabellos rizados', verso de resonancias petrarquistas utilizado por el mismo Cueva en el *Coro febeo de romances historiales* ([41] *De cómo Antíoco se enamoró de su madrastra E∫tratonica, y lo que sucedió más*, fols. 144v.-147v.) y en un soneto *Rimas 6* (*Obras de Juan de la Cueva*, fol. 14r.) en el que nuestro autor utiliza el juego poético del acróstico para dar a conocer el verdadero nombre de su amada (Cebrián, 2001, pp. 31-32). Este verso también está presente en otros poetas de los ss. XVI y XVII: Francisco de Figueroa, llamado "el Divino" (c. 1530-1588), Juan de Miramontes Zuázola (1567-1610), Licenciado Luis Martín de la Plaza (1577-1625), entre otros. La asociación tópica *hebras de oro* aparece también en Fernando de Herrera entre otros: «I con guirnaldas en las hebras d'oro» («II. Algvnas obras de Fernando de Herrera (Sevilla, 1582)», *Elegía VII*, v. 169, ed. 1985, pp. 459-465, la cita en p. 464).

de Febo el mayor tesoro

y de Otavio el pensamiento.   100

    Con un velo, sutilmente,

muestra querer recogellas,

mas descubre algunas dellas

por la tersa y pura frente.

    Las dos luces, luz del cielo,   105

que dan fuerza a tu cuidado,

tan al vivo ha trasladado

que no fue de hombre su vuelo.

    Las blancas perlas de Oriente

dibujar quiso y no osó,   110

y un poco las descubrió,

y encima un rubí excelente.

    La púrpura y blanca nieve

de aquel rostro celestial

puso tan al natural   115

que dio lo que se le debe.

    Y va de tal modo puesto

lo uno y lo otro allí,

que quedé, cuando lo vi,

de ver tal gloria, traspuesto.   120

    Y por no cansarte más

de lo que noté, señor,

digo que mostró el pintor

---

99 *Febo*: 'el brillante', epíteto, nombre latino del dios Apolo, el sol.

104 *tersa y pura frente*: verso que figura en una *Canción* («Largo tiempo viví de amor seguro») de Juan de la Cueva (ed. 1857, p. 512).

108 *vuelo*: «metafóricamente se llama la elevación u eminencia en el discurrir o en el obrar» (*Aut.*).

109-116 Tópicos petrarquistas presentes por ejemplo en la *Elegía V* del *Libro Primero* de Fernando de Herrera (ed. 1985, pp. 543-546) o en Francisco de Rioja (Sevilla, 1583-Madrid, 1659): «¡Oh, en púrpura nieve y púrpura bañado» (*Soneto LVII, A Lesbia* y *Silva XI, Al jazmín*), ed. 2005, pp. 133 y 138-141, respectivamente.

grande ingenio, cual verás.

OTAVIO   ¿Por qué con él no veniste?,   125

que gran contento me dieras.

LICIO   Creí que en casa estuvieras

de Aurelia, cual me dijiste.

          Y por sola esta ocasión

no le vine acompañando,   130

y estará en casa aguardando.

OTAVIO   Yo voy sin más dilación.

          Tú ve a Aurelia y di que luego

vendré para despedirme,

si amor permitiere irme   135

o la fuerza de mi fuego.

          Dirás cómo este inhumano

de mi tutor apresura

mi partida, en que procura

mi muerte el crüel tirano.   140

LICIO   Ve, que amor es quien te lleva.

[*Vase* OTAVIO.]

No me espanto, que su fuerza

al más poderoso fuerza,

con quien lo que puede prueba.

          Otavio muere de amor;   145

ved qué remedio a sus males

que le compre *Decretales*

142-143 *fuerza* / [...] *fuerza*: poliptoton recurrente en Cueva (vv. 374-375, 629), presente en otras de sus obras dramáticas como *El viejo enamorado* (vv. 924-925, 1286, 1901-1903, 2506, 2664-2666) o la *Comedia del príncipe tirano* (vv. 985-988, ed. 2008).
147 *Decretales*: libro perteneciente al Derecho canónico en que están recopiladas las epístolas o decisiones pontificias.

y Felinos su tutor.

*   Que cien ducados dé a Otavio,

*   y no libros y libradas,   150

*   consejos y badajadas,

que ni miento ni lo agravio.

Piensa el viejo de la paila

que hacello estudïante

lo aparta de ser amante,   155

pues al son de reloj baila.

Que así lo vea yo logrado,

cual Aurelia a Dios pedía,

con obispado de un día

y a muchachos entregado,   160

que no será poderoso

que pueda, por ser tutor,

con Otavio más que amor

el viejo loco, roñoso.

---

148 *Felinos*: cómica metonimia para referirse al conjunto de los libros de Derecho escritos por el importante jurista italiano de la segunda mitad del Cuatrocientos Felino Sandeo (1444–1503), cuya obra ha sido considerada una verdadera enciclopedia del *utrumque ius*, fundamento de la cultura jurídica europea.

150 *libradas*: 'libranzas', es decir, la orden que se da por escrito para que se abone cierta cantidad de dinero a la persona que la aporta, estando el término en Licio sometido a una deformación cómica por semejanza fonética con el sustantivo que lo precede –*libros*–. En los vv. 149-150, Licio demanda al tutor que dé a Octavio dinero en efectivo y no por medio de letras de cambio.

151 *badajadas*: 'necedades'; «metafóricamente se llama cualquiera palabra o razón necia, de mucho ruido y poca sustancia, a imitación del golpe que da el badajo en la campana, que causa un sonido sin articulación; y así la lengua del necio pronuncia voces sin sustancia» (*Aut.*).

153 *paila*: en germanía, «derecho que cobraba el garitero a los tahúres por dejarlos jugar en su casa» (Alonso Hernández, 1976, *s. v.*). / *garitero*: «el que dirige, siendo frecuentemente propietario a la vez, una casa de juego, sobre todo cuando es de poca categoría» (Alonso Hernández, 1976, *s. v.*).

156 *al son de reloj baila*: 'ajustarse a un horario establecido', sin embargo, el recurso a la ironía empleado por Licio, dota la expresión de un sentido contrario a su significado literal. Es decir, pues si el viejo piensa así, su equivocación será completa.

159-160: 'sacado a vergüenza pública por la Inquisición con coroza y entregado a manos de muchachos' (Alonso Hernández, 1976, *s. v. obispado*).

[*Sale* DORILDO.]

DORILDO	¿Con quién es la pesadumbre	165

que tan alto estás hablando

que espanta estarte escuchando?

LICIO   Hablar alto es mi costumbre.

DORILDO   ¿Por qué de ti no se ataja

vicio tan descomedido?   170

LICIO   El porqué es porque he comido

de bóveda o de tinaja.

DORILDO   Y aun de necio comerás,

*   siguiendo tales estremos.

LICIO   Señor, todos lo comemos.   175

DORILDO   Tú solo lo comerás.

LICIO   Yo solo lo comeré,

pues vuesa merced lo manda,

que por ahïtarme anda

de lo que jamás gusté.   180

DORILDO   Decí, señor chocarrero,

*   ¿Otavio dónde está agora?

¿En casa de la señora?

LICIO   *   Señor, en cas de un librero.

Allá lo dejé escogiendo   185

de libros una gran suma.

169-172 Cuando Dorildo reprueba a Licio su modo de hablar tan alto, este emplea, de forma cómica, la expresión *comer de bóveda o de tinaja*, con referencia a un elemento arquitectónico –bóveda– y otro artesanal de cocina –tinaja– que distorsionan la voz, produciendo la sensación de hablar hueco, que pone en relación con la procedencia de su comida.

179 *ahïtarme*: 'empacharme'.

181 *chocarrero*: «el bufón, truhan y placentero, que siempre habla de burlas, para hacer reír a otros, sin tener otro empleo ni ejercicio» (*Aut.*).

184 *cas*: «lo mismo que casa: y aun así se dice en muchos lugares, hablando con poco reparo y abreviando la pronunciación» (*Aut.*).

Dorildo	No sé lo que me presuma.	
Licio	Solo lo que voy diciendo.	
Dorildo	Cuando estuvieras comigo	
	en mejor crédito y fama,	190
	tuviera fuerza tu trama.	
Licio	Luego, ¿no crees lo que digo?	
Dorildo	No, ni se debe creer,	
	porque yo estoy informado	
	que traes a Otavio engañado.	195
Licio	¿Eso cómo puede ser?	
	Si lo ves estudïando	
	todo el espacio del día	
	y toda la noche fría,	
	mil *Bártulos* hojeando,	200
	¿de qué me culpas a mí?,	
	pues es culparme y no más,	
	que bien satisfecho estás	
	ser esto que digo así.	
Dorildo	No alterquemos más razones,	205
	parte luego a lo buscar,	
	que tú lo sabrás hallar,	
	pues sabes sus ocasiones,	
	en que andáis, malos cristianos,	
	ofendiendo a Dios del Cielo	210
	tras los gozos deste suelo,	
	presos de deseos vanos.	

---

200 *Bártulos*: deformación del nombre del famoso jurisconsulto italiano del siglo XIV Bártolo de Sassoferrato, considerado como el jurista más influyente de la época. Artífice máximo del denominado Derecho privado común, que junto al Derecho canónico, forman el *utrumque ius*, pilar clave de la cultura jurídica europea. Sus libros eran de uso común en las universidades.
206 El español clásico admitía la anteposición del pronombre ante infinitivo.

¿Por qué así tan ciegamente

dais la rienda a mil maldades

y a torpes carnalidades,   215

sin ver más que lo presente?

     Dejad los lazos de amor,

dejad el ciego deseo,

dejad un vivir tan feo

do se ofende el Hacedor.   220

  *   Yo porné remedio en esto.

Licio, a tu señor me llama,

que, envuelto en laciva llama,

vive en vicio deshonesto,

     y di que se apreste luego   225

para ir a Salamanca,

porque su libertad franca

refrene y su sucio fuego

     porque mi palabra doy

que en Sevilla no esté más.   230

Y esto que digo dirás,

porque se ha de partir hoy.

     Así, pues que soy tutor,

---

215 *torpes*: en el sentido etimológico de «turbias», «deshonestas».

221 *porné*: 'pondré', «las formas *porné, verné, terné* sucumbieron, tras un período de alternancia que duró hasta finales del siglo XVI, ante *pondré, vendré, tendré*, más fieles a la raíz de *poner, venir, tener*» (Lapesa, 1988, p. 392).

222 *me llama*: 'llámame'. El español clásico admitía la anteposición del pronombre a la forma verbal del imperativo.

226 *Salamanca:* ciudad castellana, sede de la Universidad de este mismo nombre. Fundada en 1218 por el rey Alfonso IX de León, obtuvo el título de Universidad por bula papal de 1255, convirtiéndose, junto a las de Bolonia, Oxford y París en una de las primeras universidades europeas. En los siglos XVI y XVII, gozó de gran prestigio, atrayendo a sus aulas a numerosos estudiantes, de dentro y fuera de la Península.

227 *porque*: 'para que'.

230 *Sevilla*: para la presencia de la ciudad hispalense en las comedias de Juan de la Cueva como lugar prioritario donde se desarrolla la acción de las mismas, véanse los apartados «I. Juan de la Cueva: dramaturgo»» y «Estructura dramática» de nuestra «Introducción».

daré remedio a su vida,

que, tras su deseo perdida,   235

sirve Amor, pierde su honor.

[*Vase* DORILDO.]

LICIO   ¡Lleve el dïablo tal hombre!

¿Han visto qué pelotero

levantó el gran majadero,

que no merece otro nombre?   240

    El dïablo acá lo trujo,

al mortero de convento,

figura de paramento,

talle de ventero brujo.

    Piensa en sus fieros agora,   245

que está ver su pretensión,

237-244 Licio arroja una ristra de improperios al tutor, mediante una serie de metáforas descendentes que lo descalifican.

238 *pelotero*: «riña, contienda o revuelta» (*Aut.*).

242 *mortero*: «instrumento redondo y hueco, de piedra u madera, que sirve para machacar en él especias, semillas u drogas. Algunos se hacen muy grandes y de piedra porosa para pasar o colar por ellos el agua para sutilizarla o purificarla» (*Aut.*). Los utilizados en farmacia son de mármol pesado y se denominan "morteros de convento". No creemos que el sintagma mortero de convento haga referencia al material constructivo que se obtiene «por la mezcla amasada de cal y arena» (*Aut.*). No obstante, es muy posible que, en nuestro texto, su significación sea esta otra: «se llama por alusión a la persona gruesa y chica» (*Aut.*). Quizás Licio se sirva de esta metáfora descendente para, entre los improperios que le dedica, descalificar al tutor.

243 *figura de paramento*: las figuras de paramento eran «'imágenes bordadas, tejidas o pintadas en los tapices', con que se adornaban, sobre todo, las paredes de las habitaciones de las mujeres; se citaban como paradigma de la inmovilidad» (Cervantes, ed. 1998, p. 667, nota 39). / *figuras de tapiz*: «además del sentido recto: por analogía se toma por el hombre ridículo, inhábil, o que parece no tiene movimiento» (*Aut., s. v. figura*). Es decir, Licio, con esta nueva metáfora descendente continúa descalificando al tutor, mostrándolo ahora como hombre ridículo, inhábil e inerte.

244 *talle de ventero brujo*: 'aspecto de ventero brujo', es decir, «supersticioso que se dice tiene pacto con el diablo como las brujas» (*Aut., s. v., brujo*).

245 *fieros*: «usado en plural, significa bravatas y baladronadas con que alguno intenta aterrar a otro» (*Aut.*).

246 *que*: 'pues'. // *está ver*: 'está a ver', con la *a* embebida. // Como muestra este verso, Licio deja claras las verdaderas intenciones del tutor: 'pues está claro su propósito'.

que es mudar el corazón
de Otavio, que Aurelia adora.

  ¡Oh, qué necio está el señor!
Mude parecer en esto,   250
porque quedará por cesto
con título de tutor.

[Sale AURELIA.]

AURELIA   Licio, ¿qué pasión te aqueja,
que te oigo estar quejando?

LICIO   Estoyme al Cielo aclamando,   255
que   este tutor no me deja.

  Dice que yo traigo a Otavio
en libertades y juegos,
y que yo enciendo sus fuegos.
Mira, Aurelia, si es agravio.   260

AURELIA   ¿Eso por agravio sientes?
¿No ves que es uso en tutores
apretar a sus menores
por satisfacer las gentes?

  No imagines que le mueve   265
el amor que a Otavio tiene,
ni hacer lo que conviene
a lo mucho que le debe.

  Mas quiere dar a entender

---

248 *que Aurelia*: 'que a Aurelia', con la *a* embebida.

251 *quedará por cesto*: 'quedará por ignorante'.

255 *aclamando*: «aclamar, acudir a pedir socorro» (Cov., *s. v. clamor*).

256 *que*: 'porque'.

que se revela en guardallo, 270

que su oficio es dotrinallo

y que en todo puede hacer.

Esto y asentar partidas,

primero que le sean dadas,

son cosas dellos usadas, 275

y tratar de ajenas vidas.

Licio   Ayer me hizo reír,

que quedando sobremesa,

teniendo dél hecha presa

la que acaba con dormir, 280

dijo: «Yo querriá rogaros,

antes que de aquí partáis,

que testamento hagáis

y que vais a confesaros».

Otavio, medio rïendo 285

porque el humor le sentía,

respondió que lo haría,

y él comenzose a ir durmiendo.

Y levantándose luego,

dijo: «La mano me queda 290

---

270 *revela*: «proporcionar indicios o certidumbre de algo» (*DRAE*). Es decir, se preocupa.

273 *asentar partidas*: 'ajustar partidas', lo cual revela el consumado gusto por el juego del tutor, que empaña la limpieza moral que debe tener por su condición. / *assentar la baza, o su baza*: «es en el juego de los naipes levantar el hombre, u otro de los que juegan, las cartas de los que han servido a su jugada, y arrimarlas a su lado: lo mismo que asegurarla» y «se dice translaticiamente, y con alusión al juego de naipes, del que con su industria y diligencia consigue y alcanza sus negocios y pretensiones» (*Aut.*), lo cual muestra al tutor como un consumado jugador.

278 *quedando sobremesa*: 'restando sobremesa', pues *quedar* «vale también lo mismo que restar» (*Aut.*).

280 *la que acaba con dormir*: perífrasis para referirse al sopor o somnolencia que invade a algunas personas inmediatamente tras la comida.

284 *vais*: 'vayáis'. La forma del subjuntivo *vais*, heredera fonética directa de VADATIS > *vaades a la que se insertó una –y– para no confundirla con el indicativo, coexistió con *vayáis* hasta los Siglos de Oro.

286 *humor*: «se toma también por genio, índole, condición o natural» (*Aut.*). Es decir, Otavio, percibe, al escuchar esas dos recomendaciones del tutor, su hipócrita condición al darlas, y, medio riendo –no tomándolas en serio–, le responde afirmativamente para que se calle.

289-292 Nuevo ejemplo de la afición al juego del tutor, que medio somnoliento se levanta soñando con él. La réplica de Aurelia (vv. 293-294) sugiere que el tutor no juega con limpieza.

          y otro vale a la moneda,

          y respóndanme de juego».

AURELIA   Gentil modo de jugar

          es el del señor tutor.

          ¡Buen ejemplo da al menor!   295

LICIO   Peor se lo suele dar,

               que el señor que reprehende

          que Otavio no tenga amiga

          ve la mota y no su viga,

          y gato por liebre vende.   300

               Que así Dios me lleve a ver

          la madre que me parió,

          como encerrar le vi yo

          con una mulata ayer.

               Y ella medio desgreñada   305

          salió huyendo a la calle,

          y el señor por alcanzalle

          salió la ropa quitada.

AURELIA   ¡Oh qué gracioso entremés

          para olvidar mil enojos!   310

          ¿Tú lo viste con tus ojos?

LICIO   Yo lo vi y esto así es.

AURELIA   ¿El hipócrita da en eso?

          ¡Buen talle tiene de amante!

---

297 *que:* 'porque'.

299-300 Licio se sirve en estos versos de dos refranes muy populares para recriminar la opuesta posición en el goce del amor que el tutor practica y la que aconseja a su menor: «Ver la mota en el ojo ajeno, y no la viga en el nuestro» (Correas, p. 810); y su evidente hipocresía: «Dar gato por liebre» (Cejador y Frauca, p. 282).

309 *gracioso entremés:* alusión metateatral, que subraya lo ridículo del caso.

314 El tono irónico en la dicción de este verso lo dota de un sentido contrario al que expresa su literalidad.

Licio	No se lo dirás delante.	315
Aurelia	¡Y más si está con su peso!	

[*Sale Otavio.*]

Otavio	¿Heme tardado, señora?	
	¿Ha mucho que me aguardáis?	
Aurelia	Cuando ausente de mí estáis,	
	un siglo me es cada hora.	320
Otavio	¿La conversación qué ha sido	
	entre Licio y vos, mi vida?	
Aurelia	Señor, llorar tu partida,	
	que me acaba y no te has ido.	
Otavio	¡Vida de la vida mía,	325
	Aurelia, luz de mi alma!,	
	¿por qué dais de vos tal palma	
	a vuestra melancolía?	
	¿No entendéis que mi dolor	
	es tal que puede acabarme	330
	sin que queráis ayudarme	
	con el vuestro y su rigor?	
	Recebid algún sosiego,	

---

316 *peso*: término que puede referirse a la carga moral del tutor, por sus sesgadas intenciones. Es posible también que en este contexto *peso* sea equivalente al término coloquial *tabarra*: «molestia causada por algo pesado e insistente» (*DRAE*). Aurelia le diría al tutor lo indicado en el v. 315 si continuara con su intención de apartar a Otavio de ella. O, quizás, si su valor se corresponde con su peso, como sucede en las monedas, en este caso sería de ínfimo; es decir, figuradamente si se muestra como lo que es: hipócrita, mentiroso, jugador...

324 *me acaba*: 'me quita la vida', 'matarme', término con reminiscencias cancioneriles.

327 *palma*: 'premio o triunfo', ya que los romanos coronaban con una palma a los vencedores como insignia de su victoria. Este término se asocia también con la palma del martirio cristiano.

328 *melancolía*: «tristeza grande y permanente, procedida del humor melancólico, que domina y hace que el que la padece no halle gusto ni diversión alguna» (*Aut.*); es decir, pesadumbre, o aflicción.

que esto bien se sufre hacer.

AURELIA   ¿Cómo lo podrá tener   335
un alma puesta en tal fuego?

    Véome, ¡ay desventura!,
encendida en amor tuyo,
veo que mi honor destruyo
y veo tu ausencia dura.   340

    Veo que así quieres irte
con tanta celeridad
y, aunque no es tu voluntad,
al fin de mí veo partirte.

    Y, como tu ausencia veo,   345
temo con ella el mudarte
y el nunca más acordarte
de quien muere en tu deseo.

*OTAVIO   Aurelia, ¿tal confianza
tienes de mí? ¿Tal temor?   350
¿Tan poca fe de mi amor
que de mí temas mudanza?

    Vive, mi Aurelia, segura,
que vivo o muerto he de amarte,
que así es posible olvidarte   355
como el sol no dar luz pura.

AURELIA   Yo tengo de ti conceto
que usarás desa firmeza,
mas de ausencia la crüeza
mudar suele al más perfeto.   360

OTAVIO   Pierde ese temor, mi vida,

---

359 *crüeza*: 'crueldad'.

	que mudanza no verás.	
AURELIA	¿Cuál se vio amado jamás	
	que no tema una partida?	
LICIO	¿Sabéis qué estado pensando	365
	de vuestros vanos temores?	
	Que siempre los amadores	
	disparan devaneando.	
OTAVIO	¡Maldito seas de Dios!	
	¿Qué quieres decir en eso?	370
LICIO	Que es harto menor el seso	
	que el amor que hay en los dos.	
OTAVIO	¿No sabes que no hay saber	
	que con amor tenga fuerza,	
	que todo lo apremia y fuerza,	375
	y lo rinde a su poder?	
	¿Qué juicio hay tan bastante	
	que no lo sojuzgue amor?	
LICIO	Señor, el de tu tutor.	
OTAVIO	¿Por qué?	
LICIO	Por ser ignorante.	380
	¿Querrás decirme una cosa	
	que yo no la sé ni siento?	
OTAVIO	Sí, pregunta a tu contento,	
	aunque sea dificultosa.	
LICIO	Muy claro es lo que procuro.	385
	Dame a entender, ¿cuando estemos	

---

365 *qué estado*: 'qué he estado', con la [*h*]*e* embebida.

368 *disparan devaneando*: 'dicen cosas fuera de propósito y razón, desconciertos'.

377-378 La supremacía de la pasión (Eros) sobre la razón, y sus contradicciones, constituye un tópico literario de origen grecolatino (*furor amoris*), con una larga tradición en Occidente.

en Salamanca, qué haremos,

si amor en ausencia es duro?

    Porque, a fe de hombre honrado,

que temo que has de perderte   390

o morir de ausente verte.

AURELIA   No hay quien muera enamorado.

OTAVIO   ¿A tal llega tu locura

que tal pregunta me hagas?

LICIO   Quiero que me satisfagas,   395

pues te sobra la cordura.

OTAVIO   Cuando en ausencia estuviere,

de Aurelia no estoy ausente,

que el alma tiene presente,

y así va donde yo fuere.   400

    Que me dé pena esta pena

será al cuerpo corruptible,

no al alma, que está visible

ante Aurelia, por quien pena.

    ¿Queda el necio satisfecho?   405

LICIO   Señor, sí. Mas, bien mirado,

saldrá muy gran abogado,

si así estudia en el Derecho.

OTAVIO   ¿Eso te causa pasión,

badajo descomedido?   410

LICIO   No, mas al tutor le he oído

396-400 Como queda explicado en la nota a los vv. 38-39, el amado/a está y va siempre con el amante, pues vive en su alma. El juego neoplatónico de ausente/presente se encuentra ya en el *Soneto VIII* de Garcilaso, de gran fortuna en la época.

410 *badajo descomedido:* 'sumo ignorante'; metafóricamente se llama *badajo* «el hablador, tonto y necio» *(Aut.)*. Según Covarrubias, «al necio que sabe poco llaman badajo, porque es gordo de entendimiento, como el extremo del badajo de la campana, contrario del agudo; y por esta misma razón le llaman porro y majadero» (Cov.). // *descomedido:* «excesivo, desproporcionado, fuera de lo regular» *(DRAE)*.

que espera verte un Jasón.

    Pues mi madre a mí me espera,

por tu mucho estudïar,

que ha de ir a verme abogar.   415

*Otavio   ¿A bogar? ¡Será a galera!

Aurelia   ¡Ay, Fortuna rigurosa!,

que tu tutor viene, Otavio.

*Otavio   Hasta en esto me hace agravio

la inconstante y fiera diosa.   420

[Sale Dorildo.]

---

412 Jasón era hijo de Esón –legítimo rey de Yolco– y Alcímede. Según algunas tradiciones, Pelias desposeyó de la corona a su hermano Esón; otras, sin embargo, afirman que aquel ejerció las funciones de regente y tutor durante la minoría de edad del héroe. A su regreso a Yolco, Jasón, ya en la edad varonil, tras haber sido confiado al cuidado del centauro Quirón, fue enviado por su tío a la Cólquide para reclamar al rey Eetes la piel dorada del carnero que Frixo había consagrado a Ares. De esta forma, Pelias quería alejar del reino a su sobrino, evitando así la pérdida de la corona. Jasón, tras la renuncia de Hércules a comandar a los argonautas –el grupo de héroes conformado para alcanzar tal hazaña–, se convirtió en el líder que, tras enormes trabajos, conquistaría el vellocino de oro con la inestimable ayuda de Medea, con la que terminaría uniéndose en matrimonio (Apolonio de Rodas, *Argonáuticas*; Higinio, *Fábulas*). El deseo de Dorildo –del que es tutor, como Pelias lo era de su sobrino– de ver convertido a Otavio en un Jasón, como afirma Licio, compartiría con el mito el hecho de alejar a su pupilo de la ciudad de Sevilla, y, por ende, de Aurelia a la que quiere pretender, y embarcarlo en un viaje, si no tan peligroso como el emprendido por los argonautas, sí alejado de su hogar. Con la esperanza añadida, de que allí Otavio encontrara a su propia Medea.

413-416 Juego cómico producido por la similitud fonética de los términos *abogar* (perteneciente al lenguaje jurídico: 'actuar como un abogado') y *a bogar* (campo semántico de la náutica: 'remar'). Licio, en una graciosa salida, paralela a lo que el tutor espera de su menor, anuncia a Otavio que su madre desea verlo convertido en abogado. Situación que Otavio aprovecha para provocar la risa con su rápida respuesta, al enviar a Licio a 'remar a galeras'. Este juego de palabras (calambur en nuestro caso) se encuentra, por ejemplo, en: «Aquí he venido a este gran mar de la Corte para abogar y ganar la vida; pero si no me dejáis, habré venido a bogar y granjear la muerte…», (Cervantes, *El licenciado vidriera*, ed. 1982, t. II, p. 144). // Águeda María Rodríguez Cruz, tomando como ejemplo la *Instrucción que dio D. Enrique de Guzmán, Conde de Olivares, Embajador de Roma, a D. Laureano de Guzmán, ayo de D. Gaspar de Guzmán, su hijo, cuando le envió a estudiar a Salamanca, el 7 de enero de 1601,* apunta que «las familias españolas de rancio abolengo enviaban a sus hijos a la Universidad […] Tenían de todo: casa propia, caballos, gran cortejo de pajes y criados, vademécum para llevarles la cartera, un pasante o repetidor, etc.», aquellos asistían a clases acompañados de sus pajes y el que servía de «pasante» acompañaba a oír las lecciones a su señor para después poder ayudarlo a estudiarlas y comprenderlas. Asimismo, el ayo debía orientar los estudios de los criados «para que no perdiesen el tiempo» (Rodríguez Cruz, 1971, pp. 360-361). Es decir, Licio, sin ser el criado de una familia de «rancio abolengo», podía asistir a las clases en la Universidad junto a Otavio.

420 *la inconstante y fiera diosa*: perífrasis por la diosa Fortuna. «Diosa a quien atribuían el poder mover de arriba abajo las cosas humanas a su arbitrio, teniendo dominio entre los hombres para darles todos los sucesos y acaecimientos prósperos y adversos como riquezas, reinos y pobreza […] Thales decía que la fortuna era como los representantes de comedias, donde unas veces entran hechos reyes, otros esclavos; y que así en esta vida el que un día es pobre, otro día es rico» (Pérez de Moya, ed. 1995, Libro tercero, Capítulo XXI. *De Fortuna y Caso y Hado*, pp. 428-431, la cita en pp. 429-430).

DORILDO   Otavio, muy de reposo

estáis. No es tiempo de damas,

resfrïad las vivas llamas,

que es ya feo amor vicioso.

El tiempo os está llamando   425

y vos con poco cuidado,

de todo muy descuidado,

así os andáis floreando.

OTAVIO   Señor, no es cosa tan nueva

que amor encienda un mancebo.   430

DORILDO   No ser nuevo, yo lo apruebo,

mas la virtud lo reprueba.

Presto tomad el camino,

que es ya hora, y tened cuenta

qué es honor y qué es afrenta,   435

qué es cordura o desatino.

Esta vanidad del mundo,

estos placeres dañosos

dejad, pues son peligrosos

y escaleras del Profundo.   440

No entendáis que por tutor

os quiero tener sujeto

ni perderos el respeto,

cual puedo y por ser mayor,

---

423 *resfrïad*: 'enfriad'.

428 *floreando*: «metafóricamente es tergiversar o gastar el tiempo inútilmente, sin concluir lo que se trata» (*Aut.*).

430 *mancebo*: «el mozo que está en la edad que en latín llamamos *adolescens*. Díjose del nombre MANCIPIUM, porque aún está debajo del poder de su padre, como si fuese esclavo…» (Cov.). En Roma, un adolescente era un muchacho joven de 17 a 30 años.

431-456 Dorildo en estos versos alecciona a su pupilo sobre qué es la virtud y el buen comportamiento de un caballero: el honor, la cordura, el rechazo de los placeres mundanos (*vanitas vanitatis*), el respeto a la tradición familiar, la fama y la generosidad. Palabras que serán refutadas por el impropio comportamiento del tutor.

440 *Profundo:* 'el infierno'.

	mas ponéseme delante	445
	vuestro padre y su grandeza,	
	lo que debo a mi firmeza	
	en oficio semejante.	
	Ved quién sois, pues sois quien sabe	
	el mundo, y usá el deber;	450
	y, pues vais a deprender,	
	hacé que el mundo os alabe.	
	Vos seréis bien proveído,	
	de tal suerte que podáis	
	dar y que jamás tengáis	455
	necesidad por mi olvido.	
OTAVIO	Señor, de mi confianza	
	nunca jamás fui engañado,	
	y así vivo confiado	
	y seguro en tu esperanza.	460
DORILDO	Pues, hijo, luego a partiros.	
*OTAVIO	Señor, luego partiré.	
[*Ap.*]	(¡Ay Dios!, ¿cómo lo haré?)	
AURELIA *	Otavio, ¿al fin habéis de iros?	
*OTAVIO	No me voy, ni el Cielo quiera	465
	que yo me aparte de vos,	
	pues no hay qué aparte a los dos,	
	ni ausencia ni muerte fiera.	
AURELIA	Pues, gloria del alma mía,	
	por quien mi vida será	470

---

450 *usá*: 'usad', la pérdida de la –*d* final en la segunda persona del plural del imperativo se encuentra esporádicamente durante todo el siglo XVI, siendo más frecuente en las formas en –*á*, y muy raras en las terminadas en -*é* (Keniston, 1937, p. 406, 30.41). En el Siglo de Oro, conviven ambas formas (con y sin –*d* final), siendo un fenómeno propio de la época (Girón, 2005, p. 866).

451 *deprender*: «do mismo que aprender. Tiene poco uso hoy entre los cultos» (*Aut.*).

452 *hacé*: 'haced' (véase n. al v. 450).

461 *luego*: En el Siglo de Oro tiene el valor de 'al intante', en este y los restantes casos.

muerte y por quien vivirá

vuelto de esa larga vía,

   solo quiero, ¡ay triste ruego!,

que os acordéis que soy vuestra.

*Otavio   Yo, vuestro, y daré la muestra   475

de mi fe en mi firme fuego.

[Sale el Bobo.]

Bobo   ¡Ah, nuestramo!, ¿qué hacemos?

¿No es hora de caminar?,

    *   aunque mejor de almorzar,

pues de hambre nos caemos.   480

Dorildo   Gonzalo, ¿hambre tenéis?

Bobo   ¿Cuándo me he visto sin ella?,

que me abrasa su centella

ver que habráis y no coméis.

Dorildo   ¿Han ya las mulas traído?   485

¿Está todo aderezado?

Bobo   *   La bestia está con recaudo,

    *   en que Otavio ha de ir subido.

    *   Yo, tras él, hecho un trotón

    *   habré de ir corriendo a pie.   490

---

477 *nuestramo*: «lo mismo que nuestro amo, abreviado. Es voz del estilo bajo» (*Aut.*).

484 *habráis*: 'habláis', con deformación idiomática por el Bobo.

486-487 *aderezado … recaudo*: Isabel Paraíso al referirse a las *Reglas de la rima asonante* diferencia la «rima asonante perfecta» de la «rima asonante diptongada o atenuada», significando esta última la que sucede «entre vocales plenas y vocales acompañadas de semivocal o semiconsonante, en diptongos e incluso triptongos […]. Lo que cuenta para la rima asonante es el núcleo vocálico, no su periferia» (Paraíso, 2000, p. 73). // *recaudo*: 'recado', «prevención, o provisión de todo lo necesario para algún fin» (*Aut., s. v. recado*).

489 *trotón*: «un cierto modo de correr el caballo, como a media rienda, que es más que andar y menos que correr. […] los caballos hechos a este paso se llaman *trotones*» (Cov., *s. v. trote*). El Bobo mediante una metáfora descendente se identifica con un caballo trotón, porque irá caminando aceleradamente –corriendo– tras la cabalgadura de su amo.

Bueno estoy, no sé yo a qué

quiero herme postillón.

DORILDO   Cuando vuelvas, si quisieres,

podrás volver caballero.

BOBO   ¡Buen cobro, si al ir me muero!   495

DORILDO   No importa si te murieres.

*   Otavio, luego al camino,

*   que ya el tiempo aprisa os llama.

*OTAVIO   [*Ap.*]   (Más apriesa ardo en la llama

de ausencia, a que me avecino.)   500

Dadme licencia, señora,

a dar principio a mi muerte.

AURELIA   Yo quedo a esa dura suerte

sometida desde agora.

*OTAVIO   ¡Con vos quede, Aurelia, el Cielo!   505

AURELIA   ¡Con vos vaya el mesmo Dios!

*OTAVIO   ¡Él mesmo quede con vos!

AURELIA   ¡Él dé consuelo a mi duelo!

DORILDO   Hijo, tened en memoria

a lo que dispuesto vais,   510

y procurad que seáis

de los vuestros luz y gloria.

No tengo más que os decir.

Andad con Dios, hijo mío,

que de vuestra virtud fío,   515

que a quien sois ha de acudir.

---

492 *herme:* 'hacerme', con deformación idiomática por el Bobo. // *postillón:* «*rocín flaco y trotón*» (*Aut.*). Los postillones eran los mozos que iban a caballo para guiar la posta, pero el Bobo viajará a pie tras la cabalgadura de Otavio, como caballo trotón, lamentándose de su triste destino.

494 *caballero:* 'a caballo'.

*Otavio   Lo que en eso debo hacer
                   bien lo sé. ¡A Dios!, señor.
                   ¡A Dios!, Aurelia, mi amor,
                   gloria de mi padecer.   520

Aurelia   Los ángeles sean tu guía,
          *   Otavio, mi corazón.

*Otavio   Deja, Aurelia, la pasión
                   y espera en Dios que algún día…

Licio   Su bendición no me niegue,   525
                   señor mío, en la partida,
                   que se me arranca la vida
                   ver que ya este punto llegue.

Dorildo   Andad, hijo, norabuena,
                   por vuestro señor mirad;   530
                   usad de fidelidad,
                   pues de vos nunca fue ajena.

Licio   El corazón se me parte
                   verme dejar tu presencia
                   y, así, dame tu licencia,   535
                   pues ya es fuerza que me aparte.

Dorildo   *   Licio, haced lo que digo.
Licio   Señor, así lo haré
                   y mi servicio daré,
                   que sea de mí el testigo.   540

[*Vanse* Otavio, Licio *y el* Bobo.]

---

540 *que*: 'para que'.

DORILDO		Aurelia, ¿quién quita agora
		que no te quejes de mí,
		porque desvïé de ti
	*	aquel que tu alma adora?
AURELIA		Dorildo, aunque yo te culpe, 545
		no sirve en tal coyuntura,
		porque mi corta ventura
		pide que a ti te disculpe.
DORILDO		Deja, señora, ese llanto,
		desvíalo de tus ojos, 550
		da placer a tus enojos
		y descanso a tu quebranto.
		Y mira qué es lo que quieres,
	*	ya que Otavio se partió,
		que en su lugar quedo yo, 555
		sujeto a lo que quisieres.
AURELIA		No es tan sencilla mi pena,
		Dorildo, que en un momento
		pueda aliviar el tormento
		en que el alma ardiente pena. 560
DORILDO		Aurelia, si vos queréis
		dar a vuestro mal remedio,
		yo me ofrezco a ser el medio.
AURELIA	*	Sin Otavio, ¿cuál daréis?
DORILDO		Yo te lo prometo dar 565
		con que tu dolor repares,
		y está solo en que me ampares.
AURELIA		Que no procuro sanar,
		si ha de costarme tan caro.
		Morir me será mejor. 570
DORILDO		Aurelia, ¿ves mi dolor?

AURELIA   Dorildo, ya lo veo claro.

DORILDO   Ten piedad de mí, que muero.

AURELIA   Mejor le está que no muera.

DORILDO   ¡Ay, que amor me desespera!   575

AURELIA   Desespere el majadero.

                 [*Vase* AURELIA.]

DORILDO   ¡Ay, mi Aurelia, gloria mía!,
                 ¿cómo me dejas así
                 y vas huyendo de mí?
                 ¿Por qué mi amor te resfría?   580
                      ¿Es amor o desamor?
                 Amor y desamor es,
                 desamor de mí a quien ves
                 que ciego sigo tu amor.
         *   Amor, el que a Otavio tienes.   585
                 Pues, crüel, ¿esto es razón,
                 que otro goce tu afición
                 y yo sufra tus desdenes?

                 [*Vase.*]

____

580 *te resfría*: 'enfría', con el sentido figurado de 'te paraliza, te impide hablar'.

ARGUMENTO DE LA SEGUNDA JORNADA

Llegado Otavio a Salamanca, toma amistad con Leotacio, un estudiante, y, mostrándole el retrato de Aurelia, se enamora della y, encomendando su casa a Otavio, parte de Salamanca para Sevilla a ver a Aurelia, que perseguida y molestada era de los amores del tutor. Licio, criado de Otavio, trae cartas a Dorildo, tutor, y a Aurelia. El tutor le descubre su deseo, pidiéndole que lo favorezca. Licio se escusa. Al cabo, con determinación de burlallo, le promete ayudarle. Leotacio llega a Licio con la misma demanda y, asimismo, lo engaña como al tutor, y, cogiéndole algunos dones, da cuenta Aurelia[N] de lo que pasa y la carta de Otavio.

PERSONAS DE LA SEGUNDA JORNADA

LEOTACIO, estudiante.	AURELIA, dama.
OTAVIO, galán.	DORILDO, tutor.
ASTROPO, criado.	LICIO, criado.

[*Salen* LEOTACIO *y* OTAVIO.]

LEOTACIO

    ¿Que puede ser posible, Octavio amigo,
que no hay cosa que alegre tu memoria   590
ni a descanso cabida des contigo?
    No le des de tu vida tal victoria.
Recibe alivio, porque de otra suerte
harás funesta tu amorosa historia.

*OTAVIO

    Cuando acabare con terrible muerte   595
esta vida, sujeta a la crüeza
del fiero amor y su castigo fuerte,
    entenderé que ya de su aspereza
quiere hacerme esento, reparando

[N] *da cuenta Aurelia*: 'da cuenta a Aurelia', con la *a* embebida. Cuando la preposición *a* precede a una palabra que empieza por vocal *a-*, especialmente si es átona, o sigue a una palabra que termina en *–a,* especialmente si es átona, es habitual que se elida en el habla cotidiana. Práctica esta que se refleja con frecuencia en los textos literarios con la omisión de la preposición. Especialmente cuando la *a* es precedida y seguida por otra *a* (Keniston, 1937, p. 642).

	por esta vía mi crüel tristeza.	600
*LEOTACIO	¿Con tanta sujeción y tanto mando	
	te fuerza amor que nunca le ha movido	
	razón humana su rigor infando?	
	¿Cuál corazón de amor tan afligido	
	no descansara en el discreto trato	605
	que hay aquí en Salamanca, do has venido?	
	¿Es posible que no gustaste un rato	
	de la conversación donde estuvimos	
	ayer dando matraca aquel novato?	
	¿Notaste los donaires que dijimos,	610
	probándole ser necio con razones	
	que para aquel propósito trujimos?	
OTAVIO	Atento estuve a todas las quistiones,	
	oyendo silogismos y argumentos,	
	respuestas, pareceres y opiniones.	615
	Y, si allí mis terribles pensamientos	
	dejaran mi memoria, reparara	
	el rigor de mis graves sentimientos.	
LEOTACIO	Bien se parece, Otavio, y se declara	
	de tu esquivo tormento la crüeza,	620
	pues con ningún placer ni bien se ampara.	
OTAVIO	Teniendo en la memoria la belleza	
	de mi hermosa Aurelia, ¿qué contento,	

---

605 *discreto trato*: comportamiento dotado de «sensatez para formar juicio y tacto para hablar u obrar» (*DRAE, s. v. discreción*). *Discreto* y *discreción* son términos claves para describir un modelo de comportamiento muy apreciado en los siglos XVI y XVII. Para una completa y rigurosa caracterización de la discreción, véase Aurora Egido, 1997.

609 *dando matraca aquel novato*: 'dando matraca a aquel novato', con la *a* embebida. «En Salamanca llaman *dar matraca* burlarse de palabra con los estudiantes nuevos o novatos» (Cov., *s. v. matraca*).

613 *quistiones*: 'cuestiones'.

619 *se parece*: 'se muestra'.

ausente della, no será tristeza?

    Y más, Leotacio mío, cuando cuento   625

sus celestiales partes y a la vista

su natural retrato le presento.

    En este punto, la crüel conquista

de amor se esfuerza y fuerza a mi cuidado,

que de congoja y mal no se desista.   630

LEOTACIO   Asaz estoy, Otavio, saneado

de tu pasión, y así te quiero agora

contar la mía en el presente estado.

    Tú sabrás que yo amo a una señora

que de hermosa tiene tanta parte   635

cual tiene Aurelia, que tu alma adora.

    Y así querría, Otavio mio, rogarte

que mientras voy a vella que tú seas

quien de mi casa quieras encargarte.

*   Quiero que por tu mano lo proveas,   640

rijas la gente, hagas y deshagas,

cual te pluguiere y en mi bien deseas.

    Y porque de mi ausencia satisfagas,

irá comigo Astropo solamente,

625-627 'más aún cuando rememoro sus divinas "partes" y le muestro a mis propios ojos su vivo retrato'.

629 *a mi cuidado:* 'a mi preocupación, pena amorosa'; *cuidado,* en este sentido, es un término muy frecuente en la poesía cancioneril.

630 *que:* 'para que'.

631-633 'Leotacio, habiendo comprendido muy bien la pasión amorosa que aqueja a Otavio, decide contarle su caso'. // *Asaz:* «bastante o abundantemente, y alguna vez tenía la fuerza del superlativo *muy*» (*Aut.*). // *saneado:* «afianzar o asegurar el reparo o satisfacción del daño, que puede sobrevenir» (*Aut., s. v. sanear*).

638 *que: que* reduplicativo (véase nota al v. 20).

640 *proveas:* «disponer, mandar o gobernar alguna dependencia o negocio» (*Aut.*).

642 *pluguiere:* forma habitual en el español medieval y clásico del futuro de subjuntivo del verbo *placer* sin empleo hoy en la lengua hablada, pero con estado literario.

643-645 'Para que la ausencia de Leotacio no cause a Otavio demasiadas molestias en el gobierno de su casa, su amigo llevará con él solo uno de sus criados, Astropo, elegido por su fidelidad y conocimiento del sufrimiento amoroso de su señor'.

	por ser fiel y por saber mis llagas.	645
OTAVIO	A eso y lo demás estó obedïente,	
	como leal y verdadero amigo,	
	siendo en lo que te cumple diligente.	
LEOTACIO	Otavio, acreditado estás comigo	
	de cuanto has dicho, y con seguro desto	650
	oso usar este término contigo.	
	La ocasión me apresura, el tiempo es presto	
	para que mi vïaje aderecemos,	
	y así cumple dejar aqueste puesto.	
OTAVIO	Si cumple, ven, y en casa hablaremos.	655

[*Vanse* OTAVIO *y* LEOTACIO. *Sale* ASTROPO.]

ASTROPO	El diablo me ha traído	
	a servir estudïantes,	
	¿no estaba mejor de antes,	
	con la gente del partido?	
	No tenía a quién dar cuenta	660
	de mí, a mi gusto hacía,	
	con los jaques me avenía,	
	de las izas teniá renta.	
	Agora, ¡ay suerte enemiga!,	

---

646 *estó*: 'estoy', «das formas *so, estó,* frecuentes en Cueva, eran usadas por razones métricas cuando la palabra siguiente comenzaba por vocal, o para aprovechar sus posibilidades fonéticas al final del verso» (Matas Caballero, 1997, p. 152, en nota).

654 *aqueste*: la forma larga *aqueste, aqueso, etc.* era común para el demostrativo aun en el Siglo de Oro.

657 *servir estudiantes*: 'servir a estudiantes' (véase n. al v. 48*)*.

659 *del partido:* de la «mancebía» (Alonso Hernández, 1976, *s. v.*).

662 *jaques*: «Germ. "El rufián, a cuyo cargo está una prostituta"» (Alonso Hernández, 1976, *s. v.*).

663 *izas*: «Germ. "Mujer pública"» (Alonso Hernández, 1976, *s. v.*).

nada no puedo comigo, 665

ni puedo ayudar amigo

ni favorecer amiga.

   Las marcas del berreadero

por mí balan desde allá,

oigo sus gritos acá, 670

no les acudo, aunque quiero.

   Pues, ¿quién me trae a tal estado

que entre estudïantes viva?

¿Quién de libertad me priva

y seguir el trato airado? 675

   ¿No soy Astropo, el que fui

tenido por un león,

sustentado de opinión,

sin ver hazaña de mí?

[Sale Leotacio.*]*

Leotacio   Astropo, muy bien acudes 680

a las cosas de tu oficio,

digo, a las de mi servicio,

y es bien que costumbre mudes.

---

665 *nada no*: en la lengua del Siglo de Oro era posible este tipo de construcciones con la doble negación.

668 *Las marcas del berreadero*: 'Las prostitutas de la mancebía'; *marcas*: «Germ. "Mujer pública"» (Alonso Hernández, 1976, *s. v.*). // *berreadero*: «mancebía, prostíbulo. Sin duda se decía así por la costumbre que practicaban las prostitutas de cantar, sentadas en una silla a la puerta de la botica en la que trabajaban, para atraer a sus clientes» (Alonso Hernández, 1976, *s. v.*).

675 *trato airado*: «Germ. "La vida de los rufianes y prostitutas y sus relaciones"» (Alonso Hernández, 1976, *s. v.*).

676-679 Es decir, Astropo era considerado un 'valentón' gracias solo a su fama, sin necesidad siquiera de demostrarlo con ninguna hazaña. Como descubriremos a lo largo de la comedia, el personaje de Astropo se corresponde con el tipo del fanfarrón: valiente solo «de boquilla», que esconde un verdadero cobarde, incapaz de afrontar el peligro. Un personaje semejante traza Cueva en Barandulo, criado de Liboso, en *El viejo enamorado*.

677 *león*: «Germ. "rufián, valentón"» (Alonso Hernández, 1976, *s. v.*).

   Dime, ¿dónde has hoy estado,

que no han podido hallarte,   685

con que puedas desculparte

de haberme hoy así faltado?

ASTROPO   Señor, ruego no te alteres,

que, si descuido he tenido,

la causa fue porque he sido   690

padrino de unas mujeres,

   que, determinando entrar

en la casa, a mí acudieron

y liciones me pidieron

de saberse aprovechar.   695

LEOTACIO   ¡En cosas de gran virtud

has hoy ocupado el día!

ASTROPO   No es tan mala granjería.

LEOTACIO   ¡Así tengas la salud!

ASTROPO   Si supieras lo que es esto,   700

yo sé que no me culparas,

sino que también gustaras

tener la marca en el puesto.

   Entraras en la tasquera

con los rufos en convite,   705

---

691 *padrino*: «el que protege a los fulleros. Con un sentido más general, el que protege a cualquier tipo de delincuentes» (Alonso Hernández, 1976, *s. v.*).

693 *en la casa*: 'en el prostíbulo' (Alonso Hernández, 1976, *s. v.*).

694 *liciones*: 'lecciones'.

698 *granjería*: «cualquier género de trato, del cual se saque alguna ganancia y provecho» (Cov., *s. v. granja*).

703 Quizás Cueva esté jugando aquí con el doble significado de *marca*: «señal que se hace o pone en alguien o algo, para distinguirlos o para denotar calidad o pertenencia» (*DRAE*) y en germanía «mujer pública».

704 *tasquera*: «Germ. "Taberna"» (Alonso Hernández, 1976, *s. v.*).

705 *rufos*: «Germ. "Rufián, hombre de mal vivir, chulo protector de prostitutas a costa de las que vive"» (Alonso Hernández, 1976, *s. v.*).

        echaras una de envite

        y otra a la marca coimera.

          Sacaras un zaragüel,

        un ferreruelo o una gavia

        por un desgarro o una labia,   710

      *   dando un toque en el broquel.

LEOTACIO   Estoyte considerando

        cómo en eso te revicias.

ASTROPO   No creo que no codicias

        verte en lo que voy tratando.   715

LEOTACIO   Deja aqueste trato vano

        y ten cuenta en mi razón,

        y apercibe el corazón

---

706 *envite*: «el acto de apostar y parar dinero en el juego de los naipes, dados o otro género de juegos, poniendo tanta cantidad a tal o tal suerte, o carta» (*Aut.*).

707 *marca coimera*: 'prostituta mujer del coime, o la que tiene cuidado, junto con su marido, sea de un prostíbulo o de una casa de juego (Alonso Hernández, 1976, *s. v. coima*).

708 *zaragüel*: «calzones anchos que se usaban antiguamente» (*DRAE, s. v. zaragüelles*).

709 *ferreruelo*: «capa corta, a veces de terciopelo, con cuello alto que se usaba ya en el siglo XVI [...] Caracteriza a veces al alcalde villano o cortesano en el teatro breve, pero también a los estudiantes» (Madroñal, 2000, *s. v.*, p. 266). // *gavia*: «Germ. 'Casco'» (Alonso Hernández, 1976, *s. v.*).

710 *desgarro*: «ademán de braveza, fiero, fanfarronada, afectación de valentía» (Alonso Hernández, 1976, *s. v.*). // *labia*: «el modo de hablar suave, persuasivo y afluente» (*Aut.*); es decir, una bravuconada de palabra.

711 *broquel*: «Arma defensiva, especie de rodela, o escudo redondo, hecho de madera, cubierto de ante encerado, o baldrés, con su guarnición de hierro al canto, y en medio una cazoleta de hierro, que está hueca, para que la mano pueda empuñar el asa, o manija, que tiene por la parte interior. Su uso es para cubrir el cuerpo, e impedir que el enemigo con quien se combate no pueda herirle» (*Aut.*).

712 *Estoyte*: 'te estoy', «en el español del Siglo de Oro [...] rige, en parte, la norma medieval: los pronombres átonos no podían aparecer en el principio absoluto de una oración o tras pausa, y aparecían obligatoriamente tras el verbo, formando una unidad con él» (Gutiérrez Cuadrado, 1998, p. 844, 23.4).

713 *te revicias*: 'te regodeas', 'vuelves a entregarte a esos vicios intensamente'. Juan de la Cueva utiliza este mismo término en una epístola escrita durante su estancia en México: «a mi plazer me huelgo y me revicio» (Cebrián, 2001, p. 44). Alfonso Méndez Plancarte anota dicho término en la epístola del hispalense del siguiente modo: «*Me revicio*: "me hundo en deleites"», sin detallar su origen (Méndez Plancarte, 1991, pp. 22-23).

714 *no codicias*: el español del Siglo de Oro admitía el uso del presente de indicativo en este tipo de construcción.

y pon la espada en la mano.

    Ya sabes cómo yo muero   720
de amores de aquella dama
de Otavio, y en viva llama
ardo y en tormento fiero.

    Cumple que sin más tardarme
a Sevilla parta luego,   725
que, diciéndole mi fuego,
se moverá a remediarme.

    Buena ocasión es agora,
conviene aprestarme yo,
que Otavio a Licio envió   730
con cartas a su señora.

    Él será en nuestro favor,
tomemos luego el camino
apriesa, que yo imagino
ver remedio a mi dolor.   735

ASTROPO   Aunque de tu mal penoso
mil veces cuenta me has dado,
no entendí que tu cuidado
era en ti tan poderoso.

    Y agora que abiertamente   740
me has descubierto tu pecho,
te aconsejo que este hecho
lo mires como prudente.

    No te aventures así,
movido de tu deseo.   745

LEOTACIO   Amor me mueve, amor creo
que será en favor de mí.

ASTROPO   Mira, señor, que es locura,
porque Aurelia no ha sabido

quién eres, ni tú entendido 750

della si de amores cura.

LEOTACIO

      ¿Qué tengo más que entender

sino que Otavio la goza

para que sea fácil cosa

traerla yo a mi poder? 755

      ¿So yo menos gentil hombre?,

¿menos puesto?, ¿menos grave?,

¿menos rico, que es la llave

que abre puerta a cualquier hombre?

      Si todas las partes tengo 760

por do Aurelia a Otavio quiere

y lo que más se requiere

al que ama, ¿en qué me detengo?

      ¡Sus, Astropo, sin razones

el camino apresuremos! 765

ASTROPO

Suplícote que miremos

el caso a que te dispones.

LEOTACIO

      No tengo más que mirar.

Yo quiero que sea, y luego.

750-751 'ni tú has sabido, alcanzado o conocido de Aurelia, si está libre de amores'.

753 *goza*: 'posee, en el sentido de que es su dueño, porque Aurelia lo ha aceptado como su enamorado'. No obstante, como veremos más adelante parecería que Aurelia ha recibido ya a Octavio en su lecho (v. 817), con lo cual *gozar* podría tener un sentido sexual.

756 *So*: apócope de *soy*. // *gentil hombre*: «el sujeto que es noble por su nacimiento» (*Aut.*); «gentiles hombres. Los de buen talle y bien proporcionados miembros y facciones; y dijéronse así porque, cerca de los antiguos, los que descendían de una familia conocida se llamaban gentiles, y por la mayor parte de los hombres principales y de noble casta se les echa de ver en el talle y en el semblante» (Cov.).

757 *puesto*: «bien vestido, ataviado o arreglado» (DRAE). // *grave*: «circunspecto, que tiene entereza, y causa respeto y veneración» (*Aut.*).

764 *Sus*: «género de aspiración, que se usa como interjección, para alentar, provocar, o mover a otro a ejecutar alguna cosa prontamente, o con vigor» (*Aut.*). // *sin razones*: 'sin argumentos, sin dilación'; «el argumento u prueba de alguna proposición, o el motivo de ejecutar alguna acción» (*Aut.*).

ASTROPO	Señor, mira que vas ciego	770
	y no puedes acertar.	
LEOTACIO	Entiendo de tu razón,	
	según lo que me aconsejas,	
	que comes liebre y oveja,	
	y no tigre ni león.	775
ASTROPO	Si el respeto que te debo,	
	señor, no me detuviera,	
	no sé cómo respondiera.	
LEOTACIO	Con aprobar lo que apruebo.	
	¡Sus, con priesa diligente	780
	tras de mis pasos camina!	
ASTROPO	Quien presto se determina,	
	a la larga se arrepiente.	
	Viendo el riesgo tan vecino	
	y que te he de acompañar,	785
	determino confesar	
	antes que entrar en camino.	
LEOTACIO	Eso, luego que lleguemos	
	a Sevilla, se hará.	
ASTROPO	Mejor lo haremos acá.	790
LEOTACIO	Anda, que allá lo haremos.	

[*Vanse* LEOTACIO *y* ASTROPO. *Sale* AURELIA.]

770-771 Cupido es representado tradicionalmente cegado con una venda cuando lanza sus flechas, de acuerdo al tópico literario «el amor es ciego», cualidad transferida a los amantes, en este caso a Leotacio. El autor parece estar jugando con la antítesis de las palabras *ciego/acertar*, ya que Cupido ciegamente dispara flechas, pero rara vez acierta, pues solo lleva en su aljaba pocas flechas de oro, que son las de la correspondencia. Así en *El Caballero de Olmedo* (vv. 25-30).
774-775 La simbología más característica de la liebre en la Antigüedad fue la cobardía; la oveja es símbolo de la bondad y mansedumbre. Ambas se oponen al león y al tigre, símbolos de fiereza y valentía.

AURELIA   Cinco meses hace hoy
que se fue el bien de mi vida,
por quien triste y afligida
y en tanta miseria estoy.   795

     Maltrátame ver su ausencia,
cuya memoria me enciende;
y más me aflige y ofende
de su tutor la presencia.

     Ha dado en esta locura   800
de seguirme; yo no sé
cómo dél me libraré,
según su deseo procura.

     No soy señora de mí,
siempre me acosa y persigue;   805
donde voy, allí me sigue,
y a do estoy, lo hallo allí.

     Muere en su vano deseo;
yo, en el fuego del que amo,
a quien noche y día llamo,   810
y, ausente, le hablo y veo,

     cuéntole la cruda pena
en que estoy y el no escrebirme,
los males que veo seguirme,
los bienes de que só ajena.   815

     Y al cabo de estar hablando
con el que ausente me inflama,
tiento y hallo fría la cama,

---

804 'no soy dueña de mí misma', en el sentido de no poder ejercer libremente su voluntad, porque el tutor la acosa continuamente.
808-811 Véase las notas a los vv. 38-39 y 396-400.
818 Verso que parecería sugerir que Aurelia ha recibido ya a Octavio en su lecho, consumando su amor.

y revuelvo suspirando.

    Quéjome de la fortuna 820
al Cielo, al injusto Amor,
que da fuerza a mi dolor,
sin esperanza ninguna.

[*Sale* DORILDO.]

DORILDO   Bella Aurelia, cuyo amor
es tan poderoso en mí 825
que lo que puedo está en ti,
porque no hay en mí valor.
    Mira que vivo muriendo,
da remedio a mis enojos,
vuelve esos divinos ojos 830
al fuego en que estoy ardiendo.

AURELIA   ¿Ahí llegamos agora,
Dorildo? Aplaca ese fuego,
tiempla tu mal sin sosiego,
no ames quien a otro adora. 835

DORILDO   Eso no puede apartarme
de quererte mientras viva,
ora te muestres esquiva,
ora blanda a remediarme.

AURELIA   Aunque mil veces te he oído, 840
Dorildo, tu pensamiento,
tu amor, tu crüel tormento

819: 'Aurelia remueve la ropa que cubre su cama con el deseo de encontrar a Otavio'; *revuelvo:* «mirar o registrar moviendo y separando algunas cosas» (*Aut.*).

por donaire lo he tenido.

Y así te digo verdad,
que siempre creí de ti   845
que te burlabas de mí,
cual suelen los de tu edad.

DORILDO
¿Burla llamas verme ardiendo
sin descansar solo un punto
y verme a la muerte junto,   850
tu crudo desdén sufriendo?

Bien creo yo que te burlas
de mi mal y mi deseo,
pues la vida que deseo
tienes por juego y por burlas.   855

AURELIA
¿Qué causa ha sido encenderte
en fuego tan riguroso?

DORILDO
Ese rostro glorïoso,
causa de mi vida muerte,
él solo es quien pudo en mí   860
privarme de libertad;
él fue a quien de voluntad
el alma captiva di.

AURELIA
A tu autoridad no es bueno
cogernos aquí hablando.   865

DORILDO
Desculpa tengo penando.

AURELIA
Esa disculpa condeno.

¿Tanto en tu tormento puedo?
Pues procura sosegar

---

843 *donaire*: 'gracejo'.

858-863 *captiva*: 'cautiva', sin la diptongación del grupo culto (*pt*). // Estos versos de Dorildo tienen una clara resonancia en la poesía cancioneril, donde el rostro de la amada era el «agente enajenador» del galán (González de la Higuera, 2014).

y a Dios te quieras quedar.   870

*DORILDO   No sé sin ti con quién quedo.

[*Vase* AURELIA.]

Aurelia, ¿por qué me dejas
sin ti, puesto en tal estremo,
que sigo el mal y el bien temo,
ardiendo en desdén y quejas?   875
    ¡Vuelve, no huyas tirana,
y concédeme una cosa,
que seas menos hermosa
o que seas más humana!

[*Sale* LICIO.]

LICIO   No ha sido mal caminar,   880
antes grande maravilla,
de Salamanca a Sevilla
en cinco días llegar.
    Quiero por obra poner
lo que mandó mi señor: 885
*   hablarele a su tutor
y Aurelia iré luego a ver.

DORILDO   Licio, seas bien venido.

LICIO   ¡Oh señor, cuán deseado,
cuán de veras procurado   890
de mí, tu criado, has sido!

---

887 *y Aurelia*: 'y a Aurelia', con la *a* embebida.

890-891 *procurado / de mí, tu criado*: 'solicitado', en el sentido de 'requerido por mí, tu criado', con la preposición *de* con valor agente.

Dorildo	Eso creo yo en verdad,	
	conociendo tu virtud,	
	tu fe, tu solicitud,	
	tu noble fidelidad.	895
	A Otavio, ¿cómo le va?	
	¿Está mejor que de antes?	
	¿Trata con estudiantes	
	o vive cual vivió acá?	
Licio	Solo te sabré decir	900
	lo que en Salamanca he oído,	
	que vive tan recogido	
	que da ejemplo su vivir.	
	Tiene de sí tanta cuenta,	
*	por la que dél hacen todos,	905
	que en sus artes, tratos, modos,	
	sola la virtud sustenta.	
	A sus cartas me remito,	
	dellas podrás informarte,	
	lo que yo por no cansarte	910
	dejo, porque veas lo escrito.	
Dorildo	Escríbeme que está bueno.	
*	de salud, aunque con sarna.	
Licio	No estudia quien no se ensarna,	
	dicen que dice Galeno	915

---

912 Dorildo abriría las cartas que le entrega Licio y empezaría aquí a leerlas.

913-915 *sarna*: «enfermedad contagiosa, que proviene de la efervescencia del humor, y arroja al cutis una multitud de granos, que causan gran picazón» (*Aut.*). // *ensarna*: «contraer la sarna» *(DHLE)* [en línea]. [Consulta: 27/05/2021] // La lepra y la sarna eran consideradas enfermedades propias de estudiantes, pajes y niños: «Finalmente, yo pasaba una vida de estudiante sin hambre y sin sarna, que es lo más que se puede encarecer para decir que era buena; porque si la sarna y el hambre no fuesen tan unas con los estudiantes, en las vidas no habría otra de más gusto y pasatiempo, corren parejas en ella la virtud y el gusto, y se pasa la mocedad aprendiendo y holgándose» (Cervantes, *Coloquio de los perros,* ed. 1982, t. III, p. 265). // *Galeno*: Galeno de Pérgamo (130-200) estu-

DORILDO

  Dice que el pueblo lo quiere
mucho y que se halla bien.
Huelgo que con él lo estén,
porque estudie y persevere.

  De dineros y regalos,   920
que está muy falto me escribe
y que muy contento vive,
libre de sus intervalos.

  Desto tengo más contento,
aunque todo me contenta,   925
pues claro me representa
que en la virtud hace asiento.

LICIO

  Es cosa de maravilla
la gran mudanza que ha hecho.

DORILDO

  ¿Hate descubierto el pecho   930
si volver desea a Sevilla?

LICIO

  Lo que sé es que lo veo
en su estudio, noche y día,
y nunca tal me decía,
ni muestra tener deseo.   935

DORILDO

  ¡Oh mi deseado Licio,
cuyo nombre es para mí
de hombre el mejor que oí,
y a quien más deseo y codicio!

  ¿Cómo podré descubrirte   940
una cosa nunca oída

---

dió filosofía, ciencias naturales y, a instancias de su padre, medicina. Cuando abandonó Pérgamo para dirigirse a Roma, ya era un médico hábil y experimentado. Médico de los césares Lucio Vero, Marco Aurelio y Cómodo, realizó estudios, prácticas y disecciones, asimilando todo el conocimiento médico de la época. La obra de Galeno fue aceptada durante siglos como dogma de fe y solo a partir del siglo XVI, con las nuevas ideas de Vesalio, gran anatomista del Renacimiento, se empezaron a sacudir los cimientos de su autoridad. // Ignoramos si la frase atribuida por Licio a Galeno le pertenece o es una exageración del criado.

923 *intervalos*: 'espacios de tiempo en los que Otavio estaba dedicado a sus amores, que tanto disgustaban al tutor'.

de mí ni de mí entendida,

que me obligará a servirte?

LICIO   No sé qué respuesta darte,

mas, señor, salvo mi honor,   945

puedes como mi señor

a mandar determinarte,

que yo debo obedecerte,

y así deja el comedirte,

que me escandaliza oírte   950

y más viendo enternecerte.

DORILDO   Sabrás, hijo [*Ap.*] (¡Ay qué bajeza

   *   a mi honor y autoridad!),

que amor somete mi edad

a su yugo y aspereza.   955

    Yo amo. [*Ap.*] (¿Diré a quién amo?

No. Mas razón es decillo,

que no es mal para encubrillo,

pues, si callo, más me infamo).

    Yo he dado, ¡ay querido Licio!, 960

en amar a quien se aíra

de verme y, llena de ira,

de mí hace sacrificio.

    Es la que me tiene así...

[*Ap.*] (¡Ay Cielo!, ¿osaré nombralla?) 965

   *   Aurelia es la que avasalla

---

947 *determinarte*: 'disponerte'.

949 *deja el comedirte*: 'deja el contenerte'.

966-1019 Compárese la semejanza de esta declaración de amor de Dorildo a Licio con la realizada por Liboso a su criado Barandulo en *El viejo enamorado* (vv. 129 y ss.). Licio, sin embargo, intenta disuadir a su señor de su empresa, de su «ciego pensamiento», mientras que Barandulo se muestra dispuesto a colaborar con Liboso. Sin embargo, conviene advertir que Licio con este deseo de disuadir a Dorildo no está jugando limpio, pues hipócritamente lo está engañando con la verdad para sacar más provecho personal de la situación, mostrándose con una agudeza que Barandulo no posee. Además, tampoco se puede olvidar que en sus relaciones ancilares Barandulo es criado de Liboso, mientras que Licio es servidor de Otavio.

esta alma que le ofrecí.

*   Por ella, el alegre día

*   huyo, derramando al viento

*   suspiros; y en cruel tormento,   970

consumo la noche fría.

       Ardo y ella más que nieve

helada mi amor desdeña,

y más dura que una peña

a mis quejas no se mueve.   975

       Querría, hijo, que seas

el que, entrando de por medio,

a mi dolor des remedio,

porque mi muerte no veas.

       No te tengo qué ofrecer,   980

hacienda y vida te doy,

della y de mí desde hoy

te sirve y haz tu querer.

LICIO   Turbado estoy, señor mío,

*   y no sé qué responderte;   985

tal me tienes, de tal verte,

que del medio desconfío,

       porque, señor, dar cabida

en tu alma a un mal terrible,

siendo el remedio imposible,   990

es a riesgo de tu vida.

       Y así, sabido tu intento

972-975 Liboso expresa el desdén de Olimpia en términos garcilasianos («¡Oh más dura que mármol a mis quejas / y al encendido fuego en que me quemo / más helada que nieve, Galatea!», *Égloga I,* vv. 57-59).

y conociendo la parte,

ruego que de ti se aparte

un tan ciego pensamiento.   995

DORILDO   Cuando la vida me deje,

podré hacer tal mudanza.

LICIO   No ames sin esperanza.

DORILDO   *   Sí amaré, aunque más se aleje.

En esta contraria suerte,   1000

do mi muerte es conocida,

tú tienes de darme vida

o tu mano me dé muerte.

LICIO   Señor, mira que está en medio

Otavio y que Aurelia es dama   1005

que tiene en tanto su fama

que a tu mal niega el remedio.

DORILDO   Aunque Otavio en medio esté

y ella su honor tenga en tanto,

has de consolar mi llanto,   1010

pues tú puedes, cual yo sé.

LICIO   Mira que estás engañado,

que no puedo nada en esto.

DORILDO   Puedes tanto que está puesto

lo que ruego en tu mandado.   1015

LICIO   Pues tienes este conceto

de mí, que debo agradarte,

yo me encargo de ayudarte,

*   como me guardes secreto.

---

993 *la parte*: 'tus intenciones'.

1014-1015 'puedes tanto que de ti, Licio, depende lo que te he pedido, confiando hasta tal punto en tu poder que he puesto en tus manos la solución al terrible problema amoroso que me aqueja'.

DORILDO   ¡Oh mi Licio!, yo te juro,   1020
por vida de la que adoro,
que en esto guarde el decoro,
de modo que seas seguro.

Y por principio de paga
te mando un rico vestido,   1025
cual fuere de ti pedido
y el que más te satisfaga.

Y aquestos veinte ducados
para lo que más quisieres;
y, si otros ciento pidieres,   1030
*   y otros mil, te serán dados.

LICIO   Tus manos beso, señor,
por tan subidas mercedes
y por lo que más concedes
a mí, tu más servidor.   1035

El vestido me pondré
en tu nombre, y del dinero
una joya comprar quiero
que a Aurelia en tu nombre dé.

Esta servirá de entrada   1040
para descubrir tu intento
y sobre este fundamento
la obra va bien fundada.

DORILDO   Esa es poca cantidad
para que se dé en mi nombre.   1045

LICIO   *   Pues, señor, haz que se nombre
tu gran liberalidad.

1022 *decoro*: 'respeto que se debe a una persona'.
1028 *ducados:* «moneda de oro que se usó en España hasta fines del siglo XVI, de valor [alto] variable» *(DRAE).*
1033 *subidas*: 'grandes, extremas'.

DORILDO	Destos cincuenta ducados	
	podrás mercar dos anillos;	
*	destos treinta, unos zarcillos,	1050
	que aún no son aventajados.	
	Llevarasle una cadena	
	de oro muy estremada,	
	en cien doblas apreciada,	
	que esta para Aurelia es buena.	1055
LICIO	Buen principio es ese, así	
	tuyo será el campo todo,	
	porque siguiendo ese modo,	
	¿qué se escapará de ti?	
	Pero quiérote avisar	1060
	una cosa, que es ya ley:	
	que le envíes agnusdéi,	
	si cadena has de enviar.	
	La cadena solamente,	
	sin agnusdéi, no está bien,	1065
	ni es bien que Aurelia la den.	
DORILDO	Tú hablas como prudente.	
	Ve luego a la platería,	
	busca el mejor que hallares	

1051 'A Dorildo, los treinta ducados que entrega a Licio para que le compre y lleve unos zarcillos a Aurelia todavía le parecen de poco valor para ella'.

1054 *doblas*: «moneda castellana de oro, acuñada en la Edad Media, de ley, peso y valor variables». (*DRAE, s. v.*). // *apreciada*: 'valorada'.

1057 *el campo todo*: 'el terreno todo', es decir, no encontrarás oposición alguna.

1062 *agnusdéi*: «unos pedazos de cera blanca, amasados por el Papa, con polvos de reliquias de Santos, a quien sirven y asisten para esto algunos Cardenales y Prelados: métese esta cera entre dos formas, que la una tiene abierta a cincel la forma de un Cordero con la inscripción *Agnusdei*, y la otra la Imagen de Christo, de nuestra Señora, u de algún Santo, con su inscripción, y el nombre del Pontífice, que los hace y bendice: y así salen estas formas en la cera de medio relieve, y regularmente de hechura circular, o elíptica» (*Aut.*). Algunos de estos colgantes, como se deduce de las siguientes palabras de Dorildo, eran decorados con metales preciosos. Licio se refiere evidentemente al envío de un *agnusdéi* de joya.

1066 *que Aurelia la den:* 'que a Aurelia la den', con la *a* embebida.

	y en la cantidad no pares,	1070
*	y obliga esta firma mía.	
LICIO	A lo que me mandas voy.	
DORILDO	Ve presto, que en casa aguardo.	
LICIO	Pues en traello no tardo,	
	porque se lo demos hoy.	1075

[*Vase DORILDO.*]

¿Hay suceso más estraño
que ver a Dorildo amar?
* Ame, que así ha de pagar
lo de antaño y lo de hogaño.

De los fuegos de su amor, 1080
yo soy el mejor librado,
vestido y acariciado
con dineros y favor.

Siga su locura el viejo,
ame Aurelia, dese priesa, 1085
que él sacará desta empresa
quedar para dar consejo.

[*Salen LEOTACIO y ASTROPO.*]

LEOTACIO   ¡Oh qué bien se ha caminado!
* Astropo, el punto es venido

1079 *antaño*: «modo adverbial, que vale el año antecedente al que se está, o el año pasado. Es voz vulgar» (*Aut.*). // *hogaño*: «la época actual» (*DRAE*).

1085 *ame Aurelia*: 'ame a Aurelia', con la *a* embebida.

1087 Es decir, sin obtener nada, escarmentado, haciendo lo propio que hacen los viejos por su provecta edad: aconsejar.

	que he de ser favorecido	1090
	de tu valor estremado.	
	Dime, ¿qué modo tendremos	
	para dar principio al hecho?	
ASTROPO	Si mi dicho es de provecho,	
	es que al punto la saquemos.	1095
LEOTACIO	¡Qué fácil hallas y clara	
	esa vía de sacalla!	
ASTROPO	Al que viniere a estorballa,	
	derriballe media cara.	
*LEOTACIO	¿Si ella no quiere salir?	1100
ASTROPO	Querrá, y, puesto que no quiera,	
	cortalle la cara entera.	
LEOTACIO	¡Buen modo de concluir!	
	Astropo, hola, ¿qué digo?	
	¿No es Licio aquel?	
ASTROPO	Es sin duda.	1105
LEOTACIO	Dale voces, porque acuda.	
ASTROPO	¡Ah, Licio! ¡Hola, Licio amigo!	
LICIO	¿Quién me da voces así?	
ASTROPO	Astropo, tu amigo, es.	
	Bien claro está, ¿no lo ves,	1110

1099 *derriballe*: 'derriballe he', con la [h]*e* embebida: 'le derribaré', «El futuro y el condicional son ya los actuales, pero aparecen todavía separados formalmente, como en la Edad Media, en refranes tradicionales o en algunas construcciones con un complemento átono pronominal, normalmente con intención de marcar la expresión rústica o arcaica del personaje. Recuerdan así su origen perifrástico latino, el infinitivo de un verbo, seguido del presente o del imperfecto de otro auxiliar (*cantare* + *habeo* > *cantar* + *he*) [...] Este tipo de construcción ya era muy rara a finales del siglo XVI» (Gutiérrez Cuadrado, 1998, p. 828, 12.6).

1101 *puesto que*: 'aunque'; durante el siglo XVI *aunque* se convirtió en la conjunción universal en las oraciones concesivas. Sin embargo, hay una larga lista de otras conjunciones, que aparecen con más o menos frecuencia, cuyo origen se encuentra en estadios anteriores de la lengua (Keniston, 1937, p. 398).

1102 *cortalle*: 'cortalle he', con la [h]*e* embebida: 'le cortaré' (véase nota al v. 1099).

1106 *porque*: 'para que'.

	y a Leotacio que está aquí?	
LICIO	Señor Leotacio, ¿qué es esto?	
	¿Qué es lo que acá se os ofrece?	
*LEOTACIO [*Ap.*]	(El Cielo me favorece.	
	¡Cielo, aquí tu ayuda presto!)	1115
	Licio amigo, una ocasión	
	fue causa de mi venida,	
	que importa en ella mi vida.	
ASTROPO	¡Y la mía en conclusión!	
LICIO	No entiendo yo que el moverte	1120
	será menos importante	
	que un negocio semejante.	
LEOTACIO	En que está mi vida o muerte.	
	Y así querría, mi Licio,	
	que tú fueses instrumento	1125
	de reparar mi tormento.	
LICIO	Si puedo, estó a tu servicio.	
LEOTACIO	Sí puedes, y está en tu mano	
	remediar mi mal terrible.	
LICIO	Pudiendo yo, si es posible,	1130
	el remedio tienes llano.	
LEOTACIO	¿Por dónde te daré cuenta	
	de mi mal, que estoy temblando?	
ASTROPO	¡Buen corazón vas mostrando,	
	teniendo al ojo el afrenta!	1135
	Déjame a mí, que yo quiero	

1116 *ocasión*: 'causa, motivo'.

1120-1122: 'Licio infiere que el negocio que ha determinado el traslado de Salamanca a Sevilla de Leotacio debe ser de gran importancia'.

1135 'teniendo tan a la vista la afrenta'; *el afrenta*: el demostrativo femenino latino *illa* simplifica la -*ll*- por influencia del masculino *el*, «abreviado en *la* generalmente, salvo ante nombres que empiezan por vocal, especialmente *a-*, con los cuales se abreviaba en *el* o *ell* (*ell alma, el alimosna, el otra, del estoria*)» (Menéndez Pidal, 1989, p. 261).

contártelo, si pudiere.

Sabrás que Leotacio muere.

LEOTACIO   ¡Ay de mí, y cómo muero!

ASTROPO   Y, como digo, su pena   1140

es de tanta fuerza en él

que, viéndola tan crüel,

de sentido lo enajena.

Dice y hace juramento

que ha de morir o alcanzar   1145

a quien le hace penar,

y este es el fin deste cuento.

Ya ves Leotacio cuál anda.

Venga la dama a este fin

o darele un bergantín   1150

de veinticinco por banda.

LEOTACIO   ¡Bien has dado relación

de mi pena y desventura!

¡Poco sientes mi tristura!

ASTROPO   Siento tardar la ocasión,   1155

que ya me deseo ver

con las manos en la masa,

para que veas lo que pasa

si no viene a tu querer.

LEOTACIO   Sosiega, desvarïado,   1160

que el desgarrar nada presta

1150-1151: 'le daré una cuchillada de veinticinco puntos por cada lado'; *bergantín*: «cuchillada, puñalada»; *veinticinco por banda*: referencia al número de puntos que tendrán que darle a la dama, que Astropo identifica metafóricamente con los remos del navío de este nombre (Alonso Hernández, 1976, *s. v. bergantín*).

1160 *desvariado*: «el que delira, dice y hace locuras y despropósitos» (*Aut.*).

1160-1163: 'Leotacio recomienda a Astropo que se tranquilice en su furor, porque desgarrar, dar una cuchillada a la dama, que es el blanco de su amor, no es el método apropiado'.

adonde está el alma puesta
por blanco al amor airado.

    Sabrás, Licio, que yo amo
a Aurelia y por ella muero;   1165
sin ella el vivir no quiero
y por ella me desamo.

    Esta ha sido mi venida.
Por eso, mi Licio, en esto,
en remediarme, sé presto,   1170
pues puedes darme la vida.

    No te hago ofrecimiento,
que satisfecho serás,
porque el galardón verás
igual con tu pensamiento.   1175

LICIO   Es negocio tan dudoso,
Leotacio, que yo no sé
qué respuesta en esto dé,
según es dificultoso.

    Yo debo fidelidad   1180
a Otavio, que es mi señor;
y así, si te doy favor,
traspaso la fe y lealtad.

    Después desto, adora a Otavio,
y es, junto con ser hermosa,   1185
de sí tan escrupulosa
que del aire forma agravio.

1167 'Leotacio se confiesa tan perdidamente enamorado de Aurelia, que por amarla a ella no se ama a sí mismo. Sin ella, no desea vivir'.

1172-1175: 'No te ofrezco nada, porque el premio que recibirás será tan elevado que igualará a lo que tú pudieras pensar'.

1186 *escrupulosa*: «cuidadoso, lleno de recelos, especialmente en lo que mira a la conciencia» (*Aut.*).

    Mira tú, queriendo tanto,

    ¿quién se atreverá a rogar

    que se quiera apïadar   1190

    de tu miseria y quebranto?

      Y así, señor, te aconsejo

    que tu intento sea movido.

LEOTACIO   Remedio a mi mal te pido,

    no para mi bien consejo.   1195

LICIO   *   ¿Qué quieres?, que yo no alcanzo

    ningún modo de ayudarte.

LEOTACIO   Tú eres el todo y parte

    de darme vida y descanso.

LICIO   *   Si yo lo soy, yo me ofrezco   1200

    de hacer lo que en mí fuere

    y lo que más te cumpliere,

    *   que cual tuyo te obedezco.

LEOTACIO   ¡Oh Licio, yo lo soy tuyo,

    mío no, de Licio soy!   1205

    Licio, tuyo soy desde hoy,

    por tuyo me constituyo.

      Vamos luego a la posada,

    que quiero darte un vestido

    que nunca me lo he vestido,   1210

1193 *que tu intento sea movido:* 'que renuncies a tu pretensión'.

1196 *alcanzo*: rima imperfecta con descanso (v. 1199). Aunque en el texto impreso estemos ante una rima imperfecta, probablemente en la dicción no lo fuera, al menos en la recitación del verso 1196 por actores originarios de la zona geográfica andaluza, donde es frecuente el fenómeno del seseo.

1204-1207 Versos que recuerdan a las inmortales palabras de Calisto: «Melibeo só y a Melibea adoro y en Melibea creo y a Melibea amo» (Rojas, ed. 2000, p. 34).

1209 *vestido*: «se toma por el conjunto de piezas, que componen un adorno del cuerpo: como en los hombres casaca, chupa, y calzón» (*Aut.*). Era costumbre regalar ropa a los criados a cambio de favores.

por traello a esta jornada.

Es bueno y, porque lo es,
te ruego que lo recibas.

LICIO

¡Oh, señor, mil años vivas,
para que siempre me des!   1215

LEOTACIO

Estos escudos doblados,
que serán hasta cincuenta,
recibe, y no para en cuenta
de más que te serán dados.

Y dime, así tengas vida,   1220
¿de qué te reíste agora?

LICIO

De que iré antes de un hora
vestido ante tu querida.

Y paréceme que veo
que me pregunta ella a mí   1225
quién es quien me puso así
tan rico y con tanto aseo.

Entonces le mostraré
estos escudos de oro
y, guardándole el decoro,   1230
tu historia le contaré.

Y, si blandear la viere
y que me da grata audiencia,
yo usaré de tal licencia
que venga a lo que quisiere.   1235

Ofreceré a su servicio
otros muchos en tu nombre

1216 *escudos doblados*: 'moneda de oro de dos escudos, acuñada por Felipe II'.

1218-1219: 'los escudos doblados con los que Leotacio acaba de gratificar a Licio son exentos, es decir, no serán a cuenta de otros que le dará, no los descontará de ellos'.

1222 *un hora*: apócope habitual en la época (Keniston, 1937, p. 256), que alterna con *una hora*, solución que acabaría imponiéndose.

y, si aguarda que te nombre,

deja tú hacer a Licio.

LEOTACIO   Licio, mi bien y consuelo,   1240

llévale, pues así queda,

un par de piezas de seda,

de damasco y terciopelo.

De telas de oro y plata,

otras dos le llevarás,   1245

con que sé que moverás

a la que más se recata.

LICIO   Yo apruebo tu parecer.

Vamos, póngase por obra,

veamos si así se cobra   1250

descanso a tu padecer.

LEOTACIO   Toma el camino y haz vía.

LICIO   Anda, que sin más sosiego

contigo me veré luego

dentro del Alcaicería.   1255

[*Vanse* LEOTACIO *y* ASTROPO.]

1238 'y, si espera conocer tu nombre, quién eres, déjame libremente actuar'.

1252 *haz vía*: 'ponte manos a la obra'.

1255 *Alcaicería*: la Alcaicería era un barrio de Sevilla, de tiendas y artículos selectos, cuya calle principal ocupaba el segundo tramo de la calle Hernando Colón, el más próximo a la Catedral (*Diccionario histórico de las calles de Sevilla*, 1993, vol. I, *s. v. Hernando Colón, calle*). Por el contexto, no creemos que Cueva aluda a la actual calle Alcaicería, muy cercana a la basílica de San Salvador. De origen árabe, «en la época castellana fue uno de los centros del comercio de paños», la cual, a finales del siglo XVI, es descrita por Alonso Morgado en su *Historia de Sevilla* en estos términos: «Y la otra suma riqueza de la Alcaycería o Alcaycería de Oro y plata, perlas, cristal, piedras preciosas, esmaltes, coral, sedas, brocados, telas riquísimas, toda sedería y paños muy finos. Es la Alcaicería vn barrio de por sí lleno de tiendas de plateros y escultores, sederos y traperos, con toda la inmensa riqueza, que se vela de noche, con sus puertas y alcaide, que también de noche las cierra con llave» (*Diccionario histórico de las calles de Sevilla*, 1993, vol. I, *s. v. Hernando Colón, calle*). Se trataba del lugar ideal para mercar las exquisitas telas que Leotacio deseaba ofrecer a Aurelia.

¿Hay tan gracioso entremés?

¿Hizo en su vida Saldaña

ninguno de tal maraña

con ser la prima, cual es?

El viejo me está aguardando   1260

que le lleve el agnusdéi,

y Leotacio, como un rey,

sedas y telas buscando.

Yo le quiero ir a dar cuenta

a Aurelia de aquesta trama,   1265

que, ardiendo en su dulce llama,

de suspiros se sustenta.

Alegrará la mi vista,

sabrá lo que urdo y tramo;

1256-1259 Nueva alusión metateatral, en este caso en boca de Licio, completada con la mención al autor de comedias Pedro de Saldaña. ¿Escribiría Juan de la Cueva su obra para la compañía de este autor de comedias? «Esta fórmula de componer comedias para un determinado autor parece quedar apuntada, por otra parte, en su *Ejemplar poético*, si bien con cierta ambigüedad al poder también referirse mediante una perífrasis sinecdóquica a la puesta en escena: "Cuando hagas comedia ve sugeto / al arte i no al autor que la recita, / no pueda el interés más qu'el sugeto" (Cueva, *Exemplar poético*, p. 106, vv. 1758-1760)» (Reyes Peña, Ojeda Calvo y Raynaud, 2010, p. 233). Javier Burguillo va más allá y piensa que «es el propio Saldaña el que interpreta a Licio, el personaje que capitaliza el protagonismo de la comedia. Si tenemos en cuenta que la compañía de Saldaña estrenó esta y otras 8 de las 14 piezas de Cueva, ¿podríamos aventurar que quizá este personaje y toda la comedia se escribió para él? ¿Es el papel del gracioso Licio un encargo para mayor lucimiento de las habilidades histriónicas de Saldaña?», concluyendo que «una reflexión como esta da idea de la cercanía de Cueva del hecho teatral como tal, con independencia de su vertiente libresca» (Burguillo, 2013, p. 36). // *prima*: 'la primera'; «según la significación latina, vale primera en orden» (Cov.).
1258 *maraña*: «se llama en las Comedias y fábulas, el lance enredoso y intricado, de que parece muy dificultoso poder salir» (*Aut.*).
1268 *la mi vista*: «das lenguas románicas se enfrentaron desde sus orígenes con la concurrencia entre el posesivo aplicado al nombre sin otra compañía y el posesivo precedido de artículo. [...] La concurrencia procedía de una oposición de intensidad expresiva: el posesivo nudo era el término no marcado frente al posesivo con artículo, que destacaba al sustantivo y su relación con el poseedor». Dicha intensidad expresiva podía ser de naturaleza afectiva, ponderación lírica o arcaísmo cancilleresco. La estructura artículo + posesivo + sustantivo sería más frecuente desde los inicios en el verso y en la prosa retórica, quedando paulatinamente restringido a la poesía tradicional y a textos de carácter arcaizante, para finalmente desaparecer a lo largo del siglo XVI (Lapesa, 2000, pp. 413-435, la cita en la p. 433).

darle he nuevas de mi amo 1270
y principio a mi conquista.

[*Sale* Aurelia.]

AURELIA Licio vino y no ha venido
a verme, ¿qué puede ser?,
¿qué lo puede detener
con tan importuno olvido? 1275
¡Ay, Dios!, ¿no es aquel que viene?
Él es. ¡Ay, Licio, qué tardas!
¿En qué estás? ¿A cuándo aguardas
venir? ¿En qué te detienes?

LICIO Aurelia, señora mía, 1280
dame un abrazo y reposa,
y esté tu alma gozosa.

AURELIA Sí lo está, viendo tal día.
¿Tráesme cartas?, ¿cómo queda
mi Otavio? Apriesa, mi Licio, 1285
seme en esto tan propicio
que tu espacio lo conceda.

LICIO Cartas te traigo. Estas son,
y mi señor queda bueno,
en tu ausencia tan ajeno 1290
de placer cuanto es razón.
Esto mejor lo sabrás
por su carta. Dame oído,
que, aunque a un efecto he venido,

1270 *darle he*: 'le daré'. En el Siglo de Oro aún no se había perdido la conciencia de la formación perifrástica del futuro (infinitivo más auxiliar *haber*), por ello se podían colocar los pronombres en medio de las dos formas verbales, como en este caso.
1287: 'como tu capacidad te lo permita'.

otro contrario verás.   1295

      Y porque el tiempo me aqueja,

*   que no me detengo punto,

óyeme el sentido junto,

los demás cuidados deja.

      Yo sé que tendrás contento,   1300

no te deviertas de mí,

porque detenerme aquí,

no puedo solo un momento.

      Sabrás que en Sevilla entré

habrá dos horas y, luego   1305

sin darme ningún sosiego,

luego que apeado fue,

     las cartas le di al tutor

*   que, siendo dél recebidas,

apriesa y mal entendidas   1310

las cerró, y trató de amor.

      Díjome que por ti ardía,

*   habiéndome importunado,

que de mí fuese ayudado

a su loca fantasía.   1315

1296 *el tiempo me aqueja*: 'me urge, me falta tiempo'.

1297 *que*: 'por lo cual'. // *punto*: 'un momento'.

1298-1299: 'óyeme con toda tu atención, olvídate de las demás preocupaciones'.

1301 *deviertas*: «apartar, distraer la atención de alguna persona para que no discurra ni piense en aquellas cosas a que la tenía aplicada o para que no prosiga la obra que traía entre manos» (*Aut.*)

1303 *no puedo solo un momento*: 'no puedo más que un momento'.

1305 *habrá*: 'hará', «*haber*, como impersonal para expresar tiempo se usa en lugar de *hace, hacía*» (Gutiérrez Cuadrado, 1998, p. 849, 25.2e).

1307 *fue*: 'fui', forma latino-vulgar y tardía de la primera persona del singular del perfecto acabado del verbo *ser*, pero con valor semántico de «*ir*». Alvar y Pottier incluyen *fue* en el paradigma evolutivo de la forma clásica fūī, primera persona del perfecto acabado del verbo *sum* (1993, p. 265). Se trata de una forma verbal usada en otras ocasiones en este sentido por Juan de la Cueva.

1314 *que*: 'para que'.

Por abrevïar razones,
dije que, si estaba en mí
hacerte mover a ti
a remediar sus pasiones,
    que todo lo que en mí fuese 1320
haría por su remedio
y que, pues yo estaba en medio,
que descuidado viviese.
    Visto el viejo este seguro,
la mano apretada abrió 1325
y veinte escudos me dio
y un vestido el tutor duro.
    Diome más el viejo ardiente:
para comprarte zarcillos
ochenta escudos, o anillos, 1330
y esta cadena excelente.
    Manda que a buscarle vaya
un agnusdéi estremado,
y que, luego sea comprado
y en su nombre, te lo traya. 1335
    Dado asiento en lo que digo,
rïendo de su locura,
gustando de su tristura
que a reír venía contigo,
    llegó a mí otro nuevo amante, 1340
que en Salamanca reside
y la mesma causa pide,
con muestras de muy constante.

1335 *traya*: 'traiga', forma habitual durante todo el siglo XVI.

1336: 'puestas las cosas en su sitio'; *dar o tomar asiento en las cosas*: «frase que vale reglarlas, ponerlas en el estado que deben tener» (*Aut.*).

      *

Este, habiendo oído a Otavio

—con quien él tiene amistad—   1345

tus partes y tu beldad,

viene a hacerle este agravio.

    Y habiéndome relatado

la causa de su pasión,

al primer toque y razón   1350

lo tengo descañonado.

    Al fin, sabrás que me dio

lo que en casa te diré

y todo te lo daré,

lo que a ti te consagró.   1355

    Él está en la Alcaicería

para envïarte un regalo;

que cogido con un palo,

le enseñaremos la vía.

    Solo resta que tú quieras   1360

darme en esto tu favor,

verás cuál curo al tutor

y a estotro en sus ansias fieras.

    Tu honor te prometo aquí

que se guarde de tal suerte   1365

que nada pueda ofenderte.

Lo demás déjalo a mí.

AURELIA   Gana me da de reír

1346 *partes*: «las prendas y dotes naturales que adornan a alguna persona» (*Aut.*).

1351 *descañonado*: «metafóricamente, y en estilo familiar y jocoso vale acabar de quitar el dinero, o en el juego, o con otro arte o habilidad» (*Aut.*).

1358-1359: 'aunque cogido (el regalo) con engaño, le servirá de escarmiento'.

1363 *estotro*: 'este otro'. Esta forma de demostrativo compuesto es una innovación sintáctica que debió de iniciarse hacia el siglo XVI. Ya en el siglo XVIII se considera forma anticuada (Girón, 2005, p. 873).

de los necios requebrados,
de verlos por mí abrasados   1370
y a un punto de morir.

    Licio, no sé qué te diga,
hazlo tú cual te agradare,
que nada habrá en que yo pare
por vengarme desta liga.   1375

LICIO   Deso puedes descuidarte,
ve a casa a leer tu carta
y permite que me parta
a aprovecharme y vengarte.

AURELIA   En casa te estó aguardando.   1380

LICIO   Yo voy a la Alcaicería
a traer, señora mía,
lo que el asno está comprando.

    [*Vanse.*]

1369 *requebrados*: 'enamorados'.
1375 *liga*: 'alianza, conjura'.

ARGUMENTO DE LA *TERCERA JORNADA

Licio, determinado de [N] engañar a Leotacio y al tutor, hace que el tutor lo lleve a posar[O] a su casa, adonde, por burlar a Leotacio y a su criado Astropo, vestido en hábito de demonio, les da un trasgo[P] y ellos muy alborotados dan voces. Sale el tutor y Licio, dejando el hábito de demonio. Y, persuadidos que lo era, Astropo se despide de su amo Leotacio para volverse a Salamanca y Leotacio se queda en su intento.

PERSONAS DE LA TERCERA JORNADA

LICIO, criado.	DORILDO, tutor.
LEOTACIO, estudiante.	AURELIA, dama.
ASTROPO, criado fanfarrón.	

[*Sale* LICIO.]

LICIO

> Ánimo, Licio, que ocasión es esta
> para hacer de oro tu pellejo.   1385
> Sutiles tramas con astucia apresta,
> dañosas artes, dadas en consejo.
> Aquí ha de verse la viveza presta,
> la aguda traza en engañar al viejo,
> loco de amor, y al necio estudïante,   1390
> de modo que la burla el mundo cante.
>
> Yo quiero dar principio de mi enredo,
> hacer que el viejo a su posada lleve

[N] *determinado de*: 'dispuesto a'; la preposición *de* adquiere el mayor número de significados posibles de todas las preposiciones, incluso aparece como introductor del objeto directo en verbos transitivos (Keniston, 1937, p. 515).

[O] *posar*: «alojarse o hospedarse en alguna posada o casa particular» (*Aut.*).

[P] *da un trasgo*: «fingir un duende de noche en una casa para espantar, tirando tejas, adobes o ladrillos; y tal ruido hechizo» (Correas, ed. 2000, *s. v. dar trasgo*, p. 897).

1384-1399 Estos versos de Licio recuerdan a los monólogos «en prosa de comedias italianas como *La Calandria* del Bibbiena, donde el criado Fessenio al comienzo del acto tercero explica a los espectadores la burla que va a realizar al viejo Calandro» (Reyes Peña, Ojeda Calvo y Raynaud, 2010, p. 253).

a posar a Leotacio y, si yo puedo,

allí me pagará a lo que se atreve.   1395

Yo volveré su gusto tan acedo

que jamás gusto del amor no pruebe.

*   Y al tutor le prometo dar guisado

que mal sabor le dé, aunque sea adobado.

[Sale LEOTACIO.]

LEOTACIO	¿Qué hacemos, Licio mío,	1400
	llave de mi pensamiento,	
	regalo del sentimiento	
	que me causa amor impío?	
	¿Llevástele a mi señora	
	aquel pequeño servicio	1405
	del que le da en sacrificio	
	el alma, donde ella mora?	
LICIO	Ya le di lo que envïaste,	
	que della fue recebido	
	y, según fue agradecido,	1410
	no fue mal lance el que echaste.	
	Y estoy agora pensando	
	qué modo podré tener	
	para que la puedas ver,	
	mil quimeras fabricando.	1415
LEOTACIO	¡Oh, mi Licio, eso procura,	

1396 *acedo*: 'agrio'.

1404 *servicio*: 'obsequio'.

1407 'Leotacio le ofrece su alma, que es donde Olimpia vive, según la filosofía amorosa moderna, expresando así su enamoramiento y amor por ella'.

que será darme la vida!

LICIO   Que será así guarecida.

LEOTACIO   Y libre de muerte dura.

LICIO   Mira qué traza he hallado: 1420

Otavio tiene un tutor,

direle que su menor

a su casa te ha envïado.

    Aurelia es sobrina deste

y, como a su casa vayas,   1425

no es posible que no hayas

alguna ocasión que preste.

    Y, estando yo de por medio,

soplaré el secreto fuego,

de modo que haga luego   1430

lo que más cumple a tu medio.

LEOTACIO   ¡Oh qué discreta invención!

Licio, ponla ya por obra,

que lo que presteza cobra,

lo pierde la dilación.   1435

LICIO   Yo voy, aguárdame aquí,

porque más pienso trazar

y es que él te venga a buscar.

LEOTACIO   Ve, mi Licio, y hazlo así.

[*Vase* LICIO.]

1418 *guarecida*: 'guardada, asegurada'.

1426 *hayas*: el verbo *haber* aún conserva en esta época el sentido de 'tener'.

1427 *preste*: «aprovechar, ser útil o conveniente para la consecución de algún intento» (*Aut.*).

1429 'Licio aventará la llama del amor para avivarla y que obre lo que más convenga a Leotacio'.

1434-1435: 'lo que la diligencia obtiene, lo pierde la demora'.

1437 *trazar*: «discurrir, y disponer los medios oportunos para el logro de alguna cosa» (*Aut.*).

¡Oh Licio sabio y sagaz!   1440

En paso tan peligroso,

contento y muy venturoso

me puedo llamar de hoy más.

El Cielo te abra vía

y sea la que conviene,   1445

para que más ya no pene

esta alma suya y no mía.

[*Sale* ASTROPO.]

ASTROPO   Señor, ¿en qué estas pensando?

LEOTACIO   ¿En qué puedo yo pensar,

sino en mi dulce penar   1450

y en la que me está abrasando?

ASTROPO   ¿En qué está nuestro negocio?

¿Ríndese esa mujer ya

o iré, ¡vive Dios!, allá

y verás como negocio?   1455

LEOTACIO   No es tan fácil lo que pido

ni mi pretensión tan llana.

ASTROPO   ¿Que a tu ruego no se allana?

Ya es caso descomedido.

Yo quiero verme con ella   1460

y verás si no le hago

que venga, o le dar en pago

1441 *paso*: «lance o suceso, especial y digno de reparo» (*Aut.*).

1443 *más*: Rima imperfecta con *sagaz* (v. 1440). Aunque en el texto impreso estemos ante una rima imperfecta, probablemente en la dicción no lo fuera, al menos en la recitación del verso 1440 por actores originarios de la zona geográfica andaluza, donde es frecuente el fenómeno del seseo.

1462 *le dar en pago*: 'le dar he en pago', con la [h]*e* embebida: 'le daré en pago' (véase nota al v. 1099).

que rostro no quede della.

LEOTACIO   ¡Cuán sin sentir lo que siento

hablando estás de la oseta!   1465

*   Mi dolor no te inquïeta,

pues así azotas el viento.

Deja esas vanas bravatas

y no hables de esa suerte,

que, aun a miralla atreverte   1470

a quien es, te desacatas.

Sosiégate, que veo a Licio,

y el tutor de Otavio viene.

Mira que agora conviene

templar tu parlero vicio.   1475

ASTROPO   ¿Que hay que templar? No hay templanza.

¡Déjame, pese a quien digo!

LEOTACIO   Calla, maldito enemigo,

turbador de mi esperanza.

[*Salen DORILDO y LICIO.*]

DORILDO   ¿Que te respondió tan blanda   1480

y acetó lo que envié?

LICIO   Bueno estuviera yo, a fe,

si negara mi demanda.

1465 *hablar de oseta*: «presumir, bravuconear» (Alonso Hernández, 1976, *s. v. oseta*, p. 568).

1467 *azotas el viento: azotar el aire*, «usamos de esta frase para denotar que uno hace cosa sin provecho ni fruto: lo que: "Trabajar en vano"» (Correas, ed. 2000, p. 863).

1468 *bravatas*: «amenaza proferida con arrogancia para intimar a alguno [...], baladronada, hecho o dicho propio de ladrones, fanfarrones» (Alonso, 1982).

1468-1471: 'Leotacio le reprocha a Astropo que se atreva a hablar de Aurelia con tanto desparpajo, pues, siendo la dama quien es, solo con mirarla ya le está faltando el respeto debido'.

Sosiega el pecho inquïeto,
que yo tengo dado un medio   1485
que lo será a tu remedio
y a que salgas deste aprieto.

   Ya te dije que, en llegando,
se turbó a mis razones
y, en mostrándole los dones,   1490
la vi luego blandeando.

   Tengo una cosa trazada
discreta y que te conviene;
y es que un deudo suyo viene,
que en casa le des posada.   1495

   Este estudia en Salamanca
y de Otavio es grande amigo,
cumple traello contigo
y dalle tu casa franca.

   Como Aurelia vea hacer   1500
a su deudo tal favor,
se ha de encender en amor
y ha de venirte a querer.

DORILDO   ¿Dónde está? Vamos por él.
¿Qué tardas, Licio, en buscallo?   1505

LICIO No tardarás de encontrallo,
que aguardado serás dél.

DORILDO   Anda apriesa tras de mí,
que este es remedio a mi daño.

1487 *a que*: 'para que', con sentido de finalidad (Keniston 1937, p. 358).
1495 *que*: 'para que'.
1498 *cumple*: 'conviene'.
1499 *casa franca*: 'hospedaje'; *posada franca*: «el hospedaje o aposentamiento que se hace sin interés» (*Aut., s. v. franco*).

Licio	Dorildo, si no me engaño,	1510
	aquel es que viene allí.	
	Esotro es un su crïado.	
Dorildo	Pues, ¿qué quieres que hagamos?	
Licio	Que donde están, allá vamos.	
Dorildo	Está muy bien acordado.	1515
Licio	¡Ah Leotacio, mi señor,	
	Dorildo viene a buscarte!	
Leotacio	¿Cuándo en mí se vido parte	
	que merezca tal favor?	
Dorildo	Seas con mucho contento,	1520
	señor Leotacio, llegado.	
Leotacio	Y tú, Dorildo, hallado	
	con el placer que yo siento.	
Dorildo	¿Otavio cómo quedó?	
Leotacio	Señor, bueno lo dejé	1525
	y contento, cual yo sé	
	que con Licio te escribió.	
Dorildo	Largamente me da cuenta	
	de su vida y dame gusto	
	que quiera vivir tan justo.	1530
Leotacio	Más que esa virtud sustenta.	
Dorildo	De dinero se me queja,	
	que no envío el que es bastante.	
Leotacio	Costumbre es de estudïante	

1514 *vamos*: 'vayamos'. La forma del subjuntivo *vamos,* heredera fonética directa de VADAMUS > *vaamos a la que se insertó una –y– para no confundirla con el indicativo, pero que permaneció en la segunda persona del plural «vais», coexistió con *vayamos* hasta los Siglos de Oro. Esto explica la exclamación actual: «¡Vamos!».

1518 *vido*: 'vi', forma procedente de la evolución de la primera persona del singular del pretérito perfecto latino –VIDI–, en un estadio de evolución anterior a la forma *vi* del español moderno. El uso de este tipo de arcaísmos era habitual en la poesía de la época por su rentabilidad métrica.

	tener contino esa queja.	1535
DORILDO	Señor Leotacio, dejemos	
	estas razones agora,	
	que no nos faltará hora	
	que en ellas largo hablemos;	
	y, porque de la jornada	1540
	por fuerza vendréis cansado,	
	de vos me sea otorgado	
	que mi casa os sea posada.	
LEOTACIO	Beso tus manos, señor,	
	por merced tan excelente.	1545
DORILDO	En esto me sé obediente.	
LEOTACIO	* No merezco tal favor.	
DORILDO	Esto por mí se ha de hacer.	
	Leotacio, vente tras mí.	
LEOTACIO	Pues tú lo mandas así,	1550
	yo lo debo obedecer.	

[*Vanse* DORILDO, LEOTACIO *y* ASTROPO.]

LICIO	Bien se encamina mi trama,	
	pues, a fe, que los señores	
	me han de pagar sus amores	
	con su hacienda y su fama.	1555
	¡Para mis ojos, de un viejo,	
	si no os hago que purguéis	

1535 *contino*: 'continuamente'.

1556 'Licio jura por sus ojos que conseguirá su propósito respecto a ambos extemporáneos enamorados, Leotacio y Dorildo'. La precisión *de un viejo* muestra a Licio como un criado entrado en años y, por lo tanto, con experiencia en su oficio.

1557-1558 *purguéis / las costas*: 'pagar las costas de un juicio'. // *condenar en costas*: «es hacer pagar todo el coste que ha tenido el pleito civil, o causa criminal, al litigante que puso la demanda con temeridad, por no tener acción o derecho a lo que litigaba, o al reo en

las costas y que sudéis
hasta quedar sin pellejo!

[*Vase* LICIO. *Sale* AURELIA.]

AURELIA   ¿Hay más graciosas marañas   1560
que las que Licio anda urdiendo?
Yo no sé ni comprehendo
dó las halla tan estrañas.

Diez dias ha que está Leotacio
con el tutor; huelgue y coma,   1565
que yo sé que el necio toma
el hospedaje de espacio.

Esta noche me rogó
Licio que le aguarde aquí,
porque por amor de mí   1570
una burla les urdió.

La hora que dijo es.
Las once está el reloj dando.
*   Ya lo veo venir hablando,
apresurando los pies.   1575

---

parte de pena por el delito que cometió, y dio motivo para que se formasen los autos» (*Aut.*) // Parecería que Licio, al final, sí ha adquirido conocimientos y una terminología jurídica tras su estancia en Salamanca junto a Otavio (véase nota a los vv. 413-416). En nuestro contexto, las costas hacen referencia a todos los daños derivados del atrevimiento de ambos amantes.

1558-1559 *que sudéis / hasta quedar sin pellejo*: 'exhaustos, sin vida', expresión de sentido contrario a quedar con el pellejo: «quedar con la vida» (Correas, ed. 2000, p. 1055). Es decir, Licio se propone castigarlos tanto económica como espiritualmente, haciéndolos sufrir por su mal comportamiento.

1567 *de espacio*: 'por tiempo dilatado'; en algunos casos, la combinación preposición + sustantivo en las frases adverbiales confluyen en única palabra como *apenas*, *encima*; en otros, la fusión no se ha completado, como en el caso de *despacio* que aparece también como *de espacio* (Keniston, 1937, p. 567).

[*Sale* LICIO.]

LICIO

Ambos quedan acostados,

yo quiero agora entender

si el decir y si el hacer

a una mesa están sentados.

    Leotacio en estos desmanes   1580

un Rodamonte se nombra;

su crïado nos asombra

con desgarros y ademanes.

    Pues, ¡vive Dios!, que he de ver

de los bergantes los fieros;   1585

veamos los palabreros,

si saben hablar y hacer.

AURELIA   *   Licio, es hora de venir.

1578-1579 Estos versos de Licio nos remiten a un refrán de origen latino: *Dicere et facere, non semper eiusdem* (Cantera, 2005, p. 61), que aparece recogido también en *La Celestina* en boca de Areúsa: «Aquí quiero ver si decir y hacer si comen juntos a tu mesa» (Rojas, ed. 2000, p. 310). «No hay que confiar alegremente en lo que dicen o prometen las personas, y más sin conocerlas bien. Esta paremia manifiesta también lo difícil que resulta medir las obras con las palabras. [...] Valdés 58 cita la forma antónima *Dezir y hazer comen a mi mesa*, para manifestar que las palabras que uno dice se corresponden con sus obras» (Sevilla Muñoz, Zurdo Ruiz-Ayúcar, 2009). // Francisco Rodríguez Marín recoge entre sus refranes tres de este mismo tipo: «"Decir y hacer no comen a una mesa": "Decir y hacer rara vez comen a un mantel"; y "Decir y hacer se sientan a una mesa rara vez"» (1926, p. 107).

1580 'Licio califica de tropelía los «desmanes» de Leotacio: el enamoramiento de Aurelia –la amada de su amigo–, su viaje a Sevilla y su intento por conquistarla a cualquier precio'.

1581 *Rodamonte*: guerrero sarraceno, es uno de los personajes de *Orlando furioso* de Ariosto, considerado proverbialmente como valeroso. «Herrero García [...] observa que Rodamonte o Rodomonte llegó a ser el prototipo del militar fanfarrón (el "miles gloriosus" terenciano) y, en algunas sátiras francesas, símbolo de la arrogancia española, pero que no obstante, en las letras españolas del tiempo de C[ervantes] se solía caracterizar como valeroso, y así lo trae Lope en incontables ocasiones» (Cervantes, 1998, volumen complementario, p. 428). Rodamonte aparece también mencionado en *El viejo enamorado* (v. 960).

1583 *ademanes*: «cierto género de movimiento del cuerpo, o de alguna parte suya, que manifiesta en el ánimo el gusto, o disgusto de alguna cosa, o el afecto con que se trata, o se mira» (*Aut.*).

1585 *de los bergantes los fieros*: 'las fanfarronadas de los sinvergüenzas'. // *bergantes*: «lo propio que Picarón, sin vergüenza, de malas costumbres, y condición, no solo vil, sino perversa y maliciosa» (*Aut.*).

1586 *palabreros*: «el que habla mucho, o ofrece fácilmente y sin reparo, no cumpliendo nada» (*Aut.*).

<table>
<tr><td>LICIO</td><td>La hora que quiero es</td><td></td></tr>
<tr><td></td><td>en que veas un entremés</td><td>1590</td></tr>
<tr><td></td><td>que te hartes de reír.</td><td></td></tr>
<tr><td>AURELIA</td><td>¿De qué modo, por mi vida?,</td><td></td></tr>
<tr><td></td><td>porque no sé yo si hay cosa,</td><td></td></tr>
<tr><td></td><td>según estoy congojosa,</td><td></td></tr>
<tr><td></td><td>que me alegre de afligida.</td><td>1595</td></tr>
<tr><td>LICIO</td><td>Pues, a fe, que has de alegrarte.</td><td></td></tr>
<tr><td></td><td>Sabrás que traigo ordenado,</td><td></td></tr>
<tr><td>*</td><td>a Leotacio y su crïado,</td><td></td></tr>
<tr><td></td><td>espantar por sutil arte.</td><td></td></tr>
<tr><td></td><td>Y ha de ser que he de ponerme</td><td>1600</td></tr>
<tr><td></td><td>en hábito de demonio,</td><td></td></tr>
<tr><td></td><td>que lo dé por testimonio</td><td></td></tr>
<tr><td></td><td>cualquiera que alcance a verme.</td><td></td></tr>
</table>

1597 *traigo ordenado*: 'he dispuesto', el verbo *traer* puede actuar como auxiliar en los tiempos verbales compuestos en lugar de la forma regular construida con el verbo *haber* (Keniston, 1937, pp. 449-450).

1600-1603 «Los demonios de la Edad Moderna se representan en formas quizá menos grotescas que los medievales y en una paleta menos rica, hecha de pardos, grises, negros y rojos, bastante monótona. Por ser menos feos son, paradójicamente, menos hermosos (en términos muy generales)» (Torres Olleta, 2013, p. 186). Su representación iconográfica sufrió un cambio «a partir del Concilio de Trento. La Contrarreforma propugnará un ideario iconográfico con el que inculcar de la forma más rentable posible su doctrina. Se tenderá a adaptar este discurso visual, mucho más accesible y comprensible, a la realidad del feligrés ordinario, a su cotidianeidad, buscando con ello un efecto mucho más natural y sincero en su ánimo. La verosimilitud genera convicción y conformidad, mientras que la falta de la misma provoca un efecto distanciador que aleja al ciudadano del ámbito de influencia del aparato coercitivo y represor de las instituciones de poder» (Sáez Raposo, 2016, p. 534). Desconocemos en qué consistiría este «hábito de demonio» al que hace referencia Licio, y que no llega a describir, pero que sería reconocido por todo aquel que lo viese. Es probable que incluyera una máscara bajo la que ocultar su rostro. En el inventario de la compañía de Gaspar de Oropesa y de su mujer, Inés de Bustamante, del 3 de marzo de 1577 había, entre otras, «catorce máscaras de demonio, las doce con la frente y algunas con barbas» (Lobato, 2009, p. 244). No nos resistimos, por último, a referir la descripción, aunque para una celebración no propiamente teatral, recogida en la *Relación de la fiesta que la insigne universidad de Baeza celebró a la Inmaculada Concepción de la Virgen Nuestra Señora...* (1618): «Por caudillo desta infernal cuadrilla iba el Demonio vestido un justillo negro lleno de llamas y bocas de infierno, rostro muy fiero, ojos encendidos, colmillos muy grandes, cuernos de cabrón, y por cabellos culebras que pendían al aire, garras en las manos, cola enroscada, caballo morcillo con gualdrapa de infierno» (Torres Olleta, 2013, p. 193).

1602 *que*: 'para que'.

Y, vestido deste modo,

verás los dos majaderos   1605

cómo los hechos y fieros

les falta y esfuerzo en todo.

   Quiero ver si bravatea

uno y otro en lo que pasa.

Tú ponte a ver de tu casa   1610

como ninguno te vea.

AURELIA   Así lo voy a hacer.

LICIO   Yo me quedo ya vistiendo

y comiénzate a ir riendo

de lo que más has de ver.   1615

   Bueno estoy en este traje.

Quiero a su sala acercarme,

que así tienen de pagarme

los amores y hospedaje.

[Salen LEOTACIO y ASTROPO.]

¡Ah, Leotacio, ven comigo   1620

1608 *bravatea*: 'echar bravatas, amenazas' (véase nota al v. 1468).

1611 *como*: 'de manera que'.

1619+ Como afirmábamos ya en 2010, «Este múltiple diseño espacial tendría, sin embargo, una clara realización sobre el espacio del corral sevillano donde el mismo Juan de la Cueva afirma que tuvo lugar su representación: la "güerta de Doña Elvira". El primero de los espacios [puerta de la casa de Aurelia] tendría lugar sobre el tablado, donde se darían cita Aurelia y Licio. La habitación de Leotacio y Astropo posiblemente se representaría al descorrerse alguna de las cortinas de la fachada del teatro, donde ambos podrían ser visualizados durmiendo. Cuando los personajes abandonaran dicho lugar, saliendo al tablado, éste se convertiría de nuevo en un exterior al que se incorporarían Dorildo y Licio. Todo ello, mientras Aurelia observaría la escena desde una ventana en el primer corredor» (Reyes Peña, Ojeda Calvo y Raynaud, 2010, pp. 250-251).

1620-1659 Nos encontramos, sin duda, ante una de las secuencias más cómicas de toda la comedia, marcada por la credulidad y cobardía, en especial de Astropo, ante la aparición del demonio. Sin embargo, Francisco Saéz Raposo nos recuerda que para «el ciudadano europeo de los siglos XVI y XVII, como lo había sido para el de los siglos anteriores y como lo seguiría siendo durante muchísimo tiempo después […], el demonio era una presencia cotidiana, tangible y no la figurativización de una mera noción absal infierno, a do te aguardan,

       adonde tus carnes ardan

       y de Astropo así contigo!

         Recuerda, no estés durmiendo,

       que vengo por ti a llevarte.   1625

       Astropo, ya voy a darte

       de fuego tormento horrendo.

LEOTACIO   ¡Oh Jesús!, ¿qué estruendo es este?

       Astropo, ¿qué haces? Di.

ASTROPO   Señor, rezando estó aquí.   1630

LEOTACIO   Reza, hermano, como preste.

LICIO   Comigo iréis a penar.

       ¡Malditos seáis de Dios!

*LEOTACIO   Huyamos presto los dos.

ASTROPO   No me puedo levantar.   1635

---

tracta». Eran demonios poco caracterizados «desde el punto de vista visual. Estamos, en realidad, ante demonios completamente humanizados, que han perdido cualquiera de los rasgos horribles y prototípicos con los que desde la Edad Media se sintetizó su aspecto. Es precisamente esta humanización la que los hace más cercanos, más verosímiles […] para un espectador que […] creía realmente en su existencia, en su presencia […] Tan real y cercano era el demonio que podía acechar, aparecerse y tentar a cualquiera» (Sáez Raposo, 2016, pp. 523-524 y 526-527, respectivamente). El público asistente, por lo tanto, se vería reflejado en el pánico que sufren Leotacio y Astropo, lo que suscitaría la risa y regocijo de todo el corral de comedias. // «Las burlas de criados disfrazados de demonios para asustar a otro personaje, generalmente el viejo enamorado o, como aquí, el enamorado rival del galán protagonista son secuencias recurrentes en los *canovacci* de la *commedia dell'arte* y sirven, como en esta comedia de Cueva, para cerrar actos. Véase, por ejemplo, la escena final del segundo acto de *La gelosia* de Basilio Locatelli» (Reyes Peña, Ojeda Calvo y Raynaud, 2010, p. 244). // Para Juan Matas Caballero, el uso del disfraz es un recurso teatral muy extendido entre los dramaturgos de la época. «Su empleo proporciona una interesante riqueza teatral, por las escenas de equívoco y, como consecuencia, del humor que acarrea y que nos permite contemplar, además, una perspectiva diferente de la imagen habitual de los personajes envueltos en la situación de enredo […]. El disfraz es usado ocasionalmente y con un fin exclusivamente cómico. Resulta significativo como esas escenas en las que se desarrolla la burla con el empleo del disfraz sean consideradas por el propio dramaturgo [Cueva], a través del personaje disfrazado, como un *entremés*». Estos versos, en opinión del citado crítico, se corresponderían con el primero de los dos «entremeses» insertos en la comedia; el segundo, al final de la misma, estaría protagonizado por Dorildo y Leotacio, vestidos como dos «fantoches», y Otavio y Licio, travestidos, usurpando ambos la identidad de Aurelia (Matas Caballero, 1997, pp. 37-40, la cita en la p. 38).

1624 *Recuerda*: 'Despierta'; «metafóricamente vale despertar al que está dormido» (*Aut.*).

1631 *como preste*: 'como sacerdote'.

LICIO	Yo haré que os levantéis	
	sin que tengáis más sosiego.	
ASTROPO	¡Huye, Leotacio, del fuego!	
LICIO	Vivos en él arderéis.	
ASTROPO	¡Huye por aquí, señor,	1640
*	que no hay otro humano medio!	
LEOTACIO	¡Dios mío, danos remedio,	
	líbranos deste traidor!	
	Diez misas decir haré,	
	si me libras, Jesús mío,	1645
	y mis ropas y atavío	
	a los pobres las daré.	
ASTROPO	Prometo capa y espada,	
	sayo, calzas y jubón,	
	y de oír con devoción	1650
	toda una misa rezada.	
LEOTACIO	Da voces, ¿no ves arderse	
	toda la casa? ¡Ay, cuitado,	
	que vengo a morir quemado!	
ASTROPO	Ya veo el fuego en mí emprenderse.	1655
LEOTACIO	¡Señor Dorildo, recuerda!	

1646 *atavío*: «objetos que sirven para adorno» (*DRAE*).

1649 *sayo*: «casaca hueca, larga, y sin botones, que regularmente suele usar la gente del campo o de las aldeas» (*Aut.*). «Es prenda masculina, que se pone sobre el jubón, y aparece ya en la época medieval» (Madroñal, 2000, *s. v.*, p. 290). // *calzas*: «da vestidura que cogía el muslo y la pierna, y eran muy huecas y bizarras» (*Aut.*). «En el XVI podían cubrir toda la pierna del hombre […] se usaban lisas y pegadas al cuerpo, pero ya en 1592 se menciona que necesitan cuatro o cinco varas […]; también en la Edad Media podían llevarlas las mujeres» (Madroñal, 2000, *s. v.*, p. 249). // *jubón*: «vestido de medio cuerpo arriba, ceñido y ajustado al cuerpo, con faldillas cortas, que se ataca por lo regular con los calzones» (*Aut.*). «Ya usados desde el siglo XIV, en el XVI tenían larga faldeta […] Lo llevaban también los hombres en el teatro áureo […] en el teatro breve cuando son de raso o cuero pueden caracterizar al personaje del francés; por otra parte, enaguas y jubones con mangas en punta se utilizan para caracterizar el gitano en alguna ocasión, mientras que el jubón acuchillado es propio del rufián» (Madroñal, 2000, *s. v.*, p. 274).

1651 *misa rezada*: «misa que se celebra sin canto» (*DRAE*), por lo tanto, más breve.

1655 *emprenderse*: 'prenderse'.

¡Licio, ven, que somos muertos!

De favor somos desiertos,

pues nadie de nos se acuerda.

[*Vase* Licio. *Sale* Dorildo.]

Dorildo	¿Qué voces oigo? ¿Qué es esto?	1660
	¿Señor Leotacio, qué hacéis?	
Leotacio	¿Qué hago saber queréis?	
	¿No veis todo en fuego puesto?	
Dorildo	¿En fuego? ¿Dónde está el fuego?	
Leotacio	¿No lo veis todo encendido	1665
	por los techos esparcido?	
Dorildo	No te entiendes o estoy ciego.	
	Sin duda que lo has soñado.	
Leotacio	¿Soñado? ¡Mal haya yo!	
Astropo	Bien parece que no vio	1670
	lo que nos ha recordado.	
	Que yo sé, si lo llamara	
	una figura espantosa,	
	con una llama furiosa	
	por cabeza, ojos y cara,	1675
	que con menos osadía	
	viniera de la que viene.	

1667 *no te entiendes*: 'no sabes lo que dices'.

1671 *recordado*: 'despertado'.

1674-1676 Estas palabras del aterrorizado Astropo, tras haber visto la «espantosa» figura el diablo, nos podrían servir de indicio acerca del disfraz de demonio empleado por Licio para asustar a Leotacio y a su criado, utilizando probablemente una máscara que le cubriría toda la cara y cabeza, figurando una terrible llama.

[*Sale* LICIO.]

LICIO	¿Qué es esto? ¿Qué me detiene,	
	oyendo tal vocería?	
	¿Qué es esto, señor Leotacio?	1680
	¿Señor Dorildo, qué es esto?	
	¿Hora es esta deste puesto	
	y de tan largo palacio?	
ASTROPO	¡Oh, Licio, gran desventura!	
	Sabe que al dïablo vimos	1685
	y a los dos llamar oímos.	
*LICIO	No digas esa locura.	
ASTROPO	La verdad te estoy diciendo,	
	no sé qué te maravilla.	
LICIO	Sin duda la pesadilla	1690
	os debió de dar durmiendo.	
LEOTACIO	Señor Dorildo, ¿qué hacemos?	
DORILDO	No sé, vamos acostarnos.	
ASTROPO	Por mejor tengo el quedarnos	
	que al peligro nos tornemos.	1695
DORILDO	Es medianoche y no más,	
	¿y aquí quieres detenerte?	
ASTROPO	Leotacio, guarda de verte	
	en poder de Satanás.	
LEOTACIO	Sin duda que lo soñamos,	1700
	volvámonos acostar.	

1682 *deste puesto:* 'de esta situación'.

1683 *tan largo palacio:* 'y de casa tan suntuosa y liberal' (Alonso, 1982, *s. v. palacio* y *largo*).

1693 *vamos acostarnos:* 'vamos a acostarnos', con la *a* embebida.

1701 *volvámonos acostarnos:* 'volvámonos a acostarnos', con la *a* embebida.

ASTROPO		Allá no pienso tornar.
LEOTACIO		Ven, que acompañados vamos.
ASTROPO		Señor, de aquí me despido
		de estar más en tu servicio, 1705
		porque andar más no codicio
	*	con dïablos en rüido.
LEOTACIO		Quédate, si entrar no quieres.
ASTROPO		Señor, no, y, en viendo el día,
		haré a Salamanca vía. 1710
	*	Mira si algo quisieres.
LEOTACIO		Acude en amaneciendo,
		pagarete tu soldada.
ASTROPO		Ella será bien pagada
		con irme de aquí huyendo. 1715

[*Vanse* DORILDO *y* LEOTACIO.]

LICIO		Astropo, ¿que así te vas
		sin que nadie te detenga?
ASTROPO		No hay cosa que me convenga
		sino aquí no parar más.
LICIO		¿Así tienes de ir desnudo? 1720
ASTROPO		Encueros quisiera irme,
		pudiendo así redimirme,
		que el hüir solo es mi escudo.
LICIO	*	Astropo, ya que el quedarte

1707 *rüido*: «litigio, pendencia, pleito, alboroto o discordia» (Alonso, 1982).

1710 *haré* [..] *vía*: 'me encaminaré'.

1713 *soldada*: «el estipendio, y paga, que se da al criado, que sirve» (*Aut.*).

1720 *desnudo*: 'con la ropa de dormir, sin vestir'.

1722 *redimirme*: «socorrer, aliviar, o sacar de algún riesgo o peligro» (*Aut.*).

	nadie lo puede alcanzar,	1725
*	ven y harete pagar	
	mañana para avïarte.	
	Darete en que puedas ir	
*	y para Otavio un recaudo.	
ASTROPO	Yo vendré, cuando has mandado,	1730
	y a Dios, que me vo a dormir.	

[*Vase* ASTROPO. *Sale* AURELIA.]

LICIO	Aurelia, ¿qué haces? Di.	
AURELIA	Aquí estoy, ya sin aliento	
	de reír el desatiento	
	de los dos, fuera de mí.	1735
LICIO	¿Has visto bien la maraña?	
AURELIA	¡Cómo la he visto y notado!	
LICIO	Pues aún no quedo pagado,	
	que otra queda más estraña.	
	Astropo se ha despedido	1740
	y a Salamanca ha de ir,	
*	yo pienso a Otavio escribir	
	que venga sin ser sentido.	
	Y, venido acá, verás	
	lo que hago en los señores,	1745
	que por ser tus servidores	
	esto sufrirán y más.	
AURELIA *	Haz lo que gusto te diere,	
	que yo me vo a reposar.	

1734 *desatiento*: «turbación, enajenación del sentido y tiento» (*Aut.*).
1746 *servidores*: «el que corteja, o festeja alguna dama» (*Aut.*).

LICIO   Yo a lo mismo y a trazar   1750

         lo que a tu honor más cumpliere.

           [*Vanse.*]

1750 *trazar*: rima imperfecta con *reposar* (v. 1749). Aunque en el texto impreso estemos ante una rima imperfecta, probablemente en la dicción no lo fuera, al menos en la recitación del verso 1750 por actores originarios de la zona geográfica andaluza, donde es frecuente el fenómeno del seseo.

*ARGUMENTO DE LA CUARTA JORNADA

Astropo llega a Salamanca, dale a Otavio una carta de Licio. Viene luego a Sevilla, escóndese en casa de Aurelia. Licio dice al tutor que Aurelia le quiere hablar aquella noche, dícele dónde y cómo ha de ir. Lo mismo hizo a Leotacio. Pónelos en el puesto. Sale él y Otavio con mantos de mujer, Otavio se va a su tutor y Licio, a Leotacio. Aurelia hace a un su criado[Q] descubrillos, con que fue clara la burla que Licio les hizo.

PERSONAS DE LA CUARTA JORNADA[R]

Astropo, criado fanfarrón.	Licio, criado.
*Otavio, galán	Leotacio, estudiante.
Dorildo, tutor.	Gonzalo, bobo.
Justicia.	Aurelia, dama.
Criado de Justicia.	

[*Sale Astropo.*]

Astropo

    Hombre puedo llamarme venturoso,
pues libre de aquel riesgo soy llegado
a Salamanca, donde con reposo
pasar podré la vida descuidado.   1755
¿Qué frenesí llevó loco y furioso
a Sevilla a Leotacio enamorado,
donde vea fantasmas que lo nombren

Q *un su criado*: véase la nota al v. 1268.

R *PERSONAS DE LA CUARTA JORNADA*: el orden en el que aparecen recogidas las «personas» de la comedia en las Tablas se corresponde con el de su intervención en la obra. Un procedimiento que se repite en todas las tablas de esta comedia exceptuada esta: tras Otavio el personaje que le sigue en su aparición sobre la escena es Licio y no Dorildo, y tras este, Leotacio y no Justicia. El orden de personajes acorde a su aparición sobre las tablas sería, por lo tanto, el siguiente: Astropo, Otavio, Licio, Dorildo, Leotacio, Justicia, Criado de Justicia, Gonzalo y Aurelia. ¿Nos encontramos ante un «descuido» por parte de Cueva o bien un error del impresor, que Cueva en su corrección no detectó? No lo sabemos.

1755 *descuidado*: 'sin preocupaciones, sin obligaciones'.

y con formas diabólicas lo asombren?

    Estese allá en su deseo encendido,   1760

sin tener certidumbre más del hecho

que la que su dislate conocido

le da para dejallo satisfecho.

Acá estoy bien, él, ciego evanecido,

ábrase en fuego y en deseo su pecho,   1765

y esté donde le sigan los dañados,

que bien estamos ambos desvïados.

    Licio me dio esta carta y la presteza

me encargó en el dalla a Otavio luego.

Quiero arrojar de mí toda pereza   1770

y llevarla sin más tener sosiego.

Repararé con ella la tristeza

que le causa de amor el vivo fuego

por Aurelia, que al loco de Leotacio

llevó a Sevilla a ser necio de espacio.   1775

    Este que viene a Otavio me parece.

Él es, quiero escuchar lo que lamenta.

[*Sale* OTAVIO.]

OTAVIO   Ingrato amor, ¿por qué tu saña crece

1762 *dislate*: 'disparate'.

1764 *evanecido*: «soberbio, hinchado presuntuoso» (*Aut., s. v* envanecido).

1766 *los dañados*: «los condenados a las penas del infierno; pero en este sentido tiene hoy poco uso» (*Aut.*).

1767 *desvïados*: 'apartados'.

1775 *de espacio*: 'por tiempo dilatado' (véase nota al v. 1567).

1778 *Ingrato amor*: tópico literario de raíces clásicas –Catulo: *ingrato amore* (*Poemas*, LXXVI 6)– presente en composiciones de autores del Siglo de Oro como Garcilaso de la Vega (*Soneto XXXIII*), Fernando de Herrera (*Soneto LXIX*), Miguel de Cervantes (*La Galatea*), Lope de Vega (*El amor enamorado*), etc., el cual abre esta intervención de Otavio, de marcada resonancias petrarquistas.

comigo, a quien ausencia así atormenta?

¿Con los que te obedecen, se embravece?   1780

¿Con el que más te agrada, más se aumenta?

Pues así es, que nunca veo ablandarte,

lleva Aurelia este llanto de mi parte.

       *   Sígante estos sospiros con que enciendo

el frío Bóreas y suspendo el cielo   1785

que, mi terrible desventura viendo,

señales muestra de sentir mi duelo.

Y tú, con verme en tal dolor muriendo,

no me concedes recebir consuelo.

Soberbio amor, si amor has de llamarte,   1790

lleva Aurelia este llanto de mi parte.

ASTROPO   ¡Cuán descuidado está del pensamiento

que a Leotacio en Sevilla lo detiene!

¡Qué firme está el cuitado en el tormento

que de la fiera ausencia al triste viene!   1795

OTAVIO   Dame, amor, en tal paso sufrimiento,

pues ningún otro medio me conviene.

Viviendo sin mi gloria en esta parte,

lleva Aurelia este llanto de mi parte.

ASTROPO   Quiero evitar que más no se lamente   1800

con darle aquesta carta que le envía

1783 *lleva Aurelia*: 'lleva a Aurelia', con la *a* embebida.

1785 *frío Bóreas*: viento septentrional frío y seco. «Pone Esíodo en la *Teogonía* [vv. 375-382] dos linages de vientos: celeste i terrestre; el primero son Bóreas, Noto, Zéfiro, Sussolano, hijos de Aurora y Astreo; los otros, de linage terrestre i hijos de Tifón» (Herrera, ed. 2001, p. 980). El epíteto *frío* se encuentra ya en Homero (*Ilíada*, Canto XV 171, XIX 358…), como recoge Ravisius Textor (*Officina, Venti Diversi*), y perdura en la literatura latina (Horacio, *Odas*, Libro III, XXIV; Lucano, *Pharsalia*, v. 600), tal y como anota Juan Pérez de Moya: «porque cuando el viento Bóreas sopla con furia, con su frialdad…» (ed. 1995, Libro Segundo, Capítulo XX. *De Apolo y de Bóreas y Jacinto*, pp. 269-271, la cita en p. 271). // *suspendo*: «detener, o parar por algún tiempo, o hacer pausa» (*Aut.*).

1791 *lleva Aurelia*: 'lleva a Aurelia', con la *a* embebida.

1799 *lleva Aurelia*: 'lleva a Aurelia', con la *a* embebida.

su criado; mas temo no le cuente

lo que el loco Leotacio pretendía

y, queriendo vengarse en el ausente,

pague yo por presente su osadía,   1805

de modo que huyendo del espanto

acá venga a caer en más quebranto.

    No se la quiero dar, quiero rasgalla.

Rasgalla he. Si se la rasgo, es malo,

que lo sabrá y, venido a demandalla,   1810

se la tengo de dar al son de un palo.

¿Qué haré, triste? Dejaré de dalla.

No, quiérosela enviar, mas intervalo

es no dársela yo, y así me culpo,

y al fin con dalla, en parte, me disculpo.   1815

    Encomiéndome a Dios, quiero llamallo.

    *   ¡Ah, mi señor Otavio!, ¿en qué se entiende?

OTAVIO   *   ¿Quién llama a Otavio?

ASTROPO   Astropo, tu vasallo,

el que servirte y aguardar   pretende.

OTAVIO   ¿Vino Leotacio?

ASTROPO   Acá vengo aguardallo,   1820

1802 *mas temo no le cuente*: 'mas temo le cuente'. «Es normal que las oraciones completivas dependientes de verbos o frases que significan "temor", "duda", "prohibición", "negación" y similares aparezcan con *no*, aun en casos en los que ahora no se utilizan. Así sucedía en la Edad Media, así sucede en muchas lenguas y así sucede todavía en ciertas estructuras del español» (Gutiérrez Cuadrado, ed. 1998, p. 838, 19.1).

1809 *Rasgalla he*: 'la rasgaré' (véase nota al v. 1099).

1813-1814: 'mas enviársela, supone una mediación, una demora, que lo culpará, porque a Otavio le resultará muy extraño que no sea él quien se la haya dado en mano'.

1817 *¿en qué se entiende?*: '¿en qué anda ocupado?'; «estar empleado y ocupado en hacer alguna cosa, cuidar de ella y tenerla a su cargo» (*Aut.*).

1819 *aguardar*: «atender, respetar, tener en aprecio o estima» (*DRAE*).

1820 *vengo aguardallo*: 'vengo a aguardarlo', con la *a* embebida.

que se despacha en Burgos, donde vende

unos juros, y es cosa de importancia

asistir con tenaz perseverancia.

   Esta carta te traigo, en que por ella

sabrás de su quedada el fundamento,   1825

y, en cuanto que te ocupas en leella,

iré a ver yo quien causa mi tormento.

OTAVIO   Anda, que ya traerás deseo de vella.

ASTROPO   Sí traigo. [*Ap.*] (¡Y más hüir tu acatamiento!)

               [*Vase ASTROPO.*]

OTAVIO   ¡Oh, mi amigo Leotacio, que en memoria   1830

*   tienes a Otavio, dete Dios victoria!

   Veamos qué me dice en su quedada,

que más gusto me diera su venida,

*   que de mí con afecto es deseada

por razón de amistad tan encendida.   1835

1821-1822: 'Astropo engaña a Otavio, diciéndole que Leotacio, su señor, se ha detenido en Burgos, mientras concluye un negocio, de venta de unos derechos perpetuos de propiedad'. // Burgos era «una de las ciudades más importantes de la meseta norte de Castilla en crecimiento desde la Edad Media. La Corona había venido utilizando sus rentas para conceder mercedes y privilegios a distintas personas, autoridades e instituciones de la ciudad y sus alrededores. Por ese motivo, en 1544 Burgos tenía ya un importante situado, constituido sobre todo por juros "perpetuos" y "de por vida". Los juros "al quitar" representaban el 32% de los privilegios de la ciudad y un 47% del situado total» (Álvarez Nogal, 2009, p. 24). // *se despacha*: «abreviar y concluir algún negocio u ora cosa» (*Aut.*). // *juros*: «el juro era un título de deuda emitido por la Corona en beneficio de una persona o institución a la que se le concedía el derecho a percibir una renta en dinero situada sobre uno de los ingresos fiscales de la Monarquía. [...] La emisión de juros era una facultad propia del rey, porque el juro, por definición, era un privilegio o merced que concedía el monarca cediendo voluntariamente una parte de sus ingresos. Los juros "al quitar" podían ser vendidos, cedidos o traspasados de unos titulares a otros. [...] La Corona reconoció desde el principio el derecho de los poseedores a transferir el título a cualquier persona física o jurídica. El rey garantizaba la validez de cualquier enajenación que hiciese el titular, incluida la transmisión por herencia» (Álvarez Nogal, 2010, p. 53).

1829 *hüir tu acatamiento*: 'huir de tu presencia'; «significa también la presencia del sujeto a quien se hace reverencia» (*Aut., s. v. acatamiento*).

¡Válame Dios!, de Licio está firmada.

Su letra es, de mí es bien conocida.

Quiero ver qué me escribe mi crïado,

ya que de Astropo quedo así engañado.

Carta.

*Licio   Quisiera volverme en viento   1840

por evitar escrebirte

1836 *Válame*: 'Válgame'.

1839[+] Henri Recoules afirma, en «un trabajo pionero sobre la importancia numérica de la carta en la producción dramática del Siglo de Oro español» en palabras de Sebastian Neumeister, que «el empleo de cartas y papeles en la comedia [era] otro artificio muy común en la técnica teatral de los dramaturgos del Siglo de Oro», semejante al recurso de los disfraces, los travestismos, las puertas secretas, los armarios con doble fondo, las equivocaciones de personas, las escenas de amor en un balcón, los encuentros en las iglesias, los duelos… (Recoules, 1974, p. 480). Es decir, «da carta» no sería un medio extraño al teatro, como se ha pretendido en alguna ocasión, sino «una técnica adicional de información y de intensificación dramática», como indica Sebastian Neumeister. «La carta como medio comunicativo en la comedia –según este estudioso– debe competir ante todo con el diálogo, material básico de la comedia, y con dos formas nomológicas, el propio monólogo reflexivo y el aparte. Dado, sin embargo, que estas dos formas al parecer nomológicas se dirigen al público, son dos variantes más del diálogo teatral, acto de comunicación que se desarrolla entre el texto, el actor y el espectador-oyente. […] La carta reemplaza y conserva en este conjunto la comunicación de un remitente que normalmente no está presente. Debe efectuarse en el caso de la carta en el teatro por fuerza de viva voz. El destinatario mismo, leyendo la carta, asume por eso el papel del mensajero para las personas presentes tanto en el tablado como en la sala. En el acto de la lectura de una carta la comunicación vuelve a su forma primitiva, el diálogo oral, sin perder por eso su carácter formalmente excepcional» (Neumeister, 2011, pp. 275 y 264, respectivamente). Para el uso y funciones de la carta en el teatro del Siglo de Oro, véase el artículo de Canonica, 2015.

1840 Licio: «según la adscripción del parlamento en *B*, la "Carta" que Licio envía a Otavio por medio de Astropo (v. 1840-1887) debía de ser leída fuera de escena por el propio Licio, a quien se le adjudica en dicha adscripción (v. 1840). Aunque en el v. 1838 Otavio expresa la voluntad de ver qué le escribe su criado, el contenido de la carta no figura en su boca: lo sugiere la presencia de la referida adscripción y lo confirma la adscripción del v. 1888 que, finalizada la carta, atribuye a Otavio los versos que la siguen (v. 1888-1895). En la *Comedia del príncipe tirano*, encontramos una situación semejante: el Príncipe envía un "papel" al Rey, su padre, con una petición a través de su Carcelero ("Petición del Príncipe", v. 1377-1400). No obstante, a diferencia de lo que ocurre en *El tutor*, estos versos carecen de adscripción del parlamento: la orden del Rey a uno de sus súbditos deja fuera de duda a quién corresponde su lectura ("Calcedio, leedlo luego presuroso, / veamos qué le mueve o qué es su intento", […]). Ello refuerza nuestra propuesta, pues, dado el protagonismo de Licio en la pieza, dicha lectura incrementaría su figura y subrayaría la eficacia dramática del mensaje» (Reyes Peña, Ojeda Calvo y Raynaud, 2010, p. 248 en nota, sin una corrección que aquí hemos introducido al rectificar que la adscripción del parlamento –Licio– solo figura en *B*). Es muy probable que el actor que encarnara a Licio leyese su carta desde el vestuario, sin ser visto por los espectadores como si fuera una voz *en off*. La variante de *A*, al omitir dicha adscripción, permite suponer que la «Carta» la lee el mismo Otavio.

y más breve referirte

lo que está en mi pensamiento.

    El tiempo es breve y no puedo

detenerme en circunloquios   1845

ni en retóricos coloquios,

que el hablar me impide el miedo.

    Sabrás que tu buen tutor

ciegamente a Aurelia ama,

y ella huye y lo desama   1850

cuanto el viejo arde en su amor.

    Hame descubierto el pecho

encendido en tal locura,

en cuya angustia y tristura

anda en lágrimas deshecho.   1855

    Con esta mesma pasión,

tu amigo Leotacio vino

*   y, acabado su camino,

me dijo su pretensión.

    En esto gasta la vida,   1860

*   y es necesario que al punto

salgas por la posta, junto

que esta de ti sea leída.

    Es tal la solicitud

1851 *cuanto*: 'tanto como, en igual medida'.

1862 *por la posta*: 'de inmediato'; «modo adverb. con que además del sentido recto de ir corriendo la posta, translaticiamente se explica la prisa, presteza y velocidad con que se ejecuta alguna cosa» (*Aut.*). // «Hacia 1580, en Castilla, se generaliza el uso del servicio de correos, pudiendo utilizarlo los particulares y creándose las estafetas, servicio que consistía en que los postillones trasladaban la correspondencia particular de una posta a la siguiente […]. Este sistema viene a facilitar más aún los viajes por la posta en los que el viajero, acompañado de un postillón también a caballo, va de una posta a la siguiente, donde cambia de montura, mientras el postillón que le ha acompañado vuelve a la posta de procedencia con el caballo del viajero y el suyo propio, y es acompañado por otro postillón que hace el mismo servicio hasta la posta siguiente» (Uriol, 1977, p. 839).

1862-1863 *junto / que*: 'en cuanto que'.

que los dos ponen en esto 1865
que conviene que seas presto
a tu honor y a tu salud.

    Hora no están descuidados
de su locura y antojo;
ven, que el enemigo al ojo 1870
inquieta a los soldados.

    Y, aunque a su vana osadía
muestra Aurelia firme pecho,
muchas veces el estrecho
es causa de cobardía. 1875

    Apresúrate a venir,
que el contrario nos estrecha
y de escudos se pertrecha,
con que nos piensa batir.

    Esto es lo que más lo esfuerza, 1880
porque tiene confianza
que con aquesta pujanza
rendirá cualquiera fuerza.

    Deja, señor, la pereza
y ven donde queda Licio, 1885
como debe a tu servicio,
como siempre en su firmeza.

*Otavio   ¡Bueno estoy! ¿En esto anda
mi tutor? ¿Así me honra
mi amigo? ¿Así me deshonra? 1890

1868 *Hora*: 'ni un momento'.

1870 *al ojo*: 'a la vista'.

1874 *estrecho*: «metafóricamente vale aprieto, peligro, necesidad, riesgo, contingencia» (*Aut.*).

1878 *escudos:* juego de palabras, *escudo* para defenderse en la guerra y *escudos* como monedas, es decir, el dinero que el contrario —el tutor y Leotacio— se están gastando en agasajar con valiosos regalos a Aurelia, con la intención de rendirla a su amor.

1879 *batir*: 'echar por tierra, abatir'.

No saldrán con su demanda.

La posta voy a tomar,

que no sufre mi pasión

momento de dilación,

ni más se puede aguardar.   1895

[*Vase* Otavio. *Sale* Licio.]

*Licio

Once días hace hoy

que Astropo salió de aquí,

con quien a Otavio escribí

y a quien aguardando estoy.

Y los días regulados,   1900

de la ida y la tornada,

tarda ya con su llegada,

aunque al justo sean contados.

Mas temo que aquel lebrón

de Astropo deje de dalle   1905

la carta, en que envio avisalle

1891 *demanda*: 'pretensión'.

1896 *Once días*: la distancia que separa Sevilla de Salamanca es de unos 465 km. En el Siglo de Oro, un caminante ligero que viajase sin los impedimentos ocasionados por un viaje en grupo podía alcanzar hasta un máximo de 25 km por día. Si el viaje se hacía en un caballo «cuidado decentemente», se podía recorrer 33 km al día. Las velocidades máximas de transporte que podían encontrarse en tierra en ningún caso superaban los 100 km. Sin embargo, «con postas, a 20 Km de distancia de unas a otras, podrían hacerse de 15 a 20 Km a la hora, cambiando de montura, con lo que en ocho o diez horas de caminar se podía llegar a 150 ó 200 Km diarios, que, como término medio, corresponde a las velocidades exigidas en el arrendamiento del servicio de correos de los Austrias a la familia Tassis» (Uriol, 1977, p. 839). Siendo este último sistema el empelado por Otavio (v. 1892), este tardaría unos 3 ó 4 días en llegar a Sevilla. No sabemos, sin embargo, el tiempo empleado por Astropo en su regreso a la ciudad salmantina, lo que quizás podría explicar la inquietud de Licio (vv. 1900-1903) ante la tardanza de su amo.

1900 *regulados*: 'calculados'.

1903 *al justo*: «modo adverbial. Ajustadamente, o igualmente» (*Aut.*).

1904 *lebrón*: «metafóricamente se aplica al que es tímido y cobarde, aludiendo a la timidez y recelo que tiene la liebre» (*Aut.*).

del caso por relación.

    No hará y, cuando así sea,
sin él los pienso burlar
y Aurelia dellos librar,   1910
como su honor libre sea.

[*Sale* OTAVIO.]

OTAVIO   ¿Si habré tardado en venir,
con haberme dado priesa
para acabar esta empresa
que estimo más que el vivir?   1915
    Licio es aquel. ¡Hola, Licio!

*LICIO   ¿Quién llama a Licio? ¿Quién es?

OTAVIO   Otavio soy, ¿no me ves?

LICIO   Pues, yo Licio, a tu servicio.

*OTAVIO   ¿Vengo a tiempo? ¿Heme tardado?   1920
    *   ¿Qué es esto que me escribiste,
Licio? Y lo que me dijiste
    *   por escrito sea contado,
    que no concede sosiego
a mi alma tal maldad   1925
hasta saber la verdad,
que decir te mando luego.

LICIO   ¿Qué es lo que quieres que diga?
Por Aurelia arde en amor

1907 *por relación*: 'por narración', es decir, contándoselo.
1908 *cuando*: 'aunque' (véase nota al v. 1101).
1910 *y Aurelia*: 'y a Aurelia', con la *a* embebida.
1911 *como*: 'para que'.

el bueno de tu tutor   1930
y ella en verlo se fatiga.

   Leotacio, tu caro amigo,
muere en el mesmo deseo,
mas él llevará en trofeo
el merecido castigo.   1935

   Éntrate, que es conveniente
que nadie vea que has venido,
porque yo estoy resumido
que me paguen juntamente.

   Aurelia te está aguardando.   1940
Éntrate y déjame aquí,
porque te conviene a ti
que hoy obedezcas mi mando.

   Yo me voy, mira no tardes.

*OTAVIO

LICIO Déjame, señor, hacer.   1945
Deprende hoy a obedecer,
y mando que en casa aguardes,

   porque yo tengo trazado
un engaño, en que verás
cómo pagado serás.   1950

*OTAVIO En eso voy confïado.

[*Vase* OTAVIO.]

LICIO   La ocasión tengo en las manos,
ya es el punto de mostrarme,
ya el tiempo llama a vengarme

1938 *resumido*: 'decidido'.
1946 *deprende*: 'aprende'.

en estos amantes vanos. 1955

Quiero empezar por el viejo,
pues viene a buena ocasión.
Licio, apresta el corazón
* y el ingenio en dar consejo.

[*Sale* DORILDO.]

DORILDO ¡Ay, amor, cuándo has de darme 1960
consuelo a mi mal terrible!
¿Puede ser que sea posible
que dejes de atormentarme?
LICIO Deja, Dorildo, el quejarte,
que el amor te favorece. 1965
DORILDO Licio, ¿qué bien se me ofrece?
LICIO El que puede remediarte.
Sabrás que Aurelia ha venido
a condecender tu ruego.
Arde, como tú, en tu fuego 1970
y sufre lo que has sufrido.
DORILDO Pues, ¿qué resta, Licio amigo?
LICIO Que la noche sea llegada,
para que ella disfrazada
salga a hablarte comigo. 1975
DORILDO ¿Que me tiene de hablar?
LICIO Así queda concertado.
DORILDO ¡Oh mi bien tan deseado!,
¿quién te merece gozar?

1958 *apresta*: 'prepara, dispón'.
1969 *condecender*: «adherir, acomodarse al gusto o voluntad de otro» (*Aut.*, *s. v. condescender*).

LICIO	Conviénete, señor mío,	1980
	ir muy bizarro y compuesto,	
	porque sé que gusta desto	
	y más de un buen talle y brío.	
DORILDO	Yo iré como te diré,	
	cual van los hombres de estima:	1985
	con esta ropa y encima	
	un ferreruelo pondré,	
	un bonete y un sombrero,	
	y encima un paño tocado,	
	con que iré más abrigado.	1990
LICIO	No es eso lo que yo quiero.	
	Tú tienes de aderezarte,	
	que conviene a esta ocasión,	
	con mucha pluma y airón,	
	y muy lozano mostrarte.	1995
	Un vestido de color,	
	el talle corto de mozo,	
	* toser debajo el rebozo,	
	* que es propio de un amador;	
	traer la espada tendida,	2000
	aunque no sea menester,	

1981 *bizarro*: «lucido, muy galán, espléndido y adornado» (*Aut.*).

1988 *bonete*: «cobertura, adorno de la cabeza, que traen regularmente los Eclesiásticos Colegiales y graduados. Es de varias figuras con cuatro picos que salen de las cuatro esquinas, y unos suben a lo alto, como en los de los Clérigos, y otros salen hacia afuera, como los de los graduados y Colegiales» (*Aut.*).

1989 *paño tocado:* 'paño o toca puesta en la cabeza'.

1994 *airón*: «cierta cantidad de plumas negras de diferentes aves, de que se formaba un penacho, que antiguamente se llamaba Martinete, por ser lo regular hacerse de las plumas de un ave llamada así, y que servía para adornar las gorras, sombreros y morriones» (*Aut.*).

2000 *espada tendida*: «en la esgrima, es presentarla rectamente al combatiente» (*Aut., s. v. tender*); es decir, venir con la espada desenvainada, bien visible.

y, si se puede entender,

suspirar con un «¡Ay, vida!».

    Tú has de seguir este modo,

porque a Aurelia sé el humor.   2005

DORILDO   Licio, haz a tu sabor,

        *   que yo te obedezco en todo.

LICIO   Pues, señor, vete, que viene

Leotacio, ¡huye de aquí!

DORILDO   Licio, acuérdate de mí.   2010

LICIO   Yo haré lo que conviene.

[Vase DORILDO.]

Todo se encamina bien,

Leotacio viene a buscarme.

Venga, que viene a pagarme

otra paga que desdén.   2015

[Sale LEOTACIO.]

LEOTACIO   Crudo amor, tiempla tu ira,

si no quieres que yo muera

a manos de aquella fiera

que, cuando me ve, se aíra.

    Si tú gustas que así vea   2020

2006 *a tu sabor*: «modo adverb. que significa lo mismo que al gusto, a la voluntad y deseo» (*Aut.*, *s. v. a sabor* o *al sabor*)

2014-2015: 'Licio sabe que Leotacio también le será totalmente favorable, estando dispuesto a hacer todo cuanto le ordene para conseguir a Aurelia'.

2016 *Crudo amor*: 'amor cruel', sintagma de raíces petrarquista y de larga tradición en la literatura amorosa del Siglo de Oro (véase nota al v. 1778).

2018 *fiera*: tópicamente la dama desdeñosa se equipara a una fiera.

mi muerte, sin remediarme,

yo no procuro ampararme

como en tu desgusto sea.

LICIO   ¡Albricias, señor Leotacio!

LEOTACIO   Yo las mando, amigo Licio.   2025

LICIO   Que Aurelia está a tu servicio.

LEOTACIO   ¿Qué dices? Habla de espacio.

LICIO   No me puedo detener,

y digo en breves razones

que tus ansias y pasiones   2030

acaban, y padecer.

Yo vengo de hablar con ella

y pedile me otorgase

que esta noche te dejase

comigo volver a vella.   2035

Díjome que ella saldría

sola y cubierta comigo,

y que se verá contigo

luego que nos falte el día.

Conviene irte aderezar,   2040

mientras yo vuelvo a hablalle,

y pónteme de buen talle,

que la hagas arrojar.

LEOTACIO   ¡Licio, la vida me has dado!

2023 *como*: 'si', con valor condicional (Gutiérrez Cuadrado, 1998, p. 840, 20.2c). // *desgusto*: 'disgusto', 'si a ti ello te disgusta'.

2026 *está a tu servicio*: «frase cortesana, con que se ofrece alguna cosa, o se expresa estar a su disposición, y obsequio» (*Aut.*).

2040 *irte aderezar*: 'irte a aderezar'. En español antiguo era frecuente el uso del infinitivo sin preposición para expresar finalidad o propósito después de verbos de movimiento. Una construcción que, sin embargo, sobreviviría solo en los primeros años del siglo XVI (Keniston, 1937, p. 509).

2043 *que*: 'para que'. // *arrojar*: «fig. resolverse a emprender o hacer una cosa sin reparar en sus dificultades o riesgos» (Academia Usual, 1992, *s. v. arrojarse*).

LICIO		Bien está, ve aderezarte.	2045
LEOTACIO		Yo voy, no quieras tardarte.	
LICIO	*	Tú volverás con recaudo.	

[Vase LEOTACIO.]

Esto va de aqueste modo.
A Otavio quiero ir a ver
y, en lo que debe hacer   2050
en esto, avisalle en todo.
   Aguarden los que en amor
tienen presos sus cuidados,
verán de Licio pagados
a Leotacio y al tutor.   2055

[Vase LICIO. Sale DORILDO.]

DORILDO
   Yo creo que deste talle
nadie me conocerá,
y Aurelia se holgará
verme llegar a hablalle.
   ¡Oh punto en más que la vida   2060
de mí con razón tenido
y con más razón temido,
mi bajeza; conocida!
   Quiero saber, cuando esté

2045 *ve aderezarte*: 've a aderezarte' (véase n. al v. 2040).

2060 *punto*: «ocasión oportuna» (*Aut.*).

2063 *bajeza*: «met. La pequeñez y miseria de la criatura con respecto a su criador» (*Aut., s. v. baxeza*); es decir, Dorildo es consciente de su inferioridad respecto a la altura de su dama, a la que adora.

en mi deseada hora   2065

delante de mi señora,

cómo con ella me habré.

    Quiérome agora ensayar.

Lo primero, en allegando,

las dos manos le demando   2070

para querellas besar.

    Hecho esto, alargo el brazo

y le ciño en torno el cuello

y, en consintiendo hacello,

le dó un beso y un abrazo.   2075

    Direle: «Señora mía,

vos sois mi bien y mi gloria,

   *   vos mi esperanza y vitoria,

vos mi luz y mi alegría».

    Tras desto, la iré llevando   2080

a mi casa poco a poco

y ella, alegre en verme loco,

por ello me irá abrazando.

   *   Entraremos do fenezca

el ansia de mi cuidado   2085

y, alegre y regocijado,

   *   aguardaré que amanezca.

2067 *habré*: 'tendré'.

2069 *en allegando*: 'en llegando', gerundio preposicional introducido por la preposición que «'expresa posterioridad' inmediata en relación con la situación denotada por la oración principal, por lo que admiten paráfrasis con *en cuanto, enseguida que, una vez que…*» (*Nueva gramática…*, 2009, 27.4j-k, pp. 2063-2064).

[Sale Licio.]

Licio	Con este vestido viejo	
	tengo de hacer mi enredo,	
	en que muestre lo que puedo	2090
	en mi astucia y mi consejo.	
	Dorildo me aguarda ya,	
	y es la hora que conviene.	
	¿Han visto el viejo cuál viene?	
	Pues verán cuál tornará.	2095
Dorildo	Licio, ¿paréceos que es hora	
	para que vamos do acabe	
	mi tormento, aunque suave,	
	causándolo mi señora?	
Licio	Ya es el punto, ven tras mí.	2100
	Pondraste do concerté	
	con Aurelia, y mostraré	
	lo que quiero hacer por ti.	
Dorildo	¡Dios te dé contentamiento,	
	que así me lo das con verte!	2105
Licio	Aquí tienes de ponerte,	
	y aguarda con sufrimiento.	
	Un paso de aquí no mudes.	
Dorildo	Hecho una piedra estaré.	
Licio	*[Ap.]* (Conviene, que así haré	2110
	que con todo el cuerpo sudes.)	

2091 *en*: 'con', uso procedente del empleo de la preposición latina *in* + ablativo, que en una perspectiva nocional equivale en romance a *con* (Alvar y Pottier, 1993, pp. 295-296).

2097 *para que vamos*: 'para que vayamos', aunque la finalidad es normalmente expresada en subjuntivo, hay algunos ejemplos de oraciones finales en indicativo (Keniston, 1937, p. 358).

Este ya está en el garlito;
el otro voy a buscar,
pues juntos han de pagar
el amoroso delito.   2115

[*Vase Licio.*]

DORILDO   ¡Oh, mi Aurelia, si vinieses
a reparar mi tristura
y, viendo tu hermosura,
cual estoy por ti, me vieses!

[*Salen Justicia y Mozo.*]

JUSTICIA   Mozo, llega a ver quién es   2120
aquel que allí está arrimado.
MOZO   Hombre parece de estado.
JUSTICIA   ¿Tan presto su estado ves?
MOZO   ¿No ves que el rostro se tapa
y, aunque llamo, no responde?   2125
Debe de ser duque o conde.
JUSTICIA   O sacamuelas del Papa.
¡Ah, bellaco baladrón,
llega, quítale el rebozo!

2112 *garlito*: «metafóricamente significa celada, lazo o asechanza, que se arma a alguno para molestarle y hacerle daño» (*Aut.*).

2122 *estado*: 'estamento noble'.

2127 *sacamuelas*: «charlatán, embaidor» (Alonso, 1982). El empleo del sintagma *sacamuelas del Papa* supone una salida jocosa en boca de Justicia, para reconvenir al Mozo, que la persona que ven puede también no tratarse de un noble, sino ser un engañador, un embaucador, es decir, un "don nadie".

2128 *baladrón*: «el fanfarrón y hablador, que siendo cobarde blasona de valiente, y gasta muchas palabras, sin tener manos ni obras en los lances y ocasiones» (*Aut.*).

Mozo	Primero que llegue el mozo	2130
	llegar el amo es razón.	
	El Rey manda por premática	
	ir el amo y no el criado.	
*Justicia	Alegas como letrado.	
Mozo	Tengo un curso de Gramática.	2135
Justicia	Yo quiero llegar primero.	
	Señor soldado, descubra	
	el rostro y no me lo encubra,	
	porque quién es saber quiero.	
Dorildo	Lo que vuestra merced manda	2140
	será de mí obedecido.	
	Yo soy. ¿Soy bien conocido?	
Justicia	[*Ap.*] (Mozo, desvía a esta banda.	
Mozo	Señor, caxco trae y cota,	
	y espada más de la marca.)	2145
Dorildo	[*Ap.*] (¡Cuánta desventura abarca	
	el que sigue tal derrota!)	
	¿Ha conocido quién soy,	

2132 *premática*: 'pragmática', «la ley o estatuto, que se promulga o publica, para remediar algún exceso, abuso o daño que se experimenta en la República» (*Aut., s. v. pragmática*).

2135 «La gramática era la primera disciplina que se tenía que conocer, tanto en los programas de educación medieval como en los humanísticos, pues se consideraba la base de todos los demás conocimientos» (Cervantes, ed. 1998, p. 651, n. 38). Recordemos que se trataba de una disciplina perteneciente a las llamadas Artes liberales (concepto medieval heredado de la antigüedad clásica), de gran importancia para la formación intelectual del individuo por oposición a las artes serviles (artesanales o mecánicas) durante la Edad Media y la Edad Moderna. Las Artes liberales quedaron fijadas en siete, divididas en dos grupos: el *Trivium* (Gramática, Dialéctica y Retórica) y el *Quadrivium* (Aritmética, Geometría, Astronomía y Música).

2143 *desvía a esta banda*: 'apártate a este lado'.

2144 *cota*: 'armadura'.

2145 *espada más de la marca*: 'espada más larga de lo decretado por ley'; *espada de marca*, «espada cuya hoja tiene cinco cuartas» (*DRAE, s. v. espada*). // Avalle-Arce en su edición de *Rinconete y Cortadillo* anota: «*Espadas de más de marca*: [...] En 1564, y por premática, se había establecido la marca de la hoja en cinco cuartas de vara» (Cervantes, ed. 1982, t. I, p. 238, nota 91).

		señor alcalde mayor?	
JUSTICIA	*	No lo conozco, señor.	2150
DORILDO		Pues bien descubierto estoy.	
JUSTICIA		Vuestra merced me perdone	
		no tenerle otro respeto.	
DORILDO		Solo demando el secreto,	
		que desto no se razone,	2155
		que son pasos por amor	
	*	y así no merezco culpa.	
JUSTICIA		En todo tiene disculpa	
		cualquiera que es amador.	
		¿Manda vuestra merced algo?	2160
DORILDO		Señor, que lo dicho, dicho.	
JUSTICIA	*	Será en perpetuo entredicho.	
		por vida de lo que valgo.	
	[*Ap.*]	(Ya es uso en los amadores	
		ir con sus congojas tiernas,	2165
		los mozos, a las tabernas,	
		los viejos, a los amores.)	

[*Vanse* JUSTICIA *y* MOZO.]

2149 *alcalde mayor*: «juez de letras sin garnacha ["vestidura talar, con mangas y una vuelta, que desde los hombros cae a las espaldas"] con jurisdicción ordinaria, aprobado por el Rey en su Consejo Real y Cámara de Castilla, como asesor del Corregidor de alguna ciudad» (*Aut. s. v. alcalde y garnacha*).

2151 *descubierto estoy*: juego de palabras entre *descubrirse* –Dorildo se ha quitado el embozo que lo ocultaba– y *quedar al descubierto*, es decir, Justicia y Mozo han sorprendido a Dorildo en su lance amoroso.

2155 *que no se razone*: 'para que no se comente', «hablar absolutamente, y de cualquier modo que sea» (*Aut.*).

2156 *pasos*: «lance o suceso, especial y digno de reparo» (*Aut.*).

2161 *lo dicho, dicho*: «frase con que alguna persona se afirma y ratifica en lo que ha dicho y proferido una vez, con la cual se da a entender se mantiene en ello, sin querer retratarse» (*Aut.*).

2162 *en perpetuo entredicho*: «prohibición y mandato para no hacer ni decir tal o tal cosa» (*Aut. s. v., entredicho*); es decir, en silencio para siempre.

2167 *amores*: «plur. Comúnmente se entiende los ilícitos» (*Aut.*).

DORILDO   ¡Cuánto me debes, Amor,

pues puedes tenerme así!,

aunque más te debo a ti   2170

en ser de Aurelia amador.

     ¿Cuándo tuve yo más honra

que ponerme así por ella?,

pues que la gloria de vella

honra cualquiera deshonra.   2175

[*Salen* LICIO *y* LEOTACIO.]

LICIO   Anda, Leotacio, no tardes,

no se nos pase la hora

que señaló tu señora.

LEOTACIO   Corre apriesa, nada aguardes.

LICIO   El lugar que señaló   2180

es este, y querría ponerte

que no puedan conocerte,

porque así me lo mandó.

LEOTACIO   Mira lo que más te agrada,

que de mí es obedecido.   2185

LICIO   Señor, que aquese vestido

agora es cosa notada,

     porque hoy te has paseado

con él por toda esta calle,

y será mejor trocalle   2190

con otro menos notado.

LEOTACIO   Bien dices, volvamos luego;

2185 *que*: con valor causal.

2187 *cosa notada*: 'es conocido, reconocible por todos'.

harémoslo en un momento.

LICIO
Eso no me da contento,
que es menos nuestro sosiego. 2195

¿No ves el reloj que da
que es la hora señalada
y en llegar a la posada
la ocasión se perderá?

No hay para qué ya volverte, 2200
ponte tú este mi vestido,
que, cuanto sea más raído,
menos podrán conocerte.

Aurelia, cuando te vea
así, creerá que es guardarte 2205
de a nadie querer mostrarte,
y esto es lo que más desea.

LEOTACIO
Pues que te parece a ti,
ponlo ya por obra presto.

LICIO
En verdad que estás bien puesto, 2210
porque pareces a mí.

Aguarda aquí, que ya voy
por Aurelia, no te muevas.

LEOTACIO
¡Ay, Licio, el alma me llevas
y a tu disponer la doy! 2215

[*Vase* LICIO.]

* ¿Qué harás, Aurelia mía?
¿Estarás la hora aguardando

2205 *guardarte*: «recelarse y precaverse de algún riesgo u peligro que puede sobrevenir (*Aut.*); es decir, cuidarse, protegerse.

que yo adoro, deseando

por mi gloria y alegría?

   ¡Ay, mi Aurelia, ven! ¿No vienes?   2220

Aurelia mía, ¿qué aguardas?

Dulce Aurelia, ¿en qué te tardas?

Mi Aurelia, ¿en qué te detienes?

[*Salen* LICIO *y* OTAVIO.]

   Gente viene, callar quiero.

¿Si es mi Aurelia? Aurelia es, cierto.   2225

¡Ay, noche, que así has cubierto

la luz por quien ardo y muero!

   No es Aurelia esta. ¡Ay, cuitado,

si viniéndome a hablar,

la estorbó alguien llegar,   2230

porque muera en este estado!

LICIO   Otavio, presto adereza,

no nos detengamos tanto,

cúbrete con ese manto

de los pies a la cabeza.   2235

   Ya estás de todo instruïdo,

ve derecho a tu tutor,

que aguarda y no a su menor

en Aurelia convertido.

2227 Referencia a Aurelia, pues según el neoplatonismo la belleza y perfección de la mujer irradia rayos de luz.

2231 *porque*: 'para que'.

2232 *presto adereza*: 'arréglate, componte rápido'.

2239-2279 Ya en 1979, Jean Canavaggio nos advertía cómo el disfraz masculino en la comedia era «menos atractivo» que el disfraz femenino, enumerando no más de «veinte y tantos [ejemplos] en todo el teatro del Siglo de Oro». En el Renacimiento, nos encontramos «disfrazados» en obras de autores como Bartolomé de Torres Naharro con su *Comedia Calamita*, Lope de Rueda —*Comedia*

*Otavio	Digo que el dïablo eres;	2240
	yo voy, sin más detenerme.	
[*Ap.*]	(¿Si viniese a conocerme?)	
Licio	Eso quiero, nada esperes.	
	Leotacio aguarda su amada,	
	su alma puesta en un peso.	2245
	Yo voy. Si me diese un beso,	
	¿qué haré? No haré nada.	
Dorildo	Señora, vida desta alma	
	que en vos vive y a vos ama	
	y, ardiendo en süave llama,	2250
	goza de tan alta palma,	
	descubrí ese milagroso	
	rostro a mí que por vos muero.	

Medora y el *Coloquio de Tymbria*–, y Juan de Timoneda –*Comedia Cornelia*–, presencias que volverán a «encontrarse en Cervantes, Lope, Tirso, Alarcón, Monroy, Calderón, Moreto» (Canavaggio, 1979, p. 135). «Los disfrazados que nos ha dejado el teatro prelopesco –según dicho crítico– se nos aparecen ya irreductibles a ningún estereotipo. Aunque sean figuras cómicas, cada uno asoma al escenario en circunstancias distintas y para fines propios», en situaciones que no fueron recogidas por la comedia lopesca bien por «contravenir la decencia», por carecer de vis cómica, limitarse a un efecto de índole histriónico, o «desembocar, mediante la aparición de una figura anacrónica, el simple, en una comicidad de tipo entremesil» (Canavaggio, 1979, pp. 136-137). Lope en su *Arte nuevo* hace mención a las damas que mudan de traje, destacando que el «disfraz varonil» agrada mucho al público (vv. 280-283); sin embargo, excluye del enunciado de su «comedia nueva» al hombre que se viste de mujer porque «el recurso quizás le pareció atavío indecente […] y solo lo excusa en la morfología de graciosos y donaires» (Abad, 2001, pp. 177-178). Como nos recuerda Rosa Escalonilla, «lo que todos los personajes disfrazados tienen en común es la construcción, mediante la elaboración y la representación de un personaje de sexo contrario al suyo, de un microcosmos, de una ficción teatral dentro de la propia obra dramática, que requiere unas pautas de interpretación verbales y gestuales determinadas, precisamente dependiendo del personaje que representan» (Escalonilla López, 2000, p. 485). De este modo, el propio disfraz, la gestualidad y las voces impostadas de Otavio y Licio hacen de esta escena, en la que ambos de forma simultánea se acercan coquetamente a los taimados pretendientes amorosos, una de las más divertidas de toda la comedia. Aunque es inevitable advertir el carácter entremesil de este pasaje, la utilización del recurso teatral del hombre vestido de mujer por Cueva no es extemporánea, sino que resulta fundamental para la resolución de la pieza dramática. // Francesca Cavestro nos recuerda que la figura del criado astuto y disfrazado de mujer tiene un claro precedente en la comedia plautina *Casina* y en la *commedia dell'arte*, como es el caso del *canovaccio* de Botarga titulado *Ambasciatori* (Cavestro, 2014, pp. 98-99).

2244 *aguarda su amada*: 'aguarda a su amada', con la *a* embebida.

2245 *alma puesta en un peso*: 'con el alma en vilo, desasosegado'.

2252 *descubrí*: 'descubrid' (véase n. al v. 450).

	¿No queréis? Pues yo a vos quiero.	
*Otavio	Sosiegue y tenga reposo.	2255
Dorildo	¿No habláis, Aurelia mía?	
	Mi bien, ¿no me respondéis?	
Otavio	Ya digo que os soseguéis.	
*Dorildo	No sosiega mi agonía.	
	Esa poderosa mano,	2260
	que ha triunfado de mi suerte	
	descubrí, con que mi muerte	
	repare y yo viva ufano.	
Leotacio	¡Ay, punto de mi consuelo!,	
	¡ay, mi Aurelia!, ¡ay, mi señora!,	2265
	responded al que os adora,	
	luz del cielo, honor del suelo.	
	¿Queréis mostrarme esos ojos,	
	de donde me hiere amor?	
Licio	No lo permite mi honor.	2270
Leotacio	¿Ni aunque acaben mis enojos,	
	queréis, mi Aurelia, otorgarme	
	que os quite del rostro el manto?	
Licio	No os descomidáis a tanto.	
*Leotacio	Amor será en disculparme.	2275
Licio	Guárdese mi honestidad.	
	Leotacio, hablá y no más.	
Leotacio *	¡Ay, Cielo!, ¿por qué me das	
	tal bien con tal crüeldad?	

2271 *aunque*: 'porque'.

2274 *No os descomidáis*: 'no os sobrepaséis'.

2277 *hablá*: 'hablad' (véase n. al v. 450).

[*Sale el* Bobo.]

BOBO Desde que Octavio llegó 2280
de Salamanca a Sevilla,
siempre veo en casa guilla
y abondo me harto yo.
   ¡Qué pracer! Mas he notado
* que, aunque vino mi señor, 2285
nunca lo ha visto el tutor,
que siempre ha estado encerrado.
   Estando aquestotro día
en la praza yo y Ginés,
pasó el viejo, y dijo: «Este es 2290
quien por Aurelia moría».
   No me percoté de aquello,
y después acá lo hallo
al puto viejo a caballo,
que aquello debe de hello. 2295

2280 y ss.: el Bobo –o *simple*–, como era ya habitual en este personaje tipo, utiliza un lenguaje muy peculiar en el que son frecuentes las deformaciones idiomáticas en los distintos niveles del signo lingüístico (*pracer, praza, percoté, hello, her, chifrar, prumas, estordiante, craramente*) y coloquiales o familiares, *(guilla, abondo)*, que lo caracterizan como persona de escasa inteligencia –como su propio nombre indica–, ruda en su comportamiento, y de baja cultura y condición social, provocando la risa de los espectadores. Su origen plebeyo, su función ancilar, perteneciendo siempre al mundo subalterno de los criados, su desmedido gusto por los placeres materiales de la vida (comida y bebida) y su carácter enamoradizo lo acababan de configurar como personaje. Su presencia es numerosa en autos, farsas, coloquios y entremeses del Quinientos (sobre el origen de esta figura, su caracterización, sus diferencias con el pastor bobo y su presencia en el teatro del siglo XVI, véase el artículo de Manuel V. Diago, 1994). Como apuntaba Valle Ojeda Calvo, esta es «da única pieza de Cueva en la que aparece el Bobo» (Ojeda Calvo, 2006, p. 680, en nota).

2282 *guilla*: «cosecha copiosa y abundante» (*Aut.*).

2283 *abondo*: 'muchísimo', «copiosa y abundantemente, con abundancia y largueza. Es voz familiar y algo baja» (*Aut.*).

2284 La sustitución del grupo (*pl*) por (*pr*) era no poco frecuente en la legua vulgar.

2292 *percoté*: 'percaté', con deformación idiomática por el Bobo.

2295 *hello*: 'hacerlo', véase n. v. 492.

[*Sale* AURELIA.]

AURELIA
Quiero salirme a espaciar
y gozar del suave aliento,
que con tanto pensamiento
mal se puede reposar.
Gonzalo, ¿a dónde se va?   2300
¿No hay en casa en qué entender?

BOBO
Nuestra ama, aunque hay que her,
no falta que her acá.
Porque sepas lo que pasa,
estando partiendo leña   2305
oí chifrar, y a esta seña
me salí fuera de casa.

AURELIA
¿Tienes alguna ocasión
para así haberte alterado?

BOBO
Sí, que ando enamorado   2310
de la moza del mesón.

AURELIA
Este es negocio de espacio.
Dime, ¿has visto hoy al tutor,
que anda loco por amor,
y al baboso de Leotacio?   2315

2296 *espaciar*: 'pasear', «divertirse, recrearse, salirse a pasear al campo y a partes anchas y espaciosas» (*Aut., s. v. espaciarse*).

2297 *suave aliento*: 'apacible viento'.

2300 *¿a dónde se va?*: '¿a dónde vas?', expresado en forma impersonal.

2301 *entender*: 'estar ocupado' (véase nota al v. 1817).

2302 *her:* «lo mismo que hacer. Es voz antigua, que se conserva en el estilo familiar de los lugares» (*Aut.*).

2306 *chifrar*: 'chiflar' (silbar con la chifla). La sustitución del grupo (*fl*) por (*fr*) es rasgo de la lengua vulgar como el caso anterior de *pracer.*

2315 *baboso*: «fig. y fam. s. XVI al XX. Obsequiar a una dama con demostraciones de excesivo rendimiento» (Alonso, 1982, *s. v., babear*).

BOBO	Hoy vide aquel puto viejo	
	con prumas en el sombrero,	
	que creí ser chocarrero.	
AURELIA	Y aun creello es buen consejo.	
BOBO	Y encontré al estordïante,	2320
	paseando en esta calle,	
	también con el mesmo talle.	
AURELIA	¡Oh qué badajo ignorante!	
	Llégate, Gonzalo, acá.	
	¡Mi casa, en estos desmanes,	2325
	de damas y de galanes	
	muy bien proveída está!	
	¿Esto se sufre? No es justo	
	que en mi casa haya tal cosa,	
	que soy muy escrupulosa	2330
	y más en un caso injusto.	
	Gonzalo, mira quién son	
	los que en esta mercancía	
	ofenden la casa mía,	
	siendo tan contra razón.	2335
BOBO	Aquel es de hacia allí	
	el viejo tutor de Otavio.	
AURELIA	No me hará tal agravio,	
	que antes mirará por mí.	
BOBO	Aquestotro desta parte	2340

2316 *vide*: 'vi' (véase nota al v. 1518).

2317 *prumas*: 'plumas', fenómeno vulgar como *chifrar* y *pracer*.

2318 *chocarrero*: 'truhán'.

2320 *estordïante*: deturpación de 'estudiante', propia del habla vulgar de la marginación.

2325 *desmanes*: «desorden y desconcierto en el modo de hacer una cosa» (*Aut.*).

2332 *quién*: 'quiénes' (véase nota al v. 28).

	*	el estordïante es.	
AURELIA		No es posible que tal ves,	
		cierto debes de engañarte.	
BOBO		No engaño, llégate más,	
		¿no los ves más caramente?	2345
		No dirás que mi ojo miente.	
AURELIA		Digo que en lo cierto estás.	
		No se encubran los señores,	
		quieran descubrir las caras,	
		y ellas no nos sean avaras,	2350
		pues son yerros por amores.	
		Gonzalo, quítale el manto	
		a aquella dama de allá,	
		que a esta que tengo acá	
		pienso hacer otro tanto.	2355
*OTAVIO		Señor Dorildo, mal lance	
		saca de su vano amor,	
		y a la dama del menor	
		no dará esta vez alcance.	
LICIO		¿Cómo va, señor Leotacio?	2360
		Este es el premio de amar.	
		Bien puede desde hoy contar	
		su necedad muy de espacio,	
		pues amor así lo manca,	
		para cuando otra vez arda.	2365

2342 *ves:* 'veas'.

2345 *craramente:* 'claramente', mismo fenómeno de *pracer, chifrar* y *prumas*.

2348 *encubran:* 'oculten'.

2364 *manca:* «metafóricamente significa imposibilitar a alguno para alguna cosa» (*Aut.*); «mutilar», «debilitar, mermar, amortiguar» (Alonso, 1982).

Apriete agora el albarda
y camine a Salamanca.

OTAVIO ¿Esta es aquella amistad,
Leotacio, y darme tu casa
en guarda? Pues lo que pasa   2370
cuenta, y cuenta la verdad.

Acuérdate allá de Licio,
que de honrado estudïante
te ha traído a ser bergante
y a purgar tu maleficio.   2375

LICIO Váyanse los dos señores,
no nos quieran ocupar
y déjennos celebrar
el cuento de sus amores.

Y, cuando estén muy de espacio,   2380
digan de Licio este cuento
y sírvales de escarmiento,
señor Dorildo y Leotacio.

DORILDO Del Cielo viene este agravio,
que nunca se vio tutor   2385
engañado de menor,
sino yo agora de Otavio.

LEOTACIO Pues así lo quiere Dios,
que vamos cual merecemos,

2366 *el albarda*: 'la albarda' (véase nota al v. 1135). // *apriete … el albarda*: expresión semejante a *apretar las soletas* [suelas], «frase vulgar y jocosa. Es lo mismo que correr, o andar muy de prisa, especialmente huyendo» (*Aut., s. v. apretar*). Es decir, Licio conmina a Leotacio a que se dé prisa en volver a Salamanca.

2375 *maleficio*: «daño o perjuicio que se causa a otro» (*Aut.*).

2377 *ocupar*: «embarazar, estorbar a alguno» (*Aut.*).

solo un consuelo tenemos   2390
que es consolarnos los dos.

[*Vanse* DORILDO *y* LEOTACIO.]

OTAVIO   En cuanto es del sol mirado,
                      cantará la eterna Fama,
          *   de Licio la aguda trama,
                      de Aurelia el casto cuidado.   2395
*LICIO   Cuenten los dos su tragedia,
                      pues ambos quedan llorando;
                      yo, riéndome y burlando,
                      doy fin a nuestra comedia.

FIN DE LA COMEDIA QUINTA

2393 *eterna Fama*: la descripción canónica de la figura alegórica de la Fama la encontramos en la *Eneida* de Virgilio (VI, 173-190) y en las *Metamorfosis* de Ovidio (XII, 39-64), personificando las noticias que se propagan por el mundo de algún hecho extraordinario. Su presencia, como figura alegórica, en el teatro del siglo XVI fue de gran importancia. «Torres Naharro la incorpora como uno de los personajes importantes de su comedia *Trophea*, en su función de voz pregonera para ensalzar las hazañas de Emanüel, rey de Portugal. La Fama, en el auto de Gil Vicente *Farsa chamada auto da Fama*, es una hermosa doncella que representa alegóricamente los descubrimientos marítimos de Portugal, cuya posesión se disputan igualmente Francia e Italia. En el Prólogo a la tragedia *Isabela* de Lupercio Leonardo de Argensola desempeña un papel de Fama pregonera para encomendar al público la tragedia que sigue y cantar el renombre de los héroes. La Fama aparece, además, con frecuencia en otras piezas dramáticas de la época como puede verse en las direcciones escénicas de algunas de ellas» (Correa, 1959, pp. 285-286).

COMEDIA DEL VIEJO ENAMORADO

*ARGUMENTO DE LA OCTAVA COMEDIA[A], DEL VIEJO ENAMORADO

Liboso, hombre anciano, se enamoró de Olimpia, hija de Festilo. Pídela por mujer, respóndele que está prometida en casamiento a Arcelo. Júntase Liboso con Festilo sobre el caso, y dice que Arcelo era casado y así no podía casarse con Olimpia, su hija. Festilo dice que él se la dará por mujer si averigua ser casado[B] Arcelo. Liboso se profiere de[C] averiguallo[D] y, para que su maldad tenga efeto, ayudado de un criado[E] suyo dicho Barandulo, traen una mujer, la cual en presencia de Festilo dice al Arcelo[F] que es su mujer, afirmándolo Liboso y Barandulo, su criado. El Arcelo, airado de ver tal testimonio, desmiente a Liboso, sobre lo cual[G] lo envió a desafiar Liboso. Y saliendo al desafío, teniendo Liboso por amigo a un nigromántico llamado *Rogerio y contándole el caso y pendencia aplazada, hizo con su arte mágica que estando en la pendencia Arcelo fuese por unos espíritus arrebatado y llevado a un monte y puesto en una cueva en cadenas, dándolo en guarda a una furia llamada Lisa, que algunos inorantemente han dicho ser un pescado[H], y no furia, siendo la furia que crio Juno para atormentar a Hércules, según lo trae Eurípides en la tragedia de *Hercules Furens*[I]. Olimpia,

---

[A] *OCTAVA COMEDIA*: Juan de la Cueva ordenó las catorce piezas de las dos ediciones quinientistas (Sevilla, 1583; Sevilla, 1588) en función del año de su estreno, siendo esta obra la octava de las diez comedias incluidas en dichas ediciones. José Caso González cree posible sospechar que las obras con una misma fecha de puesta en escena están también ordenadas cronológicamente (Caso González, 1965, p. 126). *El viejo enamorado* sería, según esto, la última de las cuatro piezas de Cueva puesta en escena en 1580.

[B] *averigua ser casado*: la construcción latinizante de cláusulas subordinadas de infinitivo con sujetos indefinidos es posible en la lengua del Siglo de Oro (Keniston, 1937, p. 544). *Ser casado*: la repartición de usos de *ser* y *estar* distaba mucho de la estabilidad del español moderno, no obstante estaba muy fijada en la lengua del Siglo de Oro.

[C] *se profiere de*: 'se propone'.

[D] *averiguallo*: 'averiguarlo'. «Las asimilaciones *tomallo, hacello, sufrillo,* estuvieron de moda en el siglo XVI, principalmente entre andaluces, murcianos, toledanos y gentes de la corte, que en tiempo de Carlos V adoptaban el gusto lingüistico de Toledo; después decayeron, aunque la facilidad con que procuraban rimas a los poetas las sostuviera al final de verso durante todo el siglo XVII» (Lapesa, 1988, p. 391).

[E] *de un criado*: 'por un criado', *de* con valor agente.

[F] *al Arcelo*: *El Arcelo* (artículo + nombre propio) «Nebrija y gramáticos de los siglos de oro rechazaron la presencia de determinantes ante el nombre propio, por referirse éste a seres únicos ya actualizados» (García Gallarín, 1990, p.219). Rafael Lapesa describe el uso «familiar en algunos países, vulgar en otros» del actualizador con nombre propio como «complejo y problemático en su origen» (2000, p. 437) y para Gutiérrez Cuadrado «se usan con artículo determinado algunos nombre propios, cuando ya se han citado en el discurso: «el Anselmo» ('el dicho Anselmo')» (Gutiérrez Cuadrado, 1998, pp. 819-856, la cita en p. 843, 22.2).

[G] *sobre lo cual*: 'acerca de lo cual'.

[H] *Lisa / pescado*: «pez semejante a la locha, de dos o tres pulgadas de longitud y de carne poco estimada. Abunda mucho en el río Manzanares» (*Aut.*).

[I] *Lisa / Eurípides / Hercules Furens*: Hera (Juno) movida por su deseo de venganza envía a la furia Lisa junto a Iris («servidora de los dioses») para provocar la locura a Heracles (Hércules), bajo cuyo furor el héroe asesinará a sus propios hijos (Eurípides, *Heracles,*

viendo al que había de ser su esposo en tal prisión y teniendo aviso de todo y del orden que para librallo había de tener, después de haber dado la muerte el mago a Liboso y ella al mago Rogerio[J], va al monte *guiada de cierta deidad y libra a Arcelo y, en voluntad de su padre, se casan allí los dos.

Esta comedia representó Pedro de Saldaña[K] la primera vez en Sevilla, en el corral de Don Juan[L], siendo Asistente don Francisco Zapata de Cisneros[M]. Año de mil y quinientos y ochenta. Es comedia dina de mucha memoria, considerada la moralidad della.

821-874, también conocida como Ἡρακλῆς, μαινόμενος, Hēraklēs Mainomenos, Hercules Furens en latín). «Éstas [las furias] son 3, aunque otros ponen 4: Aleto, Tisífone, Megera i Lissa, que es la rabia. De donde induze Eurípides, en el *Ércules furente*, a Iris, que trae a Lissa por mandado de Iuno, para poner furor i rabia en Ércules. Es Lissa, como él finge, hija de la Noche y de la sangre de Celo; tiene ceñida la cabeça con cien sierpes que silban i un estímulo en la mano» (Herrera, ed. 2001, p. 859 [580]). *Hercules furens* es así mismo el título de la tragedia escrita por Séneca en la que, sin embargo, Lisa no aparece como personaje.

[J] *después de haber dado la muerte el mago a Liboso y ella al mago Rogerio*: como advertíamos en la «Introducción», aquí nos encontramos ante un «descuido» en la redacción del argumento, puesto que Liboso no muere a manos de Rogerio, sino que es aquel quien causa la muerte del «mago», para a continuación morir «con el pecho rasgado» a manos de Olimpia (vv. 2013-2015). Hecho que sí recoge fielmente el argumento parcial de la tercera jornada: «Olimpia hace a Liboso que mate a Rogerio, y ella mata a Liboso». ¿Se debería a un «descuido» de Cueva en la redacción del argumento o, más probablemente, a un error de imprenta, que Cueva en su corrección no detectó?

[K] *Pedro de Saldaña*: conocido autor de comedias oriundo de Sevilla (véase n. 12 de *El tutor*).

[L] *corral de Don Juan*: corral de comedias. situado en la colación de Santa Cruz de Sevilla, donde Cueva representó solo la comedia *El viejo enamorado*. Sobre la estructura de dicho Corral, a falta de testimonios gráficos y arqueológicos, existe una reconstrucción hipotética en 3D de su ubicación concreta, su estructura y particularmente su espacio escénico, a partir de las escasas noticias conservadas, de su semejanza con otros edificios coetáneos de su tipología constructiva y de las marcas escénicas que Cueva incluye en *El viejo enamorado*, cuya puesta en escena se trata de reconstruir virtualmente en Reyes Peña, 2014.

[M] *Asistente don Francisco Zapata de Cisneros*: asistente de Sevilla entre 1573 y 1578 (véase n. 13 de *El tutor*).

TODAS LAS PERSONAS DE ESTA COMEDIA DEL VIEJO ENAMORADO

LIBOSO, viejo enamorado.

VERSILO, amigo suyo.

BARANDULO, criado de Liboso.

FESTILO, padre de la dama.

ARCELO, galán.

MIRANDA, ramera.

INVIDIA.

DISCORDIA.

LISA, furia infernal.

OLIMPIA, dama.

ROGERIO, mozo.

VALERIO, paje.

TESÍFONE, furia infernal.

ALECTO, furia infernal.

MEGUERA, furia infernal[N].

RAZÓN.

JUSTICIA.

ESCRIBANO.

HIMENEO, dios de las bodas.

[N] *Tesífone / Alecto / Meguera*: Tesífone, Alecto y Meguera son las furias —en griego Erinias o Euménides— nacidas de la impregnación de la tierra con las gotas de sangre procedente de la castración de Urano por Zeus. Para Virgilio, son hijas de la Noche a las que dio a luz en un único parto (*Eneida*, XII, vv. 845-846). Se representan como genios alados, con serpientes entremezcladas en su cabellera y llevando en la mano antorchas o látigos. Su misión esencial es castigar los delitos de sangre, especialmente los familiares. Como protectoras del orden social, castigan todos los delitos susceptibles de turbarlo, así como el exceso, la *hybris*, que tiende a hacer olvidar al hombre su condición mortal. // Las furias aparecen de forma recurrente en diversas piezas de Juan de la Cueva, aunque solo en *El viejo enamorado* se presentan las tres juntas. Tesífone interviene en la *Comedia de la constancia de Arcelina* al servicio del mago Orbante y, posteriormente, de Zoroastes para «traer» las almas del infierno a la tierra; Aleto (*Alecto*), al contrario que en *El viejo enamorado*, cuenta con una intervención decisiva para el desarrollo de la acción dramática de la *Comedia del príncipe tirano*, y es mencionada (*Alectho*) en el parlamento que abre la *Comedia del saco de Roma y muerte de Borbón*…; mientras que Tesífone y Megera en la *Comedia de la libertad de Roma por Mucio Cévola* aparecen de forma puntual al final de la Jornada tercera para llevarse el cuerpo de Bruto.

*ARGUMENTO DE LA PRIMERA JORNADA

Sabiendo Liboso que Festilo no quiere darle por mujer a su hija Olimpia y que la quiere casar con Arcelo, concierta con Versilo y Barandulo, dos criados suyos, de decir[N] a Festilo que Arcelo es casado. Viene Festilo y Arcelo[O], dicénselo. Traen una mujer que afirma que se casó con ella. Desmiente Arcelo a Liboso, promete Festilo su hija a Liboso, envía con Barandulo a desafiar a Arcelo. La Invidia y la Discordia y Lisa, furia infernal, toman forma y traje de hombres para encender el odio entre Arcelo y Liboso.

PERSONAS DE LA PRIMERA JORNADA

LIBOSO, viejo enamorado.

*VERSILO, amigo suyo.

BARANDULO, rufián.

FESTILO, padre de la dama.

ARCELO, galán.

MIRANDA, ramera.

INVIDIA.

DISCORDIA.

LISA, furia infernal.

*[*Salen LIBOSO y VERSILO.*]

LIBOSO

> ¿Que en efecto no quiso responderte
> Festilo y concluyó que se vería
> comigo? Bien de espacio va mi muerte.
> No siente el inhumano el ansia mía,

[N] *concierta* […] *de decir*: 'concierta decir', empleo de la preposición *de* + infinitivo, el cual actúa como objeto directo del verbo principal, construcción morfológica latina hoy perdida, pero todavía vigente en el Siglo de Oro.

[O] *Viene Festilo y Arcelo*: el uso de un sujeto plural –*Festilo y Arcelo*– con una forma verbal en singular –*Viene*– es fruto de una visión del sujeto como una unidad por el hablante (Keniston, 1937, p. 483).

3 *de espacio*: 'por tiempo dilatado'; en algunos casos, la combinación preposición + sustantivo en las frases adverbiales confluyen en única palabra como *apenas*, *encima*; en otros, la fusión no se ha completado, como en el caso de *despacio* que aparece también como *de espacio* (Keniston, 1937, p. 567).

         pues difiere con términos que llegue   5

de mi reparo el deseado día.

VERSILO   ¿Qué causa hay, ¡oh Liboso!, que se entregue

a la desconfianza tu prudencia

y que el remedio a tu aflición le niegue?

         Cobra esfuerzo, arma el pecho de paciencia,   10

espera con valor, que la fortuna

ayuda a quien resiste su violencia.

LIBOSO   Del duro mal que así mi bien repugna,

poco sabes, Versilo, poco entiendes,

poca experiencia tienes o ninguna.   15

         No más de lo aparente comprehendes,

no te levantas del terreno aliento,

pues la paciencia por remedio vendes.

         ¡Ay, cuán ajeno estás del mal que siento!

¡Cuán remoto del áspero quebranto,   20

en que esta vida de dolor sustento!

         Mas ya que ves mi congojoso llanto,

dime sin divertirte la respuesta

de aquel que en mi remedio puede tanto.

VERSILO   Si a tu descanso alguna cosa presta   25

      *   saber estensamente mi embajada,

en breve te será de mí propuesta.

LIBOSO   Della tienes la vida mia colgada,

---

7 *que*: 'para que'.

10 *Cobra esfuerzo*: «es tomar aliento, esforzarse, alentarse y mostrar denuedo y valor» (*Aut., s. v. cobrar*).

11 *que*: 'porque'.

17 *terreno aliento*: 'te quedas en lo puramente superficial, no eres capaz de profundizar, de trascender lo material'.

23 *sin divertirte*: 'sin demorarte, sin distraerte'.

25 *presta*: «aprovechar, ser útil o conveniente para la consecución de algún intento» (*Aut.*).

27 *de mí*: 'por mí', preposición *de* con valor agente.

y su reparo está en que digas presto

si tu demanda acepta fue o negada.   30

VERSILO   No quiero serte en proceder molesto,

mas darte en breve del suceso cuenta,

pues estás a escuchármelo dispuesto.

Suspende de ti el ansia que acrecienta

el eficaz cuidado y pena ardiente,   35

que tu congoja y tu temor sustenta.

*   Luego que ante Festilo fui presente,

guardando en todo el orden que me diste,

le espresé el caso estensa y claramente.

Díjele en nombre tuyo…

                        ¿Qué dijiste?   40

LIBOSO

VERSILO   Eso quiero decir, no me deviertas.

Óyeme, pues a oírme me trujiste.

Que, en pago de las penas descubiertas

de tu afición, su hija le demandas

por mujer, porque sean así cubiertas.   45

*   Señalele el gran dote que le mandas,

díjele por el modo más honesto

que por su bien y tu descanso andas.

Habiéndome escuchado todo aquesto,

—no muy gustoso— dijo que me fuese,   50

que tras mí a hablarte vendría presto.

Tornele a replicar que concluyese

---

30 *acepta*: 'aceptada', cultismo.

38 *orden*: «mandato que se debe obedecer, observar, ejecutar» (*Aut.*).

41 *deviertas*: 'distraigas'.

46 *el gran dote*: «[sustantivo] femenino ambiguo. La hacienda que lleva la mujer cuando se casa o entra en religión» (*Aut.*). En este caso son los abundantes dones que ofrece Liboso a la hija de Festilo, a la que solicita por esposa. El uso del sustantivo *dote* en masculino es frecuente en la época, presente en autores como Juan Timoneda, Alonso de la Vega, Santa Teresa de Jesús…

comigo el caso a que venido había,

porque razón de mi recaudo diese.

   A esto respondió: «No hallo vía,   55

mi hija tengo prometida a Arcelo

y, aunque yo quiera, aquesto lo impedía».

LIBOSO   ¡Oh fiero trance! ¡Oh duro desconsuelo!

¡Oh injusta manda! ¡Oh mal intolerable,

castigo indigno de mi justo celo!   60

*   ¿Quién podrá ver un mal tan lamentable?

¿Quién podrá ver, Olimpia, tu belleza

en estado tan bajo y miserable?

   No será tal que goce tu grandeza

otro que yo, que solo a mí me viene   65

y a mí me la da el Cielo y su largueza.

VERSILO   Ese llorar, Liboso, te detiene

que no procures el seguro medio

y lo que en este caso más conviene.

   La esperanza te niega ya el remedio.   70

Festilo vendrá ya, mira y advierte

que quedas sin defensa al mal en medio.

LIBOSO   Quiérole dar Arcelo cruda muerte.

VERSILO   No es buen camino de alcanzar tu intento,

si se vuelve en contrario aquesa suerte.   75

---

53 *a que*: 'para que', con sentido de finalidad (Keniston 1937, p. 358).

54 *porque*: 'para que'. // *recaudo*: 'recado'.

59 *manda*: «promesa» (Alonso, 1982).

66 *largueza*: 'generosidad'.

68 *que*: 'para que'.

73 *dar Arcelo*: 'dar a Arcelo'. Cuando la preposición *a* precede a una palabra que empieza por vocal *a-*, especialmente si es átona, o sigue a una palabra que termina en *–a,* especialmente si es átona, es habitual que se elida en el habla cotidiana. Práctica esta que se refleja con frecuencia en los textos literarios con la omisión de la preposición. Especialmente cuando la *a* es precedida y seguida por otra *a* (Keniston, 1937, p. 642). // *cruda*: «se toma también por cruel, áspero, sangriento y despiadado» (*Aut.*).

LIBOSO   ¿Qué se puede hacer? No sé ni siento

en esta confusión qué modo siga,

aunque por mil revuelvo el pensamiento.

VERSILO   Digámosle que tiene alguna amiga.

LIBOSO   Mejor será decille que es casado   80

y buscar quien lo afirme y se lo diga.

VERSILO   No es mal orden aquese que has hallado,

¿mas quién será con quien atestigüemos?

LIBOSO   Será con Barandulo, mi crïado.

VERSILO   Él es cual para el caso lo queremos.   85

LIBOSO   Yo sé que por su ayuda no perdamos,

y así cumple que luego lo busquemos;

mas ya con él, si no me engaño, estamos.

*[*Sale BARANDULO.*]

BARANDULO   *   El padre de aquella moza

por quien andas suspirando   90

te viene, señor, buscando.

LIBOSO   ¡Oh venida congojosa!

BARANDULO   ¿Que te altera su venida?

¿Hate hecho algún agravio?

¿Quieres por tu desagravio   95

        *   le quite la honra o vida?

LIBOSO   La vida que has de quitar

ha de ser esta en que vivo,

---

87 *luego*: en el Siglo de Oro tiene el valor de 'al instante', en este y los restantes casos.

92 *congojosa*: rima imperfecta con *moza* (v. 89), inexistente en *A*, donde la lección es *mosa* a causa del seseo. Aunque en el texto impreso estemos ante una rima imperfecta, probablemente en la dicción no lo fuera, al menos en la recitación del verso 89 por actores originarios de la zona geográfica andaluza, donde es frecuente el fenómeno del seseo.

    porque mi dolor esquivo

    se puede así remediar;   100

       que el Cielo que es contra mí

    así lo quiere y ordena,

    y pone a mi dura pena

    el remedio solo en ti.

BARANDULO   ¿Que puedo yo remediarte?   105

LIBOSO   Sí, tú puedes remediarme.

BARANDULO   Pues comienza ya a mandarme,

    si está en darle guerra a Marte.

LIBOSO   Yo lo creo, Barandulo,

    mas conviéneme, Versilo,   110

    que detengas a Festilo

    con discreto disimulo.

VERSILO   ¿No es mejor que tu presencia

    sea la que vea primero

    que a mí que soy el tercero?   115

LIBOSO   ¿No se estiende a más tu ciencia?

       El quedarme es a instrüir

    a Barandulo de todo

    y darle el orden y el modo

    que en esto debe seguir.   120

VERSILO   Conviene así, yo vo apriesa.

LIBOSO   *   Versilo, con gran recato

    me lo entretén allá un rato,

    porque cumple a nuestra empresa.

[Vase VERSILO.]

---

115 *tercero*: «el que media entre dos para el ajuste o convenio de cosa buena, o mala» (*Aut.*).

121 *vo*: 'voy', forma frecuente en Cueva, usada por razones métricas cuando la palabra siguiente comenzaba por vocal.

124 *cumple*: 'conviene'.

Barandulo, has de saber 125
que yo muero por amor.

BARANDULO No es cosa nueva, señor,
todos sabemos querer.

LIBOSO Es la ocasión de mi pena
Olimpia, cuya belleza 130
la mesma naturaleza
de invidia por ella pena.

Ardo, y ella en frío yelo
a mi ardiente amor responde
y con ira corresponde 135
a mi angustia y desconsuelo.

No habido remedio humano,
* con ver el mal que padezco
* y a los males que me ofrezco,
que ablande el pecho inhumano. 140

Viendo yo mi duro aprieto,
mi dolor, ansia y tormento,
demandela en casamiento
* y tampoco füi aceto,

porque el padre respondió, 145
dando oído a mi embajada,
que a Arcelo la tiene dada
y con esto concluyó.

Dice que quiere hablarme,
y de aquesta su venida 150
ha de resultar mi vida,
si tú quieres ayudarme.

---

137 *No habido*: 'No ha habido', con la *a* embebida.
144 *aceto*: 'aceptado', cultismo.

BARANDULO   Si en mi ayuda está el remedio,

tuya es la suerte sin duda;

pues es tuyo quien te ayuda,   155

también lo ha de ser el medio.

      Prosigue con tu razón,

que en tu voluntad me fundo,

que contra el querer del mundo

saldrás con tu pretensión.   160

LIBOSO   Como digo, él me la niega,

no haciendo de mí cuenta;

con menosprecio, en mi afrenta,

¡ay Cielo!, a Arcelo la entrega.

      Yo determino decille   165

que el yerno que ha señalado

lo engaña, porque es casado,

por ver si puedo impedille.

      Y, mientras viene a la prueba

y se sabe la verdad,   170

buscaré comodidad

que apruebe quien me reprueba.

BARANDULO   ¿Qué tengo de hacer yo en esto?

LIBOSO   Tú tienes de ser testigo,

afirmando lo que digo.   175

BARANDULO   Pues, ¿qué aguardas? Vamos presto,

      que yo le haré entender

que sé bien su vida toda,

y que me hallé en su boda

      *   y conozco a su mujer.   180

---

162 *no haciendo de mí cuenta*: 'hacerse cargo de'.

171 *comodidad*: 'medida conveniente'.

LIBOSO		Eso es lo que me conviene.
BARANDULO		Déjame, señor, a mí.
LIBOSO		Ve presto y llámalo aquí.
BARANDULO	*	Yo voy, pues él se detiene.

[*Vase* BARANDULO.]

LIBOSO	El Cielo guíe tu paso,	185

aspire y mueva tu lengua,

como no quedes en mengua

y yo alivie el mal que paso;

   que yo te prometo, Amor,

si consigo mi deseo, 190

de ofrecerte por trofeo

dones de honroso valor.

*[*Salen* FESTILO, BARANDULO *y* VERSILO.]

FESTILO   Tu presencia he venido procurando

y, aunque me trae la causa presuroso,

un siglo ha que estoy aquí aguardando 195

sin poderte hablar, señor Liboso.

LIBOSO   Yo estaba retirado reposando,

descuidado de ser tan venturoso

que a mi casa vinieses, gran Festilo,

aunque me lo avisó el señor Versilo. 200

---

186 *aspire*: 'inspire'.

187 *como*: 'para que'. // *mengua*: «metafóricamente significa descrédito, que procede de la falta de valor o espíritu» (*Aut.*).

189-191 *prometo* […] *de ofrecerte*: La lengua del Siglo de Oro conoce la construcción con preposición con algunos verbos cuando el núcleo era un infinitivo (Girón 2003, p. 877).

FESTILO   Verdad es que yo dije que vendría

tras del señor Versilo a declararte

la causa que me impide y me desvía

de poder darte gusto en esta parte,

porque el amor, la fe y voluntad mía,   205

que tan constante vive en agradarte,

me obligan, mas, sabido que es tu intento,

no puedo darte, cual deseo, contento.

    Mi hija Olimpia envías a pedirme,

que a otro tengo en matrimonio dada,   210

sin poder ya del mando mio evadirme

que por esposa no le sea entregada.

LIBOSO   Festilo, ¿eso no más puede impedirme

que la gloria de amor me sea negada?

Festilo, ¿a mí con tanto menosprecio   215

me dejas y a otro tienes en más precio?

    No sé yo si en razón habrá razones

en que fundes tal hecho con descargo,

pues mi riqueza y mi valor pospones,

y el servicio de un término tan largo.   220

¿Mirarás, oh inhumano, las pasiones

mías, sin darme un trago tan amargo?

¿Mirarás el amor que rige esta alma

que merecía conseguir tal palma?

FESTILO   ¡Que rigese el amor tu fiel deseo!   225

No alcance tal ni a tal dariá cabida

mi hija Olimpia, porque en ella veo

---

216 *tienes en más precio*: 'aprecias más'.

224 *palma*: 'premio o triunfo', ya que los romanos coronaban con una palma a los vencedores como insignia de su victoria. Este término se asocia también con la palma del martirio cristiano.

	que la más pura honestidad se anida.	
Liboso	Eso y más que eso que dijeres creo,	
	pues jamás a mi llanto fue movida,	230
	mas dime, así te veas con reposo,	
	¿a quién le das Olimpia por esposo?	
Festilo	Eso haré, cual es de ti mandado.	
	¿Conoces por ventura un gentilhombre,	
	hijodalgo, aquí en Híspalis criado,	235
	que tiene Arcelo por su propio nombre?	
Liboso	¡Oh Cielo injusto! ¡Oh enemigo hado!	
	¿Tal maldad hay?	
Festilo	¿Qué causa hay que te asombre?	
Liboso	¿No tiene de asombrar la tierra y cielo	
	ver que se quiera así casar Arcelo?	240
Festilo	¿Qué razón hay que impida el no casarse?	
Liboso	Ser casado.	
Festilo	¿Casado?	
Liboso	Sí, casado.	
Festilo	¿Es posible tal cosa averiguarse?	
Liboso	Puede ser fácilmente averiguado.	
Festilo	¡Señor Liboso, que podrá engañarse!	245
Liboso	Señor Festilo, que él está engañado.	

---

232 *le das Olimpia*: 'le das a Olimpia'. La omisión de la *a* ante objeto directo se debe, en la mayoría de los casos, a que el verbo tiene un mayor uso con objetos directos de cosa que de persona. Sin embargo, en otros ejemplos, no existe ninguna explicación concreta para dicho fenómeno, siendo la única justificación posible que dicha omisión se debe a que la posición del sintagma tras el verbo se siente como suficiente para evidenciar su función de objeto directo (Keniston, 1937, p. 11).

235 *hijodalgo*: «da persona noble que viene de casa y solar conocido» (*Aut.*, *s. v. hidalgo*). // *Híspalis*: denominación latina de la ciudad de Sevilla. Para la aparición de dicha ciudad en las comedias de Juan de la Cueva como lugar prioritario donde se desarrolla la acción de las mismas, véase nuestra «Introducción».

245-246 Es decir, Festilo responde a Liboso que él puede equivocarse acusando de esa forma a Arcelo, en lo que Liboso se reafirma, diciendo que el que está equivocado es Arcelo al pretender desposarse con Olimpia estando ya casado. O sea, 'yo no estoy equivocado, el que está equivocado es él –Arcelo– por su ilícita o reprobable actitud'.

FESTILO

¿Cómo puede ser tal, que es conocido,

y de mí procurado y entendido?

LIBOSO

En eso ha estado el yerro, y dignamente

merece cualquier mal que te suceda,   250

pues con tal ceguedad, como imprudente,

haces lo que piedad y razón veda.

FESTILO

Aclárate, Liboso.

LIBOSO

Aquí presente

tienes quien aclararte el caso pueda

y así, porque lo entiendas, yo te ruego   255

que se lo aclares, Barandulo, luego.

BARANDULO

¿Qué es menester atestiguar comigo,

si tú lo dices? ¡Pese a mi linaje!

Basta decirlo tú, sin más testigo,

que es hacer a quien eres grande ultraje.   260

FESTILO

Barandulo, ¿qué dices?

BARANDULO

Oiga, amigo,

—¡y, cuando yo hablare, no me ataje!—

que alzaré, ¡vive el Cielo!, de antuviada

y llevará en respuesta una porrada.

FESTILO

No se suele hablar de aquesa suerte   265

a los hombres de suerte y de nobleza,

y así tu libre proceder convierte

en más crïanza y en menor fiereza.

BARANDULO

¿Límites pones tú a quien la muerte

no le hará mudar de su braveza?   270

¿A Barandulo quieres tú dar leyes,

que no sabe guardar las de los reyes?

---

263 *antuviada*: «en Germanía significa el golpe o porrazo que se da» (*Aut.*).

LIBOSO	Ese no es nuestro intento, Barandulo,	
	y así, en presencia mía, muda estilo.	
BARANDULO	Harto lo mudo y harto disimulo,	275
	pues con aquesta no he cortado el hilo,	
	que no me ofendió tanto Picamulo,	
	cuando pasó por su rabioso filo	
	él, tres hermanos suyos y un cuñado,	
	y el barrio todo donde fue crïado.	280
LIBOSO	Concluye el caso que saber queremos	
	y dinos luego si es casado Arcelo.	
FESTILO	Eso nos hace solo que aguardemos	
	para salir de duda y de recelo.	
BARANDULO	Si esa es la duda, no hay en qué dudemos,	285
	que yo le vi casar.	
FESTILO	¡Oh santo Cielo!	
BARANDULO	* Y conozco quién es la desposada.	
*FESTILO	¿Quién es?	
BARANDULO	Es medio tia de mi entenada.	
FESTILO	¿Tal maldad hay? ¿Tal oigo? ¿Tal consiente	
	el justo Cielo sin que envié el castigo?	290
VERSILO	* Un hombre tan honrado y tan prudente	
	no haga en este caso más testigo.	
FESTILO	Cualquiera de los tres es suficiente	
	para que se confunda mi enemigo.	
	Y así quiero hacer dello la esperiencia	295

---

276 *no he cortado el hilo*: «hacer cesar en alguna cosa, por haberla atajado o impedido» (*Aut., s. v. cortar el hilo*); es decir, Barandulo se está conteniendo, pues no ha matado ya a Festilo, haciéndolo pasar por el filo de su espada –*cortar el hilo*–, a pesar de que por menores ofensas otros habían pasado por él.

277 *Picamulo*: «voz de la Germanía, que significa el harriero» (*Aut.*).

288 *entenada*: «el hijo o hija que nacieron antes y llevan al matrimonio los que de nuevo le contraen y pasan a segundas nupcias» (*Aut.*).

290 *envié*: tercera personal singular del presente de subjuntivo cuya tilde es necesaria para la ortometría del verso.

con que se lo digáis en mi presencia.

 Y si del caso queda convencido

Arcelo, a ti, ¡oh Liboso!, te prometo

mi hija por mujer, cual has pedido,

y por mi yerno y mi señor te acepto.   300

LIBOSO Llanamente concedo ese partido.

FESTILO Yo voy por él. En tanto, esté secreto

     *   el caso, que en un punto estoy de vuelta.

[*Vase* FESTILO.]

VERSILO ¡Vaya, que buena va nuestra revuelta!

LIBOSO   Agora es menester que con más cuenta   305

en la ocasión presente proveamos,

de tal modo que, libres desta afrenta,

el fin de nuestro intento consigamos.

VERSILO Lo que más en el caso te contenta

puedes pedir, que a tu servicio estamos.   310

BARANDULO Aquí está Barandulo el de Porcuna,

no tiene que ofrecerte cosa alguna.

 Si tú gustas que vaya y a ese viejo

le abolle todo el rostro o corte un brazo,

---

303 *en un punto*: 'en un momento'.

311-312 *Porcuna / no tiene que ofrecerte cosa alguna*: Porcuna, localidad situada al oeste de la provincia de Jaén, limítrofe con la de Córdoba, parecería ser el lugar de origen de Barandulo, y que, según varios refranes conservados en la tradición oral popular, gozaría de una dudosa fama: «Quien siembra en Porcuna, siembra ciento y recoge una»; «De Porcuna, cosa ninguna» (Rodríguez Marín, 1930, p. 83); «En Porcuna, buena sólo una, y esa murió el día que la nanita nació», «En Porcuna, una puerca es cada una» (Valladares, 2000, pp. 97-98). A ellos, hay que añadir «una glosa erótica» a "la bella malmaridada", copiada en los archivos de la catedral de Jaén, cuya segunda estrofa, reproducida por José J. Labrador en su artículo sobre la cancioncilla (2010, p. 7), reza: «Putas viejas de Porcuna / de esas munchas conocí, / pero sin duda ninguna / de entre todas soys vos una / *de las más lindas que vi*». // *Porcuno, na*: «Perteneciente o relativo al puerco» (*DRAE*). La alusión, por lo tanto, a Porcuna y la consiguiente afirmación de Barandulo tienen una finalidad cómica, que redunda en la caracterización grotesca de este personaje.

	que le quite a estocadas el pellejo	315
	del cuerpo y que no deje dél pedazo…	
LIBOSO	No pide este negocio ese consejo.	
BARANDULO	Ni mi deseo que pongas embarazo	
	que no ejecute el golpe riguroso,	
	de quien treme el infierno poderoso.	320
LIBOSO	No es aquese el camino que conviene	
	para que tenga fin el mal que siento.	
	Y, así, entre tanto que Festilo viene,	
	oídme, atentos, lo que en esto intento.	
	Ya veis que mi remedio se detiene	325
	por dar Festilo a Olimpia en casamiento	
	a Arcelo, el cual dijimos ser casado,	
	y así a traerlo va determinado.	
	Concluyó que, si aquí se convencía	
	de lo que le informamos por tan cierto,	330
	que por mujer su hija me daría,	
	y fuese habiendo hecho este concierto.	
	Agora resta que por otra vía	
	le afirmemos el caso que está incierto	
	y ha de ser con que sea procurada	335
	una mujer que sea la desposada.	
BARANDULO	Si está en que haya mujer, yo me profiero	

---

320 *de quien*: 'por quien', preposición *de* con valor agente. // *treme*: 'tiemble', de *tremer*, que es 'temblar', del latín *tremere* (DRAE). // Un rasgo característico del *miles* plautino es la autoreferencia explícita como muestra de un ego desmedido y grotesco, junto a una «propensión a alardear de boquilla de su valor y de sus presuntas proezas bélicas, por las que creen que todos deben rendirse a sus pies» (Moreno Hernández, 2007, p. 45). Las numerosas intervenciones de Barandulo en esta línea son un claro ejemplo del origen plautino de nuestro personaje. Unas características aquellas que se irán acentuando a lo largo de la comedia.

328 *determinado*: 'dispuesto'.

331 *que*: esta repetición del *que*, cuando entre la conjunción y el verbo se introducía una oración –particularmente adverbial–, era una práctica común durante el siglo XVI (Keniston, 1937, p. 675).

337 *me profiero*: 'me ofrezco'.

de darla tal cual la ocasión demanda.

LIBOSO   ¿Quién es, amigo mío verdadero?

BARANDULO   ¿Quién es? ¿No la conoce? La Miranda.   340

Anoche la saqué del berreadero

por un rum, rum que entre los jaques anda,

que el soplo de la gura quiere alzalla,

y trújemela a casa por guardalla.

LIBOSO   ¿Qué aguardas más? Ve al punto a prevenilla,   345

que ya vendrá Festilo con Arcelo.

BARANDULO   *   Pues yo voy, cual lo mandas, a instrüilla.

LIBOSO   Ve presto y en tu ayuda vaya el Cielo.

[*Vase* BARANDULO.]

VERSILO   Si nos ayuda aquesa mujercilla,

salir con la victoria no recelo,   350

antes tengo por cierto que la habremos.

LIBOSO   *   A Festilo y Arcelo veo, callemos.

[*Salen* ARCELO *y* FESTILO.]

ARCELO   ¿Tan terrible maldad hay quien afirme

---

341 *berreadero*: «mancebía, prostíbulo. Sin duda se decía así por la costumbre que practicaban las prostitutas de cantar, sentadas en una silla a la puerta de la botica en la que trabajaban, para atraer a sus clientes» (Alonso Hernández, 1976, *s. v.*).

342 *rum, rum*: *runrún*, voz onomatopéyica, «lo mismo que rumor» (*Aut., s. v. runrun*). // *jaques*: «… en germanía, el rufián» (Cov.).

342-344: 'anoche la saqué del prostíbulo (a la Miranda), porque corre un rumor entre los rufianes de que el soplón de la Justicia quiere llevársela, por lo que la escondí en mi casa'. // *soplo*, «en la Germanía significa el que descubre a otro» (*Aut.*). // *gura*, «voz de la Germanía, que significa la Justicia» (*Aut.*).

352+ Este diálogo entre Arcelo y Festilo (vv. 353-368) sucede mientras Liboso y Versilo permanecen en silencio sobre las tablas, en lo que hemos denominado «escena paralela/espacio lúdico» (para su definición véase nuestra «Introducción»). Mercedes de los Reyes apunta que, en este caso, asistimos a «lo que podríamos considerar como aledaños o extensiones de ese mismo espacio dramático, en el sentido de que personajes que se dirigen a casa de Liboso dialogan durante el camino antes de unirse al grupo de personajes que allí los esperan, momento éste en que ese espacio itinerante desaparece. La distancia física en el espacio de la ficción y sobre el tablado es corta» (Reyes Peña, 2014, p. 38).

o es que burlas de mí, señor Festilo?

No quieras de ese modo conclüirme, 355

cese el donaire y el burlesco estilo.

FESTILO   Traidor, no burlo, yo daré quien firme

ser tú casado. Ven, oye a Versilo,

oye a Liboso, oye a Barandulo,

confundirás tu falso disimulo. 360

ARCELO   Si eso es verdad, el Cielo me destruya,

con rayo ardiente aquí despedazado

me vea, y de mis ojos la luz huya

y de la dura tierra sea tragado.

FESTILO   Yo muera así, si en la defensa tuya 365

creyere juramento en este estado.

Allí están los que dicen lo que digo.

Ellos te lo dirán, llega comigo.

    Señor Liboso, aquí presento a Arcelo

para que tú le digas en presencia 370

lo que dél me dijiste, pues el Cielo

ha mirado mi causa con clemencia.

LIBOSO   Si reparar tu congojoso duelo

está en que yo confirme mi sentencia,

yo la confirmo, y digo que es casado 375

Arcelo y que de mí será probado.

ARCELO   Si ha de probarse la verdad en esto,

muy engañado estás, señor Liboso,

que yo no debo ser el que has propuesto,

si miras lo que dices con reposo. 380

---

355 *conclüirme*: 'matarme'.

357 *firme*: «atestiguar o hacer patente lo que estaba oculto» (*Aut.*).

360 *confundirás*: «descomponer, desordenar y desbaratar» (*Aut.*).

LIBOSO   ¿Eso dices, Arcelo, estando puesto

en mi presencia? Di, falso, engañoso,

¿no eres casado tú? ¿Por qué lo niegas

y sin vergüenza a tales pruebas llegas?

ARCELO   ¿Casado yo? No hay tal ni tal se crea   385

de mí, porque es maldad averiguada.

LIBOSO   No digas tal, que es cosa horrible y fea

que la verdad de nadie sea negada.

VERSILO   Arcelo, ¿qué pasión te señorea?

ARCELO   Versilo, ¿qué traición traes ordenada?   390

VERSILO   ¿Traición llamas decir la verdad pura?

ARCELO   Sí, y aun llamo traidor quien la asegura.

VERSILO   Sin duda estás, Arcelo, sin sentido,

pues niegas lo que el mundo a voces canta.

ARCELO   ¿Estáis locos? ¿Habeisme conocido?   395

VERSILO   ¿Estás tú en ti, pues esto no te espanta?

ARCELO   Señor Festilo, sea destrüido,

y juro por aquesta lumbre santa

que no so yo el que dicen, que en mi vida

a tal cosa mi alma fue movida.   400

VERSILO   Ya es insufrible oírte negar tanto.

ARCELO   No niego yo, mas la verdad sustento.

VERSILO   Yo sé que nada desto te levanto.

ARCELO   Sí levantas, y no sé qué es tu intento,

que juro por el Sol y Cielo santo   405

que jamás di palabra en casamiento.

---

398 *lumbre santa*: 'el sol'.

399 *so*: 'soy', «das formas *so, estó,* frecuentes en Cueva, eran usadas por razones métricas cuando la palabra siguiente comenzaba por vocal, o para aprovechar sus posibilidades fonéticas al final del verso» (Matas Caballero, 1997, p. 152, en nota).

403 *te levanto*: «imputar y atribuir falsamente a alguno lo que no ha dicho o ejecutado» (*Aut.*).

VERSILO   Porque sea averiguado lo que digo,
          *   tu mujer viene allí y otro testigo.

                    *[*Salen* BARANDULO *y* MIRANDA.]

BARANDULO   *   Miranda, el ojo avizor
                   con discreto disimulo.   410
MIRANDA   Sosiégate, Barandulo,
                   que al cabo estoy de la flor.
                   Y déjame a mí hacer,
                   que no seré la Miranda,
                   si no aceta mi demanda   415
                   y aun a mí por su mujer.
BARANDULO   Parte, ¿qué aguardas aquí?
MIRANDA   Ya voy, y en esta jornada
                   para que vaya amparada,
                   vida, no dejéis a mí.   420

---

407 *Porque*: 'para que'.

408⁺ Estamos ante un nuevo caso de «escena paralela»/«espacio lúdico» (véase nota 352⁺), en esta ocasión a cargo de Barandulo y Miranda (vv. 409-424).

409 *ojo avizor*: «frase o modo de hablar para advertir que se esté alerta y con cuidado. Es voz jocosa» (*Aut.*). // *avizor*, «voz de la Germanía. El que está mirando con recato y cuidado, para dar aviso a otro de lo que pasa» (*Aut.*).

412 *que al cabo estoy de la flor*: «estar al cabo de un negocio. Vale lo mismo que estar uno enterado de la materia que se trata, y tener bien comprehendido y entendido el estado y circunstancia de ella» (*Aut., s. v. cabo*). // *flor*: «entre los fulleros significa la trampa y el engaño que se hace en el juego» (*Aut.*). Es decir, que estoy bien enterada del engaño.

420 *vida, no dejéis a mí*: verso perteneciente a una de las variantes del conocido villancico o romance «La bella malmaridada», que aparece bajo ambas formas en cancioneros y pliegos poéticos del siglo XV, continuando su andadura con fuerte presencia durante el Quinientos para llegar en la memoria colectiva hasta nuestros días. Es una de las canciones líricas antiguas más glosadas por poetas, dramaturgos y músicos, encontrándose en glosas de muy diversos tipos: a lo humano, a lo divino, eróticas, burlescas… Sobre su presencia en el teatro del Siglo de Oro, su intertextualidad y funcionalidad dramática, véase Ines Ravasini (1996) que señala la resemantización de sus versos en los nuevos contextos, al mismo tiempo que, al ser tan conocidos, evocan en los receptores el recuerdo del suyo propio. Ello se observa en esta pieza, donde Cueva glosa uno de los versos de esta cancioncilla de adulterio –*vida, no dejéis a mí*– en boca de la Miranda, una prostituta. Posteriormente, Lope recogería el motivo para hacerlo tema de una de sus obras –*La bella malmaridada* (1596)–, no pudiendo «resistir la tentación de transformar la popular canción en asunto para las tablas», como afirma José J. Labrador (2010, p. 8). Sobre el origen, cronología y manifestaciones del tema de «da bella malmaridada» en nuestro corpus literario y musical, véase José J. Labrador, 2010, pp. 1-29.

BARANDULO   Tras ti voy, no temas, parte,

que contra Marte espantoso

este brazo poderoso

hallarás siempre a tu parte.

MIRANDA   ¡Justicia de Dios y el Rey,   425

justicia del Rey y Dios,

justicia de ambos a dos,

en ti sin Dios y sin Ley!

¿Dónde se sufre malvado,

fementido, engañador,   430

que con tan poco temor

te cases, siendo casado?

¿Qué razón me puedes dar

que concluya mi razón

y deshaga la traición   435

que quieres comigo usar?

¡Perjuro!, ¿no estás corrido

y, avergonzado de verme,

no aciertas a responderme?

Arcelo, ¿estás convencido?   440

ARCELO   Demonio, ¿qué estás diciendo?

MIRANDA   En romance estoy hablando,

¿no entiendes o estás burlando?

ARCELO   Ni me burlo ni te entiendo.

MIRANDA   ¿Que no me entiendes, Arcelo?   445

Deja ya tanto donaire,

que no son cosas de aire

---

437 *corrido*: «vale también burlar, avergonzar y confundir» (*Aut.*).

442 *En romance estoy hablando*: «loc. verb. Explicarse con claridad y sin rodeos» (*DRAE*).

447 *no son cosas de aire*: 'no es de poca importancia', «cosas inútiles, vanas, de poca identidad y sustancia» (*DRAE, s. v. cosas de viento*).

       ser perjuro al justo Cielo.

ARCELO   Mira que me escandalizas

       y me provocas a saña.   450

MIRANDA   Mira que usar esa maña

       de quién eres nos avisas,

        porque quererme negar,

       cual me niegas, ser mi esposo

       es caso que, aunque es donoso,   455

       es también para llorar.

ARCELO   ¿Dónde me viste en tu vida?

MIRANDA   ¿Agora llegas ahí?

       ¿Tan ciego estás que de ti

       tu mujer no es conocida?   460

        Pues yo me acuerdo, ¡ay cuitada!,

       cuando las noches y días

       me llorabas y pedías

       que dejase el ser airada.

ARCELO   No sé qué respuesta darte,   465

       porque estoy sin mí de oírte.

MIRANDA   La respuesta es conclüirte

       sin más cansarme y cansarte.

        Y mirar que no es razón

       que yo, que soy tu mujer,   470

       no alcance cuitada, a ver

       tan inhumana traición.

---

455 *donoso*: 'gracioso'.

467 *conclüirte*: 'finalizar la discusión o el debate en defensa de una posición, después de haber respondido y no tener más que decir'.
469-471 *no es razón que yo* […] *no alcance*: 'no es razón que yo […] alcance'. «Es normal que las oraciones completivas dependientes de verbos o frases que significan "temor", "duda", "prohibición", "negación" y similares aparezcan con *no*, aun en casos en los que ahora no se utilizan. Así sucedía en la Edad Media, así sucede en muchas lenguas y así sucede todavía en ciertas estructuras del español» (Gutiérrez Cuadrado, ed. 1998, p. 838, 19.1).

VERSILO	Mueva tu riguridad	
	esas lágrimas piadosas,	
	que a las fieras rigurosas	475
	conmoverán a piedad.	
ARCELO	Señor Versilo, yo muera	
	hablando aquí donde estoy,	
	si en mi vida, si no es hoy,	
	vi esta mujer embustera.	480
MIRANDA	¿A doña Alda de Miranda,	
	tu mujer, no viste, Arcelo?	
ARCELO	¿Yo te he visto? ¡No vea el Cielo,	
	si esta no es maldad infanda!	
FESTILO	A quien la verdad sabida	485
	niega, con él no la traten.	
ARCELO	¡Los dïablos me arrebaten	
	si esta mujer vi en mi vida!	
LIBOSO	Arcelo, no te perjures.	
ARCELO	Liboso, no me perjuro,	490
	porque yo con verdad juro,	
	aunque tú otra cosa jures.	
LIBOSO	Mejor te estará callar	
	y llevarte a tu mujer	
	que no darnos a entender	495
	poderte agora casar.	

---

473 *riguridad*: 'rigor'.

481 *doña Alda*: el nombre de *doña Alda*, que se atribuye la Miranda, tiene resonancias del romancero viejo, con los conocidos romances de «Doña Alda».

484 *infanda*: «infame, ilícito, y que no es digno de que se hable de ello» (*Aut.*). En *CORDE*, los ejemplos de la época en femenino son casi exclusivamente de Cueva; en masculinos son más habituales.

486 *no la traten*: 'no la discutan'.

487 *Los dïablos me arrebaten*: esta afirmación de Arcelo se volverá premonitoria cuando en la Jornada tercera (vv. 1177 y ss.) las furias rapten al galán para mantenerlo prisionero en una cueva.

*MIRANDA	Vuelve en ti, mi caro Arcelo,	
	y conoce la verdad	
	y muda la voluntad,	
	mira que hay Infierno y Cielo.	500
	Y pues el señor Liboso	
	lo dice, y con él Versilo,	
	no engañes así a Festilo	
	ni a mí quites el reposo.	
ARCELO	¿Qué dices, que no te entiendo?	505
	¡Que en mi vida me casé!	
BARANDULO	Sí casaste, y yo lo sé,	
	con la que te está pidiendo	
	y yo me hallé en la boda.	
VERSILO	Yo los vide desposar.	510
LIBOSO	Yo también los vi velar	
	y sé bien su vida toda.	
ARCELO	Ya no puede la paciencia	
	sufrir con moderación	
	tan detestable traición	515
	sin que acuda la impaciencia.	
	Y así viendo que seguís	
	un intento tan dañado,	
	diciendo que soy casado,	
	digo a todos que mentís.	520

[*Vase* ARCELO.]

---

497 MIRANDA, en *A*, mejor lectura que BARANDULO en *B,* de aquí que le hayamos adjudicado estas dos redondillas (vv. 497-504).

510 *vide*: 'vi', forma procedente de la evolución de la primera persona del singular del pretérito perfecto latino –VIDI–, en un estadio de evolución anterior a la forma *vi* del español moderno. El uso de este tipo de arcaísmos era habitual en la poesía de la época por su rentabilidad métrica.

511 *velar*: «casar y dar las bendiciones nupciales a los desposados» (*Aut.*).

BARANDULO

 ¡Arrójale ese pañuelo,

pesar de quien me parió!

¿No ves que nos desmintió?

Cumplirás la ley del duelo.

 Echa mano, ve tras dél,   525

o déjame a mí seguillo

hasta matallo o rendillo

con esta espada y broquel.

FESTILO

 No pide el caso venganza,

si ley del duelo seguimos,   530

porque el mentís que le oímos

solo al que lo echó le alcanza.

 Y así con su necedad

a ninguno no ha ofendido,

porque queda desmentido   535

quien desmiente la verdad.

LIBOSO

 Esa es razón concluyente,

y así es bien que lo dejemos

y a nuestro intento tornemos,

---

520 En la época pronunciar un «mentís» era considerado ofensa gravísima para el honor de un caballero y motivo para el duelo.

521 Es decir, rétalo, provócalo o llámalo al desafío. Los nobles lo hacían arrojando un guante, pero Barandulo, de condición plebeya, evoca la ceremonia proponiendo a Liboso arrojar «ese pañuelo».

524 *ley del duelo*: la ley del duelo o desafío solemne, sinónima de la ley del honor, era el código de comportamiento en los casos de honra. Los «casos de honra» serán de importancia capital en la «comedia nueva», tema destacado por Lope de Vega en su *Arte nuevo*, con estos dos elocuentes versos: «Los casos de la honra son mejores, / porque mueven con fuerza a toda gente» (ed. 2016, p. 549, vv. 327-328). Sin embargo, su presencia y rigidez en la «Comedia» no serán un simple reflejo de la realidad, sino tema apropiado para crear tensión dramática. En su perspectiva socio-histórica, será un concepto rígido y anticristiano, según los moralistas del siglo XVII. Se había pedido al Papa su prohibición en el Concilio de Trento (1545-1563) y la ley judicial del duelo no se practicará ya en tiempos de Calderón, existiendo una distancia entre la convención artística y la realidad (Chauchadis, 2000). Para la correspondencia del problema de la honra en el teatro con la realidad, véase también Domínguez Ortiz, 1992, pp. 87-105.

528 *broquel*: «Arma defensiva, especie de rodela, o escudo redondo, hecho de madera, cubierto de ante encerado, o baldrés, con su guarnición de hierro al canto, y en medio una cazoleta de hierro, que está hueca, para que la mano pueda empuñar el asa, o manija, que tiene por la parte interior. Su uso es para cubrir el cuerpo, e impedir que el enemigo con quien se combate no pueda herirle» (*Aut.*).

	que es lo que importa al presente.	540
	Y pues tu palabra diste	
	que si convencer lo vías	
	que tu hija me darías,	
	cumple lo que prometiste.	
FESTILO	Yo soy muy contento deso	545
	y me siento dello ufano,	
	y así vuelvo a dar la mano.	
LIBOSO	La mia dó y las tuyas beso.	
FESTILO	Con esto me quiero entrar	
	a tratarlo con mi hija.	550
LIBOSO	* Pues llévale esta sortija.	
FESTILO	* Después se la podrás dar.	

[*Vase* FESTILO.]

LIBOSO	Del modo que deseamos	
	queda el caso conclüido.	
VERSILO	Si Arcelo se hubiera ido	555
	callando, bien negociamos;	
	mas viste cuán sin temor	
	nos desmintió. ¿Qué hacemos	
	cuando el negocio acabemos,	
	si quedamos sin honor?	560
LIBOSO	¿Sin honor? No será tal,	
	que con muerte ha de pagarme	
	el pretender afrentarme,	
	* pues só en esto el principal.	

---

542 *si convencer lo vías*: el uso de *convencer* aquí y en los casos siguientes es ligeramente diferente del actual con uso pronominal (*convencerse*): «reducir, precisar, concluir y obligar a otro con razones eficaces a que deponga su dictamen» (*Aut.*). // *vías*: 'veías'.

*	Barandulo, ve al momento,	565
	desafíalo por mí,	
	y dile que aguardo aquí	
	para castigar su intento.	
BARANDULO	Señor, no me envíes a eso,	
	mándame tú ir a matallo	570
	antes que a desafiallo,	
	si has de cerrar el proceso.	
LIBOSO	Esto te mando hacer.	
	Sin tardar parte corriendo	
	y en casa estoy proveyendo	575
*	lo que más es menester.	

[*Vanse LIBOSO y VERSILO.*]

BARANDULO	Miranda, alerta, avizor,	
	negativa y no cantemos,	
	porque mal negociaremos,	
	si se descuerna la flor.	580
	Vete a la guanta aguardarme,	
	que yo voy con mi embajada	
*	y a la sorna a la posada.	
MIRANDA *	No tienes más que avisarme.	

[*Vanse MIRANDA y BARANDULO. Sale INVIDIA.*]

---

578 *negativa y no cantemos*: 'a callar y no descubramos o confesemos nada'. «*Cantar* en Germanía. Descubrir lo que era secreto» (*Aut.*)
580 *descuerna la flor*: «frase con que se da a entender que a alguno se le ha conocido u descubierto el engaño, fraude o maña que tiene, y se le intenta corregir, contener o quitársela» (*Aut., s.v. descornar*).
581 *guanta aguardarme*: 'guanta a aguardarme'. En español antiguo era frecuente el uso del infinitivo sin preposición para expresar finalidad o propósito después de verbos de movimiento. Una construcción que, sin embargo, sobreviviría solo en los primeros años del siglo XVI (Keniston, 1936, p. 509). // *guanta*: «voz de Germanía, que significa la Mancebía» (*Aut.*).
583 *sorna*: «en Germanía significa la noche» (*Aut.*).
584⁺ Envidia, hija de Palante y Estige, era la personificación de la venganza y los celos en la mitología romana (Higinio, *Fábulas*,

INVIDIA   *   Triste Invidia, ¿qué haces consumiendo   585

                                       en lágrimas tu vida congojosa,

                                       si el congojarte no remedia el daño?

                                       Deja, deja, tu cuita dolorosa,

                                       revuelve el medio, el caso proveyendo

                                       ora por fuerza o por sutil engaño.   590

                                       ¿Súfrese mal tamaño?

                                       ¿Que Liboso consiga su deseo

                                       y triunfe, a pesar mío,

                                       con gloria y señorío

                                       de Olimpia? ¿Esto consiento y esto veo,   595

                                       sin que conmueva el hórrido Profundo

                                       y tremer haga de terror el mundo?

                           *   No será tal, que yo con fiera mano

                                       tomaré la venganza, cuando el Cielo

                                       me la negare o me encubriere el medio.   600

                                       Yo volveré su alegre boda en duelo,

Prefacio 17). Ovidio la describe así: «La palidez se asienta en su rostro, la escualidez en todo su cuerpo, nunca es recta su mirada, los dientes están lívidos por el moho, sus pechos están verdes de hiel, la lengua empapada de veneno…» (*Metamorfosis*, ed. 1999, II, 775-783). Cesare Ripa la retrata como una «mujer vieja, fea, pálida, de cuerpo seco y enjuto y ojos bizcos. Va vestida del color de la herrumbre, destocada y con los cabellos entreverados de sierpes» (Ripa, 2002, I, p. 342). El «palacio sucio de negra sangre» en el que vive Envidia estaría oculto «en las profundidades de un valle, su casa privada de sol, no accesible a ningún viento, triste y repleta de un frío entumecedor y que siempre está vacía de fuego y siempre llena de bruma» (*Metamorfosis*, ed. 1999, II, 760-765). Posible descripción del lugar donde sucede la siguiente escena. Es probable que Invidia accediera al tablado desde una «boca del infierno» a través de una trampa o escotillón –«puerta o tapa cerradiza en el suelo» (*Aut.*)–, situado en el tablado o en el «vestuario» (en el nivel inferior de la fachada del teatro). El escotillón era ya en el siglo XVI uno más de los «aparatos escénicos» presentes en los corrales de comedias entre los que se encontrarían los corrales de Doña Elvira, Atarazanas y Don Juan, donde se representaron las obras de Cueva (véase Shergold, 1956). Podemos hipotetizar que el uso del escotillón y tramoya necesaria para las apariciones en escena fue una aportación arquitectónica de la Compañía de Ganassa quien modificó en octubre de 1574 el teatro del Corral de la Pacheca para su introducción (véase Ojeda Calvo, 2021).

589 *revuelve*: «metafóricamente vale discurrir, imaginar, o vacilar en varias cosas o circunstancias, reflexionándolas» (*Aut.*).

596 *el hórrido Profundo*: 'el infierno'. Este sintagma, con el mismo valor, se encuentra también en la *Tragedia del príncipe tirano* (v. 1405). Donald McGrady califica dicho sintagma junto a otros semejantes como «consagrados símiles virgilianos para aludir al infierno y sus terribles misterios» (McGrady, ed. 1997, p. LXXIV).

que no es razón que en dulce vida ufano

viva, estando la Invidia de por medio.

No le será remedio

su astucia ni la suerte de riqueza   605

que el mundo en tanto estima,

y sola a mí lastima

y me consume en infernal tristeza,

sintiendo, ¡ay sin ventura!, el bien ajeno,

en cuya pena sin descanso peno.   610

[*Salen* DISCORDIA *y* LISA.]

DISCORDIA   Buscando tu presencia, he rodeado

610⁺ *Discordia*: Eris, en la mitología griega, era hija de Zeus y Hera, y, por lo tanto, hermana de Ares (Homero, *Ilíada*, IV, 440-444). Virgilio la describe enfurecida –*Discordia demens*– «enlazado sus cabellos de víboras con cintas ensangrentadas», habitando a la boca del infierno con los monstruos infernales y las Euménides (*Eneida*, VI, 273-281). Para Higinio, la Discordia era hija de Noche y Érebo (*Fábulas*, Prefacio 1). Ravisius Textor la nombra como una servidora, junto a *Impetus, Ira* y *Furor*, del dios Marte (*Officina*). Según Covarrubias., «pintábanla con la vestidura rasgada, porque así como la ropa estando sana se acomoda bien al cuerpo, así los ciudadanos cuando la república está en paz son un cuerpo y están abrigados con una ropa, que si se rompe, un cabo ha de ir por una parte y otro por otra. El mesmo Virgilio, lib. 9, *Eneida*: "*Et scissa gaudens vadit discordia palla*"» (Cov., *s.v.*). Cesare Ripa la describe como una «mujer que aparece bajo la forma de una furia de los Infiernos, vestida de variados colores. Irá despeinada, y con los cabellos de diferentes tonos, mezclados además con multitud de serpientes. Lleva la frente ceñida por una venda ensangrentada, sujetando con la diestra un eslabón y un pedernal, como para encender un fuego, y con la siniestra un fajo de documentos, sobre los que se verán inscritas diversas citaciones, exámenes, requisitorias, y cosas semejantes» (Ripa, 2002, I, pp. 286-288, la cita en p. 286). // *Lisa*: es considerada como la personificación de la demencia, la ira frenética, la furia. Según Eurípides, fue engendrada por *Nix* (la Noche) con la sangre que vertió Urano al ser castrado por Cronos y la describe como «da Gorgona hija de la Noche con sus silbidos de cien cabezas de serpiente, Lisa cuya vista petrifica» (*Heracles*, 880-884). Higinio, sin embargo, la cita entre los hijos de Éter y Tierra (*Fábulas*, Prefacio 3, con el nombre de Ira). En el dibujo de una vasija griega, se puede ver a Lisa como inductora de la locura que poseyó a los perros de Acteón, convertido en ciervo por Diana como castigo por haberla visto desnuda bañándose en un manantial. Y Esquilo, la identifica como la furia enviada por Dionisios a Ágave bajo cuyo furor desmembró a su hijo Penteo. // Como señala Reyes Peña, «estas caracterizaciones, apoyadas en la tradición clásica, medieval y humanista italiana no serían ajenas a Juan de la Cueva, cuando crea sus personajes alegóricos y mitológicos, y más cuando Sevilla "va a ser uno de los núcleos intelectuales del siglo XVI especialmente dedicado a la alegoría"» (Reyes Peña, 2014, pp. 40-41, en nota). Alfredo Hermenegildo señala que la aparición de estas figuras en *La destruyción de Constantinopla* (1587) de Lasso de la Vega, entre las que se encuentran Discordia, Envida y Ambición (vv. 265-306), se caracteriza por ser inesperada, conllevar la identificación del personaje por sí mismo o sus interlocutores y estar marcada su salida de escena convenientemente en el texto (Hermenegildo, 1983, p. 39). Dichas características se cumplen también en todas las intervenciones de las figuras mitológicas y alegóricas de *El viejo enamorado*, como podemos comprobar en esta escena.

       *   cuanto contiene el reino Estigie oscuro

y baña Flegetón con su onda ardiente,

y Lisa, que, sintiendo el caso duro,

habiendo tus acentos escuchado,   615

apresurado el paso diligente.

Ya me tienes presente.

Mira qué quieres. Mira qué te incita.

No te detengas, pide,

y, si el temor te impide,   620

deséchalo de ti, que la maldita

rabia que traigo de vengar tu intento

no me permite reposar momento.

LISA   Invidia, que en tristeza te consumes,

deja el dolor que te transporta y mueve,   625

y mira lo que quieres que hagamos.

La Discordia está aquí. Lisa se atreve

con ella, si en venganza te resumes,

---

612 *Estigie oscuro*: La oscuridad del Estigie, así como la de todo el infierno, es un tópico de larga tradición clásica. // Estige o Laguna Estigia manaba de una fuente de la Arcadia, cuyas aguas eran consideradas mortalmente venenosas y que los mitógrafos griegos situaron en el Tártaro. «Como en la guerra que hubo Júpiter con los Titanos, su hija Victoria, ayudase mucho a Júpiter […] concediole por premio de sus buenos servicios que los dioses jurasen por la Laguna Estigia, su madre (no le pudiendo mayor cosa dar), y tanto la honrasen que no osasen faltar lo que en su nombre jurado hubiesen […], y si alguno quebrantase el juramento, fuese privado por cien años de la divinidad y del Néctar celestial y dulce potaje de lo dioses»; el significado de su nombre en griego es «tristura», «odioso, como lo es el infierno» (Pérez de Moya, ed. 1995, Libro séptimo, Capítulo II. *De la Laguna Stygia,* pp. 631-633, las citas en pp. 631 y 632). Discordia, al final de la Jornada, jurará por la Estigie (v. 698). El mismo Cueva utiliza el término *Estigie* en sus *Églogas completas* (ed. 1988, p. 54).

613 *Flegetón con su onda ardiente*: Flegetón (o Flegetonte), que hervía en constantes llamas, era, junto a Estigia, Lete, Cocito y Aqueronte, uno de los cinco ríos del Infierno (Ravisius Textor, *Officina, Fluuii infernales*). Es mencionado, junto a los otros ríos del Hades, por Virgilio en la *Eneida* (VI, 265, 550). Pérez de Moya afirma que Flegetón nace de Stygia y «significa ardor, porque de la tristeza [Estigia] nace ardiente dolor, que es grande escocimiento de corazón y esta es la mayor pasión» (ed. 1995, Libro séptimo, Capítulo IV. *De las edades del hombre y de los mismos ríos que se han tratado en los capítulos precedentes,* pp. 634-637, la cita en p. 637). El epíteto *ardiente* es pues recurrente en la tradición literaria para referirse a dicho río infernal.

616 *apresurado*: 'ha apresurado', con la *a* embebida.

628 *si en venganza te resumes*: 'si decides vengarte'.

que al mundo por servirte deshagamos.

DISCORDIA   ¿Qué aguardas? ¿En qué estamos?   630

Deja el acerbo llanto y di qué quieres,

pues no puedo faltarte

ni dejar de ayudarte.

Y cuanto más aquí nos detuvieres,

más se dilatará lo que deseas   635

y más crecerá el ansia en que te afeas.

INVIDIA   Discordia amada, vengadora mía,

que siempre sigues mi desino fiero,

no sé por dónde mi dolor te diga.

Ni sé, ¡oh Lisa!, en la ocasión que muero,   640

que la pasión la lengua me resfría,

qué orden al deciros mi mal siga.

Aflígeme y fatiga

ver que a Liboso la Fortuna airada

le haya subido tanto   645

que da fuerza a mi llanto,

sin poder ya con él mi industria nada.

Crece por horas su poder y alteza,

y en mí de vello el ansia y la tristeza.

Querría contra el Cielo que me sigue   650

mostrarme y deshazer el casamiento

---

638 *desino*: 'designio'. forma semipopularizada del bajo latín *designium*, frente a la forma culta *designio* (Menéndez Pidal, 1989, pp. 144-145).

641 *la lengua me resfría*: 'enfría', con el sentido figurado de 'me paraliza, me impide hablar'.

644-645 *la Fortuna airada / le haya subido tanto*: la rueda de la fortuna girando en el aire es un tópico en la tradición literaria. «Diosa a quien atribuían el poder mover de arriba abajo las cosas humanas a su arbitrio, teniendo dominio entre los hombres para darles todos los sucesos y acaecimientos prósperos y adversos como riquezas, reinos y pobreza [...] Thales decía que la fortuna era como los representantes de comedias, donde unas veces entran hechos reyes, otros esclavos; y que así en esta vida el que un día es pobre, otro día es rico» (Pérez de Moya, ed. 1995, Libro tercero, Capítulo XXI. *De Fortuna y Caso y Hado*, pp. 428-431, la cita en pp. 429-430).

que con engaño tal ha conseguido.

Querriá volver en llanto su contento

y querría, ¡oh Discordia!, que le obligue

a morir o que viva destrüido.   655

DISCORDIA   ¿Eso te ha conmovido?

¿Eso solo te altera de esa suerte?

No seré la Discordia,

si baste la concordia

del suegro y él para escusar la muerte   660

que le haré pasar. Mira tú el modo

que quieres, que obediente estoy a todo.

INVIDIA   ¿Orden me pides tú, Discordia amada?

¿Quién fabrica las guerras, quién los daños,

si no eres tú? ¿Y quién podrá en aquesto   665

por modos y caminos más estraños

hacer que nuestra parte sea vengada

y que yo llegue al deseado puesto?

LISA   Discordia, acude presto

y haz lo que la Invidia te demanda.   670

DISCORDIA   ¿Qué quieres que yo haga

que más te satisfaga?

INVIDIA   Que ya me vengues desta gente infanda,

si deseas mi bien, si te da pena

la pena en que tal pena mi alma pena.   675

DISCORDIA   No tienes que pedirme ni ahincarte,

que la Discordia tengo ya esparcida

650-655: 'Invidia querría ir contra el *Cielo*, entendiendo aquí *Cielo* con el sentido metafórico de "Fortuna", es decir, contra su propia Fortuna, la cual le es adversa con los dones concedidos a Liboso, y querría que esa Fortuna lo destruyera para ella poder ser feliz'.
660-661 Con estos versos, refrendados un poco más abajo, Discordia anticipa la resolución de la comedia (Tercera Jornada), anunciando la muerte de Liboso.

	entre los unos y otros, de tal suerte	
	que te verás contenta de afligida,	
	y así puedes de hoy más asegurarte	680
	que el viejo pagará su amor con muerte.	
INVIDIA	Si a la congoja fuerte	
	que me fatiga quieres dar remedio,	
	uno y tal se me ofrece	
	por donde se guarece	685
	mi mal, y es el más cómodo y buen medio.	
DISCORDIA	¿Cuál es?, que el que tú dieres yo lo acepto.	
LISA	Pues yo a lo que hicierdes me someto.	
INVIDIA	Que las tres, como estamos, nos mudemos	
	en forma de tres hombres y acudamos	690
	a casa de Liboso, y, en su afrenta	
	de verse desmentido, le encendamos	
	y con furia y invidia le incitemos	
	a que se vengue y su deshonra sienta.	
DISCORDIA	Ese orden me contenta.	695
	¡Vamos, no nos tardemos, vamos presto!,	
	que por el reino oscuro,	
	y por la Estigie juro	
	de hacer cuanto más pudiere en esto,	
	de suerte que tú quedes satisfecha	700
	y yo contenta de la ofensa hecha.	

[*Vanse.*]

---

688 *hicierdes*: 'hiciereis', forma contracta (del pretérito imperfecto, «hiciéredes») usada todavía durante el siglo XVI. La reducción de este tipo de arcaísmos se atestigua desde principios de dicho siglo y es la que finalmente triunfó (Lapesa, 1988, p. 394).
689-690 Estos versos de Invidia anuncian la transformación de Discordia, Invidia y Lisa en hombres, como veremos en la jornada siguiente.

*ARGUMENTO DE LA SEGUNDA JORNADA

Festilo persuade a su hija Olimpia que se case con Liboso. Arcelo satisface[P] de su inocencia a Olimpia. Barandulo desafía a Arcelo por mandado de su amo Liboso. Acompañado de la Invidia, Discordia y Lisa, sale Liboso, y Rogerio, mágico[Q], promete ayudarle en el desafío contra Arcelo. Conjura a la Invidia, Discordia y Lisa: háceles que tomen sus formas, envíalas, manda a Lisa lo que en este caso ha de hacer.

PERSONAS DE LA SEGUNDA JORNADA

FESTILO.	DISCORDIA.
OLIMPIA.	INVIDIA.
ARCELO.	LISA, furia infernal.
BARANDULO.	ROGERIO, mago.
LIBOSO.	

*[*Salen* FESTILO *y* OLIMPIA.]

FESTILO

  Con tal rigor te entregas y sujetas
  a la congoja que te aflige tanto,
  dulce y amada hija, que me aprietas
  y me provocas a seguirte en llanto.   705
  Y así querría, si mi ruego aceptas,
  que dese sentimiento, ansia y quebranto
  te releves un punto y des tu oído
  a mi razón, si debo ser oído.

[P] *satisface*: 'convence'.

[Q] *mágico*: 'mago'. // Juan de la Cueva utilizará también la figura del nigromante en otras dos piezas suyas: la *Comedia de la constancia de Arcelina* (Orbante, mágico) y la *Comedia del príncipe tirano* (Cratilo, grande).

704 *me aprietas*: 'me haces sufrir', «maltratar, oprimir, ocasionar mal y daño» (*Aut.*).

708 *te releves un punto*: 'te sosiegues un momento'.

       No quiero, aunque no es otro mi deseo,   710

consolar la miseria que te ofende,

que en el estremo triste que te veo

todo humano consuelo se defiende,

mas que dejes el llanto, porque creo,

según su grave efecto te suspende,   715

que has de acabar la vida en los estremos

que haces, si el remedio detenemos.

OLIMPIA   Señor, solo un remedio es el que hallo

que puede remediar mi acerba suerte,

y este el Cielo me manda procurallo,   720

si quiero reparar mi angustia fuerte.

FESTILO   ¿Cuál es, hija?, que yo me obligo a dallo.

OLIMPIA   A Arcelo, o, fuera dél, la acerba muerte.

FESTILO   ¡Calla, hija, no digas tal locura!

OLIMPIA   Esto pide mi estrema desventura.   725

FESTILO   *   ¿Tal fuerza ha de tener un acidente

que, aborreciendo la preciosa vida,

así te arroje hervorosamente

do vida, honra y alma sea perdida?

Pues tiempla tu furor como prudente,   730

y óyeme atenta y su graveza olvida,

que yo quiero tomar la mano en esto

---

715 *suspende:* «arrebatar el ánimo, y detenerlo con la admiración de lo extraño, o lo inopinado de algún objeto, o suceso» (*Aut.*).

728 *hervorosamente:* «lo mismo que fervoroso. Tiene poco uso» (*Aut., s. v. hervoroso, sa.*); «ardiente, activo y eficaz» (*Aut., s. v. fervoroso, sa.*).

729 *do:* 'donde'.

730 *tu furor como prudente:* La oposición *furor / ratio* era un tópico literario que tiene en *Fedra* de Séneca un claro exponente. Fedra se muestra como una mujer atormentada por un padecimiento amoroso que la arrastra hacia la muerte.

731 *graveza:* «lo mismo que gravedad. Ya es de poco uso» (*Aut.*).

732 *tomar la mano:* «comenzar a razonar y discurrir, sobre alguna materia» (*Aut.*).

y aplicar el remedio más honesto.

     Viendo que el falso Arcelo deseaba

*   nuestra deshonra con dañado intento   735

*   y que, siendo casado, procuraba

contigo hacer segundo casamiento,

dije a Liboso, si él averiguaba

*   ser Arcelo casado, en el momento

lo casariá contigo, cual pedía,   740

y dile en prendas desto la fe mía.

     Él puso en ello tanta diligencia

que fue el nefario Arcelo convencido

y, sin aguardar más de mi presencia,

huyó de verse infame y concluido.   745

Agora cumple, y esta es mi sentencia,

que cumplas lo que tengo prometido,

aceptando a Liboso por tu esposo,

cual yo le prometí por ti a Liboso.

Olimpia   Estoy tan alterada que no tengo   750

valor para poderte dar respuesta.

Aunque con la memoria voy y vengo

discurriendo a mil cosas, no me presta.

Yendo a hablar, cortada me detengo;

cobrando esfuerzo, quedo en ti traspuesta,   755

viendo que me costriñes que conceda

lo que el paterno amor y razón veda.

     Y así, no quiero agora detenerte

---

743 *nefario*: 'malvado'.

745 *concluido*: 'derrotado'.

753 *presta*: «significa asimismo aprovechar, ser útil o conveniente para la consecución de algún intento» (*Aut.*).

755 *quedo en ti traspuesta*: «desmayada, sin sentido» (Alonso, 1982, *s. v. traspuesto*), es decir, sin entenderlo, desconcertada.

756 *costriñes*: «forzar, obligar, precisar y apremiar a uno para que haga y ejecute alguna cosa que reúsa y resiste hacerla» (*Aut.*).

*	ni con largos preámbulos cansarte,	
*	sino con brevedad satisfacerte	760
*	y solución de todo el caso darte.	
	Y digo que primero vea la muerte,	
	que el alma del terreno cuerpo aparte	
	y al hondo infierno sea precipitada,	
	que yo a Liboso por mujer sea dada.	765

FESTILO   La palabra le di a Liboso en esto.

OLIMPIA   Pues yo se la di Arcelo que es mi cielo,

y moriré sin apartarme desto,

      * aunque no quiera el Cielo y huya Arcelo.

FESTILO   No sigas tan dañado presupuesto.   770

OLIMPIA   Mientras viviere en este mortal velo,

seré de Arcelo, como siempre he sido,

muriendo en esta fe, como he vivido.

FESTILO   Esto ha de ser, que cumple ser por fuerza,

      * y así quiero que vengas en hacello.   775

OLIMPIA   Bien podrás como padre hacerme fuerza,

mas el alma no puede obedecello,

que en el amor de Arcelo así se esfuerza

      * cuanto a Liboso es justo aborrecello.

FESTILO   Mi voluntad es esta, sea la tuya,   780

      * y así voy a que el caso se concluya.

[*Vase* FESTILO.]

---

764 *y al hondo infierno sea precipitada*: Olimpia amenaza a su padre con suicidarse antes de aceptar su matrimonio con Liboso, lo que supondría, de acuerdo con la doctrina católica, condenar su alma al Infierno.

767 *yo se la di Arcelo*: 'yo se la di a Arcelo', con la *a* embebida.

770 *presupuesto*: «ant. Propósito formado por el entendimiento y aceptado por la voluntad» (*DRAE*).

771 *mortal velo*: 'cuerpo'. Sintagma de tradición poética empleada por autores como Juan Boscán, Garcilaso de la Vega, Fernando de Herrera, Lupercio Leonardo de Argensola…

781 *a que*: 'para que'.

OLIMPIA   La vida podrá ser que sea primero,
            que llegar a ese estremo, concluida,
            que no sufre la fe y amor sincero
            que tengo Arcelo ser jamás movida.   785
    *   Y, si mi padre con deseño fiero
            me oprimiere, será mi triste vida
            la que daré al acero riguroso,
    *   antes que olvide Arcelo y vea a Liboso.

            [*Sale* ARCELO.]

ARCELO   Forzado, ¡ay duro amor!, de tu inclemencia,   790
            me lleva la crüel desconfianza
            a morir en las ondas del olvido.
            Robado el seso ajeno de paciencia,
            sujeto a ver tan áspera mudanza,
            sin ser de mi firmeza merecido,   795
            ¿de quién seré creído,
            Olimpia mía, en mi excesivo daño
            y en mi tormento estraño,
            si mi enemiga suerte
            me desvía de verte,   800

---

785 *que tengo Arcelo*: 'que tengo a Arcelo', con la *a* embebida.

786 *deseño*: *diseño* en *B*, que hemos corregido por *A*, como pide el significado del término en su contexto: «pensamiento, idea, determinación del entendimiento con asenso de la voluntad. En lo antiguo se decía *deseño*» (*Aut., s. v. designio*).

789 *olvide Arcelo*: 'olvide a Arcelo', con la *a* embebida.

789[+] La aparición sobre las tablas de Arcelo abre una nueva secuencia (vv. 790-853) de lo que hemos denominado «escena paralela»/«espacio lúdico» (véase nota 352[+], y para la presentación como «espacio lúdico», Reyes Peña, 2014, p. 43).

790-792 El inicio del monólogo de Arcelo –con ecos del «Soneto LXVI» de Fernando de Herrera: «Amor con tal engaño me ha traído, / que derriba la fuerça del cuidado / cuando me ve más bien afortunado, / y anégame en las ondas del olvido…» (ed. 1986)– es el preámbulo de una secuencia con los versos más líricos de toda la comedia, y que culminará con el encuentro de los dos amantes.

teniendo fuerza tan injusto engaño,

do se confunde, ¡ay Cielo!,

de tal maldad la fe y verdad de Arcelo?

    Ilustre Amor, que en generoso fuego

tienes el alma mía consumida,   805

si tiene algún valor mi fe y servicio,

mi llanto, mi inmortal sosïego,

mis trabajos, mi largo afán, mi vida,

ofrecida a tu ara en sacrificio,

seme agora propicio   810

en descubrir maldad tan detestable.

No sufras tan notable

agravio a quien te sigue,

muera quien le persigue,

porque sea en el mundo memorable   815

tan célebre hazaña,

que muere el que a tu siervo ofende o daña.

*Olimpia   Una tierna voz he oído

que, formando sus querellas,

al cielo la fuerza dellas   820

a escuchar ha suspendido.

    Quiérome apartar aquí,

veré quién se queja al cielo

y, si le aqueja mi duelo,

*   será ayudado de mí.   825

Arcelo   ¡Ay vida, cuánto me ofendes!

---

806 *mi fe y servicio*: Arcelo se presenta a sí mismo como un vasallo entregado al amor a quien rinde servicio («culto») y fe. Amor aparece aquí como un dios que guía las actuaciones del enamorado Arcelo. Son términos que evocan el lenguaje de la poesía cancioneril.

807 *sosiego*: «quietud, tranquilidad o serenidad» (*Aut.*); es decir, la eterna quietud que llega con la muerte.

809 *ara*: 'altar'.

¡Ay muerte, que me destruyes,
pues que mi presencia huyes,
y tú, vida, me defiendes!

    ¿Para qué queréis que viva,   830
vida y muerte, en tal estremo,
pues el menor mal que temo
es muerte la más esquiva?

OLIMPIA   ¡Ay qué estraño movimiento,
que toda siento cortarme,   835
la vital sangre faltarme
y helarse en las venas siento!

    Tiemblo y no sé la ocasión,
levántaseme el cabello
y, sin poder entendello,   840
me desmaya el corazón.

ARCELO   ¿Dónde me llevas, Amor,
sin Olimpia en tal fatiga?
Amor, ¿mi fe no te obliga
ni te mueve mi dolor?   845

    Haz, Amor, tu parecer,
haz en mí lo que es en ti,
haré yo lo que es en mí,
que es morir en mi querer.

OLIMPIA   ¿Quién es este que a mí viene?   850
¡Ay de mí!, ¿dónde me iré?
¿Qué camino seguiré?
¿Qué es esto que me detiene?

ARCELO   ¡Bella Olimpia, vida mía,

---

834 *movimiento*: 'inquietud'.

835 *cortarme*: «espantarse, turbarse o faltarle a uno palabras, por causa del aturdimiento» (*Aut.*).

      no vayas de mí huyendo,   855

*   tu bella luz ascondiendo

*   a quien por ella se guía!

OLIMPIA   ¡Ay, enemigo inhumano,

      perjuro, falso, traidor,

      sin ley, sin fe, sin temor,   860

      de la ley de amor tirano!

      No tienes vergüenza, ¡ay Cielo!,

      que, usando de tu piedad,

      no castigas la maldad

      deste sacrílego Arcelo.   865

ARCELO   Si ha de oírse mi disculpa,

      Olimpia, deja esa ira

      y con menos pasión mira

*   la inocencia de mi culpa;

      que yo te juro y presento   870

      por testigo al justo Cielo,

      si jamás cupo en Arcelo

      tan dañado pensamiento.

OLIMPIA   ¿Entiendes que tu razón

      será tan bastante aquí   875

      que venga a hacer de mí

      lo que tu astuta invención?

      Pues ten, Arcelo, entendido

      que ya no podrá tu trama

      hacer ofensa a mi fama,   880

858-859 Olimpia reformula el íncipit del poema de Gabriel López Maldonado («¡Ay, amor, / perjuro, falso y traidor»), que aparece en el *Cancionero*, antología de poetas contemporáneos recopilada por él mismo e impreso en Madrid en 1586. Seguramente este poema tuvo que correr ya antes manuscrito y oralmente. Este *Cancionero* es citado por Cervantes en el *Quijote* (I, VI) y el mismo Maldonado contribuyó a las poesías laudatorias de *La Galatea* (1585).

874-877: '¿Piensas que las palabras que acabas de decirme serán suficientes para que me crea ese astuto cuento o engaño?'.

porque no serás creído.

ARCELO   Señora, dame lugar,

que pueda yo en tu presencia

descubrirte mi inocencia.

OLIMPIA   No tienes ya que alegar.   885

Creído fuiste y acepto

de mí ya tuviste entrada

en mi alma, descuidada

de tan dañado concepto.

ARCELO   Olimpia, si en mi memoria   890

cupo jamás ofenderte,

aquí la soberbia muerte

de mi vida haya victoria;

y el alma, que a tu belleza

el amor que la gobierna   895

consagró, a pena eterna

la condene tu grandeza.

OLIMPIA   ¿Que puede tu obstinación

ser en el mal tan constante

que la información delante   900

niegue? No sé tu intención.

ARCELO   No niego yo la verdad,

mas defiendo a la malicia

del traidor que me codicia

tal daño con falsedad.   905

Y así quiero, ¡ay vida mía!,

886-887 *acepto / de mí*: 'aceptado por mí'.

903 *defiendo a la malicia*: 'me defiendo de la malicia', latinismo sintáctico, calco del latino DEFENDERE AB, donde «a» se corresponde con la preposición latina AB ('de'), y no como es habitual AD. Encontramos ejemplos como este durante toda la Edad Media y en las obras de Quevedo y otros autores del Siglo de Oro.

904 *codicia*: «apetecer, desear con demasiado anhelo alguna cosa» (*Aut.*).

que entiendas que no hay valor

en mí para ser traidor

ni mi fe lo permitía,

    y que el falso de Liboso, 910

ardiendo en su ciega llama,

ha urdido esta falsa trama

de la gloria mia invidioso,

    porque yo nunca ocupé

la memoria sino en ti, 915

y jamás otra de mí

tuvo la palabra y fe.

    A ti sola quiero y amo,

a ti me guïó mi estrella,

en ti está la fuerza della, 920

por ti mi vida desamo.

OLIMPIA   ¿Que es verdad que no me engañas?

Arcelo, ¿podré creerte?,

pues la fuerza del quererte

me fuerza a usar destas mañas. 925

ARCELO   Olimpia, la verdad digo.

OLIMPIA ¿La verdad? ¿Quién me la afirma?

ARCELO Amor, y él mesmo la firma,

porque en esto es él testigo.

OLIMPIA   ¿Que te tengo de creer? 930

ARCELO Sí, que justo es ser creído,

quien tan constante te ha sido.

OLIMPIA Gran fuerza es la del querer.

914-915 Arcelo expresa de este modo el enamoramiento de Olimpia, pues la memoria (alma intelectiva) solo se ocupa de recrear la imagen de la amada que está impresa en su alma, según la filosofía neoplatónica.

924-925 *fuerza* / [...] *fuerza*: poliptoton recurrente en Cueva (vv. 1286, 1901-1903, 2506, 2664-2666), presente en otras de sus obras dramáticas como *El tutor* (vv. 142-143) o la *Comedia del príncipe tirano* (vv. 985-988, ed. 2008).

ARCELO
                    Esto te obligue, señora,

                    a creer mi firme amor   935

                    y, porque oígo rumor,

       *   no tratemos desto agora.

                *[*Sale* BARANDULO.]

BARANDULO
                    Toda la corte celestial me guíe

                    y vaya a esta jornada en guarda mía,

                    porque, si bien el fin contemplo y miro,   940

                    a gran riesgo va puesta mi persona.

                    ¿Quién dïablos me hizo a mí valiente

                    y me sacó de remendar zapatos?

                    ¿Quién convirtió en espada mi tranchete

                    y en broquel mi banqueta carcomida,   945

                    si para lo de Dios soy una liebre

                    y para lo del mundo una gallina?

                    ¡Cuánto mejor me iba a mí en mi trato

937[+] Nuevo ejemplo de «escena paralela»/«espacio lúdico» (véase nota 352[+]) protagonizado, en un primer momento, por Barandulo frente a Arcelo y Olimpia, que quedan presumiblemente apartados a un lado de las tablas, escondidos y en silencio (vv. 938-970); y, en uno segundo, por Arcelo y Barandulo mientras Olimpia permanece escondida (vv. 971-1018).

944 *tranchete*: «instrumento, que usan los Zapateros, y es un cuchillo ancho, y corvo, en figura de media luna, que les sirve para desvirar los zapatos, y otros fines» (*Aut.*).

946 *si para lo de Dios soy una liebre*: 'si soy diligente para los asuntos divinos'. La simbología más característica de la liebre en la Antigüedad fue la cobardía. Y así la utilizó la Patrística, donde se identificaba con la figura del hombre cobarde (Hernández Miñano, 2015, pp. 512-513). A dicha simbología tendríamos que añadir que la liebre, debida a su fecundidad, había sido considerada proverbialmente como símbolo de la lascivia. Sin embargo, en muchos sepulcros góticos, había sido convertida en alegoría de la presteza y diligencia en los servicios (Cirlot, 2004, pp. 248-285). La rapidez manifestada por Barandulo para ocuparse de los asuntos de Dios recuerda sin duda a la religiosidad supersticiosa del mundo del hampa que se observa en Rinconete y Cortadillo de Miguel de Cervantes.

947 *y para lo del mundo una gallina*: debido al proverbial comportamiento huidizo de estas aves, por analogía se califica de *gallina* a la persona cobarde. Barandulo se confiesa, pues, 'cobarde en las cuestiones mundanas', redundando así en la tradicional imagen del *miles gloriosus* plautino.

y cuánto más seguro que entre jaques

echar desgarros retorcer la boca,   950

hablar güeco arrojando un voto y otro,

mostrarme un Scipión en las razones

y en las obras más manso que una oveja!

 *   Siendo una cabra en público blasono

que corto piernas, brazos, harpo rostros   955

y hago anotomía de los hombres.

Cobro opinión con las bravatas que echo,

sin poner mano a espada en todo un siglo.

De aquí, ha venido que mi amo entiende

que ni Roldán ni Rodamonte juntos   960

---

950 *desgarros*: «ademán de braveza, fiero, fanfarronada, afectación de valentía» (Alonso Hernández, 1976, *s. v.*). // *retorcer la boca*: 'resoplar mostrando disgusto'.

951 *hablar güeco*: 'hablar con arrogancia'. // *arrojando un voto y otro*: *voto* «se toma asimismo por juramento, y execración en demostración de ira. Llámase assi por empezar regularmente con esta voz la expresión: como Voto a Dios, voto a Christo» (*Aut.*), es decir, 'jurando una y otra vez'.

952 *mostrarme un Scipión en las razones*: Publio Cornelio Escipión Emiliano Africano Menor Numantino (185 a. C.-129 a. C) fue un militar y político de la República romana del siglo II a. C. Al mando de la Tercera guerra púnica, asedió y destruyó Cartago. En el año 134 a. C., emprendió la Guerra numantina, que concluyó con el célebre asedio y toma de la ciudad en 133 a. C. Su escritura con *S-* líquida es un uso latinista. La frase de Barandulo haría referencia a la osadía y arrojo del militar romano aplicada en su caso a las palabras no a los hechos, en los que se mostrará manso como una oveja, como dirá en el verso siguiente.

954 *Siendo una cabra*: la cabra en el cristianismo era considerada como un sinónimo de maldad. El diablo solía ser representado bajo la figura de una cabra. Barandulo cometería la infinidad de tropelías descritas en los versos siguientes, transfigurado en una cabra, es decir, como si fuera un demonio. Es de destacar que esta imagen de la cabra se opone a la de la oveja, en el verso precedente, como símbolo de la bondad y mansedumbre divina. // *blasono*: «hacer ostentación de alguna cosa gloriosa con alabanza propia, preciarse de haber hecho o dicho alguna cosa digna de ser loada» (*Aut.*).

955 *harpo*: «arañar o rasgar con las uñas» (*Aut.*).

956 *anotomía*: «el examen que se hace de las partes de un cuerpo humano, o de otro cualquiera animal, o ave, abriéndole, o dividiéndole, para venir en conocimiento de ellas. Es voz griega, que muchos por error pronuncian Anotomía» (*Aut. s. v. anatomía*).

957 *Cobro opinión*: 'gano, adquiero fama'. // *bravatas*: «amenaza proferida con arrogancia para intimar a alguno […], baladronada, hecho o dicho propio de ladrones, fanfarrones» (Alonso, 1982).

960 *Roldán ni Rodamonte*: Roldán, sobrino de Carlomagno, era el prefecto de la «Marca de Bretaña» y a su mando se encontraba la retaguardia de las fuerzas carolingias. Murió en una emboscada en la batalla de Roncesvalles a manos de los Vascones, el 15 de agosto de 778. Protagonista del poema épico *El cantar de Roldán* (finales del s. XI) su figura se ha considerado tradicionalmente como ejemplo de valentía y coraje. El mismo Juan de la Cueva incluiría a Roldán como uno de los personajes de su *Comedia de la*

osarán pelear comigo en campo.

Y en confianza desto enviá que rete

y desafíe Arcelo, y voy temblando,

no saque por respuesta de mi reto

lo que el miedo me pone por delante.   965

Al fin, yo quiero por cumplir hacello

en nombre de Liboso, y la respuesta

la pondré a cuenta de quien só enviado,

que yo de mensajero sirvo solo,

*   y así con esto vo a buscar Arcelo.   970

ARCELO   ¿Quién busca Arcelo? ¿Quien le nombra o llama?

BARANDULO   Quien le viene a servir, que es Barandulo.

ARCELO   ¿Barandulo? ¿Qué quiere si me busca?

BARANDULO   Viene a darte un recaudo de Liboso,

y así no tienes que alterarte en nada.   975

ARCELO   No me alteran a mí tan viles cosas

y, así, que digas lo que quieres mando,

sin que me tengas más suspenso un punto.

---

libertad de España por Bernardo del Carpio. // Rodamonte, guerrero sarraceno, es uno de los personajes de *Orlando furioso* de Ariosto, considerado proverbialmente como valeroso. «Herrero García […] observa que Rodamonte o Rodomonte llegó a ser el prototipo del militar fanfarrón (el "miles gloriosus" terenciano) y, en algunas sátiras francesas, símbolo de la arrogancia española, pero que no obstante, en las letras españolas del tiempo de C[ervantes] se solía caracterizar como valeroso, y así lo trae Lope en incontables ocasiones» (Cervantes, 1998, volumen complementario, p. 428). Rodamonte aparece también mencionado en *El tutor* (v. 1581).

961 *campo*: «el sitio que se destina y escoge para salir a reñir algún desafío entre dos o mas personas» (*Aut.*).

963 *desafíe Arcelo*: 'desafíe a Arcelo', con la *a* embebida

965 Es decir, la espada.

970 *buscar Arcelo*: 'buscar a Arcelo', con la *a* embebida.

971 *busca Arcelo*: 'busca a Arcelo', con la *a* embebida.

971-975 Estos versos encierran un juego escénico por el que ambos personajes descubren la identidad de su interlocutor. Es posible que Barandulo al escuchar la voz de Arcelo, del susto, se cubriera o escondiera lo que impediría que el galán —situado a cierta distancia de aquel— reconociera al criado de Liboso. Una vez que Barandulo descubre que es el mismo Arcelo quien le habla se acercaría a él.

974 *recaudo*: 'recado'.

BARANDULO   Hasme de dar primero tu seguro

                             que mi recaudo oirás sin que me culpes,   980

                             pues sabes que mi amo es quien me envía

                             y dél mandado, cual crïado, he sido.

ARCELO   Di, que yo te aseguro. Di qué quieres.

BARANDULO   *   Liboso dice, yo no digo nada

                             aunque lo digo yo, por ello digo   985

                             que a cuenta suya pongo este recaudo,

                             usando de la ley de mensajero,

                             sin meterme en dibujos ni en negocios,

                             porque a entrambos os tengo por amigos…

ARCELO   Deja agora ese estilo Barandulo   990

                             y aquesas amistades. Ven al hecho,

                             que ya tu larga dilación me indina.

BARANDULO   Dice mi amo que te diga, Arcelo…

                             Él lo dice, no yo, ni Dios lo quiera,

                             y sabe Dios con cuánta pesadumbre   995

                             acepté esta venida a tu presencia,

                             porque yo estimo tu amistad en tanto

                             y más que no la que a Liboso tengo.

ARCELO   Ya te digo que dejes amistades

                             y me digas en breve lo que quieres.   1000

BARANDULO   No quiero nada yo, si no es servirte.

                             Mi amo es quien me envía que te diga

---

979 *Hasme*: 'me has', «en el español del Siglo de Oro […] rige, en parte, la norma medieval: los pronombres átonos no podían aparecer en el principio absoluto de una oración o tras pausa, y aparecían obligatoriamente tras el verbo, formando una unidad con él» (Gutiérrez Cuadrado, 1998, p. 844, 23.4). // *seguro*: «licencia, o permiso, que se concede para ejecutar lo que sin él no se pudiera» (*Aut.*).

988 *sin meterme en dibujos*: «no meterse en dibujos. Referir las cosas sin ambages, ni circunloquios, sino natural y sencillamente, sin artificio, afectación, ni cuidado» (*Aut., s. v. dibuxo*).

991 *Ven al hecho*: 'déjate de rodeos, dime directamente lo mandado'.

que, en desagravio del agravio hecho

cuando lo desmentiste en mi presencia,

          viendo que así te fuiste y lo cargaste,   1005

y él quedó desmentido en ley del duelo,

que en el lugar do fueron las palabras

te desafía que con él te veas

hoy, do quiere morir o descargarse.

Y este recaudo traigo por Liboso.   1010

ARCELO   ¿Eso quiere Liboso? Yo lo acepto.

Y vuelve a él y di que yo lo acepto,

y, si con él viniere todo el mundo,

a todo el mundo deshará este brazo.

Y esto le lleva por respuesta mía,   1015

que porque se la des, no te doy muerte.

BARANDULO   Pues con eso me voy.

ARCELO   Bien puedes irte,

que yo en el puesto me pondré al momento.

[*Vase* BARANDULO.]

Divina Olimpia, ¿has oído

el recaudo de Liboso?   1020

¿No te parece gracioso

el campo que me ha pedido?

1005 *lo cargaste*: «imputar y echar a otro algún defecto, delito u otra cosa que le pueda perjudicar y ocasionar daño en el crédito, honra, y buena opinión» (*Aut.*).

1007 *que* reduplicativo (véase nota al v. 331). // *en el lugar do fueron las palabras*: 'a causa de tus palabras, de tu desmentido', «motivo, causa y razón para alguna cosa» (*Aut., s. v. lugar*).

1009 *descargarse*: 'desagraviarse, limpiar su honra'.

1016 *porque*: 'para que'.

1018 *puesto*: «el lugar, sitio o paraje señalado o determinado para la ejecución de alguna cosa» (*Aut.*).

OLIMPIA   Todo lo estado entendiendo
y, si fuera en mi poder
habelle de responder, 1025
respondiérale rïendo.

ARCELO   ¿Entiendes, señora mía,
que sale dél atreverse
a querer comigo verse?
No creas tal, que otro lo guía. 1030

                               Y así hago juramento,
en fe de quien soy aquí,
de no volver ante ti
sin dar castigo a su intento.

OLIMPIA   Arcelo, ¿dó tu cordura? 1035
¿Tal cosa dices? ¿No ves
que, cuando muerte le des,
la das a una sepultura?

                               Muda aquese parecer,
no afrentes tu claro nombre 1040
en hacer campo con hombre
que es menos que una mujer.

ARCELO   Verdad es, señora mía,
mas, siendo desafïado,
a salir estó obligado 1045
con el que me desafía;

                               que de la suerte que fuere,
mozo, viejo, flaco o fuerte,

1023 *Todo lo estado*: 'Todo lo he estado', con la *e* embebida.

1041 *hacer campo*: «salir en desafío» (Cov., *hacer campo, s. v. campo*), «batallar cuerpo a cuerpo» (*Aut.*).

1047 *suerte*: 'manera, modo'.

> tengo de probar la suerte,
>
> si es mi igual, con quien viniere.　　　　　1050
>
> 　　Esta es fuerza, yo me voy.
>
> *　　Dame, Olimpia, tu licencia,
>
> porque en esta competencia
>
> *　　venga en fe de cuyo soy.

OLIMPIA　　　　¿Que no es parte el ruego mío,　　　1055

para que mudes intento?

ARCELO　　　　Señora, aunque yo consiento,

mi honor tiene el señorío.

OLIMPIA　　　　¿Más puede una ciega ira

que el ruego de quien te adora?　　　1060

¡Ay, Arcelo! ¡Ay, cruda hora,

que así mi gloria me tira!

　　¿Qué tengo de hacer aquí?,

pues por buscar tu enemigo

huyes de verte comigo,　　　　　　1065

*　　estando mi vida en ti.

[Vase ARCELO.]

1049 *probar la suerte*: 'salir al campo, aceptar el desafío'.

1050 *si es mi igual*: 'si es de su mismo linaje o condición social', es decir, si es noble como lo es él.

1052-1054: 'Arcelo, antes de ir al desafío al que Liboso le ha retado, solicita a Olimpia su conformidad, su autorización, para llevarla a ella —de la que él es— por bandera'.

1054 *de cuyo soy*: 'de quien soy', pues *cuyo* «adj. usado con relación a la persona que posee alguna cosa: y así vale lo mismo que de quien» (*Aut.*).

1062 *tira*: «en lo antiguo valía lo mismo que quitar» (*Aut.*).

1065-1066 Según la moderna filosofía o filosofía neoplatónica condensada en el libro IV de *El cortesano* de Baltasar de Castiglione, el enamoramiento se produce cuando los rayos de luz que emana el objeto amado por su belleza y perfección entran a través de los ojos del sujeto amante y de ahí van a parar al alma donde el enamoramiento, el amor, vivirá para siempre. El neoplatonismo hace suya la máxima de San Bernardo *anima magis est ubi amat, quam ubi animat* para expresar que el amado vive en el amante.

Tras ti voy. ¡Aguarda, Arcelo!

Arcelo, aguárdame un punto,

llévame contigo junto,

pues quedo, sin ti, sin cielo.   1070

No me quisiste aguardar.

Arcelo, ¿así te apartaste?,

pues verás la que dejaste,

si ella te puede dejar.

[*Vase* OLIMPIA. *Sale* LIBOSO.]

LIBOSO   Lleno de confusión y sobresalto   1075

me tiene el ver que Barandulo tarda,

y no de ansias y sospechas falto

el corazón, que tal recaudo aguarda,

porque, subirme mi deseo tan alto

que la razón el ánimo acobarda   1080

y verme al punto de gozar tal gloria,

temo que amor me estorbe la victoria.

Sujeto he dado que de mí se cante

por todo lo que el bello sol rodea,

y de la blanca Aurora al viejo Atlante   1085

1068 *un punto*: 'un momento'.

1075-1082: 'Liboso se encuentra confundido e impaciente y con el corazón lleno de sospechas ante el hecho de que Barandulo tarde tras haber ido a entregar su recado a Arcelo, porque, ante la gran magnitud de su deseo y al encontrarse a punto de lograrlo, teme que el amor se lo estorbe o se lo impida'.

1085 Es decir, desde las tierras orientales, por nacer la Aurora en ellas, hasta la parte más occidental del mundo antiguo. Expresiones similares a esta bajo distintas formulaciones aparecen, entre otros muchos ejemplos posibles, en *Orlando furioso* (Canto IV, VI), *Tirante el Blanco* («y desde el viejo Atlante hasta la Aurora», Canto IX) o en *Desde que viene la rosada Aurora* de Lope de Vega («Desde que viene la rosada Aurora / hasta que el viejo Atlante esconde el día…»). // *blanca Aurora*: Aurora, Eos en la mitología griega, era la diosa que daba paso a la luz solar cada día. Pérez de Moya afirma que tres son los colores con los que se identifican a Aurora: «fosco, bermejo, claro. Estos vienen por orden porque el Aurora cuando comienza es fosca o negra por la oscuridad de las

se esparza y mi traición notoria sea,

bien que, poniendo la ocasión delante

y el fuego que mi alma señorea,

tengo disculpa a quien en daño mío

contare mi amoroso desvarío.   1090

    Amor, a ti dedico mi cuidado

y los suspiros de mi ardiente pecho,

y, con ser de ti aceptos, soy pagado

y quedo de mi llanto satisfecho.

[*Sale* BARANDULO.]

*BARANDULO   ¡A buenas bodas iba convidado,   1095

si no supiera usar de mi provecho!

Esta me pondrá sal en la mollera

de a nadie no retar de aquí a que muera.

LIBOSO   ¿Quién es este que viene a mí hablando?

---

tinieblas de la noche, de las cuales comienza. Dende a poco tiene color bermejo, el cual es entre claro y negro, y parece al Oriente, por la parte donde el Sol ha de salir, procediendo más el tiempo cuando es cerca de salir el Sol, deja de ser bermeja y es clara» (ed. 1995, Libro tercero, Capítulo XX. *«De Aurora»*, pp. 427-428, la cita en p. 428). Tradicionalmente, se representa a Aurora montada en una carroza de plata tirada por caballos bermejos de doradas crines, aunque Teócrito describe dichos caballos como blancos (*Hilas*, XIII 11). El epíteto «blanca» relacionado con Aurora aparece en multitud de composiciones de autores del Quinientos como Juan Boscán, Fray Luis de León, Hernando de Ávila, Miguel de Cervantes… Para la tradición clásica del tema de la Aurora y sus diversas manifestaciones en la poesía narrativa española, véase María Rosa Lida de Malkiel (1946), 2017, pp. 119-164. // *viejo Atlante*: Atlante, Atlas o Atlantis, hijo de Jápeto y Clímene, era un titán al que Zeus condenó a cargar el cielo sobre sus hombros tras haber liderado a los Titanes en la Titanomaquia o guerra contra los dioses olímpicos. Este castigo se localizaba en el extremo occidental del mundo griego conocido (Higinio, *Fábulas*, CL). Tradicionalmente, el epíteto «viejo» atribuido a Atlante es frecuente en la literatura del Renacimiento español.

1093 *aceptos*: 'aceptados'.

1094⁺ En esta ocasión, el recurso técnico de la «escena paralela»/«espacio lúdico» (vv. 1095-1113 ½) está al servicio de la risa, al malinterpretar Liboso la actitud corporal de Barandulo. Aquel, siguiendo el curso de su anhelo, cree que su criado ha dado muerte a Arcelo, mientras que, en realidad, Barandulo reniega de las bravuconadas que han estado a punto de costarle la vida.

1097 *pondrá sal en la mollera*: «dar escarmiento» (Correas, ed. 2000, p.1046).

1098 *a que muera*: 'hasta que muera'.

        ¿Es Barandulo? Él es. ¡Oh santo Cielo!,　1100

        ¿qué trae, que a trechos viene reparando

        y poniendo los ojos en el suelo?

BARANDULO   ¡Reniego del hablar bravateando

        y de querer pendencias con Arcelo!

LIBOSO   ¿De Arcelo trata? ¿Si le dio la muerte　1105

        y esta ocasión lo trae de aquesta suerte?

BARANDULO   No está en más que decir voto o reniego,

        que harpe un rostro o que derribe un brazo,

        que asuele un mundo y, cuando al hecho llego,

        de miedo en cualquier cosa me embarazo.　1110

LIBOSO   Sin duda viene de coraje ciego.

        Él lo ha muerto, no deja dél pedazo.

        Quiero llamallo. ¡Ah Barandulo amigo!

BARANDULO   ¿Quién me llama? ¿Es amigo o enemigo?

LIBOSO   Barandulo, ¿dó vas tan presuroso?　1115

BARANDULO   Voy, señor, a buscarte desta suerte,

        que no concede el caso más reposo,

        si quieres reparar tu dura muerte.

LIBOSO   Acaba, no me tengas congojoso

        y del suceso sin tardar me advierte.　1120

BARANDULO   ¡Qué tengo que advertirte ni avisarte

        sino que estás a punto de llorarte!

1101 *reparando*: «tomar aliento o vigor, recuperarse o recobrarse de algún accidente» (*Aut.*).

1103 *bravateando:* 'echar bravatas, amenazas' (véase nota al v. 957).

1109 *asuele*: «poner por el suelo, destruir, arruinar, arrasar» (*Aut.*).

1107-1110: 'Barandulo, después del miedo pasado al ir a retar a Arcelo en nombre de su amo Liboso, parece determinado a renunciar a todas sus bravuconadas propias de un fanfarrón, pues se da cuenta de que, cuando llega la hora de la verdad, en realidad es un cobarde'.

1118 *reparar*: «defender, resguardar, o precaver algún daño o perjuicio» (*Aut.*).

1120 *me advierte*: 'dame noticia, infórmame'.

LIBOSO	*	¿De llorarme? ¡Ay de mí! ¿Qué estás diciendo?

Declárate, no tardes, dime presto

qué es eso, que yo voy descaeciendo   1125

y quedaré sin vida en este puesto.

BARANDULO   Sosiega un punto mi recaudo oyendo,

en el cual, como debo, te amonesto

que el vivir nos importa el escucharme.

LIBOSO   Dime lo que es, no quieras acabarme.   1130

BARANDULO   Sabrás, señor, que fue a buscar a Arcelo,

al cual hallé y a Olimpia juntamente.

LIBOSO   ¿Con él estaba Olimpia?

BARANDULO   Sí.

LIBOSO   ¡Ay Cielo,

a mis largos trabajos inclemente!

BARANDULO   Óyeme, que no es este nuestro duelo.   1135

Más adelante pasa.

LIBOSO   ¿Más? Detente

y dime si llevó a Olimpia consigo.

BARANDULO   ¡Ojalá los llevara el enemigo!

No me alterara cuando entrambos fueran

arrebatados en presencia mía,   1140

y del suelo en el aire se subieran

y al Infierno por él hicieran vía;

mis temores con esto fenecieran

y la muerte que esperas este día,

1125 *descaeciendo*: 'decayendo'.

1128 *te amonesto*: 'te advierto'.

1131 *fue*: 'fui', forma latino-vulgar y tardía de la primera persona del singular del perfecto acabado del verbo *ser*, pero con valor semántico de «ir». Alvar y Pottier incluyen *fue* en el paradigma evolutivo de la forma clásica fūī, primera persona del perfecto acabado del verbo *sum* (1993, p. 265). Se trata de una forma verbal usada en otras ocasiones en este sentido por Juan de la Cueva.

1138 *el enemigo*: 'el diablo'.

        porque, siéndole dado tal recaudo   1145

de desafío, así respondió, airado,

    que él aceptaba el campo que pedías

y que en el puesto se pondría al punto

no solo contra ti que desafías,

mas contra el mundo que te ayude junto.   1150

Esto me respondió a lo que decías.

    Y, si sales allá, señor, barrunto,

según vi en su denuedo y arrogancia,

que ojos no te verán volver a Francia.

LIBOSO   ¿Eso me dices? ¿Con tan gran braveza   1155

te respondió? ¿Tan gran coraje tiene?

¡Cosa bien desigual a mi flaqueza

y a lo que a mi cansada edad conviene!

Mal regirá las armas la torpeza

de ochenta años, que ya el mover detiene   1160

la aguda, rigurosa y fuerte espada

la sangre que en las venas tengo helada.

    Y así, pues él es mozo floreciente,

yo viejo sin valor que me defienda,

quiero hacer en la ocasión presente   1165

que su brío y esfuerzo no me ofenda.

Y así parte con priesa diligente,

llámame aquí a Rogerio, que suspenda

por su mágica ciencia su fiereza,

y con ella dé ayuda a mi flaqueza.   1170

BARANDULO   No te quieras meter en eso agora,

que es hombre que el dïablo y él se entienden,

1154 *ojos no te verán volver a Francia*: verso con ecos del romancero, como demuestra la siguiente estrofa: «Ojos que nos vieron ir, / no nos verán más en Francia; / abracéisme, Montesinos, / que ya se me sale el alma», (Menéndez Pidal, 1969, *Romance Octavo,* p. 104).

y se hablan y buscan cada hora,

y en público los dos compran y venden.

LIBOSO   Barandulo, tu fuerza domadora,   1175

¿adónde está? ¡Que ves que nos ofenden

y falta al menester, cuando la saña

del enemigo nos opresa y daña!

BARANDULO   No me falta la fuerza, mas recelo

que quieras con Rogerio entremeterte,   1180

que nos pondrá un dïablo contra Arcelo,

que a nosotros y a él cause la muerte.

LIBOSO   ¡Haz lo que mando! Parte en presto vuelo.

BARANDULO   Yo lo haré, que debo obedecerte.

LIBOSO   Ve presto y envía acá los tres soldados   1185

que recebí hoy en casa por crïados.

[*Vase* BARANDULO.]

Por esta vía espero la venganza,

dando al soberbio Arcelo muerte fiera

y el premio merecido a mi esperanza,

que amor injusto impide porque muera;   1190

1171-1174 *en público los dos compran y venden*: Barandulo, en su afán por señalar la amistad que une a Rogerio con el diablo, hace aquí alusión al refrán «Entre amigos leales, comprar y vender por lo que las cosas valen» (Panizo, 1998), acentuando además que dicha amistad es conocida por todos: *en público*. El estrecho afecto entre Liboso y Rogerio quedará patente en el primer parlamento de ambos personajes (vv. 1228-1242). // La vinculación entre la magia y el diablo tiene una clara raíz en la tradición folclórica y literaria así como en la cultura de la época. Para Eva Lara, estos versos y los siguientes de Barandulo nos muestran que «estamos ante un nigromante de primera clase [...] un mago maléfico digno de ser temido» (Lara, 2014, p. 419).

1175-1178 'Liboso pregunta a Barandulo dónde se halla la «fuerza domadora» de la que presume, pues «falta al menester», a su oficio, cuando es necesario responder ante la saña del enemigo'.

1187-1190 Edwin S. Morby destacaba ya en 1937 que más de la mitad de las obras de Cueva utilizan el motivo de la venganza como parte fundamental de su acción dramática. Un motivo muy «de moda» en la España del Quinientos y heredado de las tragedias de Séneca, tradicionalmente consideradas como «revenge dramas» (Morby, 1937, p. 386).

así no temeré desconfianza,

que, viendo, ¡ay bella Olimpia!, tu severa

y dura condición, da viva fuerza

al fuego que en tu yelo más se esfuerza.

[*Salen* DISCORIDA, INVIDIA *y* LISA.]

DISCORDIA   *   Barandulo nos dijo que mandabas   1195

que sin tener sosiego ni reposo

viniésemos al punto donde estabas

       *   y venimos con paso presuroso.

LIBOSO   Amigo, en eso claro me mostrabas

tú y tus dos compañeros el cuidoso   1200

cargo que os tengo dado, recelando

el desafío que me está llamando.

DISCORDIA   Señor, ya te hemos todos ofrecido

nuestras personas, vive descuidado

y pon ese recelo ya en olvido,   1205

teniendo los que tienes a tu lado.

LIBOSO   Ese valor he claro conocido

       *   en vosotros y en él voy confiado

para salir al campo, donde espero

dar fiera muerte a mi contrario fiero.   1210

INVIDIA   Yo te aseguro en esa parte el hecho

y la victoria que por ti se cante.

No temas, cobra esfuerzo en el estrecho,

1197 *al punto*: 'inmediatamente'.

1200 *cuidoso*: «lo mismo que cuidadoso. Es voz anticuada» (*Aut.*).

1213 *estrecho*: «metafóricamente vale aprieto, peligro, necesidad, riesgo, contingencia: y así estar uno en grande estrecho, es estar en grande necesidad o peligro» (*Aut.*).

aunque un mundo de hombres veas delante.

LISA
La fiereza que encierro en este pecho   1215

te promete con ánimo constante

lo que verás venidos al efeto,

porque el valor se muestra en el aprieto.

DISCORDIA
¡Vamos! ¿Qué aguardas más? No te detengas,

démosle muerte aquese tu enemigo.   1220

INVIDIA
Si con muerte de Arcelo no te vengas,

no me tengas, Liboso, por amigo.

DISCORDIA
¿Para qué son en esto más arengas?,

que deseo ya darle cruel castigo.

LIBOSO
Aguardemos, que al caso nos conviene   1225

*   que llegue Barandulo, que ya viene.

[*Sale BARANDULO.*]

BARANDULO
Rogerio viene cual, señor, mandaste.

LIBOSO   *   ¿Viene? ¿Qué es dél?

[*Sale ROGERIO.*]

¡Oh, mi Rogerio caro,

que así mi vida a nuevo ser tornaste

con tu vista, en quien pongo mi reparo!   1230

ROGERIO
Estilo es ese que contino usaste

comigo, en tu favor no serme avaro.

Y así, cual debo, como sabes cierto,

1228 *caro*: 'querido'.

1230 *reparo*: «restauración, recuperación, o remedio» (*Aut.*).

1231 *contino*: 'continuamente'.

tengo a servirte el corazón abierto.

LIBOSO   Esa estrecha amistad fue conocida   1235

siempre de mí y en obras confirmada,

la cual, mientras que yo tuviere vida,

será de mí en el mundo celebrada.

ROGERIO   Siendo, ¡oh Liboso!, a tu amistad debida,

cuando más haya hecho es poco o nada.   1240

Y así te ruego encarecidamente

dejemos esto, que es impertinente.

A la ocasión vengamos que te incita

a llamarme con tal desasosiego

y prolijos preámbulos evita,   1245

pudiendo lo que quieres decir luego.

LIBOSO   Pues me mandas, Rogerio, que repita

la ocasión de llamarte, yo te ruego

que, mientras que contando voy la historia,

no deviertas en cosa la memoria.   1250

Ya sabes el amor que a Olimpia tengo.

ROGERIO   Largamente lo sé, pasa adelante.

LIBOSO   También sabes los males que sostengo

*   y el rigor de aquel pecho de diamante.

Mas, ¡ay triste!, en qué cosas te entretengo,   1255

dejando la que en esto es importante,

como si tú ignorases mi tormento

y el origen de todo el mal que siento.

Has de saber que, viendo la esquiveza

con que a mi ardiente amor correspondía   1260

y conociendo la inmortal belleza,

1254 Es tópico identificar el desdén de la amada con la dureza de su pecho o corazón.

1259 *esquiveza*: «despego, extrañeza y demasiado retiro y recato» (*Aut., s. v. esquivez o esquiveza*).

causa del fuego en que arde el alma mía,

pedila en casamiento, y la crüeza

del padre a mi dolor dio nueva vía,

diciendo —¡ay sin ventura!, ¡ay crudo Cielo!— 1265

que por mujer la tiene dada Arcelo.

　　Viendo aquesto, Versilo y yo acordamos

que el casamiento entre ellos concertado

se estorbase, y así nos conformamos,

diciendo al suegro el yerno ser casado. 1270

Esto con tanta fuerza lo afirmamos

que traído ante nos el desposado

le convencimos y él, de ira movido,

se fue, habiendo a todos desmentido.

　　Quedando desto todos agraviados, 1275

me pidieron que campo le pidiese,

que, pues por mí quedaban afrentados,

por mí su honor restituido fuese.

Viéndolos de tal suerte alborotados

contra mí, aunque en mí valor no hubiese 1280

ni fuerzas para entrar en desafío,

vine a desafiar a pesar mío.

　　Hoy es el día y este el mesmo puesto

en que mi laso esfuerzo y débil fuerza

ha de probarse con Arcelo en esto, 1285

mostrando que la fuerza es quien me fuerza.

Y querría en el caso que he propuesto

1263 *crüeza*: 'crueldad'.

1266 *dada Arcelo*: 'dada a Arcelo', con la *a* embebida.

1276 *campo le pidiese*: *pedir campo* es el término que se utiliza en los duelos para retar a alguien, así como *otorgar campo* o *dar campo* vale por aceptar el duelo. *Campo* es «el sitio que se destina y escoge para salir a reñir algún desafío entre dos o más personas» (*Aut.*).

si el amistad el ánimo te esfuerza,

me estorbes esta lid con tu arte maga

y sin reñir al mundo satisfaga.   1290

ROGERIO   Gran confusión me ha puesto oír tu historia,

y así, ¡oh Liboso!, por tocarte tanto

me altera y sobresalta la memoria,

y el cabello me eriza y causa espanto,

porque ofrecerme a darte la victoria,   1295

dejando al otro en congojoso llanto,

es caso que no sé si está en mi arte

del modo que demandas ayudarte.

LIBOSO   Quien hace escurecer el claro día,

volver atrás el bello sol de oriente,   1300

que dé luz la tiniebla oscura y fría,

y que bajen los astros a ocidente,

más fácil le será en la suerte mía

mostrar el poderoso ardor vehemente

que oprime el espantoso reino oscuro,   1305

sobreseyendo su castigo duro.

ROGERIO   Es tan estrecha tu amistad comigo

que me fuerza que intente lo imposible,

porque es justo hacer por un amigo

más de aquello que al hombre le es posible.   1310

1288 *el amistad*: el demostrativo femenino latino *illa* simplifica la *-ll-* por influencia del masculino *el*, «abreviado en *la* generalmente, salvo ante nombres que empiezan por vocal, especialmente *a-*, con los cuales se abreviaba en *el* o *ell* (ell alma, el alimosna, el otra, del estoria) …» (Menéndez Pidal, 1989, p. 261).

1299-1302 Enumeración, en boca de Liboso, de hechos imposibles que Rogerio, con el poder de su magia, consigue realizar: convertir el día en noche; detener o hacer retroceder el tiempo haciendo que el sol, que sale por el oriente, «vuelva atrás»; hacer que la oscuridad «dé luz»; y, por último, acelerar el recorrido de los astros hacia el occidente, es decir, acelerar el paso del tiempo. Por ello, quien tanto puede, podrá conseguirle el amor de Olimpia.

1306 *sobreseyendo*: 'cesando, poniendo fin'.

En tu presencia estoy, traza contigo

el modo de castigo más terrible

que a tu contrario quieres que le demos,

con que tu honor y vida reparemos.

LIBOSO   No tengo que trazarte nada en esto.   1315

La ocasión sabes y mi gran flaqueza,

el contrario que aguarda ya en el puesto,

lleno de confianza y de braveza.

Haz a tu gusto, solo que sea presto

te demando, que en esto la pereza   1320

será ocasión de gran inconveniente

y, al contrario, la priesa, diligente.

ROGERIO   Pues en mis manos pones tu remedio

y el orden de salir de aquesta afrenta,

yo quiero, pues me pones de por medio,   1325

que tu flaqueza ni se vea ni sienta.

Usaré en esto de un seguro medio,

y será que a la lid fiera y sangrienta

saldrás y allí delante tu enemigo,

que a probar su poder vendrá contigo,   1330

al punto que al combate riguroso

principio deis los dos, arremetiendo

el uno contra el otro furïoso

la venganza y victoria pretendiendo,

haré salir en vuelo presuroso   1335

del reino estigio una visión corriendo

1327-1354 Como bien señalaba Reyes Peña, en estos versos Cueva recurre al empleo de una escena anticipativa, anunciando lo que va a suceder en la jornada siguiente. Unas indicaciones que, sin duda, tenían que ser consideradas por el autor de comedias a la hora de preparar el espectáculo (Reyes Peña, 2014, pp. 44-45).

1329 *delante tu enemigo*: 'delante de tu enemigo', el uso del adverbio *delante* sin la preposición *de* está recogido en *Aut*.

1336 *reino estigio*: 'infierno' (véase nota al v. 612).

que se le ponga ante la vista Arcelo,

que lo acobarde y lo derribe al suelo.

    Cuando lo veas en tierra derribado

sin valor que resista tu deseo,   1340

allí te puedes dél hacer pagado,

haciendo de su vida tu trofeo.

    Y, si quieres quedar mejor vengado,

haré que aquel ministro del Leteo

lo arrebate y a un monte con él vaya,   1345

donde remedio de salir no haya.

   *   Destas cosas, elige a tu contento

y sea con priesa, pues el fin te llama.

LIBOSO   Hame puesto en tan grande pensamiento

que el corazón me abrasa en viva llama,   1350

porque darle yo muerte, aunque es mi intento,

temo mi riesgo y ofender mi fama.

    Y así pido que en vuelo lo arrebaten

y al monte donde dices lleven y aten.

DISCORDIA   ¿Por qué amenguas, Liboso, tu persona   1355

y de ese modo quieres la victoria,

si este brazo te ofrece la corona

digna a tu nombre de inmortal memoria?

    ¿No entiendes que Rogerio te baldona,

aniquila y ofende tu alta gloria?   1360

Deja aquese consejo que es dañoso.

1337 *ante la vista Arcelo*: 'ante la vista a Arcelo', con la *a* embebida.

1344 *ministro del Leteo*: 'criado del Leteo'. Leteo era, junto a Estigia, Flegetón, Cocito y Aqueronte, uno de los cinco ríos que fluían por el Hades (Ravisius Textor, *Officina, Fluuii infernales*); sus aguas tenían la propiedad de proporcionar el olvido de la vida pasada a las almas de los muertos y en él andaba el hombre como en una barca sin remos (Pérez de Moya, ed. 1995, Libro séptimo, Capítulo V. *De las aguas Letheas*, p. 637). Rogerio parecería referirse a Lisa como ese 'criado del infierno'.

1359 *te baldon*a: «afrentar, injuriar, denostar, menospreciar de palabra, y decir oprobrios a otro en su cara» (*Aut.*).

Sigue el mío que es justo y provechoso.

*INVIDIA

      Liboso, ese temor déjalo aparte

y mira los que están en tu presencia,

que los despojos quitarán a Marte   1365

y a Júpiter con toda su excelencia.

¿Temor te ocupa, viéndome ayudarte?

¿Mortal temor te hace resistencia,

estando aquí de quien el mundo treme

y el espantoso reino huye y teme?   1370

LIBOSO   No sé qué modo he de seguir en esto.

DISCORDIA   El que te doy, que lo demás te ofende.

INVIDIA   Vamos al campo, ponte ya en el puesto,

que Rogerio te engaña y te suspende.

ROGERIO   Si yo lo engaño, se verá bien presto.   1375

DISCORDIA   No tenemos que ver, claro se entiende

que la victoria habida con engaño

que no es victoria, mas infamia y daño.

ROGERIO   No puedo ya sufrir vuestra osadía.

¡Traidoras, yo haré con clara muestra   1380

que se vea quién sois en este día,

y el poder asimesmo desta diestra!

      Liboso, aquella parte te desvía,

para que veas la potencia nuestra

en ayudarte y veas los tres crïados   1385

que tienes en tu casa disfrazados.

1370 *espantoso reino*: 'el infierno'.

1378 *que* reduplicativo (véase nota al v. 331).

1381 *quién*: 'quiénes'; el pronombre interrogativo *quién* se podía usar tanto para el singular como para el plural (Lapesa, 1988, pp. 397-398).

1383 *aquella parte*: 'a aquella parte', con la *a* embebida.

1384 *la potencia nuestra*: 'nuestro poder'. Es decir, el poder de Rogerio, con el empleo, por su parte, de un plural mayestático.

       ¡Enemigas del cielo y de la tierra,

       que en doméstica forma transformadas,

       llenas de aquel horror que el Huerco encierra

       y de mortal veneno alimentadas,   1390

       yo os mando, por la luz que se destierra

       de vuestras profundísimas moradas,

       que dejéis esas formas que tomastes

       y os volváis a las vuestras que dejastes!

LISA   *   Rogerio, ¿quién te ha dado preeminencia   1395

       sobre nosotras? ¿Qué te incita o mueve?

       No entiendes que es muy flaca tu potencia

       para mandar do Iove aun no se atreve.

       Muda tu parecer, muda sentencia,

       si no quieres que el vano intento lleve   1400

1387-1394 Este conjuro de Rogerio tiene su precedente en textos de la tradición clásica como el libro VI de la *Eneida*, las tragedias de Séneca *Medea* (vv. 740 y ss.) y *Edipo* (vv. 530 y ss.) o el conocido libro VI de la *Pharsalia* de Lucano (vv. 413-830), que influyeron en obras como el *Laberinto de Fortuna* de Juan de Mena (copla 247) o *La Celestina* (3ª escena del Tercer Acto). Obras todas ellas conocidas por nuestro dramaturgo que probarían «the existence of a type necromantic incantation with which Cueva was familiar, and which, rather than any single model, he was probably copying» (Morby, 1937, p. 390). El *Orbecche* de Giraldi Cinzio nos ofrece otra muestra de estas invocaciones (vv. 316-383) y el mismo Juan de la Cueva en la *Comedia de la constancia de Arcelina* (Jornada II, vv. 843-882) o en la *Comedia del príncipe tirano* (Jornada II, vv. 949-984) utiliza un conjuro similar al aquí presente. Lope de Rueda lo empleó, si bien de forma burlesca, en la *Comedia llamada Armelina*, donde figura en boca del moro Mulién Búcar (*Las cuatro comedias*, ed. 1985, pp. 134-135).

1388 *doméstica forma*: 'bajo el disfraz de unos criados'. «Se toma muy de ordinario por el criado que sirve en una casa» (*Aut., s. v. doméstico*).

1389 *Huerco*: Orco, hijo de Ops y Saturno, fue arrojado bajo el Tártaro por su propio padre (Higinio, *Fábulas*, CXXXIX). Tanto Higinio como Ravisius Textor (*Officina. Dei Selecti*) identifican a Orco con Plutón, aunque, tradicionalmente, el Orco es considerado un lugar, los Infiernos (Lucrecio, *De rerum natura*, I 165-166; Virgilio, *Eneida*, II 398, IV 242 y 699, VI 274...; Propercio, *Elegías*, III 19, 27). «Este vocablo responde al nombre latino *ORCUS*. Este nombre dieron los antiguos al dios de los infiernos, al cual llamaban Plutón y Dite. [...] Vuélvese la palabra *orcus* en castellano, escuridad del infierno, y tómase por el mesmo infierno» (Cov., *s. v.*). Cueva utiliza el término, en *Églogas completas*; *Tragedia de la muerte de Virginia y Appio Claudio*; *Tragedia de los siete infantes de Lara*; *Tragedia del príncipe tirano*; *Comedia del infamador*, *Viaje de Sannio*; *Coro febeo*.

1398 *Iove aun no se atreve*: 'Júpiter', dios primordial de la mitología romana. Se le considera padre de los dioses y de los hombres. Su poder supremo, sin embargo, no alcanzaba al inframundo como le recuerda Lisa a Rogerio en este verso, haciéndole entender que su pretensión de doblegarlas es una osadía vana.

el galardón debido a tu locura,

que sujetar nuestra deidad procura.

ROGERIO   Furia infernal, ¿con tanto atrevimiento

osas hablar? ¿No sabes que en mi mano

está hacer parar el cruel tormento   1405

del reino prohibido al trato humano?

¿No sabes que sin ver mi acatamiento

de mi voz tiembla Minos y el tirano

a quien todo el infierno está sujeto,

y, cual de Iove, admite mi precepto?   1410

       ¡Y para que se entienda y se vea claro

vuestra maldad y la potencia mía,

con quien jamás el Cielo en dar fue avaro

ni del saber negó la oculta vía,

os mando por virtud del febeo amparo,   1415

que el Cielo influye en mí, que sin porfía

os despojéis del hábito fingido

y quedéis en el vuestro conocido!

       ¡No tardéis más y, en cuanto que rodeo

con esta vara el suelo que os sostiene,   1420

cumplid mi mando presto y mi deseo,

si no haré lo que a mi honor conviene!

¡Por la excelencia desta luz que veo,

1408 *Minos*: Minos, rey de Creta, hijo de Zeus y Europa, y padre entre otros de Ariadna, era célebre por su crueldad (Ravisius Textor, *Officina, Iudices Inferorum*). En la *Eneida* era el juez que decidía el destino de las almas, enviándolas al Elíseo o al Tártaro (VI, 568-572). Juan Pérez de Moya escribe que tres fueron los jueces que los sabios situaban en el infierno como advertencia de que el hombre debía dar cuenta de sus obras: Minos, Radamante y Eaco. «Dijeron más estos que otros por la regurosidad y rectitud con que se finge haber juzgado en vida, o por la significación de sus nombres, porque Minos quiere decir el que amenaza, o el que amenazando constriñe a decir verdad» (ed. 1995, Libro séptimo, Capítulo XI. *De los jueces infernales*, pp. 646-647, la cita en p. 646).
1409 *a quien todo el infierno está sujeto*: 'Plutón', dios de los infiernos.
1414 *oculta vía*: 'ocultismo', el conocimientos y prácticas misteriosas que pretende penetrar y dominar los secretos del universo.
1415 *febeo*: «lo que toca o pertenece a Febo […], nombre que dan los poetas al Sol» (*Aut.*).

		por la llama que el reino estigio tiene,	
		que, si os tardáis, de convocar con mando	1425
		el Huerco, que de oírme está temblando!	
LISA	*	¡No nos apremies, oh Rogerio, tanto!	
	*	¡Déjanos ir a nuestra estancia oscura!	
		¡Déjanos ir do el fuego, ansia y quebranto	
		nos será menos que tu fuerza dura!	1430
ROGERIO		¿Tembláis, ministros del eterno llanto?	
		¿Veis mi poder y veis vuestra locura?	
		¡Pues no tardéis! ¡Apriesa, apriesa, fieras,	
	*	volveos en vuestras formas verdaderas!	
		Advierte, ¡oh gran Liboso!, en los crïados	1435
		que en tu casa tenías elegidos.	
		Míralos bien los hábitos quitados	
		y serán fácilmente conocidos.	
LIBOSO		¿Qué es esto? ¿Aquestos eran los soldados	
	*	que fueron para guarda mia traídos?	1440
		¿Estos, ¡oh Barandulo!, me trujiste	
		y en guardia destos tu señor pusiste?	
BARANDULO		Señor, no sé qué pueda responderte,	
		que estoy temblando como enazogado,	
		que menos trago me seriá la muerte	1445
		que estar destos demonios rodeado.	
ROGERIO	*	Señor Liboso, no hay de qué temerte,	

1425 *que*: 'que he', con la *e* embebida.

1427 *apremies*: «forzar a uno que haga lo que no quiere, y repugna hacer de su voluntad» (*Aut.*).

1434 Tras el conjuro invocado por Rogerio y el mandato ejercido sobre las furias infernales, se produce sobre las tablas el descubrimiento de la verdadera naturaleza sobrenatural de los fingidos «criados». Una transformación que encierra una espectacularidad escénica incuestionable, acompañada presumiblemente de un cambio de vestuario, gestualidad y mímica.

1444 *enazogado*: «se aplica a lo que se mueve o bulle, como la tierra muy desmoronada» (Idáñez de Aguilar, 2001, *s. v. enazogarse*), o el azogue, añadimos nosotros.

porque va tu negocio encaminado

de modo que saldrás hoy victorioso,

*   aunque lo estorbe Marte poderoso.   1450

El tiempo es breve y la ocasión te llama,

*   y así que acudas te conviene presto,

poniendo fin aquesta infernal trama,

haciéndoles que dejen este puesto.

*   ¡Tú, Invidia, parte a tu sulfúrea llama!   1455

*   ¡Tú, Discordia, lo mesmo haz en esto!

*   ¡Tú, Lisa, has de quedar aquí conmigo

y advierte atenta lo que mando y digo!

[*Vanse* INVIDIA *y* DISCORDIA.]

Ya sabes esta lid que está aplazada

entre Arcelo y Liboso, yo te mando   1460

que, luego que licencia le sea dada

de dar principio a su combate infando,

*   que tú de tus hermanas rodeada

salgas y Arcelo en vuelo arrebatando

lo lleves aquel monte convecino,   1465

que ciñe en torno Betis cristalino.

Allí, tu infernal hábito dejado,

1455 *sulfúrea llama*: 'el infierno'. El azufre es un elemento asociado por el cristianismo al infierno. El «Lago de fuego» es descrito en el *Apocalipsis* por Juan el Evangelista en varias ocasiones como un gran lago de fuego y azufre.

1459-1479 Versos que anticipan, una vez más, los acontecimientos de las jornadas siguientes, «aumentando así el interés del auditorio, expectante ante esos sucesos extraordinarios» (véase nota a los vv. 1327-1354).

1463 *que* reduplicativo (véase nota al v. 331). // *tus hermanas*: las tres Furias: Alecto, Meguera y Tesífone.

1464 *y Arcelo*: 'y a Arcelo', con la *a* embebida.

1466 *Betis*: *Baetis, Baitis, Betis* es el nombre de origen prerromano del actual río Guadalquivir, mencionado entre los ríos más notables por Ravisius Textor como río de Hispania que da nombre a la región Bética (*Officina, Fluuius praecipui nominis*).

en traje pastoril no conocida,

será por ti de noche y dia guardado

hasta que sea mi voluntad cumplida.   1470

Esto de mí, ¡oh Lisa!, te es mandado,

y con esto apresura tu partida

y apercibe a tus tres hermanas luego,

que al mundo salgan del tartáreo fuego.

LISA   Rogerio, tú serás obedecido   1475

del modo que has mandado y así en vuelo

quiero bajar al reino entristecido,

huyendo ya de ver la luz del cielo.

ROGERIO   Parte al punto y no bebas del olvido,

y en la memoria lleva puesto Arcelo.   1480

LISA   Esa historia en la mente llevo puesta

    *   y, aunque voy, en mi vuelta seré presta.

[*Vase* LISA.]

ROGERIO   Liboso, agora cumple que nos vamos,

    *   porque conviene armarte de una suerte

que el fin de nuestro intento consigamos   1485

1474 *tartáreo*: 'infernal'.

1477 *reino entristecido*: 'el infierno'.

1479 *no bebas del olvido*: Rogerio ordena a Lisa que regrese al infierno pero que se abstenga de beber las aguas del Leteo –río del inframundo que proporcionaba el olvido de la vida pasada a las almas de los muertos– y cumpla sus órdenes.

1482[+] La huida de Invidia y Discordia, y ahora la de Lisa, hacia los infiernos bien pudo hacerse a través de una trampa (Shergold, p. 62) o escotillón. En general, las entradas al infierno «que rodeaban el escotillón estaban ubicadas en el vestuario y se descubrían al público corriendo una cortina» (Reyes Peña, Ojeda Calvo y Raynaud, 2008, p. 137, en nota). Para una descripción más pormenorizada de este momento escénico, véase Reyes Peña, 2014, pp. 40-41 y 42.

1483 *vamos*: 'vayamos'. La forma del subjuntivo *vamos,* heredera fonética directa de VADAMUS > *vaamos a la que se insertó una –y– para no confundirla con el indicativo, pero que permaneció en la segunda persona del plural «vais», coexistió con *vayamos* hasta los Siglos de Oro. Esto explica la exclamación actual: «¡Vamos!».

		sin que le des a tu contrario muerte.	
LIBOSO		Así conviene, ven que ya tardamos,	
		y ruego al Cielo que con bien se acierte.	
ROGERIO	*	Pierde el temor que el hecho te aseguro.	

[*Vanse* ROGERIO *y* LIBOSO.]

BARANDULO	*	Yo no aguardo a ver más, que es más seguro.	1490

[*Vase.*]

Arcelo va al desafío. Olimpia envía a un paje a ver lo que sucede. Ponen mano a las espadas Arcelo y Liboso, bajan cuatro furias y llevan a Arcelo por el aire. El paje cuenta el caso a la Justicia y Olimpia. Rogerio y Liboso le vienen a hablar. Olimpia hace a Liboso que mate a Rogerio, y ella mata a Liboso. Quiérese dar la muerte con su mano y impídeselo la Razón. Cuéntale todo el caso, y dale el orden como tiene de librar a Arcelo. La Justicia halla los cuerpos muertos de Liboso y Rogerio y manda echallos al río.

PERSONAS DE LA TERCERA JORNADA

ARCELO.	*LISA, furia.
OLIMPIA.	RAZÓN.
VALERIO, paje.	JUSTICIA.
LIBOSO.	FESTILO.
ROGERIO.	ESCRIBANO.

*[*Sale* ARCELO.]

ARCELO

Acompañado de la ilustre llama
que abrasa esta alma donde Olimpia vive,
voy a probar la suerte que me llama,
    que la Fortuna contra mí se esquive,
que el Cielo no dé oído al ruego mío   1495
    y de la vida y del honor me prive.
    Confiado en mi fe y razón, confío
    mostrar, aunque perezca, que sustento

1494 *que*: 'aunque'.
1495 *que*: 'aunque'.

puro amor contra un ciego desvarío,

   castigando un altivo pensamiento   1500

que, lleno de soberbia confianza,

pone en robar mi gloria el crudo intento,

   y, dispuesto a tomar de mí venganza,

me llama al campo con la trompa horrible,

que ponga en suerte el fin de mi esperanza.   1505

   Pues yo sea siempre al Cielo aborrecible,

y en odio eterno a Olimpia, a quien adoro,

y a mi mal el remedio sea imposible,

   si aquel traidor que intenta mi tesoro

robar no le hiciere mil pedazos,   1510

guardando a mi firmeza el fiel decoro

   con quitarle la vida entre mis brazos.

*[*Sale* OLIMPIA.]

OLIMPIA   Señor, ¿dónde vas sin tiento,

con paso tan presuroso

que al viento haces perezoso   1515

con tu presto movimiento?

   Dime apriesa, ¿qué te altera?,

¿qué te conmueve o perturba?,

que a mí me corta y me turba,

1504 *trompa*: el sonido de este instrumento musical era uno de los elementos habituales en las celebraciones de los duelos, tal y como vienen recogidos en los libros de caballería, para marcar el inicio del combate (véase, por ejemplo, *Orlando furioso*, Canto IV, XX...).

1505 *que*: 'para que'.

1513 *sin tiento*: 'sin cuidado, alocadamente'; *tiento*: «metafóricamente vale consideración prudente, miramiento, y cordura en lo que se hace, o emprende» (*Aut.*).

1519 *me corta*: 'me deja sin palabras'.

           el verte de esa manera. 1520

ARCELO   ¿Qué puede ser, mi señora,

gloria de todo el bien mío,

sino es ver que al desafío

me llama la final hora,

      y, aunque me da esfuerzo amor, 1525

temo, y no el flaco enemigo,

mas que voy sin ti y comigo,

y voy a empresa de honor?

OLIMPIA   ¡Ay, mi Arcelo! ¡Ay, cielo mío!

¡Ay, gloria del alma mía, 1530

si moviese tu porfía

verme por ti vuelta un río

      y verme que enciendo el viento

con suspiros y a la tierra

con quejas doy cruda guerra 1535

sin mover tu ciego intento!

ARCELO   Olimpia, tu tierno llanto

me tiene a mí en tal estrecho

que en el mesmo estoy deshecho,

sintiendo tu angustia tanto. 1540

OLIMPIA   No es posible que mi pena

te dé pena, pues entiendes

la causa con que me ofendes,

si de ti no se refrena.

ARCELO   ¿Qué puedo, señora, en mí, 1545

si yo en mí no tengo parte,

*   que el cuerpo le ofrezco a Marte

1526 *flaco*: «por translación significa débil, falto de vigor y fuerzas» (*Aut.*).

1538 *estrecho*: 'aprieto, desdicha'; «metafóricamente vale aprieto, peligro, necesidad, riesgo, contingencia» (*Aut.*).

	y el alma dedico a ti?	
	Y, movido de mi honor,	
	el cuerpo sin alma va,	1550
	porque el alma queda acá,	
	como se lo manda amor.	
OLIMPIA	Para ganar esa palma,	
	porque tu contrario huya,	
	llevas mi alma y la tuya	1555
	y ¿dices que vas sin alma?	
	¿Tan libre piensas que estoy	
	y tan fuera de seguirte	
	que entiendes que puedes irte	
	sin mí, que contigo voy?	1560
ARCELO	Señora, no es cosa nueva	
	esa merced y grandeza	
	con que pagas la firmeza	
	de amor que en mi fe se aprueba.	
	Y con esta confianza,	1565
	dame licencia y lugar	
	para que vaya a probar	
	la razón de mi venganza.	
OLIMPIA	¿Es posible, Arcelo mío,	
	que no puedo detenerte	1570
	ni con lágrimas moverte	
	de tan ciego desvarío?	

1550-1552 Arcelo expresa su amor por Olimpia con este juego de palabras tópico del neoplatonismo, pues, si el alma del amado vive en la amada, el amado se queda sin su propia alma.

1553-1560 Olimpia responde a su amado también en términos neoplatónicos, pues Arcelo no está sin alma, sino que se queda con dos, la propia y la de amada que vive en él. De tal modo, que no puede irse sin ella, pues ella vive en él.

1554 *porque*: 'para que'

ARCELO   Deja el llanto y la tristura,
             muestra rostro placentero,
             que tengo por mal agüero   1575
             llorarme en tal coyuntura.
         *   El tiempo me llama apriesa;
             Olimpia, luz de mi vida,
             abrázame en despedida,
             que voy a probar mi empresa.   1580

OLIMPIA *   ¿Que es fuerza tu ida, Arcelo?
ARCELO   *   Sí, y el no tardarme más.

                    [*Vase* ARCELO.]

*OLIMPIA   Arcelo, ¿por qué te vas?
             ¿Por qué te me vas, mi cielo?
         *   Aguárdame, iré tras ti.   1585
             ¡Ay, que por mujer me dejas
             y sin dolerte mis quejas
             te vas a morir sin mí!
                 ¿Qué haré, Arcelo? ¡Ay triste,
             ay triste desventurada,   1590
             del Cielo desamparada
         *   y de ti que te me fuiste!

                    [*Sale un* PAJE.]

PAJE   De tu llanto doloroso,
             forzado, señora, he sido
             y así, oyéndote, he venido   1595
             a servirte presuroso.
                 Dime qué mal te lastima,

    que yo me profiero al medio,

    y no dudes del remedio,

    si hay medio que lo reprima.   1600

OLIMPIA   Valerio, un remedio hay solo,

    que es morir, y no otro alguno,

    en cuanto rodea Neptuno

*   y su luz esparce Apolo.

PAJE   *   Señora, no desesperes,   1605

    cobra esfuerzo, y dame cuenta

    del mal que así te atormenta,

    si remedio alguno quieres.

OLIMPIA   Si mi flaqueza pudiera

    hacer de mi mal memoria,   1610

    yo te contara la historia

    de mi suerte horrible y fiera,

      mas temo que el referilla,

    ha de ponerme en tal trance

    que el fatal golpe me alcance   1615

    y que acabe sin decilla.

PAJE   No se te ponga delante

    ese temor receloso,

    que en un pecho congojoso

*   es en su efeto constante,   1620

      que yo te doy la palabra,

    si recelas mi secreto,

    de tenerte tal respeto

1598 *me profiero al medio*: 'me ofrezco como remedio', es decir, estoy dispuesto a ayudarte.

1603-1604 *en cuanto rodea Neptuno / y su luz esparce Apolo*: es decir, en este mundo; perífrasis referida a la tierra circundada por el mar y sobre la que el sol irradia su luz.

1615 *el fatal golpe*: 'la muerte'.

1622 *si recelas mi secreto*: 'si desconfías de que yo pueda guardar el secreto'.

    que en él mi boca no abra.

OLIMPIA   Valerio, eso no me impide   1625

    que te cuente el mal que siento,

    ni la fatiga y tormento

    que el cuerpo y alma divide.

      Mas por no ser porfiada

    ni mostrar que me recelo,   1630

    sabrás que mi vida, Arcelo,

    va a darse a la suerte airada.

      Liboso lo desafía

    y Arcelo, desafiado,

    es ido al campo aplazado,   1635

    que ha de ser en este día.

      Y, como sabes que en él

    consiste mi vida o muerte,

    recelo de aquesta suerte

    algún suceso crüel.   1640

      Y así estoy determinada

    ir tras él, y a ti te pido

    que me sea concedido

    que de ti sea acompañada.

      Esta ocasión solamente   1645

    me tiene cual me has hallado,

    revuelta con mi cuidado,

    puesta el alma en fuego ardiente.

PAJE   Señora, lo que me pides,

    puesto en razón no conviene,   1650

    porque, aunque tu alma pene,

1635 *al campo aplazado*: 'al lugar acordado', donde se celebrará el duelo.
1647 *revuelta con mi cuidado*: 'atormentada por mi temor, por mi preocupación'.

no es bien que tu honor olvides.

    Muda parecer en eso,
pues de tú ir o quedar
no le puede resultar   1655
cosa que impida el suceso.

OLIMPIA   El pecho que rige amor,
aunque sea flaco y medroso,
hace fuerte y animoso
en el riesgo que es mayor,   1660
    que no importa el ser mujer
para aventurar la vida,
porque sea guarecida
la vida de mi querer.

PAJE   Señora, ya he respondido   1665
que no cumple al honor tuyo,
y en esta razón concluyo
ser a tu honor prohibido;
    y porque entiendo de ti
qué causa tu desconsuelo,   1670
quiero acompañar a Arcelo,
si tú lo fías de mí.

OLIMPIA   Aunque satisfecha estoy
que, yendo en tu compañía,
será Arcelo, gloria mía,   1675
libre del riesgo de hoy,
    no satisfago a mi fe
que vayas y quede yo.

PAJE   Señora, yo por ti vo

1663 *porque*: 'para que'.

		y por ti me nombraré.	1680
OLIMPIA		Poniendo mi honor delante,	
		concedo lo que demandas.	
PAJE		Si otra cosa no me mandas,	
	*	voy ayudar a tu amante.	
OLIMPIA		¡Valerio, el Cielo te guíe!	1685
PAJE	*	¡El mesmo te dé consuelo,	
		y a tu deseado Arcelo	
	*	de todo riesgo desvíe!	

[*Vase el* PAJE.]

OLIMPIA		¡Ay amor!, ¿cómo es posible	
		que esté mi Arcelo en tal punto	1690
		y que no me tenga junto	
		al bien o al tormento horrible?	
		Pues yo hago juramento,	
	*	Arcelo mío y mi gloria,	
		de mostrar en tu memoria	1695
	*	la fuerza del mal que siento.	

[*Vase* OLIMPIA. *Salen* LIBOSO *y* ROGERIO.]

LIBOSO		Aunque el plazo que dimos es llegado	
		y el puesto es este, no parece Arcelo.	
ROGERIO		El término que diste no es pasado,	
		pues no falta la luz del claro cielo.	1700

1680 *me nombraré*: 'iré en tu nombre', poniéndose en el desafío de parte de Arcelo.

1684 *voy ayudar*: 'voy a ayudar' (véase n. al v. 581).

1695 *en tu memoria*: 'en tu recuerdo'.

1698 *parece*: 'aparece'.

LIBOSO   Estoy, Rogerio, puesto en tal cuidado

              que de cualquiera cosa me recelo.

ROGERIO   En este caso no receles cosa,

              que tuya es la victoria glorïosa.

                    Y porque ya no cumplen dilaciones   1705

              en este punto, advierte en lo que digo,

              que importa a conseguir tus pretensiones

              y a verte en libertad de tu enemigo.

              Luego que al campo venga, en tus razones

              le has de decir, trayendo por testigo   1710

              al Cielo, que tú en esto eres sin culpa

              y que la causa pones por disculpa.

    *   El rostro has de ir volviéndole a ocidente,

              sin darle desto indicio ni memoria,

              y las espaldas al lumbroso oriente,   1715

              porque consiste en esto tu victoria.

              Luego, poniendo con furor ardiente

    *   mano a la espada, alcanzarás la gloria

    *   que deseas del hecho, porque en vuelo

              verás llevar a tu contrario Arcelo.   1720

                    Yo voy, que cumple apresurar mi ida

              para que tenga lo que digo efeto.

LIBOSO   Rogerio, no te olvides de mi vida,

              pues queda puesta en tan notorio aprieto.

ROGERIO   Ella será del riesgo guarecida,   1725

              con que guardes en todo mi preceto.

1709-1720 Una vez más Cueva recurre a una escena anticipativa que anuncia sucesos posteriores (véase nota a los vv. 1327-1354).

1713-1716 Es decir, Rogerio indica a Liboso que se coloque mirando hacia el sol, cuando este se oculte en el occidente, y de espaldas al oriente –*luminoso* por ser cuna del astro rey–, ya que las furias aparecerán por occidente, el reino de la oscuridad –por donde desaparece el sol y, por lo tanto, enclave del infierno–, para llevarse volando a Arcelo.

1716 *memoria*: 'seña'.

1726 *mi preceto*: *precepto*, 'mis instrucciones'.

LIBOSO		Tu precepto será de mí guardado.
ROGERIO	*	Como lo guardes, queda confiado.

[*Vase* ROGERIO.]

LIBO	El ánimo me falta, recelando

El ánimo me falta, recelando
el fin de aquesta peligrosa suerte   1730
que con tanto temor estó aguardando,
viendo a los ojos la soberbia muerte.
Amor me guíe en este hecho infando,
amor me aspire porque en él acierte,
que, si él me guía, cierto estó y seguro   1735
a mi contrario dar castigo duro.

[*Sale el* PAJE.]

PAJE   *

No he podido acabar que concediese
Arcelo venir yo en su compañía
ni que en nombre de Olimpia lo admitiese
con decirle que a solo esto me envía.   1740
Pues crea que, aunque dijo que me fuese,
que mi fe puede más que su porfía
y que tengo de ver lo que sucede
*   aquí ascondido, aunque más lo vede.

1734 *aspire*: 'inspire'.

1736⁺ Se inicia aquí una nueva «escena paralela»/«espacio lúdico» (véase nota 352⁺) de la que forman parte independientemente Liboso, Valerio (Paje) y Arcelo. Es decir, los tres personajes representan tres núcleos de acción diferenciados —escenificados en tres espacios separados–, que se reducirán en dos cuando Liboso y Arcelo establezcan contacto (v. 1761), mientras que Valerio permanecerá oculto hasta el final de la escena.

1737 *acabar*: 'conseguir'.

1741-1742 Es decir, la promesa de acompañar a Arcelo al desafío hecha a Olimpia, pesa más en Valerio que la decisión de Arcelo de que no lo acompañe.

1742 *que* reduplicativo (véase nota al v. 331).

[*Sale* ARCELO.]

ARCELO		¿Si habrá venido mi contrario al puesto?,	1745
		porque, según Valerio me ha impedido,	
		no dudo sea en su venir más presto	
		por haberme quien digo detenido.	
LIBOSO	*	¡Ay sin ventura!, ¿quién mi edad ha puesto	
		en peligro tan claro y conocido?	1750
		Arcelo viene al plazo concertado,	
		en su valor y esfuerzo confiado.	
ARCELO		Aunque pierda la vida, no es perdida	
		en tan justa demanda cual sustento,	
		que, siendo por Olimpia, será vida	1755
		y vida en odio suyo cruel tormento.	
LIBOSO		¿Qué me detiene la ocasión venida?	
		Pues amor es la causa y fundamento,	
		amor rija mi brazo tremuloso,	
		que salga desta empresa victorioso.	1760
ARCELO		¿Quién habla por aquí? ¿Quién me responde?	
LIBOSO	*	Quien te aguarda, acusando tu tardanza.	
ARCELO	*	Pues, si me aguarda, ¿cómo se me asconde?	
LIBOSO	*	No asconde quien espera en ti venganza.	
ARCELO		En la ocasión estás, si corresponde	1765
	*	tu valor a la falsa confianza.	
LIBOSO		Sí hace, aunque no intenta mi deseo	
		en esto haber de tu vivir trofeo.	
ARCELO		Primero que veas tal, se verá el cielo	

1759 *tremuloso*: 'tembloroso', cultismo.

1760 *que*: 'para que'.

1767-1768 Liboso responde a Arcelo que su intención no es vencerlo quitándole la vida, es decir, dándole muerte.

1770

de su natura el orden prevertido;

tratarse el fuego y encenderse el yelo,

y el viento en redes por industria asido.

LIBOSO   Eso verán, si está en que vean Arcelo

con su vana arrogancia confundido,

1775

que este brazo que rige mi esperanza

me promete de ti crüel venganza.

[Salen LISA y las tres FURIAS.]

1771-1772 La propia esencia de los elementos naturales –*cielo, fuego, yelo* y *aire*– se verá completamente alterada o *pervertida* antes de que Arcelo se vea vencido por Liboso. // *prevertido: pervertido:* «turbar o perturbar el orden o estado de las cosas» (*Aut.*). // *tratarse el fuego*: 'manipular el fuego', «manejar alguna cosa, traerla entre las manos, y usar materialmente de ella» (*Aut.*).

1773 *vean Arcelo*: 'vean a Arcelo', con la *a* embebida.

1776⁺ Lisa, acompañada de las furias Tesífone, Alecto y Meguera, descendería desde lo alto del escenario para llevarse cautivo a Arcelo por los aires, tal y como Rogerio había anunciado en la Jornada segunda. Shergold afirma a este respecto que «siempre es posible que las Furias salgan de detrás de una cortina, por el foro o por las puertas, llevándose a Arcelo; pero también es posible que un mecanismo se utilizara para lograr este efecto. Esto pudo hacerse fácilmente por medio de un *araceli*, especie de máquina que se usaba en los dramas religiosos para transportar ángeles y otros personajes del cielo a la tierra y viceversa, y que no habría dificultad para instalar una en un *corral*. En el siglo diez y siete esas máquinas se usaban mucho en los dramas que se representaban en los teatros públicos, y es probable que fueran ya conocidas en el tiempo de De la Cueva» (Shergold, 1956, p. 62). Reyes Peña nos recuerda que el «público, muy aficionado a esta clase de efectos espectaculares, una vez anunciados, como es nuestro caso, aguardaría expectante a que ocurrieran. Su puesta en escena supondría ciertas dificultades, pero salvables en el "teatro" de los corrales, al menos en el de Don Juan, según se infiere de las acotaciones explícitas e implícitas de la obra de Juan de la Cueva. Desde la trampilla del desván de los tornos o las tramoyas, situado sobre el escenario bajo el techo colgadizo que lo cubría –así lo hemos imaginado– bajaría una especie de "araceli", procedimiento heredado del teatro medieval, donde irían sentadas las furias (o unas sentadas y otras de pie) que asirían a Arcelo, probablemente por unas hombrillas y en un movimiento ascendente lo elevarían por el aire hasta esconderse de nuevo a través de la trampilla en el desván de los tornos» (Reyes Peña, 2014, p. 48). Esta aparición de las furias, recuerda a la intervención de Lisa junto a Isis en la tragedia de Eurípides donde se las describe sobrevolando el palacio tebano subidas en un carro (*Heracles*, 815-820, 880). // En cuanto a su caracterización, las tres furias aparecerían en escena con sus tópicas alas, antorchas y cabelleras de serpientes. Incluso es probable el uso de máscaras para representar a dichas figuras. «Por otra parte, Leone de' Sommi en los *Quattro dialogui*, fechado hacia finales de 1560 y principios de 1570, describe cómo pueden aparecer las furias infernales en las tragedias e intermedios mitológicos: "[…] con le faci accese in mano, che, girando a tempo di moresca, andassero acendendo furore et rovina intorno a qualche palagio regale, o simili altre cose da far amirando spettacolo, senza però torsi in tutto del soggetto della favola" ["… con las hachas encendidas en la mano, que, dando vueltas al ritmo de moresca, fueran encendiendo furor y ruina en torno a un palacio real, u otras cosas parecidas para hacer un espectáculo admirable, sin apartarse, sin embargo, del asunto de la fábula", la traducción nos pertenece]» (Reyes Peña, Ojeda Calvo y Raynaud, 2008, p. 71, en nota). Para un hipotético esquema virtual del dispositivo instalado en el desván de las tramoyas del Corral de comedias de Don Juan, véase Lámina 9.

ARCELO   ¡Oh Cielo!, ¿qué rumor es el que suena?

LIBOSO   Agora lo verás. ¿Estás temblando?

*LISA   ¡No tardemos, llevaldo a la cadena,

                ea, hermanas, el vuelo levantando!   1780

[*LISA* y las *FURIAS* se llevan a *ARCELO*.]

LIBOSO   Llevaldo, ¡oh furias!, a la horrible pena

                que así se va mi hecho asegurando,

                que Rogerio, a quien vo a buscar apriesa,

        *   me hace conseguir premio y empresa.

[*Vase LIBOSO*.]

PAJE   *   ¿Es posible tal cosa? ¡No es posible,   1785

                durmiendo estoy y sueño tal locura!

                ¡Pues no duermo, que yo me veo visible

                hablando aquí y veo esta luz pura!

                ¡Oh estraña confusión, caso terrible!

                ¿Que dudo en lo que vi, que me asegura   1790

                haberlo visto y pongo duda en ello,

                siendo tan cierto y digno de creello?

                Yo concluyo comigo que fue cierto

                que Arcelo fue en el aire arrebatado.

                Y esta es pura verdad, no desconcierto   1795

                ni vanidad que el sueño ha fabricado.

                Pues vi lo que pasó estando despierto,

1779 *llevaldo a la cadena*: 'llevadlo a la prisión', metátesis del pronombre con imperativo, «da lucha entre *dalde* y *dadle*, *teneldo* y *tenedlo* se prolongó hasta la época de Calderón» (Lapesa, 1988, p. 391). // *cadena*: «metafóricamente se toma por la misma cárcel o prisión» (*Aut.*).

1788 *luz pura*: 'la luz del sol'.

a Olimpia y a su padre sea contado
del triste Arcelo el caso doloroso
    *   y la maldad del mágico y Liboso.   1800

[*Vase el* PAJE. *Salen* LIBOSO *y* ROGERIO.]

LIBOSO   *   ¿Cómo podré, Rogerio, encarecerte
la merced que de ti he recebido?
¿O con qué estilo o lengua engrandecerte,
sin que tu claro nombre sea ofendido?

ROGERIO   Liboso amigo, deja de ponerte   1805
en eso y en el caso sucedido
advierte que, si el cielo no me engaña,
señales veo de venganza estraña.

    No sé yo a qué parte el daño sea,
mas quiérote contar lo que vi en esto,   1810
que, al punto que tú entraste en la pelea
y tu contrario se mostró en el puesto,
una nube cubrió la luz febea,
que deshecha en el aire fue de presto,
dejando a Febo todo en sangre envuelto   1815
y la parte do el rostro teniá vuelto.

    El aire con horrible movimiento
alteró el mar y el centro cavernoso,
y una espantable voz se oyó en el viento
con mal formado acento prodigioso.   1820

1805-1835 Liboso ignora los presagios que, por boca de Rogerio, le advierten de una «venganza estraña», atribuyendo las señales sobrenaturales reveladas por el mago a «cosas naturales». Al desoír las palabras de su amigo, Liboso perecerá a manos de su amada Olimpia (para la influencia de las fuerzas sobrenaturales en la obra de Cueva, véase Barret, 1939).

1815 *Febo*: el brillante, epíteto, nombre latino del dios Apolo, el sol.

1818 *el centro cavernoso*: 'el centro de la tierra', es decir, se produce una alteración de los elementos naturales.

Humedeciose el suelo del sangriento

humor, cortome un miedo temeroso,

porque entiendo, ¡oh Liboso, caro amigo!,

que esto denota celestial castigo.

LIBOSO   Dime, Rogerio, desto lo que entiendes,   1825

que sin alma me tiene oír tu espanto.

Pues las celestes causas comprehendes,

¿cómo el secreto destas dudas tanto?

ROGERIO   La absolución del caso que pretendes

no es tan fácil, que, aunque otras muchas canto,   1830

esta me tiene equívoco y suspenso,

lleno de ambigüidad y horror inmenso.

LIBOSO   ¿Qué puedes entender de estas señales?

ROGERIO   Entiendo lo que no querriá que fuese.

LIBOSO   ¡Anda, que esas son cosas naturales!   1835

ROGERIO   ¿Naturales? ¡Al cielo le pluguiese!

LIBOSO   Vamos a ver la causa de mis males,

si ya a piedad mi llanto la moviese,

y dejemos prodigios; mas detente,

*   que a mi divina Olimpia veo presente.   1840

[*Sale* OLIMPIA.]

OLIMPIA   ¿Dónde estás, mi dulce Arcelo?

1829 *absolución*: 'solución'.

1830 *canto*: 'descubro y cuento, refiero'.

1840+ Una vez más Cueva hace uso de la técnica de la «escena paralela»/«espacio lúdico» (véase nota 352+) para construir esta compleja secuencia (vv. 1837-2004) en la que, en un primer momento, aparecen, de una parte, Liboso y Rogerio juntos a cierta distancia de Olimpia, que hace su aparición en escena; a continuación Liboso se une a Olimpia, dejando solo a Rogerio; para concluir con la configuración inicial en la que Liboso dará muerte a Rogerio frente a una expectante Olimpia. Una técnica que, sin duda, incide en la tensión dramática exigida por la resolución del conflicto dramático: la muerte a manos de la dama del viejo enamorado.

Mi Arcelo, ¿dó estás? ¡Responde!

¿Qué lugar, bien mio, te asconde?

¿Es la tierra, el mar o el cielo?

    Dímelo, que esta traidora   1845

que te dejó, desde el Betis

a buscarte irá hasta Tetis,

y de Tetis al Aurora.

    Y por las fieras naciones,

que podrán irme impidiendo,   1850

pasaría resistiendo

escitas, sármatas, gelones,

    que no habrá cosa que impida

la fuerza de quien me rige,

porque amor no se corrige   1855

con rïesgo de honra o vida.

LIBOSO   ¿Qué haré, Rogerio amigo?

ROGERIO   Que le salgas al encuentro.

OLIMPIA   Si estás, mi Arcelo, en el centro,

1846-1848 *desde el Betis / a buscarte irá hasta Tetis, / y de Tetis al Aurora*: 'Olimpia está dispuesta a buscar a Arcelo desde el Guadalquivir (*Betis*) hasta el mar (*Tetis*) para desde allí poner rumbo hacia Oriente'. // Tetis, en la mitología griega, es una titánide hija de Urano y Gea, al mismo tiempo hermana y esposa de Océano con quien engendró a las oceánides. Diosa de las aguas, también puede ser considerada como una personificación del mar. // La Aurora surge por el oriente.

1852 *escitas / sármatas / gelones*: pueblos tradicionalmente considerados bárbaros, crueles y con costumbres muy primitivas. // Los escitas procedían probablemente de Asia Central y se trasladaron hacia el Oeste en los siglos VIII y VII a. C. Los griegos englobaban dentro de este nombre a todos lo pueblos nómadas que vivían en las estepas. Sus guerreros eran considerados crueles y sanguinarios. // Los sármatas eran un pueblo de estirpe irania de vida nómada y economía pastoril que ocuparon el territorio que iba desde la margen izquierda del río Don hasta el Volga. Han pasado a la historia como un pueblo extremadamente belicoso y cruel. // Los gelonos habitaban al noreste de Escitia, en la región de Saratov, entre el Don y el curso medio del Volga. Al igual que los dos pueblos ya mencionados, eran considerados «pueblos desolladores», es decir, arrancaban la piel humana para confeccionar su vestimenta. // Pedro Mexía, en su *Silva de varia lección* (Sevilla, 1540) alude a los sármatas, siguiendo a Plinio y a Pomponio Mela que los sitúan «en los confines de Scitia, encima de las Puertas Caspias; y dizen que vivían en los campos despoblados, caçando y monteando. De los quales sármatas o scitas, dexadas otras opiniones que ay, se cree por cierto que tuvieron origen los turcos de agora» («Silva», 1, cap. 14, ed. 1989, t. I, pp. 294-295).

1855 *corrige*: «metafóricamente significa sosegar, aquietar, desvanecer alguna inquietud, sedición o otra turbación semejante» (*Aut.*).

allá bajaré contigo.   1860

LIBOSO

    Quiero llegalle a hablar.

ROGERIO

No te detengas, ve presto,

que, teniéndola en tal puesto,

por fuerza te ha de escuchar.

OLIMPIA

    Rumor oigo. ¡Ay sin ventura!,   1865

¿qué será? ¡Perdida soy!

LIBOSO

Con miedo y amor, estoy

lidiando en ver su hermosura.

ROGERIO

    No temas, que amor ayuda

al amante que no teme.   1870

LIBOSO

¿Qué haré, si el alma treme

y la lengua tengo muda?

OLIMPIA

    ¡Ay triste, aquel es Liboso

y el otro el mago Rogerio,

agora entiendo el misterio   1875

de mi daño riguroso;

    y, aunque me dio relación

Valerio desta hazaña,

concluyo que no me engaña

ser los dos en la traición.   1880

    Pues ambos son fundamento

de que me ofrezca a la muerte,

ambos pasen por la suerte

del fiero dolor que siento.

    Quiero hacer que ambos mueran   1885

y, después de muertos ellos,

matarme yo encima dellos,

pues ellos me desesperan.

ROGERIO

    Deja, Liboso, el temor,

no temas cosa ninguna,   1890 que te ayuda la Fortuna

y te favorece amor.

LIBOSO   Bien dices, no aguardo más,

a Olimpia voy a ofrecerme.

[*Ap.*]   (¡Cielo, sé en favorecerme   1895

y tú, amor, que en mi alma estás!)

OLIMPIA   A mí viene encaminado,

muestra Olimpia el firme pecho,

pues adquieres deste hecho

que tu nombre sea cantado.   1900

LIBOSO   La fuerza de tu grandeza,

bella Olimpia, es la que fuerza

que venga, do esfuerzo y fuerza

me falta, en ver tu belleza.

OLIMPIA   Perpleja estó en responderte,   1905

no sé qué respuesta dé

*   con que encarezca tu fe

y pueda satisfacerte.

LIBOSO   Solo con ver tu presencia

es galardón tan subido   1910

que en gloria se ha convertido

de mi mal la cruel violencia.

Y así quiero suplicarte

que des oído a mi ruego,

teniendo piedad del fuego   1915

que me abrasa por amarte.

No te demando favor,

que incapaz soy de tal gloria,

mas que tengas en memoria

ser tuyo y siervo de amor.   1920

ROGERIO   ¡Oh, belleza celestial,

que con tan grande poder

has forzado mi querer

que quiera mi dulce mal!

    ¡Tuyo soy, Olimpia mía,   1925

y, aunque no me he declarado,

amor, que encendió el cuidado,

a ti lo endereza y guía!

LIBOSO   Querría saber de ti,

si este no es atrevimiento,   1930

si admite tu pensamiento

memoria alguna de mí,

    porque te juro, señora,

que donde quiera que voy

vas, y donde estás estoy,   1935

sin de ti apartarme un hora.

OLIMPIA   La firmeza de tu pecho

ha sido bien conocida

de mí, pues me trae rendida

a que siga tu provecho.   1940

LIBOSO   ¡Oh, soberano favor!

¡Oh, Liboso venturoso!

¡Oh, venturoso Liboso!

¡Oh, gloria de mi dolor!

ROGERIO   ¡Pesar de quien me parió!   1945

¿Agora queréis al viejo?

Él me dejará el pellejo

1933-1936 Liboso expresa también en términos neoplatónicos su amor por Olimpia, pues esta habita en su alma. // *un hora*: apócope habitual en la época (Keniston, 1937, p. 256), que alterna con *una hora*, solución que acabaría imponiéndose.

1940 *a que*: 'para que'.

1947 *dejará el pellejo*: «dar, o dejar el pellejo. En estilo vulgar vale morir» (*Aut.*). Es decir, él –Liboso– «me dejará el pellejo», debido a que yo –Rogerio– lo mataré. Lo único que quedará de Liboso será el pellejo, porque Rogerio acabará con él por celos.

o no seré yo quien só.

    Declarareme con ella,
muerto el viejo por mi mano   1950
el negocio tengo llano
y aplacada mi centella.

OLIMPIA

    No hagas estos estremos,
que otra cosa es conveniente
en esta ocasión presente,   1955
si quieres que nos gocemos.

LIBOSO

    ¿Cuál es, vida de mi vida?

OLIMPIA

Que a Rogerio le des muerte,
porque pretende la suerte
de ti solo merecida.   1960

    Y quiérome declarar:
él me pide en casamiento
y mi padre está de intento
de su demanda otorgar.

    Yo resisto lo posible,   1965
y en esto hay solo un remedio,
que lo apartes de por medio,
dándole muerte terrible.

LIBOSO

    ¿Eso intentaba el traidor?
No saldrá con su deseo,   1970
que yo haré dél trofeo
en nombre de ti y de amor.

    Aguárdame aquí, señora,
que allí do aguardando está
cruda muerte le dará   1975
esta mano vengadora.

*

1952 *y aplacada mi centella*: 'y sosegada la chispa de esta pasión amorosa'.
1963 *está de intento*: 'está dispuesto'.

OLIMPIA		Como lo deseo se ordena.	
	*	Yo veré mi pretensión,	
		que es castigar la traición	
		en los que causan mi pena.	1980
LIBOSO	[*Ap.*]	(¡Amor me ayude a este hecho!)	
ROGERIO		Liboso viene, yo salgo	
		y, mostrando lo que valgo,	
		le saco el alma del pecho.	
LIBOSO		Rogerio, ¿dó estás, amigo?	1985
ROGERIO	[*Ap.*]	(Buscando viene su muerte.)	
LIBOSO		No tengo placer sin verte	
		ni estó en mí en no estar contigo.	
ROGERIO	[*Ap.*]	(En allegando le doy.)	
LIBOSO		Véngote a contar, Rogerio,	1990
		de amor un alto misterio,	
	*	que es este que verás hoy.	

[LIBOSO *apuñala a* ROGERIO.]

ROGERIO	¡Ay traidor!, ¿por qué me has muerto	
	en pago de mi amistad?	
LIBOSO	Por descubrir la maldad	1995
	que ese tu pecho ha encubierto.	
ROGERIO	Déjame sin acabarme,	
	pues me has dado mil heridas.	
LIBOSO	¡Si te quitara mil vidas,	

1997 *acabarme*: 'matarme'. // Como bien señala Eva Lara, a pesar de su poder, Rogerio «no es capaz de evitar el destino que le sobreviene, ni siquiera apelando a sus artes preternaturales. [...] Rogerio es un obstáculo para la felicidad de los protagonistas, por lo que es eliminado, justo castigo, además, para quien practica la magia negra con propósitos deshonestos» (Lara, 2014, p.422).

aun no pensara vengarme!　　　　　　　　　　2000

　　Bueno quedas de esa suerte,

traidor, infame, abatido

en ese suelo tendido,

entregado a triste muerte.

　　Bella Olimpia gloriosa,　　　　　　　　　2005

de hermosura milagro,

esta sangre te consagro

a ti como a pura diosa.

　　Ya queda muerto el traidor

* 　　por la mano de tu esposo.　　　　　　　　2010

OLIMPIA　　　　Todo lo he visto, Liboso,

* 　　y esto verás tú mejor.

　　　　　　　[OLIMPIA *apuñala a* LIBOSO.]

LIBOSO　　　　¿Qué te hice, Olimpia fiera,

que así el pecho me rasgaste?

OLIMPIA　　　　Porque a Arcelo me quitaste,　　　　2015

te he muerto de esa manera.

LIBOSO　　　　De eso amor tiene la culpa,

que su fuerza me forzó

y tu beldad lo causó.

OLIMPIA　　　　Sírvate eso de disculpa.　　　　　　2020

　　Muere agora por mi mano,

con que doy venganza a Arcelo,

2000 *aun*: 'todavía', sin tilde por tratarse de una sinéresis necesaria para la ortometría del verso.

2010 *esposo*: «el hombre y mujer que se han dado palabra de casamiento, sea de presente o de futuro» (*Aut.*).

2017-2019: 'Liboso confiesa a Olimpia que el responsable de su muerte es la fuerza del amor, incitado por su belleza, a lo que la dama responde que eso le sirva de satisfacción para justificar su muerte'.

2022 La venganza, al igual que el honor, era un asunto considerado tradicionalmente exclusivo de los hombres, por lo que Olimpia, con

que son partes de consuelo

para que mueras ufano.

    Ya espiró. Esta es la hora,   2025

 *   Olimpia, en que has de morir,

para que puedas vivir

con el que tu alma adora,

    que no es justo tener vida

sin la vida de mi alma,   2030

pues gano en morir la palma

que viviendo veo perdida.

    Este será el himeneo,

este el tálamo esperado,

 *   dar un pecho atravesado,   2035

sacrificado al deseo.

    Recibe, piadoso Cielo,

esta alma que de mí parte,

y encamínala a la parte

 *   que pueda ver la de Arcelo.   2040

---

su acción, usurpa un rol social propiamente masculino. Cueva no parece cuestionarse si Olimpia tiene derecho o no a vengar a su amado, su actuación tiene valor por sí misma, caracterizando al personaje, y conforme a la acción dramática (McKendrick, 1974, pp. 55-56). 2024 *ufano*: «satisfecho, alegre, contento» (Alonso, 1982). // Las muertes sobre las tablas de Rogerio y Liboso se unirían a los numerosos ejemplos de muertes en escena de las «tragedias del horror» quinientistas de dramaturgos como Jerónimo Bermúdez, Cristóbal de Virués, Lupercio Leonardo de Argensola o Gabriel Lasso de la Vega. En opinión de Alfredo Hermenegildo «una de las preocupaciones fundamentales de los tragediógrafos de fines del siglo XVI es buscar una solución al problema de las muertes en escena. Aunque abundan en sus obras casos de brutalidad, de ejecuciones someras, de abuso de la fuerza, etc., llevados a cabo ante los ojos del espectador –la *Tragedia del príncipe tirano*, de Juan de la Cueva, o el *Atila furioso*, de Virués, son dos ejemplos concluyentes–, hay otras ocasiones en que se evita la visión de la muerte» (Hermenegildo, 2002, p. 332). Ejemplos de muertes en escena existían ya en la tragedia griega y latina, aunque Aristóteles y Horacio (*Arte poética*, vv. 182-186) censuraban dicho macabro espectáculo. Un recurso que, sin embargo, era defendido por los senequistas italianos y españoles gracias al impacto que ocasionaban en el público dichas muertes. Entre los defensores de este recurso dramático, destaca Giraldi Cinzio, quien, en sus *Discorsi*, al tratar este asunto, escribe: «[…] possano i casi terribili e compassionevoli farsi in palese, acciò che più commovano gli animi deli spettatori" (Giraldi, *Scritti critici*, p. 186: "[…] puedan los casos terribles y dignos de compasión hacerse evidentes, con el fin de que conmuevan más los ánimos de los espectadores", la traducción nos pertenece). Así, en la […] tragedia *Orbecche*, el rey Sulmón es asesinado por su hija a la vista del público (vv. 2826-2852)» (Reyes Peña, Ojeda Calvo y Raynaud, 2008, pp. 87-88, en nota, a la que remitimos para un mayor desarrollo de esta cuestión).

[*Sale* RAZÓN.]

RAZÓN	Ten, Olimpia, el brazo fiero.
OLIMPIA	¿Quién eres tú que me impides,
	y que me detenga pides,
	que el pecho no dé al acero?
RAZÓN	Si desechas la pasión, 2045
	direte mi claro nombre.
OLIMPIA	De que se calle o se nombre,
	poco importa a mi ocasión.
	Vete y déjame acabar,
	porque acabe el mal que paso. 2050
*RAZÓN	Si yo te dejo en tal paso,
	será acabar de acabar.
*OLIMPIA	Dime quién eres y vete,
	que no quiero tu presencia.
RAZÓN	Deja, Olimpia, la impaciencia 2055
	y a la razón te somete.
OLIMPIA	¿Razón admite mi pena?
	Anda, no me alteres más,

2040+ La Edad Media establecía una distinción entre el entendimiento como *ratio* o el entendimiento como *intellectus*. La *ratio* se centraba en el poder del discurso, del pensamiento lógico, de la búsqueda y el examen, de la abstracción, la definición y obtención de conclusiones. El *intellectus*, por otra parte, en la capacidad de *simplex intuitus*, de la intuición. Diego Sánchez de Badajoz en su *Farsa racional del Libre Alvedrío* nos muestra como dos personajes bien diferenciados a Entendimiento y Razón (Sánchez de Badajoz, ed. 1985). Según Aurora Egido, la concepción tradicional del alma humana concedía al *intellectus* un valor superior y distinto al de la *ratio*, siendo la primera facultad casi de rango angélico (Egido, 1982, p. 71). Sin embargo, Sánchez de Badajoz parece otorgar una superioridad evidente a la Razón sobre el Entendimiento, «posición que no se aviene con los conceptos de la escuela teológica clásica, pero que comparten otros moralistas de la época» (Sabor de Cortaza, 1974, pp. 555-575.) // Varias son las descripciones que nos ofrece Cesare Ripa en su *Iconología* sobre la Razón, aunque hay algunas características que se repiten en todas ellas: el carácter femenino, el color celeste y la sujeción de diferentes animales con un freno. A continuación, recogemos la primera de sus descripciones: «Mujer vestida de color celeste que habrá de estar hollando, con los pies ciertas serpientes aladas y monstruosas a las que tiene sujetas con un freno» (Ripa, II, 2002, pp. 246-248, la cita en p. 246).
2052 *acabar de acabar*: 'la muerte'.

que más congoja me das
que la que en mi alma pena.

RAZÓN   Olimpia, escúchame atenta,
y esa desesperación
somete a mí, la Razón,
que vengo a impedir tu afrenta.

    Y porque del caso horrible,
estés, Olimpia, advertida,
oye y no estés divertida
sujeta al dolor terrible.

    Yo soy la Razón, que vengo
a declararte el secreto
que te tiene en tal aprieto
en un martirio tan luengo.

    Y, doliéndome de ti,
vengo a contarte la historia,
de que alcanzarás vitoria,
si no te apartas de mí.

    Oye, atenta, el caso estraño
y esa ira que te aqueja
de tu memoria la aleja,
si has de remediar tu daño.

    Sabrás que tu esposo Arcelo
vive, aunque en crüel tormento,
sin que descanse un momento
su congoja y desconsuelo.

    La causa de estar así
no son maldades que ha hecho,
mas una envidia y despecho
deste muerto que está aquí;
    el cual, viéndose encendido

2060

2065

2070

2075

2080

2085

en tu amor y de ti odioso,   2090
de Arcelo airado y celoso
de verlo favorecido,
  desesperando del medio
para salir deste trago,
quiso que Rogerio, el mago,   2095
a su mal diese remedio.
  Rogerio, que era su amigo,
aceptó lo que pedía,
y en el campo los ponía
para usar de su castigo,   2100
  porque en el punto que Arcelo
puso la mano a su espada,
de una escuadra conjurada
fue llevado en alto vuelo.
  Cuatro furias infernales   2105
del centro horrible salieron
y del triste Arcelo asieron
para llevallo a estos males.
  En guarda está puesta dél
Lisa, la furia espantosa,   2110
la que a Alcides fue enojosa,
siéndole Juno crüel.
  Está en pastoril vestido,
porque el mago la ligó

2106 *del centro horrible salieron*: 'del infierno, su propio hábitat', que en este caso no se localiza en el foso del escenario, pues las furias no salen desde un escotillón del tablado, sino que llegan volando desde el sobretecho que cubría el tablado, a través de una maquinaria aérea alojada en el desván de las apariencias, como se ha indicado (véase nota 1776[+] e «Introducción»).

2110-2112 Juno para vengarse de Hércules envió a la furia Lisa a provocar la locura al héroe, bajo cuyo furor asesinó a sus hijos. // *Alcides*: nombre de nacimiento de Hércules, en honor a su abuelo Alceo.

2114 *ligó*: 'obligó, conjuró'; *ligar*: «significa también exorcizar y conjurar los espíritus, obligándolos a que se retiren a alguna parte determinada del cuerpo, y no maltraten a la criatura» (*Aut.*). Como el sentido indica, Rogerio, mediante un conjuro, obliga a la furia Lisa a permanecer bajo el disfraz de pastor.

y a estar así la obligó, 2115

teniendo a Arcelo oprimido.

Y, si quieres libertallo,

el remedio que hay en esto

de mí te será propuesto,

si tú te atreves a obrallo. 2120

*OLIMPIA   Divina Razón, no hay cosa

tan grave ni tan terrible

*   que me parezca imposible

ni sea dificultosa.

Dame el orden, que, aunque muera, 2125

por librar mi Arcelo juro

*   de bajar al centro oscuro

o subir a la alta esfera.

RAZÓN   Pues tu constante afición

pide y tu casto deseo 2130

la gloria deste trofeo,

oye atenta mi razón.

¿Ves aquel monte primero

que a la vista se te ofrece,

que con su cumbre parece 2135

que toca al celeste impero?

Allí está tu esposo Arcelo

con dura cadena atado

y de la furia guardado,

cual te he dicho en su ansia y duelo. 2140

*   En una caverna oscura

2127-2128 *centro oscuro / alta esfera*: términos antagónicos que oponen 'el infierno' frente a 'el cielo'. // La *alta esfera* se consideraría lo más alto, el punto cenital del orbe imaginario.
2136 *impero*: 'imperio', uso motivado por la rima.

está, y a la puerta puesta

aquesta su guarda infesta,

sin dejarle ver luz pura.

    Has de ir allá y, en llegando   2145

al monte, a la diestra mano

hallarás un fresco llano,

este camino tomando.

    Atravesarás por él

hasta llegar a una fuente,   2150

y luego verás enfrente

un levantado laurel.

    Luego se te ofrecerá

a la vista un árbol solo,

que niega la entrada a Apolo,   2155

cuando en mayor fuerza está.

    Deste tienes de arrancar

la rama que te agradare,

y el agua que distilare

en un vaso has de guardar.   2160

2143 *infesta*: «dañoso o pernicioso» (Aut.).

2145-2196 Nueva escena anticipativa en la que Razón señala a Olimpia el «remedio» para liberar a Arcelo, «dibujando a través de la palabra como signo de decorado verbal un espacio dramático que los espectadores evocarían en su imaginación, con la curiosidad –pienso– de ver cómo se convertiría posteriormente en espacio escénico» (Reyes Peña, 2014, p. 50).

2152 *levantado laurel*: 'extraordinario laurel'. // *levantado*: «elevado, sublime» (DRAE). // El laurel es el árbol consagrado al dios Apolo, a quien se menciona versos más abajo. La ninfa Dafne, huyendo de Apolo, por los montes suplicó a su padre, el dios Peneo, que la salvara de caer en las manos del dios. Aquel, oyendo la súplica de su hija, la transformó en un árbol de laurel. Apolo, conmovido, convirtió el laurel en su árbol sagrado y con unas ramas formó una corona (*Metamorfosis*, I 452-567). La corona de laurel desde entonces se considera símbolo de fama, valor y grandeza.

2155-2156 Es decir, un árbol tan frondoso que impide que los rayos del sol lo atraviesen incluso a la hora de su mayor plenitud: al mediodía.

2157-2164 Toda esta descripción de Razón tiene ciertas semejanzas con la aventura protagonizada por Bradamante en *Orlando furioso*, en la que la heroína va en busca de su amado Rugerio, prisionero en una caverna, por voluntad de un Mago. Bradamante, para acceder a dicha caverna, debe cortar la rama de un frondoso olmo (Canto II).

2159 *distilare*: destilar, «manar o correr lo líquido gota a gota» (*Aut.*).

    Las hojas que el movimiento
esparciere guardarás
y la vara llevarás
para conseguir tu intento.

    De todo esto apercebida, 2165
vuelve al monte sin temor,
do hallarás un pastor
de quien has de ser regida.

    Demándale que te guíe
a la cueva del Culsor, 2170
que luego lo hará el pastor
sin que en nada te porfíe.

    Al punto que seas llegada
donde la furia verás
como pastor, decirle has 2175
la causa de tu llegada.

    Dirasle que te dé a Arcelo
y, si en no dallo porfía,
con el agua lo rocía
y cairá luego en el suelo. 2180

    Las dos manos le atarás,
y toma las hojas luego
y echándolas en el fuego
con el humo le darás.

    Volverá en sí, y con la vara 2185
le da, pidiéndole Arcelo.

2168 *regida*: 'guiada'.

2170 *cueva del Culsor*: esta cueva, situada entre montañas y por donde discurre el río Betis, parecería ser un lugar ficticio creado por Cueva.

2186 *pidiéndole Arcelo*: 'pidiéndole a Arcelo', con la *a* embebida.

Ella, viéndose en tal duelo,
en darlo no será avara.

Entregarate la llave
y, apoderada tú en ella,   2190
no quieras más detenella,
váyase a su pena grave.

Aquel pastor entrará
y te sacará a tu esposo,
que, quebrando el nudo odioso,   2195
a otro nudo lo atará.

No me declaro contigo,
porque se verá después
aqueste pastor quién es,
llegado el tiempo que digo.   2200

No tengo más que avisarte.
Esta es, Olimpia, la historia,
escúlpela en la memoria,
si deseas remediarte.

En cosa no pongas duda   2205
ni te detenga recelo,
porque te afirmo y revelo
que una deidad va en tu ayuda.

OLIMPIA   No sé, divina Razón,
cómo responderte en esto,   2210
entendido lo propuesto
y conocido tu don.

La lengua se me entorpece,
temiendo quedar en mengua,

2192 *su pena grave*: referencia al sufrimiento eterno del Averno donde mora.

2196 *a otro nudo lo atará*: «en el sentido moral se toma por unión: como el nudo del Matrimonio» (*Aut.*).

2197 *No me declaro contigo*: es decir, no te desvelo por ahora su identidad.

2199 *aqueste*: la forma larga *aqueste, aqueso, etc.* era común para el demostrativo aún en el Siglo de Oro.

	porque no es de mortal lengua	2215
	decir lo que se me ofrece.	
RAZÓN	Satisfaz a tu deseo.	
	Olimpia, mira por ti	
	y no te apartes de mí	
*	al conseguir tu trofeo.	2220
OLIMPIA	Siempre te trairé presente	
	esculpida en la memoria	
	por mi amparo, bien y gloria.	
RAZÓN *	Cumple, y vamos, que oigo gente.	

[*Vanse* RAZÓN *y* OLIMPIA. *Salen* JUSTICIA, PAJE, FESTILO, ESCRIBANO *y unos* MOZOS.]

JUSTICIA *	¿Que viste tú, Valerio, esa hazaña?	2225
PAJE	Señor, despierto como estoy agora,	
	vide salir con una furia estraña	
	aquella infesta escuadra robadora,	
	diciendo: «¡Asildo vaya a la montaña,	
	donde no tenga de descanso un hora!»;	2230
	y, asidas todas dél, alzando el vuelo	
	fue llevado en el aire el triste Arcelo.	
JUSTICIA	Cuando Liboso vio que le llevaron	
*	de delante los ojos su enemigo,	
	¿qué hizo desque solo lo dejaron?	2235
	¿Mostró tener pavor de aquel castigo?	
PAJE *	No te sabré decir si le espantaron,	
	mas vi que les mostró un semblante amigo	

2227 *vide*: 'vi'.

2229 *Asildo*: 'Asidlo, cogedlo, prendedlo', metátesis (véase nota al v. 1779).

2234 *delante los ojos*: 'delante de los ojos'.

y les dijo: «Llevaldo con gran priesa,

que Rogerio me da premio y empresa».   2240

     Esto hablando, vuelve presuroso,

diciendo que a Rogerio a buscar iba;

y yo partí no menos temeroso,

temiendo verme en la cadena esquiva.

JUSTICIA   ¿Rogerio ha sido el que ayudó a Liboso?   2245

FESTILO   Suplícote que mandes que se escriba

     la información y demos en prendellos.

JUSTICIA   Primero que se escriba, quiero habellos.

     Valerio, al puesto donde fue me guía.

PAJE   Donde estás sucedió lo que he contado.   2250

JUSTICIA   ¿Aquí fue?

PAJE   Sí, señor.

JUSTICIA   Pues yo querría

     que todos vamos puestos a recaudo.

     Festilo y tú, seguid aquesa vía.

     Por esta banda, iré yo desvïado.

     El escribano y mozos sigan esta.   2255

     Veamos si es remedio que nos presta.

ESCRIBANO   Así conviene, vamos sin rüido.

     No se nos pueden ir si no es volando.

PAJE   Señor Festilo, o yo voy sin sentido

     o es bulto aquel que allí se va mostrando.   2260

FESTILO   Sí es, mas en el suelo está tendido.

2240 *empresa*: «da acción y determinación de emprender algún negocio arduo, y el esfuerzo, valor y acometimiento con que se procura lograr el intento» (*Aut.*); es decir, Rogerio le da la posibilidad, ánimo, fuerza, al dejarle el camino libre, de emprender la conquista de Olimpia.

2244 *en la cadena esquiva*: es decir, el Paje huye temeroso de verse envuelto en esa serie de desdeñosos, desagradables acontecimientos que acaba de presenciar.

2252 *vamos puestos a recaudo*: 'vayamos con cuidado'.

PAJE   ¿Si está de algún cansancio reposando?

                          *   Sea quien fuere, esté como estuviere,

                                  allá vo a ver qué hace así o qué quiere.

                                      ¡Liboso es este, mas está sin vida!   2265

JUSTICIA   *   ¿Has asido a Liboso? ¡Tenle fuerte!

PAJE   *   Igual está del miserable asida

                                  la fiera, rigurosa y dura muerte.

JUSTICIA   ¡Oh suerte congojosa y afligida!

ESCRIBANO   Rogerio está de aquesa mesma suerte   2270

                                  allí tendido, mil pedazos hecho,

                                  por mil partes abierto todo el pecho.

JUSTICIA   Este es secreto reservado al Cielo,

                                  que sin duda él ha sido en castigallos

                                  por dar venganza al sin ventura Arcelo   2275

                                  y del mundo con muerte infame echallos.

                                  Y porque el caso sea notorio al suelo,

                                  con pregón desde aquí llevá arrojallos

                                  con dos pesgas al Betis, declarando

                                  la maldad suya, y esto quiero y mando.   2280

ESCRIBANO   El auto cumpliré que has pronunciado.

                          *   ¡Cargá esos cuerpos, vamos con presteza!

                          [*Vanse* ESCRIBANO, PAJE *y* MOZOS.]

2277 *porque*: 'para que'. // *notorio al suelo*: 'públicamente conocido en toda la tierra'.

2277-2280 El arrojar los cuerpos al río (*Betis*) con público pregón de su maldad suponía negar a los culpados una sepultura cristiana, como castigo ejemplar de esa maldad. Cueva utiliza también este desenlace en la *Tragedia de la muerte de Virginia…*, *Comedia del infamador* y *Comedia del saco de Roma…* (Burguillo, 2010, pp. 505, en nota, y 506).

2278 *llevá arrojallos*: 'llevad a arrojarlos' (véase n. al v. 581). // *llevá*: 'llevad', la pérdida de la −*d* final en la segunda persona del plural del imperativo se encuentra esporádicamente durante todo el siglo XVI, siendo más frecuente en las formas en −*á*, y muy raras en las terminadas en −*é* (Keniston, 1937, p. 406, 30.41). En el Siglo de Oro, conviven ambas formas (con y sin −*d* final), siendo un fenómeno propio de la época (Girón, 2005, p. 866).

2279 *pesgas*: «lo mismo que peso o pesa» (*Aut.*).

2282 *Cargá*: 'cargad'.

JUSTICIA		Señor Festilo, quede aquí acordado	
		que luego que el sol muestre su belleza,	
		vamos al monte donde está agravado	2285
		Arcelo a dar remedio a su tristeza.	
FESTILO		Yo vendré, cual lo mandas, a esa hora.	
JUSTICIA	*	Yo aguardo y vamos al descanso agora.	

[*Vanse*.]

*ARGUMENTO DE LA CUARTA JORNADA

La furia Lisa, en forma de pastor, está guardando a Arcelo. Llega la Justicia a buscarlo, engáñalos la furia. El dios Himeneo, en hábito diferente, viene acompañando a Olimpia. Llegan a la cueva adonde Arcelo está aprisionado, hace delante de la Justicia y de su padre lo que la Razón le enseñó, adormece y liga la furia. Himeneo se da a conocer, entra en la cueva, saca a Arcelo, cásalos allí, y el padre y los demás van a celebrar las bodas.

PERSONAS DE LA CUARTA JORNADA

LISA	FURIA
JUSTICIA.	HIMENEO.
FESTILO.	OLIMPIA.
ESCRIBANO.	ARCELO.

*[*Sale* LISA.]

*LISA

> De Rogerio el apremio riguroso
> me fuerza que, dejando mi vestido,　　　　　2290
> tenga en custodia a Arcelo congojoso
> y esté en su guarda en hábito fingido.
> Estoy en este monte cavernoso
> ausente del estigio y patrio nido,
> aguardando que el mágico potente　　　　　2295

2289 *apremio riguroso:* 'orden cruel'. // *apremio:* «la acción con que se fuerza, precisa y compele a uno a que haga lo que no quiere y repugna» (*Aut.*). // *riguroso:* «cruel y excesivo en el castigo o pena, a las cuales se aplica el mismo adjetivo» (*Aut.*).

2293 *monte cavernoso:* este *monte cavernoso*, donde se encuentra Lisa y desde el que divisa un *fresco río,* un *florido prado,* el *generoso Betis* o una *tendida vega,* forma parte del espacio dramático en el que transcurre esta Jornada cuarta y que, posiblemente, «tendrían su reflejo a través de un sencillo decorado iconológico y sinecdóquico o metonímico en el espacio físico del "teatro"» (Reyes Peña, 2014, p. 54).

me quiera dejar ir al reino ardiente.

Desde que estoy en este monte frío,

no hay pastor que apaciente su ganado,

ni ganado que beba el fresco río

    *   ni guste yerba del florido prado.   2300

Niégale el cielo el húmido rocío,

y así está todo estéril y agostado

en solo un día que este sitio tengo,

y todo acabará si me detengo.

Por esta parte, que con ancha frente   2305

el generoso Betis ciñe y riega

este alto monte, oigo venir gente,

atrás dejando la tendida vega.

¡Si me fuese Rogerio tan clemente

que desta luz que así me ofusca y ciega   2310

me envïase a las sombras de Aqueronte

    *   o me arrojase dentro en Flegetonte!

2297-2304 La descripción de este monte en el que, a la boca de una cueva, se encuentra Lisa se semeja a los siguientes versos de la *Eneida,* en los que se describe el entorno donde habita la furia Alecto:

> Hay un lugar en el centro de Italia al pie de altas cumbres,
> noble y nombrado por su fama en muchas partes,
> los valles del Ansanto; un negro flanco de bosques
> con denso follaje lo ciñe por dos lados y un fragoso
> torrente resuena en las rocas y el torcido remolino.
> Aquí una gruta horrenda y los respiraderos del cruel Dite
> aparecen, y roto el Aqueronte una enorme vorágine
> abre las fauces pestilentes en las que se ocultó la Erinia,
> numen odioso, dejando descansar al cielo y a las tierras (*Eneida*, VII, 563-571).

2301 *húmido*: 'húmedo'.

2302 *agostado*: «seco y marchito como la flor, la planta, o el campo» (*Aut.*).

2304 *y todo acabará si me detengo*: 'y todo quedará arrasado si permanezco aquí'.

2308 *tendida*: 'extendida'.

2311 *Aqueronte*: Aqueronte era, junto a Estigia, Lete, Cocito y Flegetonte, uno de los cinco ríos del Infierno (Ravisius Textor, *Officina, Fluuii infernales*). Pérez de Moya apunta que Aquerón significa tristeza o sin gozo (ed. 1995, Libro II, Capítulo XIV, Artículo VI. *De Ascalapho convertido en Búho*, pp. 202-205, p. 202) y que unos dicen que era hijo «de Ceres; otros de la Tierra; otros de Herebo y de la Noche, de quien dicen que como diese de beber a los Titanos que pelearon contra Júpiter, fue echado en los infiernos; es su agua muy desabrida. Fingen ser viejo, aunque robusto y feroz, y andar vestido de negro y sucio» (ed. 1995, Libro séptimo, Capítulo I. *De Acheronte, río*, pp. 629-631, la cita en p. 629).

2312 *dentro en Flegetonte*: la expresión *dentro en* se emplea para expresiones de lugar y no de tiempo (Keniston, 1937, p. 648).

[Salen JUSTICIA, FESTILO, ESCRIBANO y MOZOS.]

JUSTICIA   *   La blanca Aurora, del marido amado

ya despedida, esparce por el cielo

la luz de oriente y resplandor sagrado   2315

del dios que tiene el simulacro en Delo.

El sueño perezoso desterrado

huye y la sombra desocupa el suelo,

todo se muestra al descubierto día

y a nosotros a nuestro fin nos guía.   2320

Cumple que todos advertidos vamos,

guardando el orden que en aquesto dimos,

pues ya en el monte levantado estamos

y en el lugar que con deseo pedimos.

Esta es la airosa cumbre que buscamos   2325

para el fin del negocio a que venimos,

agora importa que la oculta cueva

hallemos y hagamos nuestra prueba.

FESTILO   Según nos dieron del lugar las señas,

sin falta es este, porque allí se muestra   2330

2312+ Una vez más se inicia aquí una «escena paralela»/«espacio lúdico» (véase nota 352+) que confronta el grupo formado por Justicia, Festilo, Escribano y Mozos a Lisa, que permanece inmóvil y en silencio en su puesto (vv. 2313-2348).

2313 *La blanca Aurora, del marido amado / ya despedida*: Aurora, enamorada de Titono, lo raptó para casarse con él (Higinio, *Fábulas*, CLXXXIX) del que tenía que despedirse cada mañana (Ovidio, *Fastos*, I 461). La diosa pidió a Júpiter la inmortalidad para su amado, pero olvidó pedir también su juventud eterna, por lo que Titono fue envejeciendo cada vez más hasta convertirse en una cigarra. Desde entonces, cada vez que Aurora se despierta llora el rocío de sus lágrimas de las que se alimenta Titono. // Un verso muy similar lo encontramos en la *Comedia de la libertad de España por Bernardo del Carpio* del mismo Cueva: «Y luego que descubra el rojo velo / la blanca Aurora a su querido amado…» (vv. 541-542).

2316 *del dios que tiene el simulacro en Delo*: el dios Apolo, identificado desde época helenística con el sol, tenía un santuario en la isla de Delo o Delos, donde se encontraría su escultura o «simulacro».

2323 *levantado*: «elevado, sublime» (*DRAE*).

2328 *prueba*: 'comprobación', «la razón, argumento, instrumento o otro medio, con que se pretende mostrar y hacer patente la verdad o falsedad de alguna cosa» (*Aut.*).

Betis por cima destas altas breñas,

apartándose el llano a la siniestra.

JUSTICIA   La cueva está sin duda entre estas peñas,

si con piedad el Cielo nos adiestra.

FESTILO   Si no engaña a la vista mi deseo,   2335

un pastor entre aquellos riscos veo.

JUSTICIA   Yo lo veo también, allá lleguemos

por esta angosta senda atravesando,

y lengua dél o relación tomemos

del negocio que vamos procurando;   2340

que nos guíe a la cueva le roguemos

y, esto por premio o por preciso mando

dél alcanzado, tengo a cosa cierta

que nos será la gruta descubierta.

ESCRIBANO   ¡Buen modo de rogar! Apremio duro   2345

le obligará que haga tu mandado,

que halagos a rústicos yo juro

que el reino sea con ellos respetado.

JUSTICIA   Pastor, llégate acá.

ESCRIBANO   [*Ap.*]   (¿Ves cuán seguro

se está? ¿Mira si estima tu llamado?)   2350

JUSTICIA   Selvático, ¿no quieres acudirme?

ESCRIBANO   [*Ap.*]   (¡No hay monte que en su asiento esté más firme!)

2331 *breñas*: «dos matorrales, malezas, o espesuras, que crecen en la tierra inculta y fragosa» (*Aut.*).

2334 *adiestra*: «guiar, encaminar» (*DRAE*).

2339 *lengua [...] tomemos*: «tomar lengua, voz, o señas. Frases, que valen informarse de alguna cosa, de algún país, o algún sujeto, u de palabra, y noticias, o por las señas, que le dan, para que venga en conocimiento» (*Aut.*).

2345 *apremio duro*: 'requerimiento violento', «da acción con que se fuerza, precisa y compele a uno a que haga lo que no quiere y repugna» (*Aut.*).

2350 *estima tu llamado*: 'atiende tu llamamiento'.

2351 *acudirme*: «cuidar, asistir, y socorrer a alguno» (*Aut.*).

2352 *en su asiento*: 'en su base, cimiento'; es decir, que el pastor, a pesar del requerimiento de Justicia no se mueve, ni si quiera se inmuta, «más firme» en su actitud de no responder que la base de un monte.

	Responde, que está aquí el señor teniente.	
	¡Bárbaro!, ¿no conoces la justicia?	
[*Ap.*]	(¡Entre las manos se hará inocente	2355
	y excederá al dïablo en la malicia!)	
*LISA	¿Quién te hizo, porcel, tan diligente?	
	No tengas de mi habla tal codicia	
	que mejor te será enfrenar mi lengua,	
	porque no venga a descubrir tu mengua.	2360
ESCRIBANO	¡Mengua de mí no hay que decir, villano	
	selvajino, crïado entre estas matas!	
*LISA	No me indines, porcel, no seas tan vano,	
	echando esos desgarros y bravatas.	
ESCRIBANO	¿Han oído este rústico aldeano?	2365
*LISA	No só aldeano, mira cómo tratas	
	a quien tienes delante, que algún día	
	yo sé que has de hacerle cortesía.	
ESCRIBANO	¿De dónde me conoces? ¿Tú quién eres?	
LISA	No te metas en cuentos escusados,	2370
	si hacer aquí en público no quieres	
	confesión general de tus pecados.	
ESCRIBANO	¡Mientes, si alguna cosa me dijeres,	
*	que yo soy hombre honrado, si hay honrados!	
*LISA	Yo fuera mentiroso, si vivieras	2375

2353 *teniente*: 'oficial de la justicia'.

2355-2356: 'si lo obligamos a responder golpeándolo, o aprisionándolo, se declarará inocente, y superará al diablo en malicia'. Recuérdese el refrán muy difundido en la época para connotar negativamente a alguien por su astucia: saber un punto más que el diablo.

2359 *enfrenar*: «metafóricamente vale contener, reducir a la razón, atajar y poner freno a los desórdenes» (*Aut.*).

2360 *mengua*: «metafóricamente significa descrédito, que procede de la falta de valor o espíritu» (*Aut.*).

2362 *selvajino*: 'selvático, silvestre'.

2370 *No te metas en cuentos escusados*: 'no te metas en lo que no te compete'.

	sin ir a Robaïna y a Salteras.	
ESCRIBANO	¿Que yo robo, traidor? ¿Que yo salteo?	
*LISA	Tú lo dices, y ataja más razones.	
JUSTICIA	Desviaos, escribano, que es ya feo	
	entrar con ese en esas ocasiones.	2380
	Dime, pastor, lo que saber deseo,	
	dejando pesadumbres y quistiones.	
	¿Dónde en aqueste monte hay una cueva?	
	Y, si la sabes, donde está me lleva.	
*LISA	De aquese modo hobieran negociado,	2385
	que diga cuanto en eso me pidieren.	
ESCRIBANO	Levántate de ahí.	
*LISA	Estó ocupado.	
	¿No abonda que les muestre lo que quieren?	
JUSTICIA	Dejaldo que sin duda está preñado.	
*LISA	Antes cieguen que ver tal cosa esperen.	2390
JUSTICIA	[Ap.] (¡Gracioso está el pastor! No se le niegue	

2376 *a Robaïna y a Salteras*: Robaina (aldea) y Salteras son dos localidades pertenecientes a la comarca del Aljarafe sevillano. Las alusiones de Lisa a dichos lugares son claramente ofensivas por su similitud fonética con *robar* y *saltear*. Intenciones desveladas por el Escribano en su respuesta.

2378 *ataja más razones*: 'corta, detén más razones', 'no hay nada más que añadir'.

2379 *Desviaos*: 'apartaos'.

2382 *quistiones*: 'cuestiones'.

2385 *hobieran*: en los Siglos de Oro, las formas con *u* del imperfecto de subjuntivo de *haber* (*hubiera, hubiese*, etc.) son mucho más frecuentes que las formas medievales con *o* (*hobiera, hobiese*, etc.), ya en claro retroceso. Juan Gutiérrez Cuadrado afirma que «En el *Quijote*, en algunos casos, las formas en -*o*-, indudablemente más desusadas, se ponen en boca de ciertos personajes para caracterizar su lengua como arcaica o rústica» (1998, pp. 819-856, la cita en p. 827 12.1). Lisa, en consonancia con su disfraz de pastor, se expresaría con esta forma «rústica».

2388 *abonda*: 'es suficiente con', voz desusada.

2389 *Dejaldo*: 'dejadlo', metátesis (véase nota. al v. 1779).

2389-2391 Juego de palabras a partir del metafórico *está preñado* en boca de Justicia —posible referencia al proverbio: «El ocioso siempre está preñado de deseos, y por eso no puede sino parir maldades»— y el sentido literal que le atribuye Lisa: 'antes se quedarán ciegos que verme preñado', provocando, al encontrarse en disfraz de hombre —un pastor—, la exclamación de Justicia: *¡Gracioso está el pastor!*

2391-2392 *No se le niegue / ni al hilo de la ropa se le llegue*: 'No se puede negar que el pastor es gracioso y no hay quien le tosa'. *No tocar a alguien en un hilo de la ropa*: «no decir ni ejecutar algo que de algún modo pueda ser en su ofensa o perjuicio» (*DRAE, s. v. hilo*).

ni al hilo de la ropa se le llegue.)

Dinos, hermano, ¿dónde hallaremos
la cueva que venimos procurando?
Y, si quisieres paga, la ofrecemos,   2395
porque nos vayas donde está guïando.

*LISA   Ninguna cosa de interés queremos
los pastores, mas yo haré tu mando
y, sin que yo te guíe ni me mueva,
te pondré desde aquí en la mesma cueva.   2400

Tú has de ir siguiendo en largo esta ladera,
que atraviesa este monte cavernoso,
y al cabo está una estrecha cordillera,
que baja hasta el prado deleitoso.
Por ella bajarás, y en la frontera   2405
de la falda del monte está un hojoso
álamo, enfrente dél una alta roca,
*   que es de la cueva la nativa boca.

JUSTICIA   ¿En parte alguna quiébrase el camino?
*LISA   No, que todo es seguido, aunque es estrecho.   2410
JUSTICIA   Pues, si es seguido, apriesa, que camino
*   para que demos fin a nuestro hecho.

[*Vanse* JUSTICIA, FESTILO, ESCRIBANO *y* MOZOS.]

*LISA   Vayan y pagarán su desatino,
y el escribano habrá su satisfecho,

2414 *habrá su satisfecho*: 'obtendrá su merecido'.

porque, si no los lleva el enemigo,   2415

*   no es posible bajar donde les digo.

[*Vase LISA. Sale HIMENEO.*]

*HIMENEO   A ser guía de un casto pensamiento,

el generoso Cielo aspira y mueve

el mío, que lo lleve

a conseguir su intento   2420

y que el valor de su constancia pruebe,

dándole el galardón de su deseo,

ligando al yugo amado,

cual de mí fue ligado

Vulcano y Venus, Tetis y Peleo,   2425

Iove y la bella Juno,

a Olimpia en su dolor tan importuno.

2415 *el enemigo*: 'el diablo'.

2416⁺ Himeneo, dios del matrimonio, era para algunos autores hijo de Baco y Venus; para otros, de Apolo y Calíope, una de las Musas; y para Antonino Liberal Himeneo era hijo de Magnes, famoso por su belleza y del que se enamoró Apolo (*Metamorfosis*, 23 1). Su presencia era habitual en las bodas de dioses y héroes, así como en la vida cotidiana de griegos y romanos donde en las ceremonias nupciales se cantaba el Himeneo: «¡Oh, Himen Himeneo! ¡Oh, preséntate, Himen Himeneo! (Catulo, LXI). Como personaje teatral aparece en la *Farsa de la Constanza*, de Cristóbal de Castillejo (primera mitad del siglo XVI), recitando el *Introito* (194 versos escritos en latín, en quintillas de pie quebrado), el cual «recuerda la práctica de las comedias clásicas del *prólogo* recitado por un dios» (Periñán y Reyes, eds., 2012, pp. 21-22 –la cita en p. 21– y pp. 75-83). Curiosamente la citada edición recoge dos ilustraciones de Lucas Cranach respecto al tema dramatizado, titulada la primera «El viejo enamorado (ca, 1517)» [p. 86], coincidiendo con el título de nuestra comedia.

2418 *aspira*: 'inspira'.

2419 *que*: 'para que'.

2421 *que*: 'para que'.

2425-2426 Himeneo alude a tres matrimonios mitológicos de un marcado carácter agridulce. Venus le fue infiel a Vulcano con el dios Marte, con la consiguiente venganza y escarnio público de la pareja de amantes. En las bodas de Peleo y Tetis, la diosa de la Discordia lanzó una manzana («la manzana de la discordia») como premio «para la más bella» de las diosas presentes, dando origen a la guerra de Troya. Y, por último, las infidelidades de Júpiter a su esposa Juno fueron innumerables. Entendemos que Himeneo propicia la unión de esas parejas, pero no es responsable del comportamiento de los esposos en el matrimonio.

      Este es el sitio donde Olimpia bella

      ha de venir, de aquí me manda el Cielo

      que para bien de Arcelo   2430

      vaya junto con ella,

      porque tenga ya fin su desconsuelo.

      No puedo ser de nadie conocido

      en aqueste paraje,

      que estoy en un boscaje   2435

      puesto en grosero y rústico vestido.

      Quiero al pie deste pino

*   reposar del cansancio del camino.

           [*Sale* OLIMPIA.]

OLIMPIA   Amor, que mi pensamiento

      sabes y el dolor que paso,   2440

      gobierna y rige mi paso

      al fin de mi casto intento,

        que bien sabe el justo Cielo

      la pureza que me enciende,

      y, pues lo sabe y lo entiende,   2445

      él me guie a librar Arcelo.

        Este es el monte fragoso

      y ha de quedar a esta mano,

      atravesando este llano

2435 *que:* 'porque'. // *boscaje*: «bosque de corta extensión» (*DRAE*).

2438⁺ La aparición de Olimpia sobre las tablas, mientras Himeneo reposa al pie de un pino, supone la división en dos del espacio dramático («escena paralela/espacio lúdico»), pero en esta ocasión con una menor intensidad dramática, al suponerse que Himeneo permanece dormido (vv. 2439-2486). Es decir, ajeno, no activo, a la acción teatral.

2446 *librar Arcelo*: 'librar a Arcelo', con la *a* embebida.

2447 *fragoso*: «áspero, intrincado, lleno de quebradas, malezas y breñas» (*Aut*.).

a la vista deleitoso. 2450

Según traigo por señal,

esta es la fuente y laurel,

y el árbol que busco aquel

para remediar mi mal.

Una rama me mandó 2455

la Razón que dél quitase,

y el agua y hojas guardase

para lo que me enseñó.

Aquesta será la rama,

que con fuerza arrancaré, 2460

esta el agua, y juntaré

las hojas para la llama.

Cuanto mandó la Razón

tengo, sin cosa faltarme,

sino quien ha de guïarme 2465

al fin de mi pretensión.

Quiérome al monte tornar,

donde buscaré al pastor

que a la cueva de Cursor

me tiene de encaminar. 2470

El prado se acaba aquí.

De aquí la aspereza empieza

del monte, cuya cabeza

tiene el cielo sobre sí.

Quiero seguir esta senda. 2475

No, que no sé dónde voy.

Sí sé que voy donde estoy,

2451-2454 Para la figuración del laurel, el árbol, la rama, las hojas así como las posibles soluciones escénicas para representar una fuente, véase Reyes Peña, 2014, p. 59 y nota 35.

aunque Fortuna me ofenda.

Pues por aquí tengo de ir,

aunque más fragoso esté, 2480

que amor me guía y mi fe,

y no me pueden mentir.

Al pie de aquel pino veo

el pastor que ha de guïarme.

Quiero donde está llegarme, 2485

pues lo pide mi deseo.

Pastor, que estás reposando

a sombra de ese alto pino,

infórmame del camino

que aquí vengo procurando. 2490

HIMENEO   ¿Qué camino procuráis?

OLIMPIA   A la cueva de Cursor.

HIMENEO   Está tras de aquel alcor,

como al oriente miráis.

Mas decime, ¿qué tenéis 2495

      *   con él que os obligue a ir

adonde para subir

aun con alas no podréis?

OLIMPIA   Gran fuerza es la que me lleva

2478 *aunque Fortuna me ofenda*: 'aunque la suerte me sea adversa'. «Diosa a quien [los gentiles] atribuían el poder de mover de arriba abajo a las cosas humanas a su arbitrio, teniendo dominio entre los hombres para darles todos los sucesos y acaescimientos prósperos y adversos, como riquezas, reinos y pobreza [...], creyeron ser dos fortunas, próspera y adversa; a la próspera la llaman fortuna buena y a la adversa fortuna mala» (Pérez de Moya, Libro tercero, Capítulo XXI. *De Fortuna...,* pp. 428-431, la cita en p. 429). Era la diosa, por tanto, de la buena y mala suerte. Las quejas contra la Fortuna son recurrentes a lo largo de la historia de la literatura: «Tulio en el *De Divinacione*: "No hay cosa tan contraria a la razón y a la constancia como la fortuna". Y de aquí vino ponerle tantos y tan diversos nombres como los antiguos le pusieron, llamándola ciega, desatinada, varia, mudable, inconstante, cruel, antojadiza, traidora, fementida. Y, sin estos, otros epítetos y nombres ignominiosos, formando siempre quejas y agravios della» (Torquemada, ed. 2012, pp. 746-747).

	y mayor la que me esfuerza.	2500
HIMENEO	Pues por ver qué fuerza os fuerza,	
	os quiero mostrar la cueva.	
	Seguidme sin recelaros	
	de mí que en mi fe os prometo	
	de estaros siempre sujeto	2505
	y en todo riesgo ayudaros.	
OLIMPIA	Yo voy satisfecha de eso.	
HIMENEO	Pues vais, señora, segura,	
	caminad por la espesura	
*	deste monte alto y espeso.	2510

[*Vanse* HIMENEO *y* OLIMPIA. *Salen* JUSTICIA, FESTILO *y* ESCRIBANO.]

JUSTICIA	¡Buena burla nos hizo aquel villano!	
	A despeñar nos envió sin falta,	
	hueso no traigo en todo el cuerpo sano	
	de caídas de aquella cumbre alta.	
	¡Como me venga el rústico a la mano,	2515
	yo veré desde el monte cómo salta!	
	Vamos allá, que aqueste es el camino.	
ESCRIBANO	¡Ay, que no puedo andar, ay, que me fino!	
JUSTICIA	Al escribano vámosle ayudando,	

2500 *esfuerza*: «dar vigor, ánimo y esfuerzo a alguna cosa, alentar, animar, y infundir valor y aliento en alguno, o tomarle para obrar con esfuerzo» (*Aut.*).

2503-2504 *sin recelaros / de mí*: 'sin desconfiar de mí'.

2510 *monte alto y espeso*: «el monte, practicable, estaría figurado por una escalera de monte, compuesta por tablones de madera y dotada de ruedas (también de madera) para permitir su movilidad, decorada con ramos vegetales. Saldría desde el hueco derecho del tablado y se proyectaría sobre él, empujada desde detrás, hasta quedar delante a ras del piso de la galería superior» (Reyes Peña, 2014, p. 58, donde en la nota 34 se recoge la opinión de José María Ruano sobre la realización de dicho decorado en los corrales). Para su hipotética reconstrucción virtual en el Corral de comedias de Don Juan, véanse Láminas 11 y 13.

2518 *me fino*: 'me muero'.

	que en las piernas no puede sustentarse.	2520
FESTILO	¿El ánimo, señor, os va faltando	
	agora que hay razón para animarse?	
ESCRIBANO	Déjenme aquí, pues ya me va dejando	
	el alma que ya siento desmayarse,	
	que la cabeza, cuerpo, piernas, brazos,	2525
	todo lo traigo hecho mil pedazos.	
JUSTICIA	¿En este paso no tenéis esfuerzo	
	y en la necesidad os falta el brío?	
ESCRIBANO	¡Ay, que no puedo más! ¡Harto me esfuerzo,	
	que es grande el daño y todo me resfrío!	2530
FESTILO	Ni cabeza ni brazo muevo o tuerzo,	
	ni rijo miembro en todo el cuerpo mío,	
	y no por eso dejo de animarme.	
ESCRIBANO	No puedo, aunque más pruebo, menearme.	
FESTILO	Ya estamos en la cumbre deseada,	2535
	busquemos al pastor, si aquí estuviere.	
	Desta fragosa sierra levantada	
	lo arrojaremos, vaya donde fuere.	
ESCRIBANO	¡Ay, que tengo esta pierna magullada,	
	dadme la mano, iré como pudiere!	2540

[*Sale* LISA.]

JUSTICIA	Sosegaos, que al pastor veo, lleguemos
	y, asidos dél, del monte lo arrojemos.
FESTILO	Señor, yo vo a prender aquel villano,
	pues los mozos no llegan a prendello.

2527 *paso*: «lance o suceso, especial y digno de reparo» (*Aut.*).

2530 *todo me resfrío*: 'todo me enfrío', en el sentido de «entibiarse, templar el ardor o fervor» (Alonso, 1982).

2543 *prender aquel*: 'prender a aquel', con la *a* embebida.

JUSTICIA   Ve, y sin hablar le tienes de echar mano.   2545

FESTILO   Déjame tú, que bien sabré hacello.

*   ¡Asido os tengo, rústico aldeano!

JUSTICIA   ¡Derribaldo en el suelo!

FESTILO   ¡No hay movello!

JUSTICIA   ¿Tal fuerza tiene? Tira desta suerte,

               veamos si el pastor comigo es fuerte.   2550

               ¡Ah salvaje!, ¿pensastes alabaros

               en vuestra aldea de la burla hecha?

*   ¡Yo determino, rústico, pagaros

*   como la burla quede satisfecha!

*LISA   ¿Qué os aprovecha, míseros, cansaros?   2555

JUSTICIA   Grosero, tú verás lo que aprovecha,

               cuando de aqueste monte te arrojemos

               y a ti, cual tú a nosotros, despeñemos.

               Átale aquese brazo fuertemente.

FESTILO   No hay podello mover, aunque más tiro.   2560

JUSTICIA   Zafio, ¿con la justicia eres valiente?

*LISA   ¿Entiendes tú que della yo me admiro?

FESTILO   Aunque le doy mil golpes, no los siente.

JUSTICIA   ¡Déjalo, que ya muerto me retiro,

               que este no es hombre ni es posible sello!   2565

ESCRIBANO   ¡Nunca el dïablo nos dejara vello!

JUSTICIA   Gente viene, ¿si son nuestros crïados?

ESCRIBANO   Ellos serán, aquí los aguardemos.

*LISA   Siéntense un poco, que estarán cansados,

               y, cuando quieran, a luchar tornemos.   2570

2547-2565 Toda esta sucesión de acciones físicas requeriría una gran expresividad por parte de los actores que pretendieran mover, coger, atar y finalmente golpear a Lisa que permanece impasible a sus intentos y que, sin duda, causarían la hilaridad del público asistente.

2548 *Derribaldo*: 'derribadlo', metátesis (véase nota. al v. 1779).

ESCRIBANO   Por cima destos riscos levantados

                 un pastor veo.

FESTILO   ¡Abájate, veremos!

                 Y una mujer le sigue.

ESCRIBANO   Acá enderezan

          *   el paso y la montaña fria atraviesan.

                 [*Salen* HIMENEO *y* OLIMPIA.]

HIMENEO   Señora, ya estamos junto   2575

          *   a la cueva de Cursor,

                 y de aquí veo el pastor.

*OLIMPIA   ¡Oh mi deseado punto!

HIMENEO   Gente está de aquella parte.

OLIMPIA   Que esté no me importa nada,   2580

                 que a mujer determinada

                 nada de impedille es parte.

FESTILO   Hija, Olimpia, ¿a qué has venido

                 por este monte fragoso?

OLIMPIA   A dar a mi mal reposo   2585

2573 *una mujer le sigue*: la hazaña llevada a cabo por Olimpia en toda esta cuarta jornada supera los códigos tradicionalmente atribuidos a la mujer (véase «Introducción»). Olimpia no es el único personaje femenino en la producción de Cueva que se comporta de dicha manera y, aunque en la *Comedia del degollado* nos encontremos a una mujer vestida de hombre, «there is a group of four plays, however, in which the heroines adopt a masculine rather than a feminine pattern of behaviour while retaining their female identity». Dichas obras son: *Tragedia de la muerte de Ayax Telamón sobre las armas de Aquiles, Comedia de la constancia de Arcelina, Tragedia del príncipe tirano y Comedia del viejo enamorado.* Y como nos recuerda Melveena McKendrick, «During the first decades of the following century a maiden errant in her own clothes would be almost inconceivable, but as yet the device is not firmly established» (McKendrick, 1974, pp 53 y 55).

2574 *atraviesan*: rima imperfecta con *enderezan* (v. 2574). Aunque en el texto impreso estemos ante una rima imperfecta, probablemente en la dicción no lo fuera, al menos en la recitación del verso 2574 por actores originarios de la zona geográfica andaluza, donde es frecuente el fenómeno del seseo, como indicábamos en nota al v. 92.

2474[+] Última y breve (vv. 2575-2582) «escena paralela»/«espacio lúdico» (véase nota 352[+]) de la comedia.

2578 *punto*: «el fin o intento de cualquier acción» (*Aut.*).

2581 *mujer determinada*: 'mujer osada, valerosa, decidida'.

	con librar a mi marido.	
JUSTICIA	¿De qué suerte has de liballo,	
	que, demanda otro poder	
	que el de una flaca mujer,	
	quien tiene de remediallo?	2590
OLIMPIA	Quien a mí me esfuerza y guía	
	me hace todo eso llano.	
JUSTICIA	No sea ese intento vano	
	o alguna melancolía,	
	que nosotros allegamos	2595
	para hacer esa prueba	
	y, sin ver rastro de cueva,	
	hechos pedazos tornamos.	
	Porque este falso pastor,	
	habiéndoselo rogado,	2600
	nos hubiese encaminado	
	a la cueva de Cursor,	
	él nos enseñó un camino	
	de donde nos despeñamos	
	y sin hallarle tornamos.	2605
OLIMPIA	Con otra guía camino,	
	porque aqueste que os guió,	
	aunque en traje pastoral,	
	es una furia infernal	
	que a Arcelo a guardar quedó.	2610
	Y para que el caso veas,	
	desvíate a aquella parte,	
	usaré en esto del arte	

2594 *melancolía*: «tristeza grande y permanente, procedida del humor melancólico, que domina y hace que el que la padece no halle gusto ni diversión alguna» (*Aut.*); es decir, pesadumbre, o aflicción.

2595 *allegamos:* «venir de otra parte a un lugar o sitio determinado. Voz de poco uso, y que hoy se dice llegar» (*Aut.*).

     por donde mi dicho creas.

       ¡Infernal Lisa, al momento   2615

     me da a Arcelo libre y sano!

LISA   Mujer de jüicio vano,

     ¿qué es tu loco pensamiento?

OLIMPIA   Pido que me des a Arcelo.

LISA   ¿A Arcelo pides no más?   2620

     ¿Tan desvarïada estás

     que quieres ir contra el Cielo?

OLIMPIA   Desta suerte lo has de dar.

[OLIMPIA *rocía con agua a* LISA.]

     ¿Tiemblas, infernal? ¡Así

     me darás Arcelo aquí!   2625

     Lléguenlo comigo a atar.

HIMENEO   Las manos le tengo atadas.

OLIMPIA   Pues luego sin más sosiego,

     mientras que yo enciendo el fuego,

     ten las cuerdas apretadas.   2630

JUSTICIA   ¿Qué es esto que estamos viendo?

     ¿Es posible tal hazaña?

     ¿Has visto más sutil maña

     para irle adormeciendo?

*ESCRIBANO   ¡Estoy por llegar a él   2635

     y darle mil mojicones!

FESTILO   Deja agora esas razones.

OLIMPIA   Desviaos, señores, dél.

2625 *me darás Arcelo*: 'me darás a Arcelo', con la *a* embebida.

2636 *mojicones*: «golpe que se da en la cara con la mano» (*DRAE*).

      Dejadme llegar a mí.

     Pastor, desvíate acá,   2640

     que este humo le hará

     que vuelva al momento en sí.

LISA   Olimpia, no me atormentes.

OLIMPIA   Furia Lisa, dame Arcelo.

LISA   Arcelo no está en el suelo.   2645

OLIMPIA   ¡Infernal, en eso mientes!

     ¡Dame Arcelo, furia horrible!

LISA   Levanta esa fiera vara,

     que en darlo no seré avara,

     pues no darlo es imposible.   2650

OLIMPIA   Dame la llave al momento.

LISA   Basta decirte dó está.

OLIMPIA   No basta, esta lo hará.

LISA   ¡No me des ya más tormento!

     Escusado es resistirme   2655

     en tan terrible castigo,

     porque un dios que traes contigo

     también ayuda a rendirme.

     Toma la llave que pides.

OLIMPIA   *   ¡Haz que parezca la cueva!   2660

LISA   Justo será que me mueva,

     pues de mi intento me impides.

     ¡Desviaos, riscos, da entrada

     a Olimpia, que con tal fuerza

2644 *dame Arcelo*: 'dame a Arcelo', con la *a* embebida.

2660-2670: «[...] la cueva, ubicada en la alta cumbre, ocuparía el hueco central de la galería superior sobre el tablado. Es muy probable que, debido a su ocultamiento por Lisa y el interés por hallarla del resto de personajes, permaneciera cubierta por cortinas» hasta este justo momento en el que se produciría el descubrimiento de la cueva donde estaría oculto Arcelo (Reyes Peña, 2014, p. 59).

2663 *da*: 'dad'.

me apremia, constriñe y fuerza   2665
que mi fuerza es quebrantada!
        La cueva tienes abierta,
bien puedes, señora, entrar,
que el Cielo te da lugar
y te concede la puerta.   2670

OLIMPIA   ¡Yo quiero entrar por mi vida!
HIMENEO   Yo entraré y sacaré a Arcelo,
que a eso me envía el Cielo
en forma no conocida.
        Yo soy el dios Himeneo,   2675
que vengo por la Razón
a ayudar a esta ocasión
de Olimpia el casto deseo,
        porque las lenguas dañosas,
usando de su rigor,   2680
no ofendan el puro amor
de Olimpia, viendo estas cosas.
        Por confundir la crüeza
con que ofenden las mujeres,
doy contra sus pareceres   2685
este ejemplo de firmeza.
*   Y porque me conozcáis
dejando el traje fingido,
quedaré en el conocido,
si ser yo Himeneo dudáis.   2690

2683-2686 Para la intencionalidad moral de Cueva y su defensa de la mujer, véase «Introducción».

2687-2690 Estamos ante un nuevo caso de descubrimiento sobre las tablas de la verdadera personalidad sobrenatural de un personaje hasta este momento en «hábito fingido», «en grosero y rústico vestido», en boca del propio Himeneo, reconocido como «pastor» por Olimpia. Una revelación que presumiblemente supondría un cambio de vestuario. Himeneo suele ser representado como un muchacho joven, coronado con una guirnalda de flores y sosteniendo una antorcha encendida en la mano (Ovidio, *Heroidas*, VI 44). «Pintávase, como se colige de Catulo, coronado de flores de mayorana, con vna hacha en la diestra i en la izquierda un flameo, que es un velo de color amarillo, i en los pies unos suecos o calçado açafranado» (Herrera, ed. 2000, p. 889). La espectacularidad e impacto en el público de esta transformación sería indudable.

JUSTICIA	¿Quién puede dudar en ti,	
	oh Himeneo glorïoso?	
FESTILO	¡Oh Himeneo poderoso!	
OLIMPIA	¡Oh Himeneo, a quien seguí!	
HIMENEO	¡Sosegaos! Tú, Olimpia, luego	2695
	mientras por Arcelo entro,	
	deja esa furia ir al centro	
	a su sempiterno fuego.	

[*Vase HIMENEO.*]

OLIMPIA	Sin detenerte un momento	
	en nuestra etérea región,	2700
	parte al reino de Plutón	
	a tu sulfúreo tormento.	
LISA	¡Suéltame esta ligadura!	
OLIMPIA	Sí haré, y este misterio	
	cuenta a Liboso y Rogerio,	2705
	allá en tu caverna obscura.	
LISA	Huyendo de tu presencia,	
	y de la luz glorïosa,	
	voy a la sombra espantosa	
	do no puede tu potencia.	2710

[*Vase LISA. Salen HIMENEO y ARCELO.*]

HIMENEO	Olimpia, ¿ves aquí Arcelo,

____

2710 *potencia*: 'poder, autoridad'.

2710+ Lisa «huye» de escena posiblemente a través de la rápida apertura de la trampilla o escotillón por la que habían ya salido con anterioridad Discordia, Envidia y ella misma. Reyes Peña sitúa dicha trampilla del foso en el lado derecho del tablado (Reyes Peña, 2014, p. 59). Para el hipotético esquema virtual del dispositivo instalado en el foso del Corral de comedias de Don Juan, véase Lámina 8.

2711 *aquí Arcelo*: 'aquí a Arcelo', con la *a* embebida.

	atado en dura cadena?	
OLIMPIA	¡Oh reparo de mi pena,	
	gloria de mi desconsuelo!	
	Este hierro poderoso	2715
*	quebrantaré con mi mano,	
	porque te ha sido inhumano	
	y a mi alma riguroso.	
ARCELO	Olimpia, esperanza mía,	
	¿qué es esto?, ¿tú me rescatas?,	2720
	¿tú las cadenas desatas,	
	que me ataban noche y día?	
JUSTICIA	Arcelo, ¿qué es esto, amigo?	
ARCELO	Señor teniente, no sé	
	ni, aunque quiera, acertaré	2725
	a decir mi gran castigo.	
FESTILO	Arcelo, hijo mío amado,	
	¿qué fortuna os ha seguido,	
	que a todos nos ha movido	
	vuestro riguroso estado?	2730
ARCELO *	Bien conozco ese valor	
	y esa voluntad sincera,	
	que en mi desventura fiera	
	me había de dar favor.	
HIMENEO	El favor solo os lo dio	2735
	el Cielo y vuestra querida,	
	a la cual debéis la vida,	

2712 Una vez más es de presuponer que el descubrimiento de la prisión de Arcelo se produciría al descorrerse las cortinas. Este recurso escénico sería el empleado, por ejemplo, en otra pieza de Cueva, la *Comedia del príncipe tirano*, para desvelar la prisión del Príncipe Licímaco (Reyes Peña, Ojeda Calvo y Raynaud, 2008, p. 200).

2714-2715 Demostración última del valor y fortaleza de Olimpia que con sus propias manos rompe las cadenas que apresan a su amado.

pues ella os la restauró.

    Y así, como a esposa vuestra,

presidiendo yo, Himeneo,   2740

cumpliendo el justo deseo,

junto a la vuestra su diestra.

FESTILO   Salgamos de aqueste monte,

siguiendo esta estrecha vía,

en cuanto el alegre día   2745

no huye nuestro horizonte,

    y en casa celebraremos

un hecho de tanta gloria,

dando fin a nuestra historia,

que con esto fenecemos.   2750

FIN DE LA COMEDIA OCTAVA

2745-2746 *en cuanto el alegre día / no huye nuestro horizonte*: perífrasis poética con el sentido de 'antes de que el sol se oculte', es decir, antes de que anochezca.

COMEDIA DEL TUTOR

El Argumento de la Quinta Comedia falta en A.
El Argumento de la primera Jornada falta en A.
[*Argumento:*]
gracias] gacias *B*
84 cuenta] *cuenla B*
149 dé a Otavio] d' a Otauio *A*
150 y] si *B* // libros y] librosS i *A*
151 consejos] concejos *A B, que Icaza corrige.*
174 siguiendo] siguiendo a *A*
182 Otavio] Octauio *A*
184 cas] cal *A B, que Icaza corrige.*
221 porné] pondre *A*
317 OTAVIO] Octaui, *A*
321 OTAVIO] Octaui. *A*
325 OTAVIO] Octa. *A*
349 OTAVIO] Octa- *A*
381 *La adscripción del parlamento del v. 380 se repite innecesariamente en el verso 381 en A y B. Icaza la suprime sin reflejarlo en nota.*
409 OTAVIO] Octa. *A*
416 OTAVIO] Octa. *A*
419 OTAVIO] Octa. *A*
421 Otavio] Octavio *A*
429 OTAVIO] Octa. *A*
451 mundo] mudo *B*
457 OTAVIO] Octa. *A*
462 OTAVIO] Octa. *A*
464 Otavio] Octavio *A*
465 OTAVIO] Octa, *A*
475 OTAVIO] Octa, *A*
479 Aunque mejor] Aunqu' es mejor *A*
487 recaudo] recado *A*
488 Otavio] Octavio *A*
489 Yo, tras] Y otras *B*: Y atras *Icaza*
490 corriendo] corriendo *A con la* n *invertida*

497 Otavio] Octauio *A*

498 aprisa] aprie∫∫a *A*

499 Otavio] Octa, *A*

505 Otavio] Octa. *A*

507 Otavio] Octa, *A*

517 Otavio] Octa. *A*

522 Otavio] Octauio *A*

523 Otavio] Octa. *A*

537 haced] *hrʒed B*

544 aquel] *aquel quel B*

554 Otavio] Octauio *A*

564 Otavio] Octauio *A*

585 Otavio] Octavio *A*

El Argumento de la segunda Jornada falta en A.

[Personas:]

Otavio] Octavio *A*

590 alegre] alegue *A*

595 Otavio] Octavio. *A*

601 Leotacio] Teotacio. *A*

603 infando] intando *A*

621 ningún] ningnn *A*

640 Quiero] Quuiero *A*

711 toque en] toque' en *A*

726 que] que *A con la* u *invertida*

753 goza] go∫a *A*

773 aconsejas] acon∫eja *A*

810 noche y día] la Noche i Dia *A:* la noche y dia *B*

831 en] de *B*

845 *siempre]* siempee *B*

859 vida muerte] vida y muerte *Icaza*

864 autoridad] auturidad *A*

871 Dorildo] *omitido B*

886 hablarele] hablarle *A, B, Icaza, que hemos corregido consiguiendo la ortometría del verso. Icaza en nota apuntaba esta posibilidad* (1917, vol. I, p. 356), *que hemos elevado al texto.*

905 que] quel *A*

913 aunque] avque *A*

953 autoridad] auturidad *A*

966 avasalla] va∫∫alla *B, Icaza*

968 alegre] alegria *B*

969 huyo] Huigo *A*

970 en] *omitido B*

985 responderte] ro∫ponderte *B*

999 aunque] auque *B*

1019 guardes] aguardes *A*

1031 y otros mil] otros mil *Icaza*

1046 haz] has *A B*

1050 zarcillos] ∫arcillos *A*

1071 esta] la *A*

1078 así ha de] así de *A*

1089 venido] venid *A*

1100 LEOTACIO] *omitido A*

1114 LEOTACIO] Lota. *B*

1173 satisfecho] ∫atizfecho *A*

1196 alcanzo] alcan∫o *A*

1200 ofrezco] ofre∫co *A*

1203 obedezco] obede∫co *A*

1223 ante] antes *A*

1297 detengo] detenga *A*

1309 recebidas] re∫cebidas *A*

1313 habiéndome] I auiendo me *A*

1329 zarcillos] Sarcillos *A*

1344 Otavio] Octauio *A*

El Argumento de la tercera Jornada falta en A.

[*Argumento:*]

TERCERA] PRIMERA *B, que Icaza corrige.*

1387 consejo] concejo *A*

1398 prometo] promete *A B, que Icaza corrige sin reflejarlo en nota.*

1446 ya] yo *B*

1466 no] *omitido B*

1502 en amor] en tuamor *A*

1547 merezco] mere∫co *A*

1574 Ya] Yo *A*

1588 Licio] Lic o *A*

1598 Leotacio] Laotacio *A*

1634 Huyamos] Huigamos *A*

1641 otro] atro *B*

1687 LICIO] Leota, *A* : Leota. *B. Icaza advierte en nota que acaso sea yerro por* Licio, *lectura que compartimos.*

1707 rüido] ruido *A con la* u *invertida*

1711 Mira] I mira *A*

1724 quedarte] quedarto *B*

1726 ven y harete] Ven, harete *A*

1729 Otavio] Octauio *A* // recaudo] recado *A*

1742 Otavio] Octauio *A* // escribir] eſcreuir *A*

1748 Haz] Has *A*

El Argumento de la cuarta Jornada falta en A.

[Personas:]

OTAVIO] Octauio *A*

1773 fuego] fuego *A con la* u *invertida*

1776 Otavio] Octavio *A*

1784 sospiros] ſuſpiros *A*

1817 Otavio] Octauio *A*

1818 Otavio] Octauio *A*

1831 Otavio] Octauio *A*

1834 afecto] affeto *A*

1840 LICIO] *omitido A*

1858 camino] cammino *B*

1861 necesario] neceſſarro *A*

1888 OTAVIO] Octa. *A*

1896 LICIO] Lidio. *A*

1898 escribí] eſcrevi *A*

1917 LICIO] Leota. *A*

1918 OTAVIO] Octa. *A*

1919 LICIO] Leota. *A*

1920 OTAVIO] Octa. *A*

1921 escribiste] eſcreviſte *A* : ecſriviſte *B, que Icaza corrige sin reflejarlo en nota.*

1923 sea contado] ſe à contado *B,* ſe a contado *A,* se á contado *Icaza*

1943 obedezcas] obedeſcas *A* // mando] mandado *B*

1944 OTAVIO] Octa. *A*

1951 OTAVIO] Octa. *A*

1959 consejo] concejo *A*

1998 rebozo] roboço *A*

1999 propio] proprio *A*
2007 obedezco] obede∫co *A*
2047 recaudo] recado *A*
2078 vitoria] vitora *A*
2084 fenezca] fene∫ca *A*
2087 amanezca] amane∫ca *A*
2136 JUSTICIA] *omitido A*
2150 conozco] cono∫co *A*
2157 merezco] mere∫co *A*
2162 en perpetuo] emperpetuo *A*
2216 Qué] *Qus B*
2240 OTAVIO] Octa. *A*
2255 OTAVIO] Octa. *A*
2278 qué] que *A con la* u *invertida*
2285 aunque] anuque *B*
2341 estordïante] E∫todiante *A*
2356 OTAVIO] Octa. *A*
2368 OTAVIO] Octa. *A*
2394-2395 de…cuidado.] *en A atribuido a* Licio. // aguda] aguada *B*
2396 LICIO] *omitido A*

COMEDIA DEL VIEJO ENAMORADO

ARGVMETO DE LA OCTAVA Comedia del viejo enamorado.] falta en *A*
[*Argumento*:]
Rogerio] Rugerio *B*
guiada] guiado *B*
Omitido] COMEDIA DEL VIEIO ENAMORADO *A*
El Argumento de la primera Jornada falta en A
[*Personas*:]
VERSILO] *En B figura la primera letra sobrescrita a pluma*
[*Acotación*:]
Salen Liboso y Versilo *Bm, acotación manuscrita introducida entre la lista de figuras y el v. 1*
26 embajada] embaxaaa *B, que Icaza corrige*
37 ante] ante *A con la* n *invertida*
46 Señalele] Señalal' *A B, que Icaza corrige*
61 lamentable] lamenteble *B, que Icaza corrige ad sensum sin advertirlo*

88-89 Sale Barandulo *Bm, acotación manuscrita situada entre estos dos versos*

89 moza] moſa *A*

96 honra] honrra *A*

123 váse *Bm, acotación manuscrita situada en el margen derecho del verso*

138 padezco] padeſco *A*

139 ofrezco] ofreſco *A*

144 tampoco] tan poco *A B*

180 conozco] conoſco *A*

184 vase. *Bm, acotación manuscrita situada en el margen derecho del verso*

192-193 Sale Festilo, Barandulo, y Versilo *Bm, acotación manuscrita situada entre estos dos versos*

250 cualquier] qualquiea *B, que Icaza corrige*

256 *Bm, en el margen derecho de este verso hay manuscritas unas palabras que están tachadas y no permiten su lectura*

287 conozco] conoſco *A*

288 FESTILO] *omitido B, que Icaza restituye sin advertirlo. En Bm, la adscripción se incluye de forma manuscrita*

291 honrado] honrrada *A*

303 váse *Bm, acotación manuscrita situada en el margen derecho del verso*

347 váse *Bm, acotación manuscrita situada en el margen derecho del verso*

352-353 Sale Arcelo y Festilo *Bm, acotación manuscrita situada a la derecha de estos dos versos, cuyo primer término aparece emborronado por haberse corrido la tinta*

408 apartanse *Bm, acotación manuscrita situada en el margen derecho del verso*

408-409 Salen Barandulo, y Miranda *Bm, acotación manuscrita situada entre estos dos versos*

409 avizor] a viſor *A*

480 embustera] enbustera *A*

497 MIRAN.] BARANDULO *B*

551 sortija] surtija *A*

552 vase *Bm, acotación manuscrita situada en el margen derecho del verso*

564 esto el principal] eſto principal *A*

564-565 Vase Versilo *Bm, acotación manuscrita situada en el margen derecho de estos dos versos*

576 váse *Bm, acotación manuscrita situada en el margen derecho del verso*

583 váse *Bm, acotación manuscrita situada en el margen derecho del verso*

584 tienes más que] tienes que *A*

584 váse *Bm, acotación manuscrita situada en el margen derecho del verso*

584-585 Salen Invidia, Discordia y Lisa *Bm, acotación manuscrita situada entre estos dos versos, cuya y no se lee bien por estar emborronada*

585 Invidia] Invida *B,* invida *A, que Icaza corrige*

598 fiera] impia *A*

612 Estigie] Estigio *Icaza*

648 Crece] Creſce *A*

697 oscuro] obſcuro *A*

701 vanse *Bm, acotación manuscrita situada en el margen derecho del verso*

El Argumento de la segunda Jornada falta en A

[*Acotación*:]

Salen Festilo y Olimpia *Bm, acotación manuscrita introducida entre la lista de figuras y el v. 702*

726 acidente] accidente *A*

735 deshonra] deshonrra *A*

736 procuraba] porcurava *B, que Icaza corrige*

739 Arcelo] Alcelo *B, que Icaza corrige*

759 preámbulos] preanbulos *A*

760 satisfacerte] ſatizfazerte *A*

761 y] y a *B*

766 en esto] en en eſto *A*

769 huya] huiga *A*

775 y así quiero] y aſsí te mando *A*

779 aborrecello] aborrello *B, que Icaza corrige sin advertirlo*

781 váse *Bm, acotación manuscrita situada en el margen derecho del verso*

786 deseño] diſeño *B, peor lección que por el sentido en su contexto se corrige con A*

789 Sale Arcelo *Bm, acotación manuscrita situada en el margen derecho del verso*

818 Olimp] Olinpi. *A*

825 apartase *Bm, acotación manuscrita situada en el margen derecho del verso*

831 estremo] extremo *A*

856 bella] belleza *B, que Icaza corrige* // ascondiendo] abſcondiendo *A*

857 Sale […] afue[…] *Bm, acotación manuscrita situada en el margen derecho del verso, cortada en parte por el refilado*

869 de mi culpa] de de mi culpa *B, que Icaza corrige sin advertirlo*

891 ofenderte] ofrenderte *A*

937 apartanse a un lado, [es]condidos *Bm, acotación manuscrita situada en el margen derecho del verso y entre este y el siguiente*

937-938 sale Barandulo *Bm, acotación manuscrita situada entre estos dos versos*

954 blasono] blazono. *A*

970 Sale Arcelo *Bm, acotación manuscrita situada en el margen derecho del verso*

984 yo] i yo *A*

1005 fuiste] fuieſte *A*

1017 vase B[...]randulo *Bm, acotación manuscrita situada en el margen derecho del verso, cortada en parte por el refilado y borrosa por el corrimiento de la tinta*

1018-1019 Sale Olimpia afuera *Bm, acotación manuscrita situada entre estos dos versos*

1023 ¿Qué estás] questas *A*

1145 recaudo] recado *A*

1052 licencia] lcen cia *A*

1054 venga] vença *A*

1066 vase Arc[elo *Bm, acotación manuscrita situada en el margen derecho del verso*

1074 vase *Bm, acotación manuscrita situada en el margen derecho del verso*

1074-1075 salen Liboso, y Barandulo *Bm, acotación manuscrita situada entre estos dos versos*

1094 Sale Bar. *Bm, acotación manuscrita situada en el margen derecho del verso*

1095 Barandulo] Baraud. *B con la* n *invertida*

1195-1197 Salen la Disc., Invid. y Lissa *Bm, acotación manuscrita situada en el margen izquierdo de la adscripción del parlamento del verso 1195 y de los dos siguientes versos*

1198 presuroso] preʃureʃo *A*

1208 en él] en enel *A*

1226 Sale Barandulo *Bm, acotación manuscrita situada en el margen derecho del verso*

1228 Sale Rogerio *Bm, acotación manuscrita situada en el margen derecho del verso*

1254 diamante] diamente *B, que Icaza corrige sin advertirlo*

1301 oscura] obʃcura *A*

1305 oscuro] obʃcuro *A*

1321 inconveniente] incoveniente *B, que Icaza corrige sin advertirlo*

1347 Destas] Destos *B, que Icaza corrige*

1363 Invidia] Iuuidia. *A*

1364 están] aʃtan *A*

1375 Si yo lo engaño] Si yo engaño *A*

1383 apartase a un lado *Bm, acotación manuscrita situada en el margen derecho del verso*

1395 preeminencia] preminencia *A*

1427 apremies] apremieys *B, que Icaza corrige*

1428 oscura] obʃcura *A*

1434-1435 aquí se buelven en la figura como de demonios horribles *Bm, acotación manuscrita situada en el margen izquierdo de estos dos versos*

1440 que fueron para guarda mia traídos?] Que para me guardar fueron traidos? *A*

1447 no] ne *A*

1450 El] E *A*

1452 conviene] couuiene *A*

1455 váse *Bm, acotación manuscrita situada en el margen derecho del verso*

1456 váse *Bm, acotación manuscrita situada en el margen derecho del verso*

1457 conmigo] comigo *A*

1463 rodeada] rodeado *B, que Icaza corrige*

1482 váse *Bm, acotación manuscrita situada en el margen derecho del verso*

1484 armarte] amarte *B, que Icaza corrige. Bm presenta la primera* r *sobreescrita a mano*

1489 vánse *Bm, acotación manuscrita situada en el margen derecho del verso*

1490 vase *Bm, acotación manuscrita situada en el margen derecho del verso*

El Argumento de la tercera Jornada falta en A

[*Personas:*]

LISA, furia.] *omitido A*

[*Acotación:*]

Sale Arcelo *Bm, acotación manuscrita introducida entre la lista de figuras y el v. 1491*

1496 de la] dela la *B, que Icaza corrige*

1498 perezca] pereſca *A*

1512 hace accion a irs[e] *Bm, acotación manuscrita situada en el margen derecho del verso*

1512-1513 Sale olimpia *Bm, acotación manuscrita situada entre estos dos versos*

1518 conmueve] commueue *A*

1547 ofrezco] ofreſco *A*

1577 apriesa] a prieça *A*

1581 signo de cierre de interrogación manuscrito en *Bm* sobre una coma impresa al final del verso

1582 vase *Bm, acotación manuscrita situada en el margen derecho del verso*

1583 OLIMPIA] Oimpil *A*

1585 Aguárdame] Aguardarme *B, que Icaza corrige*

1592 sale un Page *Bm, acotación manuscrita situada en el margen derecho del verso*

1604 esparce] exparze *A*

1605 desesperes] deſperes *A*

1620 efeto] efecto *A*

1684 voy ayudar a tu] Yo voi ayudar tu *A*

1686 El] Eſ *A*

1688 vase *Bm, acotación manuscrita situada en el margen derecho del verso*

1694 Arcelo] Arcelio *A*

1696 vase O… *Bm, acotación manuscrita situada en el margen derecho del verso*

1696-1697 Salen Liboso, y Rogerio *Bm, acotación manuscrita situada entre este verso y el siguiente*

1713 Ocidente] Occidente *A*

1718 alcanzarás] alcançará *A, B, que Icaza corrige*

1719 en] el *B*

1728 váse *Bm, acotación manuscrita situada en el margen derecho del verso*

1736-1737 apartase, y sale Page *Bm, acotación manuscrita situada en el margen derecho de estos versos*

1744 ascondido] abſcondido *A*

1744-1746 escondese a otro lado y sale Arcelo de el medio *Bm, acotación manuscrita situada en el margen derecho de estos versos*

1749 habla desde un la[do] *Bm, acotación manuscrita situada en el margen derecho del verso*

1762 sale en medio *Bm, acotación manuscrita situada en el margen derecho del verso*

1763 asconde] abʃconde *A* // saca la espada *Bm, acotación manuscrita situada en el margen derecho del verso*

1764 asconde] abʃconde *A* // saca la espada *Bm, acotación manuscrita situada en el margen derecho del verso*

1766 falsa] flaca *A*

1779 Lɪsᴀ] Liʃʃ.Furia, *A,* Liʃ.Fu. *B* , Lɪssᴀ,ꜰᴜ. *Icaza*

1779-1781 Sal. las furias y se llevan a Arcelo *Bm, acotación manuscrita situada en el margen derecho de estos tres versos*

1784 vase *Bm, acotación manuscrita situada en el margen derecho del verso*

1785-1786 Sale el Page en medio *Bm, acotación manuscrita situada en el margen izquierdo de estos dos versos*

1800 vase *Bm, acotación manuscrita situada en el margen derecho del verso*

1801-1802 Salen Liboso y Rogerio. *Bm, acotación manuscrita situada en el margen izquierdo de estos dos versos*

1840-1841 esconden[se] y sale Olimpia. *Bm, acotación manuscrita situada en el margen derecho del verso 1840 y entre este y el siguiente*

1882 ofrezca] ofreʃca *A*

1907 encarezca] encareʃca *A*

1976 va acia Roger[io] *Bm, acotación manuscrita situada en el margen derecho del verso*

1978 pretensión] pretencion *A*

1982 sale *Bm, acotación manuscrita situada en el margen derecho del verso*

1992 dale *Bm, acotación manuscrita situada en el margen derecho del verso*

2010 mano] meno *A* // acercanse *Bm, acotación manuscrita situada en el margen derecho del verso*

2012 dale *Bm, acotación manuscrita situada en el margen derecho del verso*

2026 Olimpia] Olmpia A

2035 atravesado] atreueʃʃado *A*

2040-2041 sale la razón *Bm, acotación manuscrita situada en el margen izquierdo de estos dos versos*

2053 Oʟɪᴍᴘɪᴀ] Olinpi. *A*

2087 envidia] imbidia *A*

2102 la] lo *A*

2121 Oʟɪᴍᴘɪᴀ] Olmpi. *A*

2123 parezca] pareʃca *A*

2127 oscuro] obscuro *A*

2141 oscura] obʃcura *A*

2164 para] pura *B, que Icaza corrige sin advertirlo* // conseguir] conʃegir *A con la* u *invertida*

2170 Culsor] Cu ʃor *A*

2220 conseguir] conʃeguirte *A*

2224 vánse *Bm, acotación manuscrita situada en el margen derecho del verso*

2224-2225 Sale la Justicia Page Festilo y Escrivano *Bm, acotación manuscrita situada entre estos dos versos*

2234 su enemigo] a su enemigo B. *Icaza, que sigue a B, indica en nota: «Así aparece el verso en el original, sin duda por errata». A, al omitir la preposición, consigue la ortometría del verso*

2237 sabré] ʃabra *B, que Icaza corrige*

2252 a recaudo] arrecado *A*

2263 esté] eſtò *A*

2266 Tenle] Tenlo *Icaza*

2267 asida] azida *A*

2282 vanse el Escriv. y el Page con los dos cuerpos *Bm, acotación manuscrita situada debajo de este verso que se encuentra al final del folio*

2288 vanse los dos *Bm, acotación manuscrita situada en el margen derecho del verso*

El Argumento de la cuarta Jornada falta en A

[*Acotación*:]

Sale Lisa *Bm, acotación manuscrita introducida entre la lista de figuras y el v. 2289*

2289 Lisa] Liſſa furia. *A,* Liſ.Fu. *B,* Lissa Fu. *Icaza*

2300 ni] Mi *A*

2312 dentro] detro *B, que Icaza corrige*

2313-2315 Salen la [Justicia] Escrivano y Festilo *Bm, acotación manuscrita situada en el margen izquierdo de estos versos*

2357 Lisa] Liſſa. furia. *A,* Liſ.Fu. *B,* Lissa, fu. *Icaza*

2363 Lisa] Liſſa furia, *A,* Liſ.Fu. *B,* Lis. *Icaza*

2366 Lisa] Liſſa furia, *A,* Liſ.Fu. *B,* Lis. *Icaza*

2370 Lisa] Liſſa furia. *A,* Liſ.Fu. *B,* Lis. *Icaza*

2374 honrado] honrrado *A*

2375 Lisa] Liſſa furia. *A,* Liſ.Fu. *B,* Lis. *Icaza*

2378 Lisa] Liſſa furia, *A,* Liſ.Fu. *B,* Lis. *Icaza*

2385 Lisa] Liſſa furia. *A,* Liſ.Fu. *B,* Lis. *Icaza*

2387 Lisa] Li. *A,* Li. *B,* Lis. *Icaza*

2390 Lisa] Liſſa furia. *A,* Liſ.Fu. *B,* Lis. *Icaza*

2396 Lisa] Liſſa,Furia. *A,* Liſ.Fu. *B,* Lis. *Icaza*

2408 que es de la Cueva] Que de la Cueva es *A*

2410 Lisa] Liſſa, furia. *A,* Liſ.Fu. *B,* Lis. *Icaza*

2412 vanse *Bm, acotación manuscrita situada en el margen derecho del verso*

2413 Lisa] Liſſa, furia. *A,* Liſ.Fu. *B,* Lis. *Icaza*

2416-2417 àparte y Sale el dios Himeneo. *Bm, acotación manuscrita situada en el margen derecho de estos dos versos*

2417 Himeneo] Dios,Imineo. *A,* Dios Im *B,* Dios Im. *Icaza* 2554 // como] Coma *A*

2438-2439 ap. y Sale Olimpia *Bm, acotación manuscrita situada en el margen derecho del verso 2438 y entre este verso y el siguiente*

2496 que] quo *B, que Icaza corrige sin advertirlo*

2510-2511 vanse y salen la Justicia Escrivano, y Festilo *Bm, acotación manuscrita situada en el margen derecho del verso 2510 y entre dicho verso y el siguiente*

2538 arrojaremos, vaya] arrojaremos, i vaya *A,* arrojaremos, y vaya *B, que Icaza corrige, consiguiendo la ortometría del verso*

2544 a prendello] aprendello B, *que Icaza corrige sin advertirlo*

2547 ase a la fur. *Bm, acotación manuscrita situada en el margen derecho del verso*

2553-2554 asélo *Bm, acotación manuscrita situada en el margen derecho entre estos dos versos*

2555 Lisa] Liſſa. furia. *A,* Liſ.Fu. *B,* Lis., fu. *Icaza*

2562 Lisa] Liſſa, furia. *A,* Liſ.Fu. *B.* Lis. *Icaza*

2569 Lisa] Liſſa.Furia, *A,* Liſ.Fu. *B,* Lis. *Icaza* // cansados] cansudos B, *que Icaza corrige sin advertirlo*

2574-2575 Salen Himeneo y Olimpia *Bm, acotación manuscrita situada entre el verso 2574 y el siguiente*

2576 Cursor] Culſor *A*

2578 Olimpia] *omitido A*

2635 Escribano] Eſcriua *A, con la* u *invertida*

2260 parezca] pareſca *A*

2687 conozcáis] conoſcais *A*

2698 vase *Bm, acotación manuscrita situada en el margen derecho del verso*

2711 salen *Bm, acotación manuscrita situada en el margen derecho del verso*

2716 con] can B, *que Icaza corrige sin advertirlo*

2731 conozco] conoſco *A*

2750 Córranse las Cortinas *Bm, acotación manuscrita situada entre este verso y la acotación que marca el final de la comedia.*

LÁMINAS

Lám. 1.1. Retrato de Juan de la Cueva (*Conquista de la Bética, poema heroico de Juan de la Cueva* [...], Sevilla, Francisco Pérez, 1603 (Madrid, Biblioteca Nacional de España, Res. 11.583).

Lám. 1.2. «Retrato de un personaje desconocido» de Francisco Pacheco, conservado exento en BNE (Sig. 404) e incluido sin identificación por P. M. Piñero Ramírez y R. Reyes Cano en su ed. de Francisco Pacheco, *Libro de descripción de verdaderos retratos de ilustres y memorables varones (Sevilla, 1599)*, Sevilla, 1985 (núm. [64], p. 423), plausiblemente identificado por algunos estudiosos como Juan de la Cueva.

Lám. 2. Portada de la edición de *Primera parte de las comedias y tragedias de Ivan de la Cveva. Dirigidas a Momo*, Sevilla, Andrea Pescio[ni], 1583 (Viena, Biblioteca Nacional, CP1. D63).

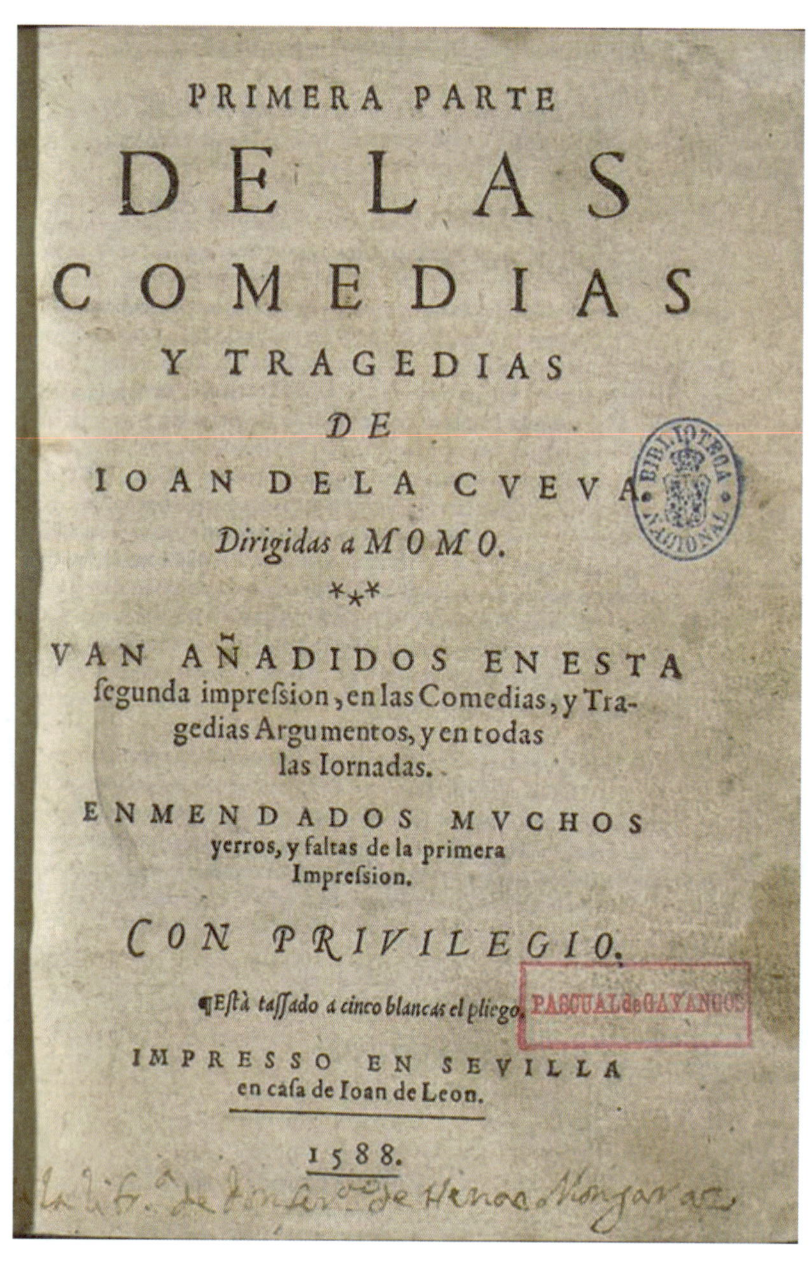

Lám. 3. Portada de la edición de *Primera parte de las comedias y tragedias de Ivan de la Cveva. Dirigidas a Momo*, Sevilla, Ioan de León, 1588 (Madrid, Biblioteca Nacional de España, R.12.349).

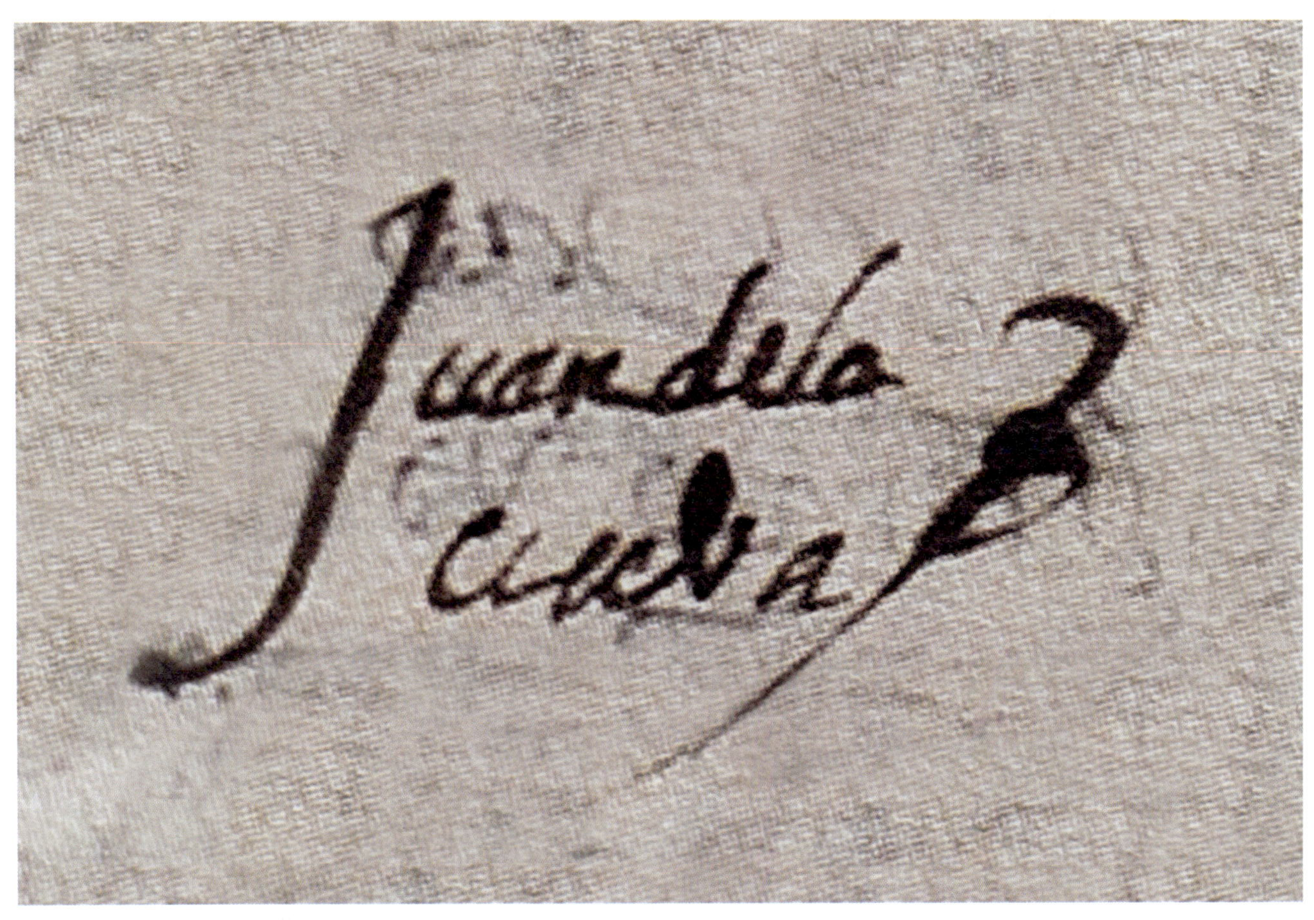

Lám. 4. Firma y rúbrica de Juan de la Cueva, de 15 de enero de 1595 (Archivo Histórico Provincial de Sevilla, Sección de Protocolos Notariales, Oficio 20, Leg. 13699, fol. 251v).

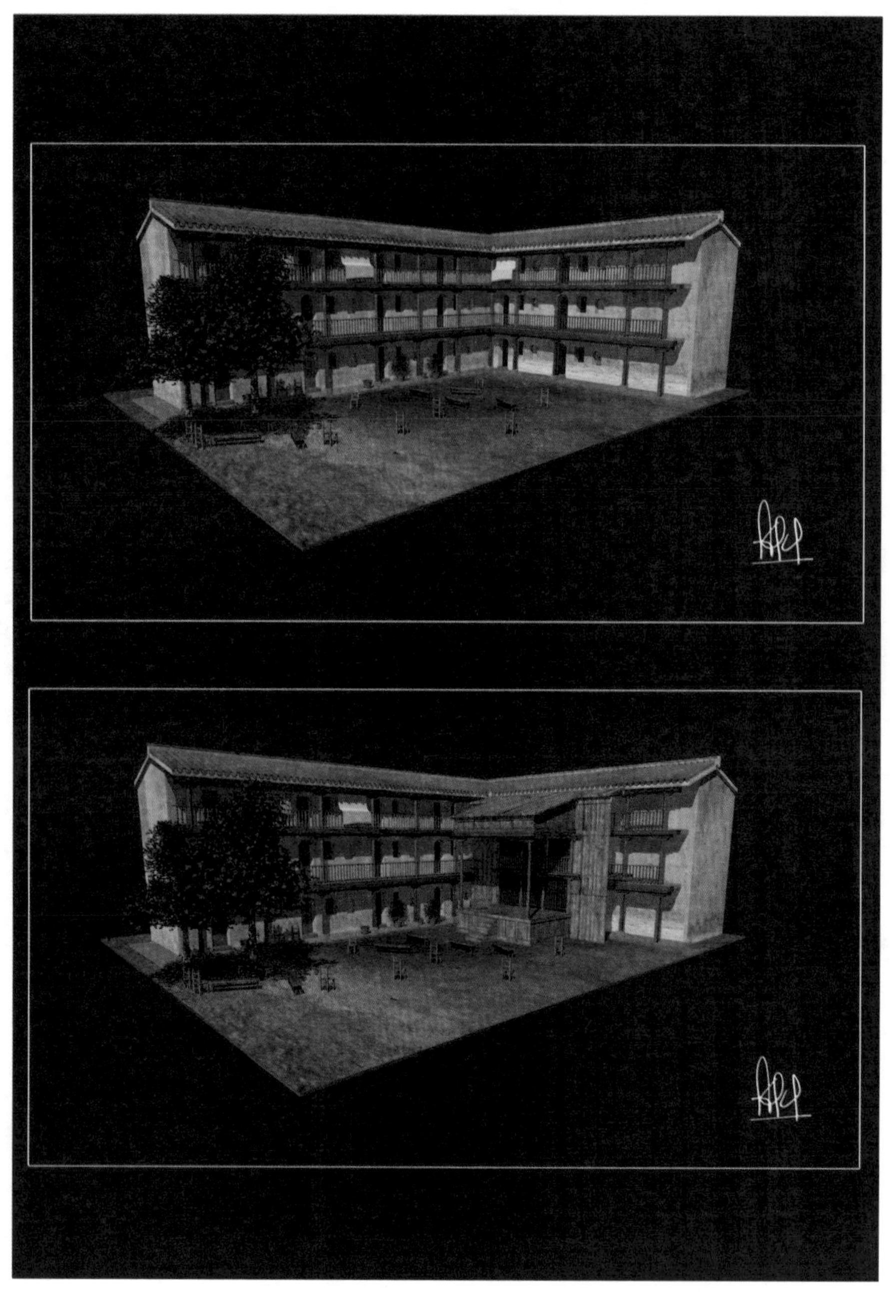

Lám. 5. Hipotética reconstrucción virtual de un ángulo del Corral de comedias de Don Juan (imagen superior) e hipotética reconstrucción virtual del mismo con el ámbito escénico instalado en él (imagen inferior) [Vicente Palacios, Escenógrafo].

Lám. 6. Imágenes de la hipotética reconstrucción virtual del dispositivo escénico del Corral de Don Juan por la parte frontal (Vicente Palacios, Escenógrafo).

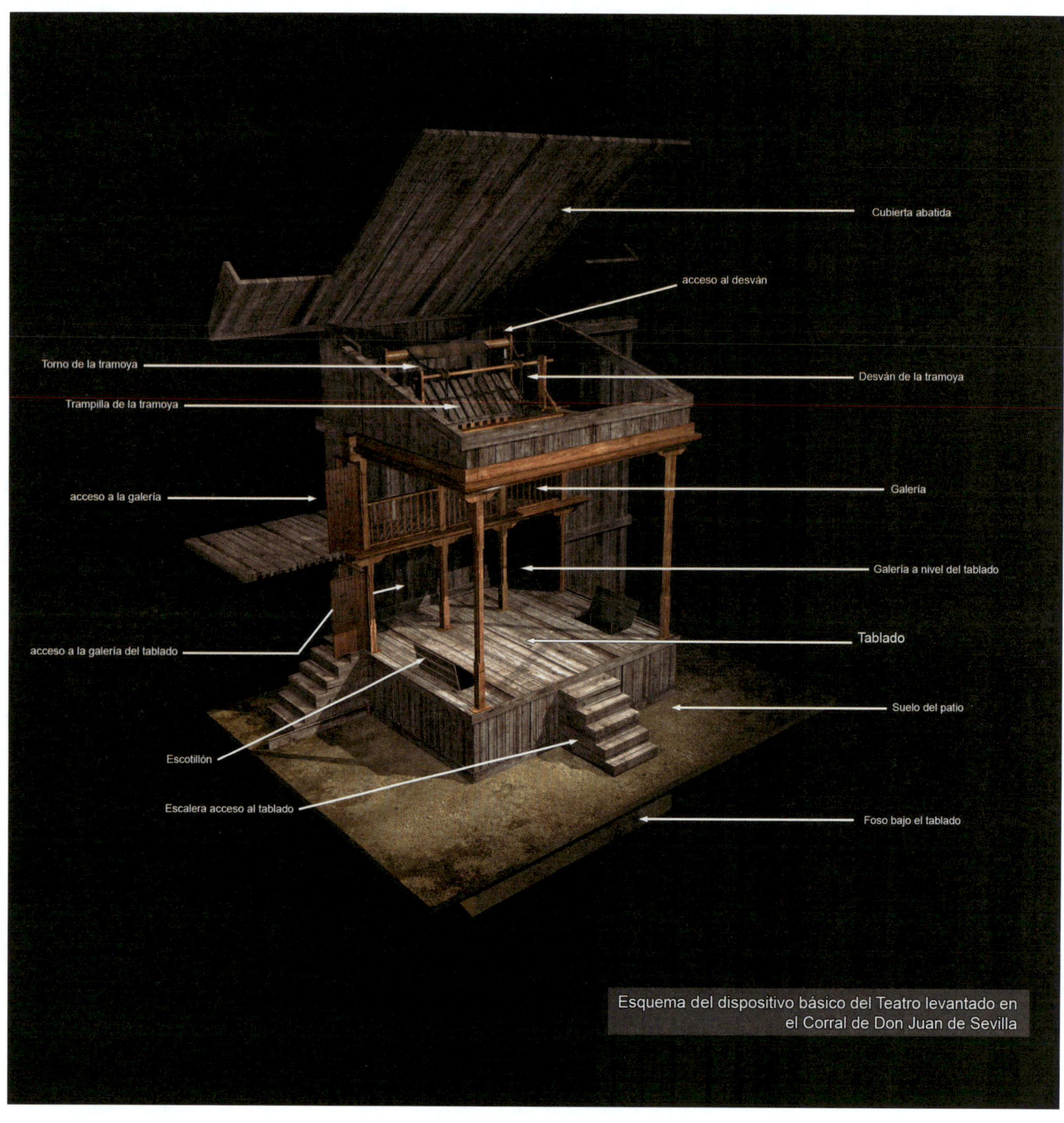

Lám. 7. Hipotético esquema virtual del dispositivo básico del «teatro» levantado en el Corral de Don Juan (Vicente Palacios, Escenógrafo).

Lám. 8. Hipotético esquema virtual del dispositivo instalado en el foso del Corral de Don Juan (Vicente Palacios, Escenógrafo).

Lám. 9. Hipotético esquema virtual del dispositivo instalado en el desván de las tramoyas del Corral de Don Juan (Vicente Palacios, Escenógrafo).

Lám. 10. Hipotética reconstrucción virtual de una escena de *El viejo enamorado*, representado en el Corral de Don Juan en 1580 (Vicente Palacios, Escenógrafo).

Lám. 11. Hipotética reconstrucción virtual de un decorado de monte y cueva de *El viejo enamorado* (Vicente Palacios, Escenógrafo).

Lám. 12. Hipotética reconstrucción virtual del espacio escénico de *El viejo enamorado*, con cuatro espacios distintos (Vicente Palacios, Escenógrafo).

Lám. 13. Otra posible hipotética reconstrucción virtual del espacio escénico del monte y cueva en *El viejo enamorado* (Vicente Palacios, Escenógrafo).

BIBLIOGRAFÍA

Abad, Manuel, «Un disfrazado de mujer en una comedia del sevillano Monroy», en *Sevilla y la literatura: homenaje al profesor Francisco López Estrada en su 80 cumpleaños*, eds. Rogelio Reyes Cano, Mercedes de los Reyes Peña y Klaus Wagner, Sevilla, Universidad de Sevilla, 2001, pp. 177-186.

Academia Usual = *Diccionario de la lengua española compuesto por la Real Academia Española, reducido a un tomo para su más fácil uso*, Madrid, diversas ediciones a partir de 1780 (se indica siempre el año de la edición consultada).

Alfonso X, *Tercera partida*, en *Las siete partidas*, Salamanca, por Andrea de Portonariiis, 1555, en línea.

Alonso Hernández, José Luis, *Léxico del marginalismo del Siglo de Oro*, Salamanca, Universidad de Salamanca, 1976.

Alonso, Martín, *Enciclopedia del Idioma. Diccionario Histórico y Moderno de la Lengua Española (Siglos XII al XX), Etimológico, Tecnológico, Regional e Hispanoamericano*, Madrid, Aguilar, 1982, 3 vols., 2ª reimpr.

Alvar, Manuel y Bernard Pottier, *Morfología histórica del español*, Madrid, Gredos, 1993, 2ª reimpr.

Álvarez Nogal, Carlos, *Oferta y demanda de deuda pública en Castilla. Juros de alcabalas (1540-1740)*, Madrid, Banco de España, 2009.

Álvarez Nogal, Carlos, «La demanda de juros en Castilla durante la Edad Moderna: los juros de alcabalas de Murcia», *Studia Histórica. Historia Moderna*, n. 32, 2010, pp. 47-82.

Antonucci, Fausta y Arata, Stefano, eds., *«La enjambre mala soy yo, el dulce panal mi obra». Veintinueve loas inéditas de Lope de Vega y otros dramaturgos del siglo XVI*, [Sevilla], UNED-Universidad de Sevilla-Universitat de València, 1995.

Arróniz, Othón, *La influencia italiana en el nacimiento de la comedia española*, Madrid, Gredos, 1969.

Aut. = *Diccionario de Autoridades*, Madrid, Real Academia Española, 1726-1739, ed. facs.: Madrid, Gredos, 1984, y en línea (*NTLLE*).

Badía, Josefa, *Los géneros dramáticos en la gestación de la comedia nueva: la colección teatral del conde de Gondomar*, Tesis doctoral dirigida por Teresa Ferrer, Universidad de Valencia, 2008.

Barrett, Linton L., «The Supernatural in Juan de la Cueva's Drama», *Studies in Philology*, 36, 1939, pp. 147-168.

Bolaños Donoso, Piedad, «Nuevas aportaciones documentales sobre el histrionismo sevillano del siglo XVI», en *La Comedia. Seminario Hispano-Francés organizado por la Casa de Velázquez. Madrid, Diciembre 1991-Junio 1992*, ed. Jean Canavaggio, Madrid, Casa de Velázquez, 1995a, pp. 131-144.

Bolaños Donoso, Piedad, «Pedro Saldaña, Diego de Vera y el corral de "Las Atarazanas" de Sevilla», en *En torno al teatro del Siglo de Oro. Actas de las Jornadas IX-X celebradas en Almería*, eds. Heraclia Castellón, Agustín de la Granja y Antonio Serrano, Instituto de Estudios Almerienses de la Diputación de Almería, 1995b, pp. 61-69.

Bolaños Donoso, Piedad, «Acerca de la ubicación del corral de las Atarazanas», *Edad de Oro*, XVI, 1997, pp. 67-87.

Bolaños Donoso, Piedad, «Corral de Doña Elvira», en *Rutas del Teatro en Andalucía*, coord. Piedad Bolaños Donoso, Junta de Andalucía. Consejería de Cultura, 2/12/2010. <https://www.juntadeandalucia.es/cultura/rutasteatro/es/02_025.html>

Bolaños Donoso, Piedad, coord., «Siglo de Oro», en *Rutas del Teatro en Andalucía*, Junta de Andalucía. Consejería de Cultura, colgada en la red informática el 2/12/2010. <htpps://www.rutasteatroandalucia.es>

Bolaños Donoso, Piedad, «Reescritura del nacimiento del corral de *Doña Elvira* (Sevilla) y su actividad dramática: una historia más completa», *Anales de Literatura Española*, 36 (*Actores y actrices a escena*), 2022, pp. 65-108.

Bond, R. Warwick, *Early Plays from the Italian*, Oxford, The Clarendon Press, 1911.

Burguillo, Javier (Burguillo López, Francisco Javier), *Juan de la Cueva y el nacimiento del teatro histórico en España*, Tesis doctoral leída en la Universidad de Salamanca, 2010. <htpps://https://gredos.usal.es/handle/10366/76424>

Burguillo, Javier, «Notas sobre la edición del teatro de Juan de la Cueva: Problemas y casos de la *Comedia del tutor*», *Incipit*, 32-33, 2012-2013, pp. 19-44.

Burton, David G., «Willing men, unwilling women: Cueva's strong female characters», *Hecho teatral*, 5, 2005, pp. 59-70.

Burton, David G., «Juan de la Cueva's Old Men in Love», en *On Wolves and Sheep: Exploring the Expression of Political Thought in Golden Age Spain*, ed. Aaron M. Kahn, Newcastle upon Tyne, Cambridge Scholars Publishing, 2011, pp. 13-22.

Canavaggio, Jean, «Los disfrazados de mujer en la comedia», en *La mujer en el teatro y la novela del siglo XVII. Actas del Segundo Coloquio de GESTE*, Toulouse-Le Mirail: Institut d'Études Hispaniques et Hispanoaméricaines, Universidad Autónoma de Madrid, 1979, pp. 135-145.

Canavaggio, Jean, «Introduction générale», en *Théâtre espagnol du XVIᵉ siècle*, ed. Jean Canavaggio, Paris, Gallimard, 1983, pp. XVII-LVII.

Canavaggio, Jean, «Nuevas reflexiones sobre Juan de la Cueva», *Edad de Oro*, XVI, 1997, pp. 99-108.

Canonica, Elvezio, «Usos y funciones de la carta en el teatro del Siglo de Oro: elementos para una tipología», en *La Lettre au carrefour des genres et des traditions: du Moyen Âge au XVIIᵉ siècle*, Paris, Classiques Garnier, 2015, pp. 329-349.

Cantera Ortiz de Urbina, Jesús, *Refranero latino*, Madrid, Ediciones Akal, 2005.

Caso González, José, «La muerte del Rey don Sancho y sus fuentes tradicionales», *Archivum*, XV, 1965, pp. 126-141.

Caso González, José, «Las obras de tema contemporáneo en el teatro de Juan de la Cueva», *Archivum*, XIX, 1969, pp. 127-147.

Castillejo, Cristóbal de, *Farsa de la Constanza*, eds. Blanca Periñán y Rogelio Reyes, Madrid, Cátedra, 2012.

Castro, Adolfo de, ed., *Poetas líricos de los siglos XVI y XVII*, Madrid, Rivadeneyra (Biblioteca de Autores Españoles, XXXII, T. II), 1857.

Cavestro, Francesca, *La dama en las comedias de Juan de la Cueva*, Tesi di Laurea, dirigida por María del Valle Ojeda Calvo, Venezia, Università Ca'Foscari Venezia, 2015-02-27. <htpps://hdl.handle.net/10579/6073>

Cebrián, José, «Nuevos datos para las biografías del inquisidor Claudio de la Cueva (1551?-1611) y del poeta Juan de la Cueva (1543-1612). II», *Archivo Hispalense*, 204, 1984, pp. 53-70.

Cebrián, José, *La fábula de Marte y Venus de Juan de la Cueva. Significación y sentido*, Sevilla, Universidad de Sevilla, 1986.

Cebrián, José, ed., Juan de la Cueva, *Viaje de Sannio*, Madrid, Miraguano (Libros de los Malos Tiempos, 34), 1990.

Cebrián, José, *Estudios sobre Juan de la Cueva. «No tengo duda qu'estrañéis mi nombre»*, Sevilla, Universidad de Sevilla, 1991.

Cebrián, José, «Introducción», en Juan de la Cueva, *El infamador. Los siete infantes de Lara*, ed. José Cebrián, Madrid, Espasa Calpe (Austral, 252), 1992, 6ª ed., pp. 9-70.

Cebrián, José, *Juan de la Cueva y Nueva España. «Tú encendiste en amor el alma mía»*, Kassel, Reichenberger, 2001.

Cejador y Frauca, Julio, *Diccionario Fraseológico del Siglo de Oro (Fraseología o estilística castellana)*, eds. Abraham Madroñal y Delfín Carbonell, Barcelona, Ediciones del Serbal, 2008 (1.ª ed.: 1921).

Cervantes, Miguel de, *Rinconete y Cortadillo, Novelas ejemplares I*, ed. Juan Bautista Avalle-Arce, Madrid, Castalia, 1982.

Cervantes, Miguel de, *El licenciado Vidriera, Novelas ejemplares II*, ed. Juan Bautista Avalle-Arce, Madrid, Castalia, 1982.

Cervantes, Miguel de, *Coloquio de los perros, Novelas ejemplares III*, ed. Juan Bautista Avalle-Arce, Madrid, Castalia, 1982.

Cervantes, Miguel de, *Segunda parte del ingenioso caballero don Quijote de la Mancha*, ed. Francisco Rico, Instituto

Cervantes-Crítica, Barcelona, 1998.

Cervantes, Miguel de, *Comedias y tragedias*, ed. coordinada por Luis Gómez Canseco, Madrid, RAE, 2015.

Chauchadis, Claude, *La loi du duel. Le code du point d'honneur dans l'Espagne des XVIe et XVIIe siècles,* Toulouse, Presses Universitaires du Mirail, 2000.

Cirlot, Juan Eduardo, *Diccionario de símbolos. El Árbol del Paraíso*, Madrid, Siruela, 2004.

Contreras Elvira, Ana, «La transmisión de la Alta Magia renacentista en el teatro popular del siglo XVIII: La comedia de magia como teatro de la memoria y libro de invocaciones», en *Brujería, magia y otros prodigios en la literatura española del Siglo de Oro*, eds. María Luisa Lobato, Javier San José y Germán Vega, Alicante, Biblioteca Virtual Miguel de Cervantes, 2016, pp. 45-86.

Contreras Rodríguez-Jurado, José, «De los asistentes a los alcaldes constitucionales», en AA. VV., *Ayuntamiento de Sevilla. Historia y patrimonio*, Sevilla, Guadalquivir, 1992, pp. 249-281.

CORDE = Corpus Diacrónico del Español, Real Academia Española, en línea.

Correa, Gustavo, «El concepto de la Fama en el teatro de Cervantes», *Hispanic Review*, vol. 27, n. 3, 1959, pp. 280-302.

Correas, Gonzalo, *Vocabulario de refranes y frases proverbiales (1627)*, eds. Louis Combet, Robert Jammes, Maïte Mir-Andreu, Madrid, Castalia, 2000.

Cov. = Covarrubias Horozco, Sebastián de, *Tesoro de la lengua castellana o española* (1611), ed. integral e ilustrada de Ignacio Arellano y Rafael Zafra, Madrid, Iberoamericana-Vervuert, 2006, y en línea *NTLLE*.

Crawford, J. P. Wickersham, «The Braggart Soldier and the Rufián in the Spanish Drama of the Sixteenth Century», *Romanic Review*, 1911, pp. 186-208.

Cremante, Renzo, «Appunti sulla grammatica tragica di Ludovico Dolce», *Cuadernos de Filología Italiana*, 5, 1998, pp. 279-290.

Cueva, Juan de la, *Primera parte de las comedias i tragedias de Ivan de la Cveva. Dirigidas a Momo,* Sevilla, Andrea Pescio[ni], 1583. <https://digital.onb.ac.at/RepViewer/viewer.faces?doc=DTL_4705846&order=1&view=SINGLE>

Cueva, Juan de la, *Coro febeo de romances historiales*, Sevilla, Ioan de Leon, 1587.

Cueva, Juan de la, *Primera parte de las comedias y tragedias de Ioan de la Cveva. Dirigidas a Momo,* Sevilla, Ioan de León, 1588. <http://bdhrd.bne.es/viewer.vm?id=0000193153&page=1>

Cueva, Juan de la, *Conquista de la Bética* [...], Sevilla, Francisco Pérez, 1603.

Cueva, Juan de la, *Comedias y tragedias de Juan de la Cueva*, ed. Francisco A. de Icaza, Madrid, Sociedad de Bibliófilos Españoles, 1917, 2 vols.

Cueva, Juan de la, *Exemplar poético*, ed. José María Reyes Cano, Sevilla, Alfar, 1986.

Cueva, Juan de la, *Églogas completas*, ed. José Cebrián, Madrid, Miraguano, 1988.

Cueva, Juan de la, *Viaje de Sannio*, ed. José Cebrián, Madrid, Miraguano (Libros de los Malos Tiempos, 34), 1990.

Cueva, Juan de la, *El infamador. Los siete infantes de Lara,* ed. José Cebrián, Madrid, Espasa Calpe, 1992.

Cueva, Juan de la, *El príncipe tirano. Comedia y Tragedia*, ed., introd. y notas de Mercedes de los Reyes Peña, María del Valle Ojeda Calvo y José Antonio Raynaud, Sevilla, Junta de Andalucía. Consejería de Cultura (Centro Andaluz de Teatro y Centro de Documentación de las Artes Escénicas de Andalucía), 2008. Reproducido digitalmente en Biblioteca Virtual Miguel de Cervantes, Alicante, 2021.

Cueva, Juan de la, *Tragedias*, Introducción, edición y notas de Marco Presotto. Estudio Preliminar de Rinaldo Froldi, Valencia, Universitat de València, 2013.

Diago, Manuel V., «El simple, un precedente de la figura del donaire en el siglo XVI», *Criticón*, 60, 1994, pp. 19-26 y en línea: Centro Virtual Cervantes.

Diálogo del Viejo, el Amor y la Mujer hermosa, en *Teatro medieval*, ed. Miguel Ángel Pérez Priego, Madrid, Cátedra, 2009, pp. 205-233.

DICAT = Diccionario biográfico de actores del teatro clásico español (DICAT), dir. Teresa Ferrer Valls, Ed. Digital, Kassel, Reichenberger, 2008.

Diccionario histórico de las calles de Sevilla, dirs. Antonio Collantes de Terán Sánchez, Josefina Cruz Villalón, Rogelio Reyes Cano y Salvador Rodríguez Becerra, Sevilla, Consejería de Obras Públicas y Transportes de la Junta de Andalucía-Excmo. Ayuntamiento de Sevilla, 1993, 3 vols.

Discorso over lettera di Giovambattista Giraldi Cinzio intorno al comporre delle comedie e delle tragedie a Giulio Ponzio Ponzoni, en G. B. Giraldi, *Scritti critici*, a cura di Camillo Guerrieri Crocetti, Milano, Marzorati, 1973, pp. 223-224.

Domínguez Ortiz, Antonio, «La España de Calderón», en *Fiesta Barroca*, Madrid, [1992], pp. 87-105.

Donato, Elio, *Commentum Terentii,* ed. P. Wesner, Leipzig, Teubner, 1902.

DRAE = Diccionario de la lengua española, Madrid, Real Academia Española, en línea.

Duckworth, George E., *The nature of Roman Comedy. A study in popular entertainment*, Melksahm (Wiltshire), University of Oklahoma Press, Norman, 1994 (1ª ed. 1952).

Egido, Aurora, *La fábrica de un auto sacramental: «Los encantos de la culpa»*, Salamanca, Universidad de Salamanca, 1982.

Egido, Aurora, Ed., introducción y notas, Baltasar Gracián, *El Discreto*, Madrid, Alianza, 1997.

Escalonilla López, Rosa Ana, «Teatralidad y escenografía del recurso del travestismo en el teatro de Calderón de la Barca», *Signa. Revista de la Asociación Española de Semiótica*, n. 9, 2000, pp. 477-507.

Escudero y Perosso, Francisco, *Tipografía hispalense. Anales bibliográficos de la ciudad de Sevilla desde el establecimiento de la imprenta hasta fines del siglo XVIII*, Madrid, Establecimiento Tipográfico «Sucesores de Rivadeneyra», 1894. Ed. facs.: Sevilla, Excmo. Ayuntamiento de Sevilla, 1999, con presentación de Aurora Domínguez Guzmán.

Eurípides, *Heracles, Tragedias I*, traducción y notas de A. Medina, J. A. López Pérez y J. L. Calvo, Madrid, Editorial Gredos, 2006, pp. 459-522.

Froldi, Rinaldo, «Reconsiderando el teatro de Juan de la Cueva», en *El teatro en tiempos de Felipe II. Actas de las XXI Jornadas de Teatro Clásico de Almagro, 1998*, eds. Felipe B. Pedraza Jiménez y Rafael González Cañal, Almagro (Ciudad Real), Universidad de Castilla-La Mancha/Festival de Almagro, 1999, pp. 15-30.

Froldi, Rinaldo, «Juan de la Cueva y las experimentaciones trágicas españolas a fines del siglo XVI», en Juan de la Cueva, *Tragedias*, Introd., ed. y notas de Marco Presotto, Estudio preliminar de Rinaldo Froldi, Valencia, Universitat de València, 2013, pp. 25-60, en línea: Centro Virtual Cervantes.

Gallardo, Bartolomé José, *Ensayo de una biblioteca española de libros raros y curiosos*, formados con los apuntamientos de…, coordinados y aumentados por M. R. Zarco del Valle y J. Sancho Rayón, Madrid, Imprenta y Esterotipia de M. Rivadeneyra, 1863, t. I, y 1866, t. II; Madrid, Imprenta y Fundición de Manuel Tello, 1888, t. III, y t. IV, 1889. Ed. facs.: Madrid, Gredos, 1968.

García Aguilar, Ignacio, «Juan de la Cueva: entre Academia e imprenta», *Studi Ispanici*, XLIII, 2018, pp. 123-153.

García Gallarín, Consuelo, «Historia del uso popular: el posesivo ante nombre propio de persona», *Revista de Filología Románica*, 7, 1990, pp. 219-230.

Giraldi Cinthio, Giovambattista, *Discorso* […] *intorno al comporre delle comedie e delle tragedie*, Milano, G. Daelli e Comp. Editori, 1864, [fecha de composición 1543, publicación 1554].

Giraldi Cinthio, Giovambattista, *Scritti critici*, ed. C. Guerreri Crocetti, Milano, Marzorati, 1973.

Girón, José Luis, «Cambios gramaticales en los Siglos de Oro», en *Historia de la lengua española*, coord. Rafael Cano Aguilar, Barcelona, Ariel, 2005, pp. 859-893.

Giuliani, Luigi, ed., Lupercio Leonardo de Argensola, *Tragedias*, Zaragoza: Prensas Universitarias de Zaragoza: Departamento de Educación, Cultura y Deporte del Gobierno de Aragón; Huesca: Instituto de Estudios Altoaragoneses; Teruel: Instituto de Estudios Turolenses, 2009.

Glenn, Richard, F., *Juan de la Cueva*, New York, Twayne, 1973.

González de la Higuera, David, *La caracterización femenina en la poesía amorosa de cancionero: Baena, Palacio, Herberay y Estúñiga*, Máster Universitario en Literatura Española, Universidad Complutense, Madrid, 2014. <https://www.academia.edu/12838528/La_caracterización_femenina_en_la_poes%C3%ADa_amorosa_de_cancionero_Baena_Palacio_Herberay_y_Estúñiga>

Grismer, R. L., *The influence of Plautus in Spain before Lope de Vega (together with chapters on The Dramatic Technique of Plautus and The Revival of Plautus in Italy)*, New York, Hispanic Institute in the United States, 1944.

Gutiérrez Cuadrado, Juan, «La lengua del Quijote. Rasgos generales», en Miguel de Cervantes, *Don Quijote de la Mancha*, dir. Francisco Rico, vol. 2, Madrid, Instituto Cervantes-Crítica, 1998, pp. 819-856.

Hanson, J. A., «The Glorious Military», en Dorey, T. A. y Dudley, D. R., eds., *Roman Drama*, Londres, 1965, pp. 51-85.

Hermenegildo, Alfredo, ed., Lobo Lasso de la Vega, Gabriel, *Tragedia de la destruyción de Constantinopla*, Kassel, Reichenberger, 1983.

Hermenegildo, Alfredo, *Teatro de palabras, Didascalias en la escena española del siglo XVI*, Lleida, Ediciones de la Universitat de Lleida, 2001.

Hermenegildo, Alfredo, «Mover palabras en el espacio escénico: *La cruel Casandra* de Virués», en Françoise Cazal, Christophe González y Marc Vitse, eds., *Homenaje a Frédéric Serralta. El espacio y sus representaciones en el teatro español del Siglo de Oro*, Madrid-Frankfurt am Main, Iberoamericana-Vervuert, 2002, pp. 313-335.

Hermenegildo, Alfredo, «La Tragedia: de Pérez de Oliva a Juan de la Cueva», en *Historia del Teatro Español I. De la Edad Media a los Siglos de Oro*, coords. Abraham Madroñal Durán y Héctor Urzáiz Tortajada, dir. Javier Huerta Calvo, Madrid, Gredos, 2003, pp. 475-499.

Hernández Miñano, Juan de Dios, *Emblemas morales de Sebastián de Covarrubias: Iconografía y doctrina de la Contrarreforma*, Murcia, Ediciones de la Universidad de Murcia (Editum), 2015.

Herrera, Fernando de, *Poesía castellana original completa*, ed. Cristóbal Cuevas, Madrid, Cátedra, 1985.

Herrera, Fernando de, *Poesía*, ed. María Teresa Ruestes, Barcelona, Planeta, 1986.

Herrera, Fernando de, *Anotaciones a la poesía de Garcilaso*, eds. Inoria Pepe y José María Reyes, Madrid, Cátedra, 2001.

Higinio, *Fábulas*, introducción y traducción de Javier del Hoyo y José Miguel García Ruiz, Madrid, Editorial Gredos, 2009.

Icaza, Francisco de, ed., *Comedias y tragedias de Juan de la Cueva*, Madrid, La Sociedad de Bibliófilos Españoles, 1917, 2 vols.

Idáñez de Aguilar, Alejandro Faustino, *Vocabulario del nordeste andaluz (El habla de las Sierras de Segura y de Cazorla)*, Jaén, Diputación Provincial de Jaén, 2001.

Keniston, Hayward, *The Syntax of Castillan Prose. The Sixteenth Century*, Chicago (Illinois), The University of Chicago Press, 1937.

Kowzan, Tadeuz, «El signo en el teatro. Introducción a la semiología en el arte del espectáculo», en AA. VV., *El teatro y su crisis actual*, Caracas, Monte Ávila Editores, 1969, pp. 25-60.

Labrador, José J., «La bella malmaridada», en *Gran Enciclopedia Cervantina*, vol. 7, Alcalá de Henares, Universidad de Alcalá de Henares, 2010, pp. 1-29, en línea.

Lapesa, Rafael, *Estudios de morfosintaxis histórica del español*, eds. Rafael Cano Aguilar y Mª Teresa Echenique Elizondo, Madrid, Gredos, 2000, 2 vols.

Lapesa, Rafael, *Historia de la lengua española,* Madrid, Gredos, 1988, 9ª ed. corr. y aum.

Lara, Eva, «Hechiceras celestinescas y nigromantes en la literatura del siglo XVI: ¿De la hechicera venida a más al mago venido a menos?», en *Señales, Portentos y Demonios. La magia en la literatura y la cultura españolas del Renacimiento*, cords. Eva Lara y Alberto Montaner, Salamanca, SEMYR, 2014, pp. 367-432. Bibliografía [del conjunto del volumen], pp. 855-930.

Leonardo de Argensola, Lupercio, «La tragedia de *Alejandra*», en Lupercio Leonardo de Argensola*, Tragedias,* ed. Luigi Giuliani, Zaragoza: Prensas Universitarias de Zaragoza: Departamento de Educación, Cultura y Deporte del Gobierno de Aragón; Huesca: Instituto de Estudios Altoaragoneses: Teruel: Instituto de Estudios Turolenses, 2009, pp. 3-156.

Lida de Malkiel, María Rosa, «El amanecer mitológico en la poesía narrativa española» (1946), en *La tradición clásica en España*, Madrid, Centro para la Edición de los Clásicos Españoles, 2017, pp. 119-164.

Lobato, María Luisa, «Máscaras en el teatro español del Siglo de Oro: una muestra en cuatro comedias de Calderón», *Teatro de palabras*, n. 3, 2009, pp. 241-255.

Lobo Lasso de la Vega, Gabriel, *Tragedia de la destruyción de Constantinopla*, ed. Alfredo Hermenegildo, Kassel, Reichenberger, 1983.

López Fonseca, Antonio, «Teatro y tradición clásica a fines del s. XVI: Juan de la Cueva y la "tragedia del horror"», *Cuadernos de Filología Clásica. Estudios Latinos* 34.2, 2014, pp. 283-313.

López Gregoris, Rosario, «Máscaras y personajes en la *palliata*: las máscaras de la *atellana* y su influencia en la *palliata*», *Perífrasis. Rev. Lit. Teor. Crit.,* vol. 8, n. 16, Bogotá, julio-diciembre 2017, pp. 134-149.

López Pinciano, *Philosophía antigua poética*, ed. Alfredo Carballo Picazo, Madrid, CSIC, 1973, reimpr., 3 vols.

Madroñal Durán, Abraham, «Glosario de voces comentadas relacionadas con el vestido, el tocado y el calzado en el teatro español del Siglo de Oro», en *El vestuario en el teatro español del Siglo de Oro*, dir. Mercedes de los Reyes Peña, Madrid, Cuadernos de Teatro Clásico 13-14, 2000, pp. 229-301.

Maeso Fernández, María Estela, «Defensa y vituperio de las mujeres castellanas», *Nuevo Mundo Mundos Nuevos, Coloquios*, 2008. <http://journals.openedition.org/nuevomundo/23692>

Manero Sorolla, María Pilar, «La configuración imaginística de la dama en la lírica española del Renacimiento. La tradición petrarquista», *Boletín de la Biblioteca de Menéndez Pelayo*, LXVIII, 1992, pp. 5-71.

Martínez, Salvador, «El *Viejo, el Amor y la Hermosa*. A los umbrales del teatro profano en Castilla», *Anuario de Letras* (México), 27, 1989, pp. 127-190.

Matas Caballero, Juan, «Juan de la Cueva: una dramaturgia de historia y de amor», *Estudios Humanísticos. Filología,* 16, 1994, pp. 239-260, en línea: Centro Virtual Cervantes.

Matas Caballero, Juan, ed., Juan de la Cueva, *La muerte del rey don Sancho y reto de Zamora. Comedia del degollado*, León, Universidad de León, 1997.

Matas Caballero, Juan, «El personaje femenino en el teatro de Juan de la Cueva», en *Actas del IV Congreso Internacional Siglo de Oro (AISO). Alcalá de Henares, 22-27 de julio de 1996,* eds. María Cruz García de Enterría y Alicia Cordón Mesa, Alcalá de Henares, Universidad de Alcalá, 1998, 2 vols., vol. II, pp. 1023-1032, en línea: Centro Virtual Cervantes.

Matas Caballero, Juan, dir., «Presentación», Portal «Juan de la Cueva», Alicante, Biblioteca Virtual Miguel de Cervantes, 2018, en línea. [Consulta: 9/11/2020]

McGrady, Donald, «Prólogo» a Lope de Vega, *Peribáñez y el Comendador de Ocaña*, Edición, Prólogo y Notas de Donald McGrady, con un «Estudio preliminar» de Juan Oleza, Barcelona, Crítica, 1997, pp. LVII-CXXXII.

McKendrick, Melveena, *Woman and Society in the Spanish Drama of the Golden Age: A Study of the Mujer Varonil*, Cambridge University Press, 1974.

Méndez Plancarte, Alfonso, *Poetas novohispanos: primer siglo (1521-1621)*, UNAM, México, 1991 [1ª ed. 1942].

Menéndez Pidal, Ramón, *Flor nueva de romances viejos*, Madrid, Espasa Calpe, 1969.

Menéndez Pidal, Ramón, *Manual de gramática histórica española*, Madrid, Espasa-Calpe, 1989, 20ª ed.

Mexía, Pedro, *Silva de varia lección (Sevilla, 1540)*, ed. Antonio Castro, Madrid, Cátedra, 1989 (t. I) y 1990 (t. II).

Montoto, Santiago, «Juan de la Cueva. Aparece la partida de bautismo del gran dramático», *Blanco y Negro*, 2, 126, 21 de febrero de 1932.

Morby, Edwin S., «The Influence of Senecan Tragedy in the Plays of Juan de la Cueva», *Studies in Philology*, vol. 34, n. 3, 1937, pp. 383-391.

Morby, Edwin S., «Notes of Juan de la Cueva: versification and dramatist theory», *Hispanic Review*, VIII, 1940, pp. 213-218.

Moreno Hernández, Antonio, «Tras la estirpe de los figurones: en torno al *miles gloriosus* de Plauto», en *El figurón. Texto y puesta en escena*, ed. Luciano García Lorenzo, Fundamentos, Madrid, 2007, pp. 23-68.

Morley, S. Griswold, «Strophes in the Spanish Drama Before Lope de Vega», en *Homenaje ofrecido a Menéndez Pidal. Miscelánea de estudios lingüísticos, literarios e históricos*, Imprenta de la Librería y Casa Editorial Hernando, 3 vols., vol. I, Madrid, 1925, pp. 505-531.

Neumeister, Sebastian, «Funciones y avatares de la carta en las comedias de Calderón», *Anuario calderoniano*, 4, 2011, pp. 263-281.

NTLLE = *Nuevo Tesoro Lexicográfico de la Lengua Española*, Madrid, Real Academia Española, en línea.

Nueva gramática de la lengua española. Morfología y sintaxis, Madrid, Espasa/RAE, 2009.

Ojeda Calvo, María del Valle, «*Progne y Filomena*, una tragedia recuperada de la colección Gondomar», en *El siglo de Oro en escena: Homenaje a Marc Vitse*, Toulouse, Presses universitaires du Midi, 2006, pp. 661-680 y en línea: <http://books.openedition.org/pumi/2270>

Ojeda Calvo, María del Valle, «Apuntes sobre Giraldi Cinzio y el teatro en España a fines del siglo XVI», *Crítica Literaria*, 159-160, 2013, pp. 645-673.

Ojeda Calvo, María del Valle, «¿Piezas en cinco jornadas?: A vueltas con la articulación dramática de *La Numancia* y *El trato de Argel* de Cervantes», *Artifara. Revista de Lenguas y Literaturas Ibéricas y Latinoamericanas*, 20.2 (Monográfico. *Poéticas frente a frente. España siglos XX y XXI*), 2020, pp. 251-253. <https://www.ojs.unito.it/index.php/artifara/article/view/5429>

Ojeda Calvo, María del Valle, «La década prodigiosa del teatro quinientista 1574-1584», en *El teatro en el siglo XVI: autores y prácticas escénicas. Estudios dedicados a la Profesora Mercedes de los Reyes Peña*, eds. Miguel Ángel Teijeiro Fuentes y José Roso Díaz, Grupo de Investigación Literaria Barrantes-Moñino (GRILEX)-Centro de Estudos de Teatro da Faculdade de Letras da Universidade de Lisboa, Sevilla, Renacimiento Iluminaciones, 2021, pp. 283-309.

Oleza, Juan, «El nacimiento de la comedia: estado de la cuestión», *La Comedia. Actas del Seminario hispanofrancés*, Madrid, Casa de Velázquez, 1995, pp. 245-256.

Oleza, Joan, «Prólogo. Los frutos de una esperada colaboración», en Juan de la Cueva, *Tragedias*, Introd., ed. y notas de Marco Presotto, Estudio preliminar de Rinaldo Froldi, Valencia, Universitat de València, 2013, pp. 9-23, en línea: Centro Virtual Cervantes.

Ovidio, *Metamorfosis,* eds. Consuelo Álvarez y Rosa M.ª Iglesias, Madrid, Cátedra, 1999.

Pacheco, Francisco, *Libro de descripción de verdaderos retratos de ilustres y memorables varones (Sevilla, 1599)*, eds. Pedro M. Piñero Ramírez y Rogelio Reyes Cano, Sevilla, Excma. Diputación Provincial de Sevilla, 1985.

Panizo Rodríguez, Juliana, «Refranes y frases célebres alusivos a aspectos positivos de la amistad», *Revista de Folklore*, Tomo 18a , n. 205, 1998, pp. 29-36. <https://www.cervantesvirtual.com/nd/ark:/59851/bmcgn013>

Paraíso, Isabel, *La métrica española en su contexto románico*, Madrid, Arco/Libros, 2000.

Pavis, Patrice, *Diccionario del teatro*, Barcelona, Paidós, 1998.

Pellicer de Tovar, José, *Idea de la comedia de Castilla* (1635), en *Preceptiva dramática española del Renacimiento y el Barroco*, eds. Federico Sánchez Escribano y Alberto Porqueras Mayo, Madrid, Gredos, 1965, pp. 217-227.

Pérez de Moya, Juan, *Philosofía secreta de la gentilidad*, ed. Carlos Clavería, Madrid, Cátedra, 1995.

Pérez Priego, Miguel Ángel, «Algunas consideraciones sobre la transmisión de la obra dramática en la primera mitad del siglo XVI», en *En torno al teatro del Siglo de Oro. Actas de las Jornadas XII-XIII celebradas en Almería*, eds. José Berbel, Heraclia Castellón, Antonio Orejudo y Antonio Serrano, Almería, Instituto de Estudios Almerienses de la Diputación de Almería, 1996, pp. 107-119.

Pérez Priego, Miguel Ángel, «Introducción: El *Diálogo del Viejo, el Amor y la Mujer hermosa*», en *Teatro medieval*, ed. Miguel Ángel Pérez Priego, Madrid, Cátedra, 2009, pp. 81-84.

Pérez Priego, Miguel Ángel, «Juan de la Cueva», *Diccionario biográfico español*, Real Academia Española, 2018, en línea. [Consulta: 9/11/2020]

Periñán, Blanca y Reyes, Rogelio, «Introducción», en Cristóbal de Castillejo, *Farsa de la Constanza*, eds. Blanca Periñán y Rogelio Reyes, Madrid, Cátedra, 2012, pp. 9-71.

Pike, Ruth, «New Light on the Biography of Juan de la Cueva», *Romance Quaterly*, 41, 1, 1994, pp. 28-35.

Presotto, Marco, «Introducción, edición y notas», en Juan de la Cueva, *Tragedias*, Valencia, Universitat de València, 2013, pp. 64-326.

Puerta Escribano, Ruth de la, «Los tratados del arte del vestido en la España moderna», en *Archivo Español de Arte*, vol. 74, n. 293, [S. l.], Consejo Superior de Investigaciones Científicas, 2001, pp. 46-65. [Consulta: 02/03/2021] <http://xn--archivoespaoldearte-53b.revistas.csic.es/index.php/aea/article/view/403>

Ravasini, Ines, «Pervivencia lírica, intertextualidad y función dramática en el teatro del Siglo de Oro», *AISO, Actas IV* (1996), pp. 1295-1304 en línea: Centro Virtual Cervantes.

Ravisius Textor, Iohannes, *Officina nunc demum post tot editiones diligenter emendata, aucta et in longe commodiorem ordinem redacta per Conradum Lycostbenem rubeaquensem [...]*, Basilea, Impr. Haeredes Brylingeri, 1566.

Recoules, Henri, «Cartas y papeles en el teatro del siglo de Oro», *Boletín de la Real Academia Española*, 54, cuaderno 203, 1974, pp. 479-496.

Rey de Artieda, Andrés, *Los amantes*, en *Teatro clásico en Valencia, I*, ed. Teresa Ferrer Valls, Madrid, Turner (Biblioteca Castro), 1997, pp. 1-66.

Reyes Cano, José María, *La poesía lírica de Juan de la Cueva*, Sevilla, Excma. Diputación Provincial de Sevilla, 1980.

Reyes Cano, José María, «Documentos relativos a Juan de la Cueva: nuevos datos para su biografía», *Archivo Hispalense*, 106, 1981, pp. 107-135.

Reyes Cano, José María, «Estudio preliminar», en Juan de la Cueva, *Exemplar poético*, ed. José María Reyes Cano, Sevilla, Alfar, 1986, pp. 13-28.

Reyes Peña, Mercedes de los, «Un eslabón más en la cadena conducente a la figura del donaire: el criado Licio en *El tutor* de Juan de la Cueva», en *La construcción de un personaje: el gracioso*, ed. Luciano García Lorenzo, Madrid, Fundamentos, 2005, pp. 77-107.

Reyes Peña, Mercedes de los, «Espacio dramático y espacio escénico en *El viejo enamorado* de Juan de la Cueva», en *La creación del espacio dramático en el teatro español entre finales del siglo XVI y principios del XVII*, dir. Francisco Sáez Raposo, Vigo, Editorial Academia del Hispanismo, 2014, pp. 25-82.

Reyes Peña, Mercedes de los, ed., Juan de Horozco, *«Manasés, rey de Judea». Estudio y edición crítica*, Kassel, Reichenberger, 2021.

Reyes Peña, Mercedes de los, Piedad Bolaños Donoso, Juan Antonio Martínez Berbel, María del Valle Ojeda Calvo, José Antonio Raynaud, Antonio Serrano Agulló y Rafael Torán, *Cuaderno de teatro andaluz del siglo XVI*, Sevilla, Junta de Andalucía. Consejería de Cultura (Centro Andaluz de Teatro y Centro de Documentación de las Artes Escénicas de Andalucía), 2004.

Reyes Peña, Mercedes de los, Ojeda Calvo, María del Valle y Raynaud, José Antonio, eds., *El príncipe tirano. Comedia y Tragedia* de Juan de la Cueva, Sevilla, Junta de Andalucía. Consejería de Cultura (Centro Andaluz de Teatro y Centro de Documentación de las Artes Escénicas de Andalucía), 2008.

Reyes Peña, Mercedes de los, Ojeda Calvo, María del Valle y Raynaud, José Antonio, «Una propuesta de segmentación de la estructura dramática: análisis de la *Comedia del tutor* de Juan de la Cueva», *Teatro de palabras: revista sobre teatro áureo*, n. 4, 2010 (Ejemplar dedicado a: Segmentación), págs. 229-258. <https://oraprdnt.uqtr.uquebec.ca/pls/public/docs/FWG/GSC/Publication/5478/81/10128/1/214118/6/O0000521354_TeaPal04ReyOjeRay.pdf>

Rioja, Francisco de, *Poesía,* ed., intr. y notas de Gaetano Chiappini, Madrid, Fundación José Manuel Lara, 2005.

Ripa, Cesare, *Iconología*, Tomos I y II, Madrid, Ediciones Akal, 2002.

Robortello, Francesco [1548], *Explicación de todo lo que concierne al artificio de la comedia*, en Vega Ramos, María José (ed.), *La formación de la teoría de la comedia: Francesco Robortello*, Cáceres, Universidad de Extremadura, 1997, pp. 105-125.

Rodríguez Cruz, Águeda María, «Vida estudiantil en la Hispanidad de ayer», *Thesaurus*, XXVI, 2, 1971, pp. 355-399.

Rodríguez Marín, Francisco, *Nuevos datos para las biografías de cien escritores de los siglos XVI y XVII*, Madrid, Tip. de la "Revista de Archivos, Bibliotecas y Museos", 1923.

Rodríguez Marín, Francisco, *Más de 21.000 refranes castellanos, no contenidos en la copiosa Colección del Maestro Gonzalo Correas, allególos de la tradición oral y de sus lecturas durante más de medio siglo (1871-1926)*, Madrid, Tipografía de la "Revista de Archivos, Bibliotecas y Museos", 1926.

Rodríguez Marín, Francisco, *12.600 refranes más, no contenidos en la Colección del Maestro Gonzalo Correas, ni en más de 21.000 refranes castellano*s, Madrid, Tipografía de la "Revista de Archivos, Bibliotecas y Museos", 1930.

Rojas, Fernando de (y «Antiguo Autor»), *La Celestina*, ed. Francisco J. Lobera y Guillermo Serés *et alii.*, Barcelona, Crítica, 2000.

Rojas Villandrando, Agustín de, *El viaje entretenido* (1603), ed. Jean-Pierre Ressot, Madrid, Castalia, 1972.

Román Bravo, José, «Introducción», Plauto, *Comedias I*, Madrid, Cátedra, 2005, pp. 9-104.

Ros, Carlos, *Los arzobispos de Sevilla. Luces y sombras en la Sede hispalense*, Granada, ANEL, 1986.

Rubiera Fernández, Javier, *La construcción del espacio en la comedia española del Siglo de Oro*, Madrid, Arco Libros, 2005.

Rueda, Lope de, *Comedia llamada Armelina,* en *Las cuatro comedias. Eufemia, Armelina, Los engañados. Medora*, ed. Alfredo Hermenegildo, Madrid. Taurus, 1985, pp. 117-145.

Ruiz Ramón, Francisco, *Historia del teatro español (Desde sus orígenes hasta 1900)*, Madrid, Cátedra, 1979, 3ª ed.

Ruiz Ramón, Francisco, «Las "figuras morales" en la *Numancia*: forma dramática/forma épica», en *El teatro en tiempos de Felipe II. Actas de las XXI Jornadas de Teatro Clásico. Almagro, 7, 8 y 9 de julio de 1998*, eds. Felipe B. Pedraza Jiménez y Rafael González Cañal, Almagro (Ciudad Real), Universidad de Castilla-La Mancha/ Festival de Almagro, 1999, pp. 51-64.

Sabor de Cortaza, Celine, «Un tema teológico y su acción recíproca», *Studia Hispánica in honorem R. Lapesa*, II, Madrid, 1974.

Sáez Raposo, Francisco, «Espacio, aspecto y función dramática del personaje del demonio en el teatro de Agustín Moreto», en *Brujería, magia y otros prodigios en la literatura española del Siglo de Oro*, eds. María Luisa Lobato, Javier San José y Germán Vega, Alicante, Biblioteca Virtual Miguel de Cervantes, 2016, pp. 523-572. <http://www.cervantesvirtual.com/nd/ark:/59851/bmc6d7v2>

Sánchez de Badajoz, Diego, *Farsas*, ed. Miguel Ángel Pérez Priego, Madrid, Cátedra, 1985.

Sánchez de Badajoz, Diego, *Farsa de Santa Susaña*, en *Recopilación en metro (Sevilla, 1554)*, Trabajo de Seminario, bajo la dirección de Frida Weber de Kurlat, Buenos Aires, Universidad de Buenos Aires, 1968, pp. 423-442.

Sánchez Escribano, Federico y Porqueras Mayo, Alberto, *Preceptiva dramática española del Renacimiento y el Barroco*, Madrid, Gredos, 1965.

Sentaurens, Jean, *Séville et le théâtre de la fin du Moyen Âge à la fin du XVIIe siècle,* Bordeaux, Presses Universitaires, 1984, 2 vols.

Sentaurens, Jean, «Los corrales de comedias de Sevilla», en *Teatros del Siglo de Oro: Corrales y Coliseos en la Península Ibérica*, dir. José Mª Díez Borque, *Cuadernos de Teatro Clásico*, 6, 1991, pp. 69-89; 2ª ed., 2007, pp. 69-89.

Sevilla Muñoz, J., Zurdo Ruiz-Ayúcar, M. I. T., dirs., *Refranero multilingüe*, Madrid, Instituto Cervantes (Centro Virtual Cervantes), 2009. <http://cvc.cervantes.es/lengua/refranero/>

Shergold, N. D., «Juan de la Cueva y los primeros teatros de Sevilla», *Archivo Hispalense*, 75, 1956, pp. 57-63 (trad. castellana de «Juan de la Cueva and the Early Theatres of Seville», *Bulletin of Hispanic Studies*, 33, 1955, pp. 1-7).

Shergold, N. D., *A History of the Spanish Stage from Medieval Times until the end of the Seventeenth Century*, Oxford, Clarendon Press, 1967.

Sirera, J. Lluís, «Rey de Artieda y Virués: la tragedia valenciana del Quinientos», en *Teatro y prácticas escénicas II. La comedia*, dir. J. Oleza; coord. J. L. Canet, London, Tamesis Books-Institución Alfonso el Magnánimo, 1986, pp. 69-101.

Soto, Hernando de, *Emblemas moralizadas,* ed. y estudio José Julio García Arranz y Nieves Pena Sueiro, Barcelona, José J. de Olañeta Editor (col. Medio maravedí), 2017.

Torquemada, Antonio de, *Jardín de Flores Curiosas*, ed. Enrique Suárez Figaredo, Lemir 16 – Textos, 2012.

Torres Olleta, Gabriela, «El poder de las tinieblas: el diablo y sus secuaces en las relaciones de fiestas barrocas», *Hipogrifo*, 1.2, 2013, pp. 185-200.

Trambaioli, Marcela, «Las divinidades nefastas: desde la tragedia clásica hasta la fiesta teatral de la España barroca», *Criticón,* 120-121, 2014, pp. 305-327 y en línea.

Uriol, José Ignacio, «Apuntes para una historia del transporte en España. Los viajes por la posta en el siglo XVIII y en los primeros años del siglo XIX», *Revista de Obras públicas*, noviembre 1977, pp. 837-856.

Úzquiza Ruiz, Teodoro, *Símbolos en el arte cristiano. Breve diccionario ilustrado*, Burgos, Revista Sembrar, 2012.

Valladares, A., *Refranero geográfico de Jaén*, Úbeda, UNED, 2000.

Vázquez, Romina, «Los nombres parlantes en las traducciones de Plauto al español: el caso de *Persa*», *Stylos.* 25, 2016, pp. 237-254.

Vega, Lope de, *El Caballero de Olmedo*, ed. Francisco Rico, Madrid, Cátedra, 1981, 3ª edición, enteramente rehecha.

Vega, Lope de, *Arte nuevo de hacer comedias. Edición crítica y anotada. Fuentes y ecos latinos*, F. B. Pedraza Jiménez (Edición crítica) y P. Conde Parrado (Fuentes y ecos latinos), Cuenca, Ediciones de Castilla-La Mancha, 2016.

Veiga, Adriane Viz, *Tutores em cena: comédia e entremez do Século de Ouro espanhol,* Dissertação (Mestrado em Estudos da Literatura) – Universidade Federal Fluminense, Instituto de Letras, Niterói, 2016, en línea: <https://app.uff.br/riuff/bitstream/1/3511/1/Disserta%C3%A7%C3%A3o-Adriane-completa.pdf>

Villari, Susanna, «Dallo scrittoio al teatro: considerazioni sulle tragedie giraldiane», *Italique*, XVIII, 2015, pp. 13-34.

Vitse, Marc, «II. El hecho literario», en "El teatro en el siglo XVII" por Marc Vitse, Frédéric Serralta, Javier Huerta Calvo y José María Díez Borque, en *Historia del teatro en España*, dir. José María Díez Borque, Tomo I: Edad Media. Siglo XVI. Siglo XVII, Madrid, Taurus, 1984, pp. 475-611 y 688-696, pp. 518-527 (páginas a cargo de Marc Vitse).

Vitse, Marc, «Sobre los espacios en *La dama duende*, el cuarto de Don Manuel», *Notas y estudios filológicos*, 2, Pamplona, UNED, 1985, pp. 7-32.

Vitse, Marc, *Éléments pour une théorie du théâtre espagnol du XVIIe siècle*, Toulouse, France-Ibérie Recherche, 1988.

Walberg, E., *Juan de la Cueva y su «Exemplar poético»*, Lund, Impr. Hakan Ohlsson, 1904.

Wardorpper, Bruce W., «Juan de la Cueva y el drama histórico», *Nueva Revista de Filología Hispánica*, 9, 1955, pp. 149-156.

Weinberg, Bernard, ed., *Trattati di poetica e retorica del Cinquecento*, Bari, Laterza, 1970, vol. I.

Wilhelmsen, Elizabeth, «La memoria como potencia del alma en San Juan de la Cruz», *CARMELUS*, vol. 37, 1990, pp. 88-145. <http://digitalcommons.unl.edu/modlangspanish/109>

Wulff, F.-A., *Poèmes inédits de Juan de la Cueva, publiés d'après des manuscrits autographes conservés à Séville dans la Bibl. Colombine. I. Viage de Sannio,* Lund, C. W. K. Gleerup, 1887.

ÍNDICE DE NOTAS*

Los números de cada entrada remiten al verso o al número de página para los fragmentos en prosa. En este ultimo caso, la cifra va precedida de la abreviatura «p.». Al lado del número aparece una T o una V, que indica si el número de verso o página se refiere a *El tutor* o a *El viejo enamorado*. Cuando la nota no responde a la explicación concreta de un término en cualquiera de los niveles del signo lingüístico, se ha elegido la/s palabra/s que mejor encierra/n el concepto desarrollado por dicha explicación.

---

* El Índice de notas recoge solo las notas incluidas en las comedias de *El tutor* y *El viejo enamorado*.

escudos, 1216T, 1878T

esforzar, 2500V

espaciar, 2296T

espacio múltiple, 1619⁺T

espada tendida, 2000T; – más de la marca, 2145T

esposo, 2010V

esquiveza, 1259V

estado, 2122T

estar de intento, 1963V; – preñado, 2389-2391V

Estigie, 1336V; – oscuro, 612V, véase tópicos literarios

estimar tu llamado, 2350V

estó, 646T, véase apócope

estordiante, 2320T

estotro, 1363T

estoyte, 712T, véase pronombre átono en principio absoluto

estrecho, 1874T, 1213V, 1538V

estremar, 14T

Eurípides, p. 257V, 610⁺V, 1776⁺V

evanecido, 1764T

Fábulas, 584⁺V, 610⁺V, 1085V, 1389V, 2313V

Fama, 2393T

fanfarrón, 676-679T, 1581T, 2128T, 960V, 1107-1110V

Fastos, 2313V

fatal golpe, 1615V

fe y servicio, 806V

febeo, 1415V

Febo, 99T, 1415V, 1815V

Fedra, 730V

Felinos, 148T

ferreruelo, 709T

fiera, 2018T

fieros, 245T

figura de paramento, 243T

finar, 2518V

firme, 357V

flaco, 1526V

Flegetón, 613V, 1344V; Flegetonte, 2311V, 2312V

flor, 412V, 508V

floreando, 428T

Fortuna, 420T, 2478V; – airada, 644-645V, véase tópicos literarios

fragoso, 2447V

fue ('fui'), 1307T, 1131V

fuerza ('políptoton'), 142-143T, 924-925V

furias, p. 258V, p. 259V, 487V, 610⁺V, 1434V, 1463V, 1713-1716V, 1776⁺V, 2016V, 2110-2112V, 2114V, 2297-2304V

furor amoris, 377-378T, véase tópicos literarios

furor / ratio, 730V, véase tópicos literarios

futuro, construcción de, 1099T, 1102T, 1270T, 1462T, 1809T

Galeno, 913-915T

gallina, 947V

Garcilaso de la Vega, 396-400T, 972-975T, 1778T, 771V

garlito, 2112T

gato por liebre, 299-300T

gavia, 709T

gelones, 1852V

gentil hombre, 756T

Giraldi Cinzio, 1387-1394V, 2024V

gozar, 753T

gramática, 2135T

granjería, 698T

grave, 757T

graveza, 731V

guanta, 581V

guardarte, 2205T

guarecida, 1418T

güerta de, Doña Elvira, véase Doña Elvira

guilla, 2282T

gura, 342-344V

gustar de un favor, 58T

haber ('tener'), 1426T, 2076T; – imperfecto de sub juntivo en o, 2385V; – impersonal, 1305T; – su satisfecho, 2414V

hábito de demonio, 1600-1603T

hablá, 2277T, véase imperativo segunda persona plural

hablar de oseta, 1465T; – en romance, 442V; – güeco, 951V

habráis, 484T

hacé, 452T, véase imperativo segunda persona plural

hacer ausencia, p. 135T; – campo, 1041V; – cuenta, 162V; – vía, 1252T, 1710T

harpo, 955V

hasme, 979V, véase pronombre átono en principio absoluto

her, 2302T; –me, 492T

Heracles, 412T, p. 257V, 610[+]V, 1776[+]V, 2110-2112V

Hércules, véase Heracles

Hercules Furens, p. 257V

Heroidas, 2687-2690V

Herrera, Fernando de, 98T, 109-116T, 1178T, 1785T, p. 258V, 771V, 790-792V, 2687-2690V

hervorosamente, 728V

hicierdes, 688V

Higinio, véase *Fábulas*

hijodalgo, 235V

hilo, cortar el, 276V; – de la ropa, 2391-2392V

Himeneo, 2416[+]V, 2425-2426V, 2438[+]V, 2687-2690V

Híspalis, véase Sevilla

hombre vestido de mujer, 2239-2279T

hora, 1868T

hórrido Profundo, 596V

Huerco, 1389V

húmido, 2301V

humor, 286T, 328T, 913-915T, 2594V

humos tengo de amante, 56T

imperativo segunda persona plural, 450T, 452T, 2252T, 2277T, 2278V, 2282V, 2663V

impero, 2136V

infamador, Comedia del, 1389V, 2277-2280V

infanda, 484V

infesta, 2143V

infierno, 1600-1603T, 1766T, p. 259V, 584[+]V, 596V, 610[+]V, 612V, 613V, 764V, 1336V, 1344V, 1370V, 1389V, 1408V, 1409V, 1455V, 1477V, 1479V, 1482[+]V, 1713-1716V, 2016V, 2127-2128V, 2311V; entradas al –, 1482[+]V

ingrato amor, 1778T, véase tópicos literarios

intervalos, 923T

Invidia, 584[+]V, 650-655V, 689-690V, 1482[+]V, 2710[+]V

Iove, 1398V

ir, imperfecto con valor de perfecto, p. 135T

izas, 633T

jaques, 662T, 342V

Jasón, 412T

jubón, 1649T

Juno, p. 257V, 2110-2112V, 2425-2426V

junto que, 1862-1863T

juros, 1821-1822T

justicia, 40T

la mi vista, 1268T, véase artículo + posesivo + sustantivo

labia, 710T

largo palacio, 1683T

largueza, 66V

latino (origen), 99T, 377-378T, 1099T, 1135T, 1256-1259T, 1307T, 1518T, 1578-1579T, 1758T, 2091T, p. 257V, p. 261V, 189-191V, 235V, 510V, 903V, 952V, 1131V, 1288V, 1389V, 1815V, 2024V

laurel, 2152V, 2451-2454V

lebrón, 1904T

león, 677T, 774-775T

Leteo, 1344V, 1479V

levantado, 2152V; monte –, 2323V

levantar, 403V

nudo, 2196V

nuestramo, 477T

obispado de un día, 159-160T

ocasión, 1116T

Occidente, 377-378T, 1085V, 1299-1302V, 1713-1716V

octava comedia, p. 257V

oculta vía, 1414V

ocupar, 2377T

Officina, 1785T, 610+V, 613V, 1344V, 1389V, 1408V, 1466V, 2311V

ogaño, 1079T

ojo avizor, 409V; – no te verán volver a Francia, 1154V

once días, véase distancia Sevilla - Salamanca

oración final + indicativo, 2097T

Orbecche, 1387-1394V, 2024V

orden, 38V

Oriente, 1085V, 1299-1302V, 1713-1716V, 1846-1848V

Orlando furioso, 1581T, 960V, 1085V, 1504V, 2129-2164V

ortometría, 290V, 2000V

oveja, 774-775T

padrino, 691T

paila, 153T

palabreros, 1586T

palma, 327T, 224V

paño tocado, 1989T

parecer, 619T, 1698V

parte, 993T; –s 1346T

partido, 659T

paso, 1441T, 2156T, 2527V

pelotero, 238T

percoté, 2292T

Pérez de Moya, (Juan), 71-76T, 420T, 1785T, 612V, 613V, 644-645V, 1085V, 1344V, 1408V, 2311V, 2478V

perífrasis, 280T, 420T, 1256-1259T, 1603-1604V, 2745-2746V

personas de la cuarta jornada, p. 223T

pesgas, 2279V

peso, 316T

petrarquismo, 96-116T, 98T, 109-116T, 1778T, 2016T

Picamulo, 277

pluguiere, 642T

plural mayestático, 1384V

Plutón, 1389V, 1409V

poesía cancioneril, 324T, 629T, 858-863T, 806V

poner sal en la mollera, 1097V

Porcuna, 311-312V

porné, 221T

porque ('para que'), 227T, 1106T, 2231T, 54V, 407V, 1016V, 1554V, 1663V, 2277V

posar, p. 203T

posta, 1862T, 1896T

postillón, 492T

potencia, 2710V; – nuestra, 1384V

pracer, 2284T

preceto, 1726V

premática, 2132T

prestar, 1427T, 1631T, 25V, 753V

preste, 1631T

presto, 2232T

presupuesto, 770V

prevertir, 1771- 1772V

prima, 1255T

príncipe tirano, Comedia del, 142-143T, 1840T, p. 259V, p. 293V, 924-925V, 1387-1394V, 2712V

príncipe tirano, Tragedia del, 596V, 1389V, 2024V, 2573V

probar la suerte, 1049V

procurar de mí, 890-891T

prodigios mágicos, 1299-1302V

proferir, p. 257V, 337V, 1598V

Profundo, 440T, 596V

pronombre átono en principio absoluto, 712T, 979V

proveer, 640T

prueba, 2328V